Hans Rosenfalck

'Videnskaben kan ikke løse Naturens dybeste mysterium. Årsagen er, at vi, når alt kommer til alt, selv er en del af det mysterium, vi forsøger at løse.' Max Plank (Karl Ernst Ludwig) (1858 - 1947), teoretisk fysiker.

I livets lag

med lidt af hvert

Med tvivl og tro i skabelsens vold

Søborgdreng årgang 1945

Forlag: Books on Demand GmbH, København, Danmark
Produktion: Books on Demand GmbH, Norderstedt, Tyskland
Bogen er fremstillet efter on-Demand-proces
ISBN: 9788743013693

Find ud af hvad du vil. Hvad er tilværelsen og tilstedeværelsen egentlig for en størrelse? Hvor kommer du fra? hvorfor har du travlt? Hvor er du på vej hen? Hvad er det du prøver at leve op til? Prøv at fjerne tidens voluminøse selvsving, og alle de mål og delmål og værdier som du boltrer dig i hver dag. Find ud af hvad du vil? Tænk over det, bare for dig selv i forhold til din egen eksistens? Er du sikker på, at det er dit liv du lever? Eller var det måske en tilfældig bemærkning, eller en overlagt? sagt i tidens ånd engang, som kom til at anlægge din livsbane?

FORORD

Jeg har hentet næring til denne bog fra faser i tilværelse og fra positioner i livet. Erfaringer fanget i eksistensens labyrint af oplevelser, og forsøg på at forstå, hvad livet er for en størrelse. Det overraskende, ukendte og foranderlige har også fået opmærksomhed.

Det tog sin begyndelse med at Ole Bøgelund Rasmussen og jeg udvekslede mails om tiden i 1960'erne, da vi var lærlinge på Georg Jensen Sølvsmedie. Det blev til den lille bog; 'Glem ikke at huske' i 2011.

Dele herfra indgår nu i afsnittet, 'I sølvsmediens favn'.

2020 udgaven af bogen er udviklet trinvis gennem 9 bøger siden 2011. Bogens titel, dens temaer, emner og positioner har flyttet sig betydeligt siden 2011. Først til 'At huske', derefter til, 'Søborgdreng årgang 1945' til 'Spor', til 'Afsatte spor' og til 'Det erindrede - og alt det andet', til 'Hvad er meningen, tro, viden og alt det vi ikke ved', til 'Fem kig ind i livet', og endelig til 'I livets lag med lidt af hvert' i 2020.

Jeg har færøske og danske aner, med yderpunkter i tilværelsen fra arbejdsdreng til kommunaldirektør. Fra Søborg til Ivittuut. Frafalden socialist, vedholdende humanist, billedkunstner, med barnetro, undren og tvivl.

Bogens temaer og indhold støtter sig til at være et menneske i livet overvejende spejlet ved 5 positioner.

1. Første position; en lærlings/ung svends erfaringer på landets største sølvsmedje 1962-71

2. Anden position; en landevejsrytters erfaringer i cykelmiljøet med bevidstheden på ejendommelige indre rejser 1961 - 1966

3. Tredje position; en værnepligtig soldat 1967-68

4. Fjerde position; erkendelser et menneske kan komme til gennem et langt liv, når det forsøger at forstå de kræfter, der har skabt livets forudsætninger

5. Femte position er sat hos et menneske, opvokset i kunstens og filosofiens favntag, med disse som ledestjerner, og eksistensen som alle tings gåde

Bogen indeholder en prolog, og 5 positioner i livet, som jeg har valgt at kalde blokke, samt en epilog. Hver del udgør en udsigtspost og ramme for forløb i livet således:

- I sølvsmediens favn
- I landevejscyklingens vold med bevidstheden på indre rejser
- På slap line med løst krudt
- Tvivl og tro i skabelsens vold
- Med kunsten på bagsædet og filosofien som ledestjerne og eksistensen som alle tings gåde

De forskellige afsnit og temaer i bogen kan sagtens læses pluk vis, blokvis og i omvendt rækkefølge endda. Og hvis man fx ikke er interesseret i et afsnit, ja så spring det over. Men spring ikke afsnittet om 'Den vise begmand' over! Ej heller afsnittet om 'Bevidsthed og træning på landevejene - Satori i Kagerup'.

Det kan anbefales at anvende indholdsfortegnelsen, før læsning og prioritering.

'I livets lag med lidt af hvert' udvider og erstatter samtlige tidligere udgaver fra 2011 til 2019.

God læselyst

En Westland Lynx i fjeldene bag Grønnedal 2. april 1985. S175 der ses på billedet, og S134 var ofte i Grønnedal dengang. Lyden fra en Lynx var som sød musik for mig. Jeg er sikker på, at jeg vil kunne genkende lyden, og at lyden vil vække min glæde, ligesom da den hentede mig ned.

Omslag

Forside: Foto; Randsletten, fjeldplateau over Grønnedal/Kangilinnguit 2. april 1985 -

Jeg var i tvivl, om det var alt eller intet, jeg oplevede i fjeldet. Jeg tænkte over, hvad der var stærkest, om det kunne beskrives dybt og inderligt, eller om det var for overvældende uendeligt begge dele. Verdens undfangelse. Forventninger er overflødige. Skal du videre af den vej, er det havets bund eller til himmels. Forberedelse til mødet med evigheden. Hinsides menneskelige fællesskaber, der ellers har optaget det meste? 'Sjælens øje nød en udsigt, den aldrig havde kendt magen til.'[1] *- iblandet rædsel. Det er stort og faretruende at være alene med naturen på dette sted - du er nærmere din eksistens og din plads i universets uigennemskuelige orden. Hvis der er en mening med det hele, da er den for stor til, at vi kan forstå den.*

Side 2: Foto: Randsletten, fjeldplateau over Grønnedal/Kangilinnguit 2. april 1985

Side 3: Forord

Side 4: Foto: Lynx helikopter ved fjeldene bag Grønnedal / Kangilinnguit, en Westland Lynx hentede mig ned derfra 2. april 1985

Bagside: Bogens omdrejningspunkter

---

[1] *Søren Kierkegaard. Samlede Værker, bd. 1. Om begrebet Ironi. 3. udgave 2. oplag. Gyldendal 1962. S. 219.*

PROLOG

I LIVETS LAG MED LIDT AF HVERT

Erindring er et bærende element i forståelsen af livet, dets forløb, muligheder og begrænsninger. Ligesom mange andre, har jeg oplevet, at mine erindringer er lagret sådan, at oplevelser vedrørende begivenheder, personer, steder, rækkefølger, systemer, synsindtryk, lyde, dufte, smag, berøringer, følelser, stemninger, læringer, naturfænomener, ja, hvad som helst, kan være forbundet. Ofte både forbavsende og uransageligt. På den måde følger erindringerne ikke en historiebogs fortænkte systematik og logik, hvad denne bog således heller ikke forsøger på.

Tag eksempelvis din pinkode til dankortet. Den husker du sikkert udenad. Efterhånden vil du 'ubemærket' også lagre placeringen og rækkefølgen af de taster koden indeholder. De er ens på næsten alle dankortmaskiner i butikker. Hvis du så en dag skal bruge koden på en maskine, hvor tasterne er placeret omvendt - det kan forekomme, fx i hævekortautomater - så risikerer du at taste forkert. Det vil sikkert forvirre dig. Måske endda så meget, at du kan blive i tvivl om din kode. Du taber tråden[2].

Man kan tilføje, at begrebet 'ubemærket' egentligt er problematisk at tage i brug, fordi dette ubemærkede i realiteten er bemærket. Det er registreret hos dig, på et underliggende plan. Men det er hverken bearbejdet eller sprogliggjort hos din øverste bevidsthed. Det er så at

---

2 *Det engelske tidsskrift Spectator beretter om en sagfører, der, medens han plæderede en sag, havde for vane at tage en snor op af lommen, som han blev ved med at vikle rundt om sin finger. Da hans modpart, i al hemmelighed trak snoren op af hans lomme, blev vedkommende sagfører helt ude af den, hvorefter han begyndte at lire det rene nonsens af sig. Han havde, som man sagde, tabt tråden i sin argumentation. "Hvad er Mennesket". S. 89. Dansk udgave Informations Forlag 2015. Immanuel Kant. Tysk filosof f. 1724 d. 1804.*

sige registreret af sig selv, og det bliver reflekteret af sig selv, og dine hænder osv., og især det der styrer disse agerer på det, alt efter hvad det nu drejer sig om. Fx når du cykler. Da er det registreret hos dig, hvordan du hele tiden skal korrigere kroppens placering og træde i pedalerne for at sikre fremdrift og styre for at holde balancen. Det sker så at sige, 'af sig selv' i samspil og med afstemt brug af sanser og bevægeapparat.

Det er tillært i forstandsmæssig ubemærkethed. Men din krop og dit bevægeapparat har bemærket det. Det er den slags viden, der ikke bliver betragtet som 'rigtig' viden. Og skulle du have været i tvivl, så er her samtidig en god indikator for, at din krop og din forstand fungerer som komplekst sammensatte enheder, og at hele dette system samtidig fungerer som en helhed. Så meget endda, at mange betragter den type færdigheder, som medfødte anlæg eller uforklarlige evner, som nogle bare er bedre udstyret med end andre. Vi mangler ord og begreber for forklaring og beskrivelse af den type 'intelligens'. Vi konstaterer det blot. Fx hvis du ser Tour de France, at Peter Sagan er eminent god til at cykle ekstremt hurtigt nedad snoede stejle bjergveje uden at styrte.

Erindringernes afsatte spor følger dine forudsætninger. De medfødte, de tillærte, de oplevede, som du har dannet.

Jeg bærer ligesom de fleste rundt på en række blitz-erindringer. Fx Grønlandsskibet Hans Hedtofts forlis den 30. januar 1959, mordet på præsident Kennedy den 22. november 1963, eller da Nell Armstrong, som det første menneske, satte foden på månens overflade den 21. juli 1969, Berlinmurens fald natten mellem den 9. og 10. november 1989, angrebene på World Trade Center 11. september 2001, og tragedien på Flatoy 22. juli 2011 for blot at nævne nogle. Det interessante ved den type erindringer, det er bl.a., at de tydeliggør, at der er koblet sideerindringer på enhver erindring. De fleste

In memoriam - Hans Hedtofts forlis, ved Kap Farvel 30. januar 1959. Skibet blev kastet omkring i kæmpe bølger, vand fossede ind. Snestormen føg, isskosser og forvasket storis slog rungende og bankende imod skroget, der gav sig højlydt, gods blev kastet omkring. Hovedmaskineri og hjælpemaskineri var stoppet. Hverken lys eller varme. Bælgmørkt. Dødsangst, fortvivlelse, søsyge. Der gik 4 timer fra skroget sprang læk til skibet sank på 1700 meter vand, det blev aldrig fundet.

husker, hvor de var, hvem de var sammen med, hvordan vejret var, og hvad de foretog sig, da de modtog oplysningen, eller så den i tv osv. Det kan være fascinerende og interessant at lege med erindringer ifølge sine egne spor og ikke mindst de utallige sidespor, der dukker op, hvis man giver sig tid og dyrker dem. Der er i realiteten koblet side erindringer på de fleste erindringer. Det ene tager det andet med sig, hvis du leger efter den metode, og erindringerne udbredes.

Nogle gange kommer der også snurrepiberi til, ja unødvendige side erindringer, som fx det snart 60 år

Carl-Johan Gené

Karl-Jan Heinsvig

Carl-Johan Gené havde kørt som professionel banerytter i Tyskland i tiden før anden verdenskrig. Gené havde stiftet Cykelklubben '1960' sammen men Karl-Jan Heinsvig og et par andre, som en udbrydersektion af Amager Cykelklub. Klubtrøjen for '1960' var i de Catalanske farver, rød og gul, ret flot. Genes trøje på billedet herover er ikke en '1960' trøje. Da jeg var begynderrytter, udlejede jeg engang mine cykelsko til Karl-Jan for 40 kr. Det var i Sorgenfriløbet 1961. Karl-Jan var D-rytter og havde glemt sine cykelsko i Dragør. Jeg nåede ikke til start, og Karl-Jan fik ikke præmie. Komplet fiasko. Jeg hørte engang at Karl-Jan havde haft polio og var kommet i gang med cykling som genoptræning.

gamle telefonnummer på min cykeltræner i 1961, Carl-Johan Gené, det var Asta 2310. Ja, dengang skulle man først ringe op til en lokal telefoncentral, fx Asta, hvis det var Amager, og der bede telefonistinden om det nummer, som man ønskede at ringe til. Selv om jeg på ingen måde kendte Gene´ specielt godt, så sender jeg en venlig tanke til ham i hans himmel, formoder jeg, hver gang jeg ser et ur, der viser 2310. Ja, og tal har ofte en særlig tiltrækningskraft som fx nr. 22, der leder mine tanker hen på min soldaterkammerat Paludan med soldaternummeret 771 522, han havde en plan om at dyrke champignon i stor stil, og nr. 72, der leder mine tanker på min gode kammerat Kjeld Andersen med soldaternummeret 771 772. Han fik en afgørende betydning for min tilværelses forløb. Jeg mødte min livsledsager Annette hos ham - tilfældigt.

Nå, men det er let at komme i gang med at erindre, du skal blot tage udgangspunkt i det, som du kan huske, så kommer resten næsten af sig selv, når du giver dig tid og leger med det. 'Brug hovedet, det er det, du har fået det til', sagde min mor. Den metode og arbejdsform har jeg forsøgt at praktisere her i bogen - 'I livets lag med lidt af hvert'. Kombinationen af hukommelsens flygtige spor, at huske rigtigt eller forkert på livets fart på den ene side, og på den anden side erindringens absolut uudslettelige spor. 'Det Erindrede kan man kaste bort, (men) det vender tilbage ligesom Thors Hammer, og ikke blot saaledes, men det har en Længsel efter Erindringen som en Due, ja som den Due, der hvor ofte den end sælges til Andre aldrig kan blive en Andens Eiendom, fordi den bestandigt flyver hjem. Men saa har ogsaa Erindringen selv udruget det Erindrede, og denne Rugen er skjult og forborgen, lønlig og derfor ukrænket af nogen profan Viden: saaledes vil Fuglen ikke ruge over sit Æg, naar nogen Fremmed har berørt det.'[3]

Ja, at opdage at der er forskel på hukommelse og erindring. Hukommelsen er med på farten i hverdagens flygtige gøremål. Erindringen derimod skabes i din personlige velmagt, den deles ikke med andre. Om end du taber hukommelsen, bærer du trods dette sandsynligvis stadig på erindringen, det er konstateret endda hos nogle demente, at noget af det sidste der går tabt, det er livets tidligste erindringer og naturligvis sikkert også de dybeste erindringer undervejs. Der findes i øvrigt en masse litteratur, der beskæftiger sig med begrebet

---

[3] *Stadier paa Livets Vei, S. 20. Søren Kierkegaards Værker. Bind 6 udgivet af Niels Jørgen Cappelørn m.f. Gyldendal 2015. ISBN 9788702177398. Oprindelig C.A. Reitzel Kjøbenhavn 1845.*

erindring, og med begrebet at huske. Jeg kan anbefale Pia Søltofts tre øvelser i erindring[4]. De er både enkle og virksomme. Og de er hverken mystiske, tekniske, instrumentelle eller 'værktøjskasse' logiske, som så meget af det, der leveres om emnet.

På mange måder er 'I livets lag med lidt af hvert' en blandet landhandel og en rodebutik, lidt på må og få og med fine små og store blomster og med tidsler og også med en bunke facts, og med dumme såvel som kloge ord, der kan give indblik i de rammer, som livet har udspillet sig i, i de 5 forskellige positioner, som bogen stiller sig i.

Når man lever, og oplever, som tilskuer eller som deltager, eller ligefrem som den udøvende iværksættende aktør, da er det ofte sådan, at man ikke lige på stående fod kender den fremadrettede betydning, af det der foregår. Almindeligvis gør man sig heller ikke overvejelser, om noget tilsvarende vil finde sted om 30 år? Eller om det er almindeligt eller enestående, dette her. Hvorfor skulle man også gøre det?

Men tiden og eftertanken stiller hændelser og personer i relief. Ubetydeligheder kan vise sig at være særdeles betydningsfulde og omvendt. Det er min oplevelse, at dette ligefrem er i modsætning til den verden, som mange film, fx søger at illustrere i disse år, hvor man næsten straks bliver klar over, hvad der er af betydning, og hvad der ikke er af betydning. Samt at der i tidens film i reglen savnes det uforudsigelige element, det der giver anledning til undren. I nye film vil man almindeligvis

---

4 *Kunsten at vælge sig selv. S 111-112. Pia Søltoft (f. 1963, ph.d. og lektor i etik og religionsfilosofi på Københavns Universitet.) Akademisk Forlag 1. udgave, 2. oplag 2016. Specielt finder jeg Pia Søltoft interessant, idet hun afsøger den omfangslogiske status, virkning og udstrækning af Søren Kierkegaards landvindinger. Kan vi bruge dem i dag og i vores samfund etc.*

hellere have sine antagelser bekræftet. Sigtet på at få antagelser bekræftet begrænser i sagens natur ethvert element af tilfældighed og det indskrænker feltet af livets muligheder i forudsigelig retning.[5]

---

[5] Det er et af videnskabens problemer, at den arbejder ud fra antagelser, som enten søges afkræftet eller bekræftet. Det udelukker i betydeligt omfang tilfældighedernes ulogiske elementer, der som bekendt ofte står uforudsigeligt klar i kulissen, uanset om det drejer sig om at forstå universet, eller forstå mennesket, herunder forstå sig selv. I den forstand er 'kundskabens træ', med dets systematik og logik, videnskabens største problem. Videnskaben kan næppe hverken opklare universets gåder eller kræftens gåder osv., så længe man støtter sig til logik, systematik og antagelser, fordi det ikke er sådanne bekvemme konstruktioner, der ligger til grund for skabelsen. Skabelsen er som så meget andet i universet uforudsigeligt for skabninger med så begrænsede, og så opsplittede sanser, som et menneske. Blot dette at opfatte den del af omgivelserne, der meddeler sig via frekvenser, viser menneskets begrænsede muligheder. Der er flere frekvenser, som vi ikke er i stand til at opfange, end dem vi er i stand til at opfange. Tillige opfatter vi de høje frekvenser som lys via vores øjne, og de lave frekvenser som lyd via vores ører, og i nogle situationer også som viberationer gennem kroppen. Opsplittede sanseorganer og begrænsede sansemuligheder medvirker yderligere til at forvirre logisk tænkende systematikere og mange andre, der bilder sig ind, at kunne antage sig frem til grundlæggende energier. Skabelsens grundstof er uransageligt for os, sådan som vi er skabt. Dette skabelsens grundstof kaldte den færøske forfatter William Heinesen engang for urstoffet. Idet livet var gjort af dette urstof i evighedens labyrint.

Jeg kan med den udmelding ikke skjule, at jeg er ved at være pas på den endeløse og trivielle række af dramaer, hvor alt skal forklares og forstås og udbasuneres med latterlige overdramatiserede lydeffekter og stunts. Dramaerne oversvømmer os, og æder god tid fra at blive benyttet bedre. For mig er den mest betydningsfulde film de sidste mange år i øvrigt, 'Gubban i stugen', af Nina Hedenius, dokumentar fra Sveriges TV fra sidst i 90'erne. Det skal både forstås som min kritik af tidens evindelige 'aktion', og som min hyldest til det uforklarede liv. Det liv der blot leves, som det nu er givet. I troskab.

Jeg så 'Gubban i stugen' tilfældigt en hverdags formiddag, da jeg havde en stridbar influenza. Det var sidst i januar 1998, den blev sendt fra en tysk tv-kanal. I den film er der skrællet ind til benet, til kernen, til selve livet. Uden tale, uden monolog, uden dialog, uden fortæller, uden undertekster og uden forklaringer.

I forhold til tidens film, virker den film, som at placere en fortravlet managementkonsulent, der er vant til at have 20 'bolde' i luften af gangen, på en isoleret beliggende ø, uden bro, færge, telefon, mobil- eller internetadgang eller indkøbsmuligheder. Find ud af hvad du vil. Hvad er tilværelsen og tilstedeværelsen egentlig for en størrelse? Hvor kommer du fra? hvorfor har du travlt? Hvor er du på vej hen? Hvad er det du prøver at leve op til? Prøv at fjerne tidens voluminøse selvsving, og alle de mål og delmål og værdier som du boltrer dig i hver dag. Find ud af hvad du vil? Tænk over det, bare for dig selv i forhold til din egen eksistens? Er du sikker på, at det er dit liv du lever? Eller var det måske en tilfældig bemærkning, eller en overlagt? sagt i tidens ånd engang, som kom til at anlægge din livsbane?

Ja, og den danske skabelon for et drama kunne forbedres radikalt, hvis dramatikerne efterlevede privatlærer

Gabriel Holms ord til Søs i Krøniken[6]; Det afgørende er ikke hvor højt De kan skrige, men hvor dybt De kan føle!'

De fleste fortællinger i bogen her er bragt i 'jeg' form. Hvem der egentlig er jeg, det vides ikke altid med sikkerhed, ligesom der i det hele taget heller ikke er så meget andet, der vides med sikkerhed. Men gammel det er han ved at være i dag. Men frisk og ok. Navne og årstal er bragt med den usikkerhed, der i sagens natur følger, når erindringen en gang imellem skal hjælpes på vej efter 50 års dvale, så der er naturligvis nok forskydninger.

Som nævnt i forordet, er spørgsmålet om at være et menneske i livet et gennemgående træk i bogen. Dette farvet af mine færøske og danske aner, med yderpunkter i tilværelsen fra arbejdsdreng til kommunaldirektør. Fra Søborg til Ivittuut. Frafalden socialist, vedholdende humanist, billedkunstner, med barnetro og tvivl og meget andet, som jeg bl.a. er blevet opmærksom på, på min efterhånden lange rejse gennem tilværelsen. Spejlet ved en række aspekter; sociologiske, kulturelle, historiske og socialpsykologiske og med underliggende spørgsmål af ontologisk art, forstået ved oplevelser og refleksioner over eksistensens realiteter og sære pudsigheder.

De mange forskellige afsnit og temaer i bogen kan sagtens læses pluk vis eller i omvendt rækkefølge osv. Og hvis man fx ikke er interesseret afsnittet om i bygningernes indretning på Georg Jensen Sølvsmedie, ja så spring det over. Men spring ikke afsnittet om den vise begmand over!

Det kan anbefales alle læsere at anvende indholdsfortegnelsen, før læsning og prioritering.

'I livets lag med lidt af hvert' erstatter tidligere nævnte udgaver fra 2011 til 2019.

---

[6] *Krøniken, Dansk tv-serie 2004-07*

I forhold til beskrivelserne af læretiden i første blok af bogen har Ole Bøgelund Rasmussen som nævnt været sparringspartner. Specielt var vi begge optaget af alle de interessante personligheder og markante enegængere, der arbejdede dér dengang. Indtrykkene er stærke, når man er ung, og møder arbejdslivet og nye omgivelser, der er meget forskellige fra tiden forinden i folkeskolen. Især indtrykkene fra møderne med alle de voksne, deres opgaver og måde at løse dem på, deres personlighed, og måden de mødte hinanden på, og ikke mindst måden de mødte os på.

Tillige blev det hurtigt synligt at sølvsmedien rummede flere personer med forskellige mindre skavanker og handicap i varierende grad og tillige en hel del med særheder og egenartede aparte vaner.

Der var tillige personligheder med en forbavsende viden om livet, og om hvad det vil sige at være et menneske. Visdom kombineret med praktiske anvisninger, der senere skulle vise sig at have profetisk styrke.

Ole Bøgelund Rasmussen på besøg hos mig i det lille hus på Højmarksvej nr. 26 i Søborg. Ca. 1974. Oprindeligt var det min bror Flemmings hus.

Guld- og sølvsmedefagene forudsætter et godt syn og betydeligt håndelag og formsans, samt at man er i stand til at lære at få afsluttet en opgave. Det gavner sjældent at nusse med det!

Men til gengæld forudsættes det ikke;

- at man har god hørelse
- at man har lige lange ben
- at man har rank ryg
- at man er smuk
- at man har stor udholdenhed eller muskelstyrke
- at man har gode sproglige eller matematiske evner

Georg Jensen Sølvsmedie, Ragnagade 7. Opført som en tre længet bygning af Georg Jensen til produktion og lager i 1918. Solgt til Kuben og ombygget og indrettet til kontorhus sidst i 1980'erne. Georg Jensen Sølvsmedie flyttede da til Søndre Fasanvej 7, i Den Kongelige Porcelænsfabriks bygninger, naturligt nok i betragtning af, at denne havde opkøbt sølvsmedien og således også etableret Royal Copenhagen.

FØRSTE BLOK

I SØLVSMEDIENS FAVN

FØRSTE AFSNIT: ERINDRING OG DAGLIGDAGENS GØREMÅL

Begivenheder og omstændigheder og personer på sølvsmedien i 60'erne - tilsat tankespring og relationer til lidt af hvert

Erindring

Ethvert menneske opbygger sit unikke oplevelsesmuseum og videns museum i hukommelsen. Derfra hentes erindringerne og erkendelserne som hinandens spejlbilleder.

Når jeg beskæftiger mig med erindringer, beskæftiger jeg mig i sagens natur med det, som er passeret. Jeg vil videre påstå, at begivenheder i reglen opleves i nuet, samt at de i højere grad huskes prioriteret efter den betydning de har haft for den der husker, end prioriteret efter deres almene og historiske betydning.

Begivenhedernes rækkefølge bliver ofte forskudt, bl.a. af erindringernes indbyrdes vægtning. Det sker tillige at en erindring antager en anden form, end den historisk dokumenterbare.[7] At den bliver historisk forkert.

Måske kan man tillige sige, at der bliver taget en form for afsked, når en begivenhed bliver til erindring og derved bliver vendt - og måske endda rekonstrueret. Lidt som en 'sluk efter øl' - efter et måltid, hvor man genkalder smagsoplevelserne mv og måske også vender tankerne omkring det, som man i øvrigt er optaget af.

Søren Kierkegaard skriver følgende interessante herom:

'Erindringen er en aflagt Klædning, som, hvor skjøn den end er, dog ikke passer, da man er vokset fra den.'[8]

Videre fastslår han, at erindringen er en baglæns gentagelse af livet og af oplevelsen[9]. Han anbefaler, at

---

[7] *I min erindring fra et besøg med min søster på langelinje i København i begyndelsen af 1950´erne var hospitalsskibet Jutlandia eksempelvis rødt med et hvidt kors. På fotos og filmklip fremgår det, at Jutlandia var det hvidt med rødt kors.*

[8] ***Gjentagelsen**, s. 10, Søren Kierkegaards Værker bind 4.1 udgivet af Niels Jørgen Cappelørn m.f. Gyldendal 2014. ISBN 9788702165944. Oprindelig C.A. Reitzel, Kjøbenhavn 1843.*

[9] *'thi Gjentagelse er et afgjørende Udtryk for hvad "Erindring" var hos Grækerne. Som da disse lærte, at al Erkjendelse er en Erindren, saaledes vil den nye Philosophie lære, at hele livet er en Gjentagelse. Den eneste nyere Philosoph, der har havt en Ahnelse herom, er Leibniz. Gjentagelse og Erindring er den samme Bevægelse, kun i modsat Retning; thi hvad der erindres, har været, gjentages baglænds; hvorimod den egentlige Gjentagelse erindres forlæns. Derfor gjør Gjentagelsen, hvis den er mulig, et menneske lykkeligt, medens Erindringen gjør ham ulykkelig, under den forudsætning*

man hellere end erindringen burde søge at gentage oplevelsen i praksis. Dette fordi gentagelser udgør livets grundsten for tryghed og harmoni i hverdagen, over året og i livets hele udstrækning. Ja, og hvis vi træder ud af individets sfære, og ser på mennesket gennem generationer, så gentages livet og livets faser generation efter generation.

Tid og historie er almindelig kendt målestok for det, der er passeret. Men lige så interessant synes jeg, at det er at sætte det lange lys på, og filosofere lidt ved at indsætte nuet og evigheden. Med nuet og evigheden arbejder vi ikke med endeløse rækkefølger i tid, men vi arbejder derimod bl.a. med et åbent stående nu. Hverken nuet eller evigheden er registrerbare i forhold til de tidsmål og den timelige historieopfattelse, som vi almindeligvis arbejder med.

Nuet er i den betydning det samme for os, som det var for Adam. Der er med andre ord ikke begrebslig forskel mellem nu og nu. Frit formuleret efter Thomas Hobbes bemærkning i 'Leviatan' stk. 22. s. 542 i den danske udgave fra 2008.[10] Oprindeligt udgivet London 1651. Ja, og med mine yderligere tilføjelser: Nuet var der før universet, og det vil være derefter. Det kan ikke afgrænses af tid eller sted. Nuet og evigheden er af samme klasse i den forstand, at intet slipper udenom det. Nuets udstrækning og åbningstid er uendelig. Med en lettere omskrivning fra Augustins Filosofiske Dialoger[11] kan man formulere, 'at

---

nemlig, at han giver sig Tid til at leve, og ikke strax i sin Fødselsstund seer at finde paa et Paaskud til at liste sig ud igjen af Livet. F.eks. at han har glemt Noget.' ***Gjentagelsen,*** *SK. Gyldendal 2014. S. 10.*

10 ***Leviathan, Af Thomas Hobbes, Engelsk filosof. 1588 - 1679.*** *Informations Forlag, 2008, Oversat af Claus Bratt Østergaard. ISBN 8703033112.*

11 Augustins Filosofiske Dialoger (bd. 3 s. 76, vers 1745). Oprindeligt Ostia nuet er et profetisk udtryk for evigheden, da nuet hviler i sig selv, og gør alting nyt.'

Tiden er én størrelse, og opfattelsen af tiden er en ganske anden størrelse. Hos os i civilisationen opfattes og forstås tiden i reglen som et lineært forløb, hvorimod tiden fx hos vilde folk, som polarinuitterne opfattes som henholdsvis fangsttid, hviletid og spisetid[12].

Det er i øvrigt en kendsgerning, at så snart det levende ord og livets begivenheder sættes på papir, da har det tendens til at stivne. Det bliver renset for liv, lyde, mislyde og pudsigheder. Fx som hørt over hækken en sommerdag; "Køb nu noget ordentligt… …ikke en papegøjekjole, lås døren, når jeg er kørt" osv. Jeg vil prøve at fange lidt af det levende undervejs her i bogen. Om end man aldrig kan komme udenom den meget mere alvorlige begrænsende hage ved sproget i det hele taget. Såvel det skrevne som det talte sprog, at det ikke er i stand til at afdække følelser, fordi ordenes rationalitet og forsøg på forklaringer ødelægger det direkte og umiddelbare følelsesmæssige, som kun det virkelige liv og kunsten i form af musikken, billedet osv., er i stand til at gengive - sjælstilstande og sindsstemninger.[13] Øret fremhæves, som den sans, der bedst iagttager sjælstilstande, bl.a. fordi synet ofte bedrager.

Sådan blev jeg ansat på Georg Jensen Sølvsmedie

Min far kendte gennem sit arbejde i socialforvaltningen i

---

387 e. Kr. På dansk Forlaget Anis, Frederiksberg 2002. Isbn 8774572830.

12 ***Kongen af Thule. Kurt L. Frederiksen*** *s. 69, en biografi om polarfareren mv. Knud Rasmussen. Gyldendal Nonfiktion 2016. ISBN 978870220192-5.*

13 *Pia Søltoft, Kierkegaard og Kærlighedens Skikkelser. S. 165. Akademisk Forlag. 2015.*

Gladsaxe Kommune arbejdsformand Marx på Georg Jensens afdeling i Gladsaxe. Marx kunne ofte bruge en af de ledige, der var havnet i det sociale system uden job. Sådanne arbejdsformidlinger var min far ofte involveret i. Da jeg gerne ville være sølvsmed, kontaktede min far Marx. Jeg blev efterfølgende bedt om at møde til samtale, på Georg Jensens afdeling på Østerbro, hvor bl.a. sølvsmede- og guldsmede værkstederne havde base. Jeg blev bedt om at tage skolepapirer og eventuelle tegninger, arbejder i træ eller arbejder i andre materialer med.

I ansættelsessamtalen deltog foruden mig, sølvsmedemester Gustav Pedersen, ciselørmester Haakon Brauer og driftsingeniør Sven Whitta Jørgensen. Et imponerende trekløver, næsten skræmmende. Opmærksomme som den russiske dirigent Valéry Gergiev var de hver især.
To 'orkesterledere' og den ansvarlige for dem samlede produktion medvirkede for at ansætte en enkelt lærling. Som jeg erindrer det, var deres interesse rettet imod de tegninger jeg havde med. Har du selv tegnet dem, spurgte den ene. Ja, svarede jeg. Jeg tror, jeg kan lære dig at blive en dygtig ciselør, svarede Haakon Brauer. Kan du begynde på mandag? Spurgte han videre. Ja, svarede jeg.

Omdrejningspunktet for samtalen var at vurdere min personlige interesse, motivation og faglige parathed i bestemt form i forhold til en læreplads på sølvsmedien.

I dag, vil man givetvis fokusere mere på en ansøgers brede teoretiske parathed og almene viden. Dengang kunne man få en håndværksmæssig læreplads, hvis man var motiveret og hvis hænderne var sat rigtigt på, også selvom skolepapirerne ikke var noget at prale af. Det kan man sikkert ikke i dag. I dag er det sikkert muligt at opnå en læreplads alene på baggrund af gode skolepapirer. Jeg husker en stor fornuftig dreng i min parallelklasse fik tilbudt en læreplads hos en glarmester, da han skulle begynde i 7. klasse. Han fik dispensation til at forlade skolen uden at gennemføre 7 års skolegang, idet man anså at aftenskoleundervisningen, der var en del af lærekontrakten kunne udgøre det for 7. klasses pensum.

Dette var ualmindeligt. Men det viser en del om hvor forskellige prioriteringer af folkeskolens betydning der var dengang i forhold til i dag.

Time, dag og uge - facts om arbejdstid, løn og ferie

Lærlinge, svende og andre timelønnede ansatte skulle møde mandag til fredag kl. 6.45 om morgenen og havde fri igen kl. 16.15 om eftermiddagen med en ½ times frokost sidst på formiddagen. Frokostpausen blev fratrukket, så det kun var selve arbejdstiden, der blev talt med og lønnet.

Sådan var det, da jeg kom i lære som sølvciselør mandag den 3. september 1962. Fra morgenstunden var det en mild og næsten vindstille gråvejrsdag. Gader og veje var tørre, og det var ikke, som det så ofte kan være tidligt om morgenen på den årstid, lidt koldt om fingrene, når man cykler hurtigt.

I øvrigt var den 3. september 1962 den dag, Jens Otto Kragh tiltrådte sin første periode som statsminister. Da han afløste den periodevis sygemeldte Viggo Kampmann. Der var indført 5 dages arbejdsuge på Georg Jensen Sølvsmedie. Arbejdsugen var på 45 timer. Alle arbejdsdage havde samme arbejdstid. Vi havde fri både lørdag og søndag. Det oplevedes som lange arbejdsdage i forhold til at gå i skole. Og man mødte mere end en time tidligere om morgenen, end man gjorde i skolen.

Inden jeg kom i lære, havde jeg haft forskellige job som arbejdsdreng. Jeg havde endda været i lære som dybtryks retouchør i et halvt år, men jeg afbrød kontrakten. Derefter efter blev jeg chaufførmedhjælper i Foreningen Kunst på Arbejdspladsen, hvor min bror var daglig leder. I Kunst på Arbejdspladsen var arbejdsdagene, typisk 4 - 6 timer, nogenlunde samme længde som i skolen, men man mødte i reglen senere end i skolen. Men dejligt var det på Georg Jensen med fri om lørdagen, det havde man ikke i skolen. Det var endnu ikke så udbredt på arbejdspladserne dengang med 5 dages arbejdsuge. Men det var godt på vej.

Begyndelseslønnen for lærlinge hos Georg Jensen var 80 øre i timen og slutlønnen 1 krone og 10 øre i timen. Dertil skulle lægges et produktionstillæg på 5 øre i timen til begyndelseslønnen og på 25 øre i timen til slutlønnen. Hvis man var meget produktiv og nyttig for firmaet, kunne man ud over produktionstillægget opnå 'ekstrapenge'. Hvis man blev taget i at fuske for sig selv for at videregive eller at sælge dette, fx til venner og bekendte, så fik man hverken ekstrapenge eller produktionstillæg, og fortsatte man med det, blev lærekontrakten ophævet, og man blev fyret.

I de perioder man gik på dagskole, fik man hverken ekstrapenge eller produktionstillæg. Vi gik på dagskole i 6 uger ad gangen i 3 perioder i løbet af læretiden. Læretiden var 4 år og 4 måneder. Tidligere var læretiden 4 år. Men da der blev indført dagskole i stedet for aftenskole, og firmaet således ikke kunne have gavn af lærlingen i denne periode, så blev læretiden forlænget med dagskoleperiodernes varighed. Noget for noget. Dejligt var det, at man nu tjente sine egne penge og var uafhængig af forældrenes eventuelle lommepenge eller penge fra småjobs efter skoletid.

Svendene, dvs. de udlærte, havde en timeløn på mellem ca. 8 kroner og op til ca. 14 kroner. På akkordløn kunne de hurtigste komme op over 20 kroner i timen, vel at mærke når de samtidig arbejdede med de akkorder, der var de bedste priser på. Der var betydelig forskel på akkordpriserne. Unge svende fik i reglen ikke de akkorder, der havde de bedste priser. Hvad mestre og arbejdsformænd tjente, det vidste vi ikke. De havde hemmelig løn, og de var månedslønnede, og de opsparede pensioner, delvis betalt af firmaet, som blev udbetalt, når de blev pensionerede. De var funktionærer og havde løn under sygdom og ferie. Vi andre, der var timelønnede sparede ikke op til pension. Vores løn blev udleveret til os personligt i en lille lukket gråbrun kartonkuvert hver torsdag eftermiddag. Præcis samme farve og struktur som det dengang billigste toiletpapir type 00, kuverten var fremstillet af et kraftigere materiale end toiletpapiret!

I øvrigt var alle timelønnede bagudlønnede. I dag lyder de før nævnte lønstørrelser håbløst lave, og umulige at leve af, men sådan var det nu ikke helt. Priser på tøj, husleje og fødevarer var tilsvarende lave. Tillige betalte man, i forhold til i dag, kun symbolske små beløb i skat. Højest 10 - 20 procent af en almindelig god svendeløn, og som lærling var man til enhver tid under den indkomstgrænse, hvor man skulle betale skat. Som et kuriosum kan det nævnes, at man kunne overnatte på KFUM's soldaterhjem i Gothersgade, lige overfor Rosenborg Slot for bare 7 kroner. Nå men videre, der var ikke 25 procent moms på varekøb, som der er i dag. I 1962 indførtes oms, dvs. omsætningsafgift, den var på 9 procent. I 1967 kom så den nye moms, dvs. meromsætningsafgift med 12½ procent. Den blev så forhøjet igen og igen. Men det blev lønnen bestemt også.

Vigtigt at nævne, er det tillige, at man ikke forventede så meget dengang. Der havde ikke været mærkbar vækst i mange år, egentlig ikke ret meget vækst siden 1930'erne. Udgangspunktet var materiel knaphed. På den baggrund oplevede mange, at de fik mere i disse år, mere end de havde drømt om. Jeg selv havde drømt om at spare sammen til en motorcykel, en japansk Yamaha. Den var hurtig og sej at se på, og den havde en fantastisk lyd og mere end dobbelt så mange motoromdrejninger, som en europæisk motorcykel. Ingen kunne være i tvivl om, at det var en racer med den lyd. Men jeg endte i stedet for med at købe en bil, en splinterny Austin Mini Cooper i foråret 1969, en lille hidsig krabat, der både kunne lave hjulspind i første og i andet gear. Hvid med sort tag og sorte skærmkanter og 5" fælge. En berusende duft - når jeg satte mig ind i den. Den kostede 22.989 kr. Kontant. De 18.000 kr. var tjent på Georg Jensen Sølvsmedie. De sidste 4.989 kr. forærede min kære far mig, fordi Privatbanken venligt oplyste, at de ikke kunne yde mig et lån. Selv om banken måtte indrømme, at jeg havde gjort en indsats, ved at opspare 18.000 kr. hos dem på kort tid.

Når jeg kunne spare så meget op, så skyldtes det at skatten blev omlagt til kildeskat, så lønnen gik direkte ind på bankkontoen uden fradrag. Man skulle ganske enkelt ikke betale skat af de penge man tjente i 1968, det var det skattefri år. Nå, men banken gav mig afslag på at låne. Da tænkte jeg, at banker nok ikke var til for sådan nogen som mig. De var nok mest for folk, der har flere penge, end de skulle bruge. Og det var jo det omvendte i mit tilfælde, da jeg ville låne. Hvem mon egentlig kunne låne? Fordi bankerne tjente vel bl.a. deres penge ved at låne ud, det havde jeg lært i skolen. Måske havde jeg misforstået noget, eller læreren havde glemt at fortælle om gode og dårlige kunder. Jeg var nok en dårlig kunde. Måske skulle man være funktionær, eller man skulle have sin egen virksomhed, eller have sit eget hus, eller en rig onkel, der ville stille sikkerhed for lånet. Jeg var timelønnet, og uden sikkerhed i min ansættelse.

Ikke mere piveri om det. I øvrigt var bankmanden sikkert et udmærket menneske, han fulgte bare bankens regler. Videre. Ja, benzinen kostede 1 krone og 20 øre pr. liter dengang. I dag koster den 12 kr. og en ny Cooper kan i dag købes fra ca. 350.000 kr. Så biler og benzin er steget i samme takt. Skatten er derimod steget væsentligt mere, ligesom de velfærdsydelser, sundhedsydelser, uddannelsestilbud, kulturtilbud, overførelsesindkomster mv., som skatten finansierer. Og lønnen er tilsvarende steget. Væksten har næsten virket uudtømmelig, ligesom kødet på grisen 'Særimner'[14] i Valhalla'. Der var dog den

---

[14] *I den nordiske mytologi er Særimner en fortryllet orne. Når kokken Andrimmer skærer tykke bøffer ud af siden på den vokser kødet straks frem igen. Der er masser af mad til hæren af faldne vikingekrigere hver aften.*

betingelse for at sikre næste måltid i Valhalla, at man også skulle huske at kaste knoglerne tilbage til grisen!

Jeg oplevede det som en fantastisk fornemmelse at kunne købe min egen nye bil. Frihed og velstand slet og ret. Det var mere, end jeg havde drømt om. Det var det virkelig. Hvor var jeg dog glad. Sikken et liv. I maj 1969. Men der var på næsten alle områder også en væsentlig forskel på forholdene i 1962 og 1969.

Lønningerne var steget med 30 - 40 procent. Antallet af biler var steget det samme, og antallet af færdselsuheld - desværre også. Og så var opvarmning og energi ved at blive omlagt fra kul til olie over hele landet for bare at nævne yderligere én af de mange forandringer.

Det hele rykkede kraftigt i de år. Selv musikken rykkede, og satte nye normer, der, især for os unge, fejede næsten alt det gamle væk. Ligesom al sublim kunst under tiden kan feje alt andet til side. Det oplevede jeg fx, da jeg var på Tate Galleri i London, hvor jeg så Van Goghs maleri af stolen. Jeg havde set maleriet i kunstbøger. Men da jeg så det i virkeligheden, mere end 2 meter højt og i kraftige lysende farver og penselstrøg, som var det malet dagen før, da var det som om, at det billede fejede alle andre billedoplevelser til side. Det skete også første gang, jeg lyttede til Beth Hart, da hun sang 'Ill Take Care of You'. Hun udslettede for en stund alt andet i mig med sin intensitet. Ligesådan da jeg på udgivelsesdagen 8. januar 2016 lyttede til David Bowies Black Stone, og bestemt også da jeg første gang lyttede til Majke Voss Romme og hendes 'Glimpse of a Time'. Det er fantastisk at leve, når man oplever disse sus. Fantastiske og gerne også lige som Bowie uforudsigelige. Ja, eller noget ganske andet som Prokofiev og hans version af Romeo og Julie, og meget gerne med den ligeledes russiske dirigent Valéry Gergiev. Sådanne oplevelser kan man ikke få nok af. Så det gælder også om at være opsøgende på sådanne felter, hvor de findes.

Nå men tilbage til 1962. Der var stempel ur på Georg Jensen. Alle timelønnede skulle stemple deres personlige ur kort, når de mødte ind, og igen når de gik hjem. Der var et stempel ur i hver afdeling, og alle medarbejdernes stempelkort var placeret på en tavle med en lille kortholder med navn for hver enkelt lige ved uret.

Om morgenen, da man som nævnt skulle møde kl. 6.45, kunne man tillade sig at stemple ind kl. 6.47 uden tidsfradrag. Men hvis man stemplede kl. 6.48, blev det registreret som kl. 7.00. Uret regnede derefter frem til det nærmeste næste hele kvarter. Stemplede man fx kl. 7.01 blev det regnet for, at man var mødt kl. 7.15 osv.

Man fik kun løn for den godkendte registrerede tid. Funktionærer skulle ikke benytte ur kort. Det var bestemt noget særligt at være funktionær, det var en højere stand, med en række privilegier. Pensionsordning, fuld løn under ferie og sygdom, betalt frokostpause, bedre toiletforhold. Og funktionærer blev ikke fyret efter jul hvert år, når der ikke var så mange opgaver i ordrebogen.

Der var 3 ugers sommerferie i juli, den såkaldte industriferie, tvunget ferie. Fabrikken lukkede i den periode. Ellers var det kun almindelige helligdage og weekender, at man havde fri. Der var dog det særlige, at det i reglen kun var lærlinge og funktionærer, der var på arbejde efter jul og faktisk frem til sidst i januar. I den periode var der ikke ret meget arbejde til de timelønnede svende. Til gengæld var der i reglen overarbejde fra oktober til december. Der var flere, der forlod faget af den grund, at der kun var understøttelse at leve af i januar måned. Nogle kunne være særligt uheldige at gå ledige helt hen til marts, afhængigt af hvilke sølv- eller guldvarer, de arbejdede med. Ja, produktionsrytmen på Georg Jensen i 1960'erne mindede om et hormon forstyrret tævehunds. Mere og mere hektisk op til løbetiden, og når den var overstået, faldt den sammen som en klud.

Jeg boede som nævnt i Søborg, på Jonas Lies Vej, hos mine forældre dengang. Og jeg var junior cykelrytter og benyttede i reglen den lille afstand på små 6 km hver vej til intensiv kraftudfoldelse på cyklen. Det var dejligt og samtidig en lille ekstra cykel træning, selv om det af en eller anden mærkelig grund altid var svært at komme i gang om morgenen. Især føltes benene ømme og stive, når jeg begyndte at gå ned af trapperne fra 3. sal. Men det løsnede sig behageligt, når jeg havde cyklet et par kilometer. I dag er det desværre nærmest omvendt.

Skoldkopper

Da jeg havde været i lære i ca. 14 dage, var jeg meget sløj en morgen. Feber, hovedpine og helt elendig. Min mor måtte ringe til Ryvang 8100, Georg Jensen Sølvsmedie, og fortælle, at jeg var syg. Det var pinligt. Det gik ikke bare over i løbet af dagen, tvært imod, det blev værre. Jeg måtte endda til vores familielæge, Erik Bardram, der havde klinik på Runebergs Allé i Søborg, tæt på hvor jeg boede. Det var helt galt med mig. Han undersøgte mig og skrev en lægeerklæring, som skulle sendes til sølvsmedien.

Jeg havde fået skoldkopper. Det var ligefrem ynkeligt. Jeg som troede, at jeg nu var blevet voksen, og havde et rigtigt arbejde. Og så fik jeg en børnesygdom.[15]

---

[15] Min mor havde den regel, at man skulle gå i skole eller på arbejde, selv om man var sløj. Dvs. forkølet, let feber, let hovedpine. Man skulle blive hjemme, hvis man var syg. Dvs. over 38.5 i feber, stærk hovedpine, voldsom forkølelse. Hun vurderede kategorien ved at se mig ind i øjnene.

Da jeg efter en uges tid mødte på arbejde igen smilede mine nye kollegaer. 'Nåååå' sagde en, 'der har vi barnet igen. Mon han nu har fået alle sine børnesygdomme? Han er sikkert ikke helt udvokset endnu'. Det sidste var sandt, jeg var ikke helt udvokset. Og mange år senere viste det sig tillige, at jeg heller ikke havde fået alle mine børnesygdomme. Jeg fik fåresyge, da jeg var 35 år. Hans ord var ganske pinlige for mig. Man kaldte mig tilmed barnet. Mon de ville blive ved med det?

Min dag fra morgen til aften - madpakken - med videre

Mit vækkeur ringede kl. 05.50 på alle arbejdsdage. Jeg tændte radioen, og min søde mor lavede te og ristede brød. Og smurte mig en madpakke. Typisk var der rester fra aftensmaden i madpakken, en hakkebøf, eller frikadelle, medisterpølse ol. suppleret med spegepølse, skinke, leverpostej, gerne et rundtom af hver. Fire rundtomt rugbrød var normen til en arbejdsdag. Ofte var der også en banan eller et æble med. Vi sagde ikke meget til hinanden om morgenen. Det sagde min bror engang, han havde overnattet hos os. Helt forbavsende lidt, næsten besynderligt lidt sagde han. Medens jeg tog et lyn bad under bruseren i det smalle kombinerede toilet og baderum, havde min mor tjekket, at mit tøj var i orden og rent. Når jeg var påklædt, spiste vi.

Kl. 6.25 gik jeg ned ad trappen fra 3. sal, ned i cykelkælderen. Madpakke og lappegrejer og pumpe lå i min cykeltaske. En slynge af samme type, som cykelrytterne benytter til forplejning i etapeløbene endnu i dag. Dvs. en meget let skuldertaske med en lang strop over skulderen. Op på cyklen og så af sted. Roligt op af Jonas Lies Vej og ned af Søborg Hovedgade. Efter at være drejet til venstre ad Dyssegårdsvej blev der skruet op for tempoet. Det blev i reglen vildere og vildere ud imod Georg Jensen Sølvsmedie. Især når jeg mødte nogle, der ville lege med. Kl. 6.35 - 6.40 parkerede jeg cyklen i skuret bag den lille værkstedsbygning i gården i Ragnagade nr. 7. Jeg gik forbi marketenderiet [16]. Der købte jeg en Cocio kakaomælk, en Cola og 2 overskårne wienerbrød. Senest 6.45 var jeg let vasket igen og omklædt, nu med kittel, klar til at stemple mit ur-kort.

Wienerbrødene og kakaomælken blev sat på arbejdsbordet, og det blev fortæret medens jeg arbejdede og i reglen inden en ½ time. Og kl. 9 begyndte jeg at spise af madpakken og drikke af colaen. Den var spist op inden frokostpausen kl. 11. Jeg husker iøvrigt ikke, at der var køleskab til madpakker på værkstedet. Måske var der. Jeg brugte det i givet fald ikke. I marketenderiet havde jeg i reglen bestilt enten en bøfsandwich eller en bøf og et rundtom rugbrød med smør om morgenen, så det var klar til frokostpausen. Jeg købte også 2 cola til frokostpausen. Den ene cola drak jeg med det samme, og den anden tog jeg med op på værkstedet efter frokostpausen. I reglen hentede jeg yderligere en eller 2 Colaer eller kakaomælk i løbet af eftermiddagen. Nogle gange spiste jeg tillige en Crunch chokolade. Det hændte, at jeg købte flere wienerbrød i løbet af eftermiddagen, dog altid inden kl. 13.30, for da lukkede marketenderiet.

Jeg var enormt sulten og tørstig dengang, det var som om jeg forbrugte mere end jeg spiste og drak. Jeg kunne fx godt spise 3-4 store hakkebøffer til aftensmad, hvis jeg fik lov at bestemme, men det fik jeg i reglen ikke. Jeg fik almindeligvis lov til 2 måske 3, men jeg måtte spise så mange kartofler og grøntsager, som jeg havde lyst til. Mine forældre, især min mor, synes det var forrykt, at jeg spiste så meget, og at jeg trods det konstant gik

---

16 *En **marketender** er en person med tilladelse til at sælge føde- og drikkevarer, tobak mm. til en snæver kreds fx på en kaserne, i et firma eller lign. Lokalet for denne handel kaldes et **marketenderi**.*

rundt og var sulten. Ja og tillige mager som en jagthund. Her kan jeg lige indskyde, at jeg tog revanche et par år efter, da jeg blev soldat. Her måtte jeg spise så meget jeg havde lyst til. Det var til min store overraskelse den dejligste mad, der blev serveret i militæret.

Specielt ved kommandoen i Vedbæk, når Panajota Petersen stod for weekendforplejningen. En morlille indvandret til Danmark, som ville det bedste for 'sine' drenge.

Nu tilbage til læretiden på Georg Jensen igen. Jeg kørte hjem fra arbejde efter at have stemplet ud præcis kl. 16.15. Min mor havde aftensmaden klar kl. 16.30, hvor min far også var kommet hjem fra rådhuset.

På almindelige arbejdsdage bestod menuen af 2 retter mad. Enten en forret inden eller en dessert efter hovedretten. Forretten var ofte en suppe. I vintermånederne var det ofte sagosuppe med rosiner, svesker, små stykker af kanelstænger, og i sommermånederne var det blomkålssuppe eller lignende grønsagssuppe. Hvis der ikke var en forret, var der en dessert. Enten frugtgrød eller frugt. Hovedretten var typisk enten hakkebøf, frikadelle, medisterpølse, kotelet, krebinet, wienerschnitzel, stegt sild, stegt rødspætte, kogt torsk, stegt flæsk, stegt lever, stegte hjerter, eller biksemad mv. Masser af kogte kartofler var der til og rigeligt med sovs. Det skete, at der var kartoffelmos, ris eller marcaroni i stedet for kogte kartofler. Der var rigeligt med grøntsager til. Alt tilbehør af grøntsager var enten kogt eller syltet. Der var ikke råkost på bordet i mit barndomshjem. Til maden var der enten vand, orangeade eller mørk hvidtøl. Efter sådan et måltid var det tungt, at jeg straks efter skulle ud at træne 50 - 70 km, som en junior på 15-17 år dengang trænede 5 aftener ugentlig. Især de første 10 km fra Søborg og ud til Farum var tunge. Jeg havde besvær med at følge med, især når mine træningskammerater fra København og Lyngby allerede var varmet op inden vi mødtes i rundkørslen i Buddinge kl. 17. De havde sikkert heller ikke spist 2 retter mad, som jeg havde, inden de kørte ud at træne. Men jeg tog ofte hævn, når vi havde kørt 1½ time, først da var jeg ved at være klar, og da var mine træningskammeraters maddepoter måske også ved at være opbrugt. Jeg har det stadig sådan i dag, at jeg spiser for hurtigt og bliver helt tung et stykke tid efter. Men dengang var der ikke tid til 'at slå mave'.

Når jeg kom hjem fra træningsturen omkring kl. 19, havde min mor lavet te, og hun havde næsten altid hjemmebagt franskbrød og kage. Vi var privilegerede. Det påskønnede jeg ikke, jeg troede bare, at verden var sådan indrettet.

Om aftenen så vi næsten altid fjernsyn. Når det var slut ved 22-tiden, læste vi lidt og hørte radio.

I reglen lå jeg i min seng kl. 22.30, og sov som en sten efter et minut eller to.

Den mærkeligste madpakke, som jeg nogensinde havde med på arbejde, den fik jeg, engang min far og mor var i sommerhus. Da var det en af min kunstmalerbrors veninder, der havde overrasket mig med en madpakke. Hun syntes, at jeg var forfærdelig almindelig og kedelig. Den madpakke indeholdt to rundtommer fuldkornsrugbrød med chokolade budding. Jeg troede ikke mine egne øjne, da jeg åbnede pakken. Jeg så længe på denne besynderlige frokost, og de andre sagde, 'det kan du da ikke spise'!

Nogle gange kunne min mor også bikse en mærkelig ret sammen. Hvis der fx kom uventet besøg til frokost og hun ikke havde råvarer, så kunne hun finde på at snitte en ordentlig portion løg og blande det med tomatskiver og lade det stå og simrestege en halv time på panden. Herefter blev det serveret med rugbrød med smør som en alternativ varm kød fri hovedret. Hun kunne også finde på at stege skiver af blodpølse med kanel. Jeg kunne godt lide det - dengang.

I weekenderne stod vi først op kl. 7.30. Her var menuerne lagt an på madretter, der tog længere tid at tilberede.

Gule ærter blev lagt i blød dagen før. De blev kogt med grøntsager og krydderurter, bl.a. kviste af timian, og kogeflæsk blev lagt ved. Der blev også kogt medisterpølse til. Især suppe, der stod og kogte i timevis, kunne give en fantastisk duft i lejligheden. Fx oksekødssuppe kogt på store ben med et stort stykke oksekød lagt ved og masser af grøntsager. Eller der blev tilberedt brunkål. Det lugtede ikke godt. Brunkål var hvidkål, der blev tilsat sukker og salt. Der blev lagt et stykke røget flæsk ved. Eller der blev lavet skipperlabskovs, eller gullasch med kartoffelmos, forloren hare, forloren skildpadde med 'smilende' æg, kogt hamburgerryg med ærter, gulerødder og kartofler med rigelig smørsovs mv. Oksesteg fik vi, så vidt jeg husker, aldrig, flæskesteg fik vi kun til jul.

Vores weekend mad bestod i reglen af 3 retter mad, hvor der som tidligere omtalt kun var 2 retter til hverdag. Der var en forret før hovedretten og en dessert efter hovedretten. Vi havde ofte en eller flere gæster, oftest mine søskende med deres børn. Der blev drukket, hvidtøl, orangeade eller vand. Min far drak dog i reglen en porter, og om eftermiddagen drak han tillige et glas Sandemand Sherry og røg en Avocado cigar, og det gentog sig om aftenen.

Ja, Sherry, 'middelklassens svøbe' som folk med viden om samfundets klasser og klassernes vaner, uvaner og lyster og laster dengang betegnede det.

Maden var altid tilberedt fra bunden, grundigt tilberedt i lang, lang tid. Alle råvarer var købt i lokalområdet inden for en radius af 100 meter - fiskehandleren undtaget, den lå ca. 300 meter væk, men så var fiskene også levende - næsten. De svømmede sløvt rundt i store kar, hvor små luftbobler piblede op fra bunden. Frugt og grøntsager blev købt hos grønthandler Jensen på Jonas Lies Vej nr. 9. En meget lille forretning i et gammelt slidt hus, der i den grad savnede vedligeholdelse. Der var ikke varme i butikslokalet, der var dog kakkelovn i stuen og måske også en på første sal. Ægteparret var vel omkring de 60 år. De havde en søn på ca. 30 år, Kaj tror jeg han hed. Han havde et par tvillingedrenge på 5-6 år. Kaj blev sigtet for et mord eller meddelagtighed heri. Men det var ikke noget, der spillede negativt ind på grønthandlerparrets omdømme i lokalsamfundet. Der var en dejlig duft af æbler, selleri, porer, løg og mange andre friske grøntsager og frugter i butikken. Grønthandler Jensens hus var det sidste på Jonas Lise Vej, der fik WC. Indtil dette havde huset haft lokum og natrenovation.

Da jeg var dreng, bad Fru Jensen mig engang om at skynde mig ned til sygekassen på Carl Blochs Alle, inden lukketid og betale for de sidste 3 måneder, og få sat 3 mærker i sygekassebogen. Mærkerne var dokumentation for betalingen. Ellers ville hun ikke kunne modtage lægehjælp mv. Den lille bog fungerede nogenlunde ligesom sygesikringskortet i dag. Men man blev ekskluderet dengang, hvis man var mere end 3 måneder bagud. I øvrigt var fru Jensen særdeles bramfri. Engang hun var meget forkølet, sagde hun til nogle kunder i butikken, at hun ikke sådan kunne tillade sig at lægge sig syg. Butikken skulle passes. Så det var først hvis der gik ild i kosteskaftet, som familien brugte som termometer, at hun lagde sig i seng.

Nå, videre med indkøb. Kød og pålæg blev købt hos slagtermestrene Haag og Svane på hjørnet af Aakjærs Alle og Søborg Hovedgade. Hvis man bad om rørt fars, spurgte den lille af mestrene i reglen, om den skulle være 'dybt rørt'. Han var fuld af spas, den store med brillerne pjattede ikke, men han var meget venlig. Lige overfor på det modsatte hjørne af Aakjærs Alle og Søborg Hovedgade lå Købmand P. Madsen. Her købte vi vores kolonialvarer Der duftede dejligt af kaffe og krydderier i den butik.

På den anden side af slagteren lå et ismejeri, hvor vi købte mælk og smør. Derefter lå et lille parfumeri, herreekviperingshandler H.N. Nielsen, og Schous Sæbehus, hvor der lugtede stærkt af parfume og sæbe. Herefter en

NESA's elektrisk drevne trolleybus af den type, som blev anvendt sidst i 1950'erne. Den kørte bl.a. op ad Jonas Lies Vej til Søborg Hovedgade, hvor den havde sløjfe på hjørnet af Dickens Alle. Herfra fortsatte den tilbage af Dickens Alle til Hellerup og Klampenborg. I begyndelsen af 1960'erne blev den moderniseret. Samtidig fik karosseriet nyt design med mere runde former. Før 1953 var der en anden type trolleybus i drift, den var mørkeblå og havde et ganske andet design og karosseri. Jeg tror at alle tre varianter af NESA's trolleybus var bygget på samme chassis.

barber, en skomager, Olson hed han, en lillebitte blomsterbod, fru Strand hed ejeren så vidt jeg husker, yderst ud imod sporvognssløjfen lå frk. Betty Møllers lille iskagebod, hun var Søborgs slikmutter. Hendes bror stod ofte i butikken og så til, han ekspederede ikke. Sporvognen linie 16 havde endestation i sløjfen, fru Bærentsens blad- og tobaks kiosk lå midt i sløjfen. Efter Høje Søborg blev bygget, kom pladsen med sløjfen til at hedde Søborg Torv. På den modsatte side af sløjfen på Søborg Hovedgade var der en Zone brandstation, ved siden af den havde fru Crillesen sin marskandiser forretning.

Jonas Lies Vej. Til venstre anes grønthandler Jensens butik og hunden Buller, en labradorkrydsning, der bl.a. kunne gå byærinder for sin familie. Til højre i billedet ses vognmand Rasmussens bungalow. Bemærk også den hestetrukne skraldevogn, Nesa's trolleybus og hunden Molly samt den tamme allike Klavs på toppen af kvisten i nr. 10. Alliken tilhørte Even, han boede i stuen i nr. 10. De 3 drenge er fra venstre Flemming Gyldstrand, derefter mig og til højre Jan Hansen. Vi var venner.

Nu tilbage igen til Søborg Hovedgade. Vores bager lå skråt overfor købmand P. Madsen på Søborg Hovedgade. Ved siden af bageren lå en legetøjsbutik og en cykelhandler, samt et par villaer, den ene rummede et ligkistemagasin.

Få år senere byggede Iwan's Smørrebrød en større ejendom og forretning på det sted, hvor bageren, legetøjsbutikken og cykelhandleren lå. Han havde inden dette, en lille

Den lille barber og frisørmesters salon, skomager Olssons værksted, fru Strands lille blomsterbutik og frøken Betty Møllers iskagebod. Yderst til højre Høje Søborg I og foran den lå sporvognssløjfen. Bag sløjfen var der kolonihaver, hvor min far bl.a. havde kartofler. Engang rensede han den lille nyttehave for sten. Nogle af stenene landede på vejbanen, hvor Taxa vognmænd havde standplads. De blev forståeligt nok rasende på ham, så han måtte rydde op på vejen. Under II verdenskrig dyrkede han tobaksplanter på grunden. Min far mente, at tobakken fremskyndede, at hans tænder blev løse, hvilket lyder temmelig usandsynligt.

forretning ved siden af Søborg Kirke. Kirken blev kaldt 'nissehuen' på grund af dens røde spir og hvide mure.

Alle butikker var med betjening indtil Irma åbnede en butik med selvbetjening i det nyopførte Høje Søborg II, der hvor iskageboden, blomsterboden, skomageren og barberen m.fl. tidligere havde haft deres butikker i nogle små baraklignende og sælsomme bygninger. I IRMA skulle man selv tage varerne og lægge dem i en lille

Hjørnet af Jonas Lies Vej og Søborg Hovedgade først i 60'erne

metalkurv, det var nyt. Det var i 1957, hvor også Sparekassen Bikuben åbnede en filial i samme bygning. I forhold til selvbetjeningen i IRMA frygtede mange, at det ville blive en fristelse for svage sjæle og en åben port for tyveknægte, til at stjæle fra hylderne.

Der var en smule 'gastronomisk' fornyelse at hente, hvis jeg gik ned og købte to forårsruller hos Iwan's Smørrebrød på hjørnet af Jonas Lies Vej og Søborg Hovedgade. De kostede vist nok 3 kr. og var meget små og tynde. Det mest ejendommelige ved forårsrullerne var den soyasovs, der fulgte med. En mærkelig smag, som man lige skulle vænne sig til. Senere kom der en kinagrill længere nede af Søborg Hovedgade, i en tidligere slagterbutik. Her var der forskellige kinesiske retter at vælge

Der var Trolley bus i Søborg i begyndelsen af 1960'erne. Den kørte til Hellerup og til Klampenborg. Der var endestation ved hjørnet af Dickens Alle og Søborg Hovedgade, lige overfor Digtergangen. Skolebetjent på Søborg Skole Vilhelm Rasmussens Auto Union DKW er parkeret bag bussen.

imellem, og forårsrullerne var dobbelt så store som hos Iwan, og med masser af helt friske grøntsager, tillige knasende sprøde. De smagte rigtig godt og anderledes.

Pizza kendte jeg ikke dengang. I den store ejendom som Iwan opførte på hjørnet af Jonas Lies Vej og Søborg Hovedgade kom der også et supermarked, meget større end Irmas lille marked. Det var købmand Birgit Christensen, der havde etableret det. Hendes bror Holger Christensen etablerede et tilsvarende supermarked i Høje Gladsaxe. Hos hende gjorde vi hurtigt de fleste af vores indkøb. Varerne var i reglen billigere end i de andre butikker og hun havde meget større vareudvalg og friskere varer. Tillige var personalet ualmindeligt servicerende og hjælpsomt. Birgit Christensen hjalp min far i flere situationer og udviste forståelse og havde stor tålmodighed med hans til tider komplicerede sind. Birgit Christensens og hendes broder Holger omkom begge i en brand i deres fælles hjem. De var troende mennesker.

> Herren velsigne dig og bevare dig,
> Herren lade sit ansigt lyse over dig
> og være dig nådig,
> Herren løfte sit ansigt mod dig
> Og give dig fred.

Nu til noget ganske andet, til udstyret i vores lejlighed. Køleskab fik vi sidst i 50'erne, i samme periode hvor linoleumsbelægningen på gulvene blev fjernet, og trægulvene blev afhøvlede. Det var malermester Bang - han havde i øvrigt gigt i fingrene - der anbefalede det. Han garanterede, at vi ikke ville komme til at fortryde. Og han fik ret. Der blev efterhånden også købt vævede tæpper. TV fik vi i 1960, da min far købte en uafhentet gevinst fra julelotteriet. Jans forældre var dog de første, der fik TV, i vores opgang på Jonas Lies Vej. Det var i 1956, da der var Ungarnshjælp i TV. Nogle gange, var næsten alle børn fra opgangen samlet foran Tv'et hos Jans forældre. Enkelte gange var der også voksne med dernede.

Adler 2.5 - Type 10 - Auto Bahn 1938. Der var soltag, og forruderne kunne åbnes fremad forneden. Der var soltag. Den første personbil på Jonas Lies Vej.

Indian

Jan havde også elektrisk Märklin tog, han var meget heldig. Det synes vi alle. Hans far var den første, der fik en personbil, en stor Adler. Købt delvis for en tipsgevinst. Han tipsede sammen med Christensen i nr. 16, og de var heldige en dag med en 12'er. Bilen satte han selv i stand. Også en Indian med sidevogn istandsatte han og flere andre motorcykler, bl.a. en ret speciel Henderson Super X med ballontank. Men den blev vist nok aldrig klargjort helt med nummerplader. Edvard Hansen var maskinarbejder. Flere af os børn fik lov til at komme med på søndagstur i den store Adler med familien Hansen. Fx til Kongelunden, til Hareskoven, ja helt ned til stranden ved Veddelev ved Roskilde Fjord har jeg været med. Det var et privilegium. I øvrigt købte også Christensen en bil for sin andel af tipsgevinsten, en ret gammel DKW med to takts motor, Sådan en motor havde en uregelmæssig motorgang, den lød ret mærkeligt, og som om den ikke var justeret ordentligt. Men sådan lød alle 2 takts motorer.

Jeg må lige indskyde, at næsten alle gifte kvinder på Jonas Lies Vej var hjemmegående, der var også nogle enlige mødre. De havde alle arbejde. Nogle havde flere job, både med omdeling af morgenaviser og derefter arbejde i butik eller på fabrik. Ejendommen havde en overflod af børn, der var altid nogle at lege med.

Efter vi havde fået TV, fik mine forældre også en transistorradio. I vores lejligheds køkken var der iøvrigt 3 gasapparater på et jern bord med hvide kakler.

Under bordet var en gasovn. Der var ikke radiator i køkkenet, heller ikke på badeværelset. Der var radiator i de 3 øvrige værelser. De var placeret så langt fra vinduerne, at vinduerne frøs til is i kolde perioder. Vinduerne var også utætte, og messingtætningslisterne vibrerede og peb og frembragte de særeste lyde fra mundharpe til trompet alt efter blæstens styrke. Det kunne til tider virke lidt uhyggeligt med de sære lyde, især de lyde, der kunne snige sig frem af en sagte vind. Som en stemme fra underverdenen der trængte sig på.

Bygningernes indretning på Georg Jensen Sølvsmedie Ragnagade 7 - flere facts

Bygningskomplekset var opført af Georg Jensen A/S og stod færdigt i 1918 som 3 længet industribygning med en mindre gård i midten. Området på Ydre Østerbro var kombineret arbejderbolig-, småhåndværks- og industrikvarter. Der var liv og aktivister overalt i kvarteret, og i reglen også larm, os, og røg og lugt og stank endda fra de forskellige virksomheder, store som små. I gården var der en lille lav værkstedsbygning og cykelparkering samt en skulptur, forestillende 'Manden med leen'. Kompleksets eneste 'pynt'. Byggestilen var funktionel og enkel i god kvalitet. I hovedbygningen i Ragnagade 7 var der en buet port. Den var placeret lidt til venstre for facadens midte. Mindre lastvogne og varevogne og direktørens limousine kunne passere igennem. Til venstre inde i porten var der portnerfunktion med portnerens lejlighed. Til højre var der en trappe op. Bag trappen i stueplan var guldsmedeværkstedet. På første sal var der bogholderi og administration. På anden sal opholdt ledelsen sig. På tredje sal, hvor der var skrå vægge, var der tegnestue og gipsmodeller og en mængde modeltegninger.

I sidebygningen til højre for porten fortsatte guldsmedeværkstedet rundt i stueetagen. Der var færdigvarekontrol, lager og gravører på første sal. Da jeg kom i lære, sad både ciselører og gravører på første sal, men ciselørerne blev flyttet op på anden sal hos sølvsmedene i 1963. Gravørerne blev på første sal. På anden sal var der begrum, og værksteder for ciselører, sølvsmede, samt syrerum, emaljeværksted, billedskærer og metaltrykkeri. På tredje sal var der bestikværksted.

I den sidste sidefløj var forskudt en halv etage i forhold til de to andre fløje. Der omklædningsrum og bad i kælderen. Lager af uforarbejdet sølv mv. i stueetagen. Der var marketenderi på første sal. På anden sal var der forsølveri og pudseri og øverst var sliberiet. Der var showroom i hovedbygningen ud imod Ragnagade. Bag den lille værkstedsbygning i gården, var der et plankeværk med pigtråd på toppen ud mod Haslegade[17]. Her holdt Johansen til. Han reparerede alt vedrørende bygningerne eller sendte bud efter fagfolk, hvis han ikke selv kunne ordne det. Han kunne dog ordne det meste. Han havde drejebænk, og han kunne svejse. Han kunne lidt af hvert.

Hvor mange var der ansat?

Som jeg husker det, var der følgende antal ansatte på Georg Jensen Sølvsmedie i begyndelsen af 1960'erne. Da det er mere end 58 år siden, at jeg kom i lære, kan jeg naturligvis godt have undervurderet eller overvurderet

Der var ikke ledige stole på værkstederne i Ragnagade. Hverken i Georg Jensens tid i 1920'erne elles senere. Georg Jensen står i sin hvide kittel bagerst i værkstedet foto 1922 40 år før min læretid.

---

17 *De fleste boliger og bygninger i Haslegade er nedrevet og erstattet af nybyggeri. Det meste af gaden blev sløjfet og den tilbageværende del ændrede navn til Ragnagade, dermed havde Ragnagade fået et appendiks.*

antallet af medarbejdere i nogle afdelinger.

Afdeling	Antal medarbejdere
Administration og ledelse centralt	12
Tegnestue	5
Portner, Chauffør, service, marketenderi	8
Salg og færdigvarekontrol	10
Begrum	1
Pudseri	10
Sliberi*	12
Bestikafdeling*	20
Gravør og ciselør afdelinger*	10
Sølvtrykkeri og sølvdrejeri	4
Emaljeværksted	3
Billedskæreri	1
Forsølveri	5
Korpusafdeling*	30
Guldsmedeafdeling*	45

**) Til hver afdeling mærket med stjerne skal tillægges et antal lærlinge. I alt 20-25 lærlinge. Dvs. i alt ca. 210 - 215 medarbejdere. Det skal bemærkes, at der tillige var afdelinger på Tobaksvej i Gladsaxe samt i Hjørring, hvor der overvejende blev produceret stålbestik. Måske var der ansat 50-60 medarbejdere der.*

Det var ikke alle medarbejdere, der havde fuld førlighed

Der var mange medarbejdere på Georg Jensen Sølvsmedie's værksteder i Ragnagade. Og der var påfaldende mange med et svagt helbred eller med forskellige handicap og skavanker. Det var noget af det første jeg bemærkede, da jeg kom i lære. Når man selv var ung og rask, som jeg heldigvis var, og mødte arbejdsmarkedet efter at have gået i skole, så var det mærkeligt, at så mange havde en skavank, eller havde aparte udtryk og bevægelser. Nogle næsten som personerne i Alice i eventyrland - egenartede skabninger.

Børge

Den altid aktive og tjenstvillige Børge Bentsen, altmuligmand, der blev sendt rundt alle vegne i bygningerne, hentede og bragte det ene og det andet. Han gik tillige ærinder 'ude på gaden'. Når man spurgte ham om noget, som han ikke kendte svaret på, benyttede han ofte vendingen, 'du må ikke spørge mig om det, jeg skal lade det være usagt'. Ja, lidt skæve respons kunne han levere. Men vi forstod altid meningen. Ja, og han nævnte ofte, især lige før fyraften, at hans livret var fjerkræ.

Han havde en form for ryste-feber og virkede tillige som om, han altid havde det for varmt. Rød og opkogt allerede fra morgenstunden, og værre blev det op ad dagen. Han svedte meget, var tågænger, havde en hurtig særpræget nærmest hoppende gangart, og tillige meget hurtige hovedbevægelser, en slank skikkelse, langskaldet kranium, skaldet isse og helt lys skrøbelig hud. Han havde næsten altid små blødende rifter i ansigtet og på hænderne. Øjnene var let opspilede og urolige. Han havde givetvis en neurologisk sygdom. Men han lod sig ikke mærke af det, han klagede aldrig, var i reglen i fint humør. Han var sikkert mere syg end nogen af os anede dengang. Børge har nok været sidst i 20'erne, måske først i 30'erne. Nogle kaldte ham Emanuel, de mente, at navnet betød guds fred. Men dette er nu ikke helt præcist. Det betyder 'Gud med os[18]' på Hebraisk. Børge brød sig ikke om at blive kaldt Emanuel. Hans reaktion, når nogen kaldte ham Emanuel, var ganske enkelt, 'det er ikke mit navn'.

Den vise begmand

Der var den lille ældre Madsen, i det i reglen røgfyldte

---

18 *"Se, Jomfruen skal blive frugtsommelig og føde en Søn, og man skal kalde hans Navn Immanuel", hvilket er udlagt: Gud med os. Det Nye Testamente, Matthæus-Evangeliet, Kap. 1. s.8. Bibelselskabet for Danmark, Kbh. 1947. Sådan kaldte profeten frelseren, der var i vente, hans navn blev dog Jesus, eller var det måske en anden frelser end Jesus, der lå i profetien? Måske.*

begrum. Her blev sølvet, der skulle ciseleres monteret på beg, når det drejede sig om mindre sølvvarer eller flade sølvvarer. Når det derimod drejede sig om skåle og kander, der havde en hul kerne, så blev disse varer fyldt med beg. Efter sølvet var blevet ciseleret blev det igen sendt i begrummet, hvor det blev tømt for beg. Sølvet blev opvarmet næsten til det var glødende, så alle beg rester blev brændt af. Dette røg og osede meget kraftigt.

Madsen havde en mindre skavank, hovedet var let på sned og det dirrede ganske svagt. Han var også en smule skæv i ryggen og maven var let fremstående. Han var ualmindelig høflig, beskeden, ydmyg og livsklog at tale med. Han havde et smukt formfuldt sprog, talte altid pænt til alle og om alle, han bandede aldrig. Hans stemme dirrede svagt, når han talte, lidt som sangeren Sebastian. Når han spurgte om noget, havde han for vane at tale til folk i tredjeperson, fx: 'Hvad lavede Hans i går, var han ude at træne på racercykel?', og Hans det var altså mig, som han talte til. Han havde engang overfor mig udtrykt tvivl om, hvorvidt det var passende, at han i sin tid havde mødt sin tilkomne og senere ægtefælle i en sporvogn. 'Var dette en ordentlig måde for et anstændigt menneske at møde sin livsledsager på?'

Da jeg efter en tid, var kommet i tvivl, om det nu også var det rette for mig at blive sølvciselør, talte jeg en dag med Madsen om problemet. Jeg syntes at arbejdet var trivielt, samt at jeg ikke rigtig blev dygtigere til det håndværksmæssigt. Madsen gav mig det råd, at jeg ikke skulle lade mig frustrere af almindelige modstrømme i hverdagen, som han mente, mine frustrationer bundede i.

'En anden sag kan det være, hvis modstrømmen er grundlæggende i strid med dine egne grænser og normer. Så må du finde andre veje. Men dette her er en almindelig modstrøm. Du synes sikkert ikke rigtigt, at du gør tilstrækkelige fremskridt. De ældre lærlinge og svendene kan det meget bedre, end du kan. Og det er ikke så let at blive tilstrækkelig dygtig. Men husk på, at øvelse gør mester. Du skal lære tålmodighed, og erfare at du bliver dygtigere, når du arbejder flittigt hver dag i længere perioder. For dig er det vanskeligt lige i nuet, så det er forståeligt og i orden, at du er i tvivl, om du skal fortsætte. Tænkende mennesker har i reglen altid en eller flere grunde til at være i tvivl, om det de gør nu, også er det rette. Måske er det en ringe trøst, men det må du trods alt glæde dig over, at du ikke er alene om det. Hvis du springer fra, når du støder på en almindelig modstrøm, så kommer du ikke så godt videre i din tilværelse. Du kan risikere at komme til at begynde forfra igen og igen, og det kan være svære betingelser. Næsten som Sisyfos i den græske mytologi, der var dømt til i evig tid at rulle en sten op ad en bjergside. Hver gang han næsten var ved toppen, rullede stenen fra ham og endte ved bjergets fod. Så han måtte begynde forfra'.

'Lige i øjeblikket kan det måske være en lettelse at slippe væk fra en modstrøm, eller mere præcist sagt, slippe væk fra det sted, hvor modstrømmen for øjeblikket viser sig. Men der vil næsten med garanti opstå nye modstrømme det nye sted, hvor du søger hen. Du risikerer at komme til at hoppe rundt mellem jobbene, som en pingvin hopper rundt mellem isflagerne. Modstrømme udgør en del af livet, de kan endda være særdeles lærerige. Det vil du senere erfare', sagde han. 'Mange gange er det netop det, der giver modstand, som du bedst vil huske, også huske hvordan du kom videre. Tænk også på, at den der ikke vil kæmpe med virkeligheden, han risikerer i stedet at komme til at stride med fantomer i tankespind.'

'Hvis folk kunne lære at tage verden, som den var i stedet for at hænge fast i den opfattelse, at det er verden, det er galt med, og prøve at lave alt muligt andet ligegyldigt om - ligesom politikere har for vane - der i realiteten ikke fjerner problemer, men bare flytter rundt med dem, eller flytter rundt med dig selv. Nej, så hellere forsøge at opsøge og tilpasse sig mulighederne, der hvor man er. Så bliver livet både nemmere og bedre'. 'Og også kæmpe personligt, hvis man møder en person, der er urimelig, eller mangler indsigt og omtanke. Så må man prøve at få vedkommende stoppet'. 'Det kan vi gøre i vores del af verden, hvor vi kan leve i frihed uden sult og uden diktatorer og fanatikere, der skal blande sig i alt. Mange lever i opposition og i vrede til livets vilkår i stedet for at nyde livets mangfoldige muligheder. Det skal du have for øje'.

'Det er et sigte for et menneske at søge efter lykke og glæde i tilværelsen, og at finde de steder i livet hvor det kan opnås. Men du vil med tiden opdage, at det er i sorgen, melankolien og tristheden, at du kommer i tættest kontakt med dit væsens rod. Det kan være en skræmmende opdagelse. Mange forsøger at flygte fra den opdagelse, men måske er du en af de få, som vil forsøge at opsøge tristheden. Musik kan være en skånsom genvej til at søge tristheden. Jeg holder fx meget af Erik Satie[19], prøv du at lytte til hans musik, så vil du sikkert forstå, hvad jeg mener med at benytte melankolien. Melankolien ligger i selverkendelsen. Ethvert menneske der ser sin egen skæbne i øjnene, kommer samtidig i kontakt med sit inderste i melankoli. Ja, og det modsatte af tristhed finder du naturligvis i glæden. I glæden kommer du ikke i kontakt med dit inderste, nej, med glæden kommer du til at glemme dit inderste. Mange drikker sig berusede, for at opleve glæden og af denne vej at glemme skæbnen. Men alkoholen er en lumsk bekendt. Den glæde du opnår herved kan som et lyn fra en klar himmel slå over i forvrængede former for melankoli, vrede og utilsigtede stemninger, og du og dine omgivelser risikerer at møde de mest ubehagelige sider af dit selv og blive ramt af håbløshed og opgivenhed. Og især det faktum, at vreden har det med

---

[19] *Erik Satie. Fransk komponist og pianist. 1866 – 1925. Den danske sangerinde og pianist Agnes Obel, f 1985, bærer efter min mening på en ny måde Erik Saties stemning med sig i sin musik. Lyt fx til Saties Gnossiennes No 1. Hun kan være stolt.*

at lægge sig øverst, kan blive dig og dine omgivelser til stor gene'. Hvis du vil finde glæden, så må du erkende din sorg og komme i balance med din sorg[20].

'Og så er der endvidere dette, at folk hænger fast i forestillinger om, hvordan det ene og det andet skal være. Det er årsag til evindelige frustrationer. Både banale forhold som fx om sovsen skal hældes over kartoflerne, eller om den skal placeres ved siden af. Om man må sidde og sove inde i stuen, eller om man skal gå i seng, når man er træt. Om en bageovn skal placeres under bordet, på bordet, eller over bordet i køkkenet. Også • mere grundliggende forhold omkring, hvordan man taler til og med hinanden og behandler hinanden. Fx om en leder skal være magtfuld, og hvordan magtfuldhed praktiseres. Hårdt, kontant, og ikke noget at rafle om, basta, eller argumenterende og tagende med på råd, i dialog. Hvad skal en mand gøre, og hvad skal en kvinde gøre i hjemmet, på arbejdspladsen, hver især, hvad skal de gøre fælles, og hvordan skal det gøres? Eller hvordan et brev eller en ansøgning skrives?

Tro mig, jeg har erfaret, at sådanne forskellige forestillinger hos hvert enkelt menneske om dette og hint, kan blokere for livsnydelse, trivsel og velfærd. Nogle har også dannet sig forhåndsforestillinger om hvilken type deres livsledsager skal være. Høj, ikke så høj, lys, mørk osv. Det er nok noget af det tåbeligste man kan gøre at vurdere et menneske på indpakningen. Klogere er det at prøve at give lidt slip på sådanne forestillinger, selv om det kan være vanskeligt, og så se, hvad det fører med sig af nye oplevelser og muligheder, lige fra hvor sovsen skal placeres og til samtaleformer og samværsformer i hjemmet, på

---

20 *Udtalt af den finskfødte primaballerina og balletmester Sorella Englund, der mistede sin mor som 10-årig. F. Helsingfors 23. december 1945!*

arbejdspladsen og i livet. Gå på opdagelse i livets mangfoldighed, og måder at leve på helt ned i detaljen. Der findes livsmåder, som du ikke vil tro eksisterer. Det er interessant at opnå viden om og indblik i. Det skaber bedre grundlag for selv at vælge de levemåder, der passer bedst til dig. Husk, der hvor det er muligt at vælge selv. I modsat fald er der andre, der vælger for dig, eller du lader livets tilfældigheder og tidens fylde gøre det for dig, og du kommer til at drive af sted gennem tilværelsen, som en gren, der driver med strømmen i et bugtet åløb', og måske ender med at gå på grund.

Bemærk dig, at forestillinger i reglen er forudindtagethed, og at forudindtagethed er uhensigtsmæssigt, fordi det låser dine muligheder. Du skal huske, at drømme kan laves om, og at nye drømme både kan skabes og opstå.

'Vær opmærksom på, når livet åbner veje for dig. Det vil ske, for det sker for alle. Spring på, når det sker. Det vanskelige ved disse åbninger, det er, at de kan vise sig på områder, som du slet ikke har tænkt på eller er forberedt på, eller kan se dig selv passe ind i. Det er måske ikke lige det, som du har drømt om, det kan både være mindre og større, og det kan være noget helt andet, end du havde tænkt dig. Og det kan komme ganske uventet. Det kan dreje sig om alt fra arbejde til kærlighed og det, der ligger derimellem og mere til. Du kan være ret sikker på, at de mennesker der opnår betydeligt mere, end det, som deres familie, omgangskreds og omgivelser har opnået, det er mennesker, der har forstået at udnytte sådanne åbninger. Måske har de endda selv skabt dem. Det mest almindelige vil nok være, at vi overser eller ignorerer sådanne åbninger, tidspunktet kan også være ubelejligt osv.'

'Ja, og så dette, at vi har drømme om at opnå det ene og det andet, fra den store gevinst i kærlighed til det samme i lotteri eller arbejde, ja alt. Så længe det bliver ved drømmen om det, da er det fantastisk. Hvis det så bliver en realitet, og drømmen går i opfyldelse, da er det også dejligt. Bestemt. Men der er altid en hage ved det. Eller flere, som man ikke lige er opmærksom på, så længe, at det bare er en drøm. Det vil du også erfare. Du vil sikkert opleve, at få flere drømme opfyldt.'

'Husk Hans, at det en vigtig del af et godt liv, at være til stede i det, som du foretager dig. Hvis du tænker, at dette her, som du arbejder med, er spild af tid, så bliver det dermed spild af tid. Hvis du tænker, at det ville være bedre, hvis du i stedet arbejdede med noget andet, så spilder du også din tid. Da var det bedre, hvis du gjorde dette andet i stedet for bare at tænke det. I den forstand kan tanken om noget andet komme til at spolere din hverdag, og komme til at blokere dig. Dit liv kommer til at stå i skyggen, af dine drømme'.

'De fleste mennesker har prøvet at være misundelige, og de færreste vil indrømme at de har været det. Men indrøm det bare Hans. Misundelse er en pine, som du ikke selv har valgt, og derfor kan du ikke gøre for din misundelse. Men den kan være en gave for dig, fordi den viser dine savn og længsler. Måske også dine uopdyrkede talenter, hvem ved? Og i stedet for at skamme dig over din misundelse, kan du vælge at følge dine længslers mål'.

Den mand var klogere end de fleste, og lige så klog som min ene storebror, der var kunstmaler. Han var dengang det mest livskloge menneske, som jeg kendte. Min anden storebror, der var naturvidenskabsmand, og endda doktor, han viste sin stærke klogskab på den neurofysiologiske del af det naturvidenskabelige felt. De elektro-kemiske processer omkring nerve- og muskelfibre var hans forskningsfelt og store interessefelt.

For mig var livsklogskab dragende, hvorimod den viden læreanstalterne kunne fylde folk op med, kateter visdom, ja, den sagde mig ikke så meget[21]. Hvor begavet den end måtte være, så mangler den forankring i livets praktiske og reelle vilkår og muligheder. Videnskabens objektive tilgang til emnerne stiller den derved i fjernhed fra livet - i modsætning til den lille Madsens livsvisdom.

Det var meget godt og interessant og berigende for mig at tale med Madsen dengang. Han var med til at give mig forhåbninger for fremtiden. Der var på en vis måde lidt Dalai Lama over ham, egentlig også fysisk, hvis man ser bort fra, at Madsens hoved var lidt på sned, at det dirrede svagt, at han havde en mindre skævhed i ryggen og havde en fremstående mave, at hans stemme dirrede, og at hans beklædning var lurvet. Der var i øvrigt det karakteristiske ved Madsen, at hans bare underarme i reglen stak ud af ærmekanterne på hans mørkeblå kittel, på samme måde som man ofte ser Dalai Lama med bare arme, ja og faktisk havde Henry Heerup arme meget lig dette.

Hvordan den mand var havnet i begrummet, og var blevet begmand, det ved jeg ikke. Det virkede hverken passende eller logisk, men det virkede som en skræmmende fejltagelse på størrelse med den Greven af Monte Christo oplevede på fangeøen 'If'. Det havde passet bedre, hvis han havde været professor i filosofi, eller i det mindste havde været antikvarboghandler, en beskæftigelse der havde opbygget hans visdom og eftertænksomhed sammen med livserfaringerne. Men jeg er sikker på, at Madsen ikke havde hentet sin visdom fra bøgerne men fra perspektiver i sit liv. Jeg tror at pligtfølelse, disciplin, æresfølelse og beslutsomhed mv bedst kan vækkes af et

---

[21] *Tal er uforanderlige, derfor er de sande. Men de regnes ikke for noget, fordi selv tåber kan regne. Visdom derimod er det højeste mål at opnå – det regnes derfor for noget, da kun de få kan opnå dette.* ***Augustins Filosofiske Dialoger, Den Frie Vilje,*** *bind 3, 2. bog, stykke 1130. Forlaget ANIS, Frederiksberg 2002. Oprindelig Hippo Regius (nu Annaba i Algeriet), 388 e.Kr.*

levende forbillede. Af et menneske som den lille Madsen. Og så er jeg i øvrigt ret ligeglad med denne hypoteses rigtighed, fordi en hypoteses værdi netop ikke afgøres af dens rigtighed men af dens brugbarhed.

Efter et dagskoleophold, hvor jeg havde været væk fra sølvsmedien i 6 uger var Madsen ikke længere ansat. Jeg kunne ikke tilstrækkelig klart få oplyst, hvad der var sket, om han var blevet syg eller afskediget eller selv havde sagt op. Man sagde blot, at han ikke længere var ansat, andet vidste de andre ikke - så vidt jeg husker.

Jeg tror, at den lille Madsens hemmelig var, at han havde forstået den sjældne kunst at være et menneske. Det var et stort tab for mig, at han ikke længere var ansat. Men en lille lap, bagsiden af en dato afrivnings kalender, blev dog hængende i begrummet. Her fremgik følgende:

'Det eminenteste Talent kan fuldkomme sin Gjerning, det kan det ringeste Menneske ogsaa. Mere kan ingen af dem.

Søren Kierkegaard'

Under stålbordet hvor begen blev håndteret lå Madsens efterladte mørkeblå kittel. Den lånte jeg i håbet om, at lidt af hans visdoms kraft måtte hæfte sig ved mig.

Men hans kittel havde en helt anden virkning, end jeg havde håbet på.

Da de andre på værkstedet opdagede at jeg havde taget den på, råbte de;

'der har vi jo den nye begmand'.

Ravn

Da Madsen ikke længere var ansat, blev jeg som yngste lærling, bedt om at varetage opgaverne i begrummet. Når jeg kom hjem fra arbejde om aftenen lugtede jeg som en blanding af en ny asfalteret vej og et stykke røget flæsk. Det hang fast i hud og hår og tøj. Ja og det lagde sig sikkert også indvendig i lunger, hals, næse og svælg mv. Efter 4-5 uger i begrummet klagede jeg over det. Det var jo ciselørfaget jeg havde indgået lærekontrakt på, ikke beg håndtering. Da mine klager ikke hjalp, skrev min far et brev til driftsingeniør Jørgensen. Herefter blev jeg flyttet tilbage til ciselørværkstedet. Det blev så sidste gang, at jeg brugte min far som en trussel imod andre, når jeg følte mig uretfærdigt behandlet. Jeg indså efter råd fra min mester Paul Timm, at jeg havde en alder, hvor jeg selv burde tage ansvaret, og prøve at løse vanskelighederne selv. Timm var en klog mand. Han havde naturligvis ret i, at når man er ved at være voksen, så skal man selv prøve at løse sådanne problemer, og ikke kalde på far eller mor. Og også være lidt mere tålmodig og besindig med at vente på den rette løsning, 'der blev jo gjort, hvad der var muligt i afdelingerne, for at finde en anden medarbejder. Medarbejderne stod ikke i kø efter et job som begmand, det var det vanskelige. Det var ikke din fars brev der skabte løsningen. Desuden vil du blive mere tilfreds med det du opnår, hvis du selv taler din sag og tager ansvaret'.

Madsens efterfølger i begrummet blev hentet op fra pudseriet. Han havde på grund af en kræftoperation kun en lunge tilbage. Jørgen Ejler Haar Ravn hed han. Han havde jyske aner, var fra Kolding egnen, og han havde en søn, som han forståeligt nok var stolt af. Sønnen uddannede sig både til bager og konditor og var særdeles dygtig til begge dele, han var indstillet til medalje for konditor svendestykket hos Haandværkerforeningen i Kjøbenhavn.

Ravn, den behagelige mand, var god at tale med. Iøvrigt bandede han på en særlig måde - med bibelske vendinger så som; 'Iiii du alstyrende', 'Iiii du almægtige'. Der var aldrig noget med djævelen hos ham. Ravn var svært svækket af sygdom. Sidst i 50'erne var han vel. Han måtte ikke ryge for lægerne, og så gav man ham arbejde i det røgfyldte begrum, med røg og os fra morgen til aften. Inden sin sygdom arbejdede han som nævnt i pudseriet, hvilket måske havde været endnu værre at fortsætte med, med det fine diamantstøv og polermasse mv., der hvirvlede rundt der. Ravn hostede meget, det var som om han ikke havde kræfter til at hoste helt igennem. Man fik lyst til at hoste for ham, så der kunne komme meget mere tryk på.

En dag, da jeg kom ud i begrummet, lå Ravn fladt udstrakt på stålbordet, hvor begen blev håndteret[22]. Det så helt forkert ud. Hvordan var han kommet op på det høje bord? Han reagerede ikke på min ankomst. Ligbleg. Bevidstløs? Eller? Jeg var lamslået. Hentede straks min mester, der kom til. Efter et øjeblik med holdt vejr så jeg og Timm til fælles lettelse, at Ravn trak vejret. Han havde det dårligt den dag, men ville ikke gå til mesteren og melde sig syg, så han hvilede sig blot i sin velfortjente frokostpause. Han må have haft det ubeskriveligt dårligt, når han kunne finde lindring ved at kravle op og lægge sig på den kolde og aldeles ubekvemme kraftige stålplade.

Det var trist, at han måtte kæmpe så meget med sit helbred for at klare dagene igennem og tjene til mad og husleje. Det var aldeles ufortjent at livet kunne forme sig sådan. Det tænkte jeg over, at det ikke var alle, selv ikke i et frit og rigt samfund som vores, der havde mulighed for at vælge fx en anden mere passende levevej end at arbejde i et beskidt og tilrøget begrum. Og åndedrætsværn, var der ingen, der overvejede, ej heller jeg. Aldrig tænkte jeg den tanke.

---

22 *Den rå beg bliver opblandet med hård lak (for at ophæve det klæbrige), og der tilføres trippelse, dvs. fint pulveriseret tegl (for at gøre konsistensen fast) og finsk tjære (for at gøre konsistensen sammenhængende, bindende og kompakt). Afslutningsvis blev massen kogt og rørt sammen og sat til afkøling.*

Andre med skavanker, handicap, særheder og vaner

Der var også ciselør Carlsson, svensk af oprindelse. En senet hvidhåret pergaments bleg ældre mand. Han havde en kredsløbslidelse. Tålte hverken kulde eller varme. En varm sommerdag forsøgte han at køle sig lidt af ved at spise jordbær. Men han forspiste sig og drattede til sidst om, og blev kørt i ambulance til skadestuen. Han var heldigvis klar til at arbejde igen næste morgen.

Og der var ciselør Svend Jensen, der havde problemer med hjertet. Efter hans død kom enken i sorg og lidt forvirring og måske forarmelse og forsøgte at sælge hans personlige værktøj til firmaet. Det kan tænkes, at hun har hørt at værktøjet var meget værdifuldt, hvad det i sagens natur også var, da det ville tage måneder at fremstille. Tillige er det ganske uundværligt for en ciselør. Firmaet købte hans værktøj, selv om firmaet sådan set ikke havde noget at bruge det til, da alle ciselører netop havde deres eget værktøj.

Det kan tilføjes, at hver ciselørlærling og ciselørsvend selv skulle fremstille sit personlige værktøj, dvs. hamre og punsler, og selv sørge for at opbevare og vedligeholde og tilpasse det. Det var meget sjældent, at man lånte punsler[23] af hinanden. Man lånte heller ikke ciselørhamre. Ciselørhamre benyttede man til at slå på punslerne, på samme måde som man slår med en hammer på en mejsel. Det kunne ske, at man lånte 'hammer hamre'. Det var hamre som man slog med direkte på sølvet, bl.a. til hammerslåning.
Der var den ældre Viktoria Sørensen. Hun tålte ikke træk. Hun havde friske æg med til salg om sommeren. Hun afskyede vulgært sprog og øgenavne, der var udbredt på værkstedet. Og i endnu stærkere grad afskyede hun drikkeri, og det vrøvleri og de dumheder, det resulterede i. Hun var ofte syg i længere perioder om vinteren.
Og ciselørsvend Svend Weishaupt, som både var døv og stum

---

23 *En punsel er en specialudformet mejsel, alle udformninger kan forekomme.*

og måske af samme grunde, virkede meget trist. Han var endda min mestersvend i en kort periode ved overgangen mellem mestrene Haakon Brauer og Paul Timm. En mestersvend er i øvrigt den svend, der er udpeget, som ansvarlig for, at pågældende lærling lærer det, som faget kræver. Det var ikke ordene, det kom an på men alene håndværket. Weishaupt kunne skrive beskeder til os på små papirlapper, og vi skrev på samme måde til ham. Det var ligefrem deprimerende for mig at have denne triste mand som vejleder, det må jeg tilstå. Men naturligvis var det mere tungt for ham at leve med disse alvorlige handicap. Jeg opnåede aldrig at få personlige relationer til ham, han var frustreret og følte sig konstant diskrimineret, i forhold til løn, ledighedsperioder mv.

Jeg har i øvrigt aldrig læst en teoribog eller en anvisning på en eneste opgaves løsning i ciselørfaget. Det var det praktiske og kun det, der var i fokus. Men det skal man nu heller ikke undervurdere betydningen af. I realiteten ligger der måske lige så meget viden bag gennemførelsen af ciseløruddannelsen, som der ligger i at gennemføre et universitetsstudium af tilsvarende længde. Men det er i sagens natur på to helt forskellige plan. Et kompliceret håndværksmæssigt plan, hvor bevægemønstre, timing, fingerfærdighed, øjemål, formsans og kontrol er koordineret i en højere enhed med erfaring og viden samt kontrolleret anvendelse heraf, overfor et kompliceret sprogligt og skriftligt niveau, hvor indsigt, viden og kontrolleret anvendelse heraf går op i en højere enhed. Man kan videre konkludere om forskellen på de to typer af læring med Arthur Schopenhauers [24] bestemmelser om henholdsvis 'det naturlige menneske' på den ene side og 'bogmennesket' på den anden side. Bogmennesket der lever mere i ord end i gerninger, og som har set mere i

---

[24] ***Arthur Schopenhauer**. 1788-1860. Verden som vilje og forestilling. § 16, fx s. 175. Gyldendal 2008. ISBN 9 788 703 006 376. Oprindeligt 1818.*

bøger end i den virkelige verden. Den verden som vi er i dag, har med tiltagende styrke har bevæget sig i bogmenneskets retning. Alt tyder på, at dette vil fortsætte med øget intensitet fremover!

Den anden hørehæmmede ciselørsvend på værkstedet kaldte vi Frederik, han hed Frederiksen. Han var lige så munter, som Weishaupt var trist. Han var aktiv i fritiden i døves badmintonklub. Han havde masser af humor og selvironi, og han fortalte vittigheder og drillede os andre, og han kunne tale i telefon, hvilket vi lærlinge syntes var mærkeligt, når han nu var døv, hvad han naturligvis ikke helt har været. Han kommunikerede flittigt med alle, han mundaflæste også og talte udmærket. Han havde arbejdet i Tyskland i 30'erne, da der ikke var arbejde i Danmark.

I sliberiet var der bl.a. sølvsliber Ole Bayer, hans ene ben var lidt kortere end det andet. Hans lille søn fik senere, da han var blevet voksen, sin egen maler forretning i Frederiksborggade tæt på Nørreport, hvor han i en periode også var handelsstandsforeningens formand, og talsmand især for de små butikker i kampen imod ungdomshærværk og ballade i gaden. Han var ofte i TV 'Lorry'. Han lignede Ole helt påfaldende, men han var en del større end Ole, der var ret lille.

Der var direktionschaufføren, der døde ved rattet i den store Buick, der med et sagte bump rullende ind i muren i firmaets gård i Ragnagade. Han styrede uden om Georg Jensens skulptur af 'høstkarlen' på denne sidste færd, til gengæld måtte fru Kofoed fra marketenderiet, der var på vej hjem, springe til side, for ikke at blive ramt. Bagefter kunne man egentlig godt huske, at chaufføren havde haft en ualmindelig blårød ansigtsfarve og betydelige vejrtrækningsproblemer, bare han skulle gå det lille stykke op ad trappen til marketenderiet. Dengang vidste jeg ikke at hjertet kunne give sådanne symptomer.

Og der var flere med forskellige skavanker, bl.a. var der en, der var halt, som man dengang sagde. Han havde stift ben. Hans cykel, var konstrueret således, at det kun var den ene pedal der kørte rundt. Jeg tænkte, at det var mærkeligt, at det kunne fungere, da pointen ved en cykel netop er, at når den ene pedal daler, så stiger den anden, som derved kommer i trædeposition. Måske deraf navnet p-dal, hvor p'et er klistret på 'dal' ligesom det engang var klistret på salme, p-salme? Ja, måske. Det påstod Jan Monrad for mange år siden i 'Græsted Radio'.

Denne 'halte' medarbejder og den usikkert cyklende Børge Bentsen kom en sneglat morgen cyklende samtidig ude fra Ragnagade - fra hver sin side - på vej gennem den snævre port. Ingen af dem havde i sinde at stå af eller at vige for den anden. Måske turde de ikke af frygt for at vælte. Portneren, den lille slanke hr. Kildegård med den fyldige og venlige hustru, råbte ad sine lungers fulde kraft med sin skarpe fistel stemme: 'Der må ikke cykles gennem porten'. Men det var for sent. De lå allerede med sammenfiltrede cykler midt i porten. Den ene var mere ophidset og chokeret end den anden. De skældte hverandre ud for ikke at se sig for og vise hensyn. Portneren så hovedrystende til, sammen med strømmen af nytilkomne medarbejdere, der skulle op at stemple ind og begynde dagens arbejde. Der var et helt lille opløb dernede.

Der var en hel del 'Gøg og Gokke' over den situation. Tragikomisk. De var ikke ligefrem atleter. Begge havde vanskeligt ved at komme på benene og samtidig få filtret cyklerne fra hinanden, og samle sanserne om dette, i stedet for at skyde skylden på hinanden. Ironisk; 'de staae lige overfor hinanden som de to Skaldede, der efter en lang Strid endelig fandt en Redekam.'[25]

---

[25] *Søren Kierkegaard. Samlede Værker, bd 1. Om begrebet Ironi. 3. udgave 2. oplag. Gyldendal 1962. S. 109.*

Ciseleringer og graveringer - hvad går håndværket ud på

Ciselørens opgaver består i at dekorere sølvet. Almindeligvis udført som relieffer. Dekorationen fremtræder ofte hævet op over den flade, den er placeret på. Det er det ældre design, der benytter ciselerede dekorationer fx på lysestager, kander, fade, skåle, søjler, serveringsspader osv. Ciseløren anvender hamre og punsler i sit arbejde. En punsel er en stålmejsel. Den kan benyttes til op drivning(løftning) af materialet fra materialets bagside og til ciselering af ornamenter på materialets forside. Punsler bliver udformet i alle mulige størrelser og tilpasninger til opgaverne. Man slår på punslen med en ciselørhammer, ligesom man slår på en

Ciselør med punsel i venstre hånd og hammer i højre

Bæger med ciselørpunsler og ciselørhamre

mejsel med en hammer. Blot slår man afdæmpet og med betydelig fornemmelse for den dekoration man udformer.

Den håndværksmæssige udfordring for enhver ciselør, er ikke håndteringen af hammeren, men derimod håndteringen af punslen. Punslen betjenes nemlig med den ledige hånd, dvs. for højrehåndede bliver den ledige hånd i sagens natur den venstre hånd, og modsat naturligvis for venstrehåndede. Vanskeligheden består i at opøve og udføre komplicerede finmotoriske bevægelser med den 'forkerte' hånd. Derfor tager det noget tid, før man bliver tilstrækkelig sikker og stabil til at udføre arbejdet med tilfredsstillende håndværksmæssigt resultat.

Ciseleringerne på Georg Jensen Sølvsmedie dækker flere stilarter, bl.a. 'art nouveau'/skønvirke, 'jugend', funkis, og en mængde elementer lånt fra den klassiske græske og romerske ornamentik og mere til. Georg Jensen hentede inspiration mange steder, herunder af kunstnere som han havde tilknyttet[26]. Efter ham er der kommet meget nyt og modernistisk design til firmaets varesortiment. Den første mester jeg havde, Haakon Brauer, han sagde, at jeg skulle huske på, at jeg ikke kun var ansat for at tjene min løn og få tiden til at gå, men for at skabe ornamenter, ornamenter som en hyldest til skaberen. En gave af skønhed i ærbødighed for herrens skaberværk. Det skulle jeg have for øje og altid gøre mig umage.

Ofte udførtes opmåling og optegning af ornamenter mv. uden opmåling i faste millimeter mål. Det var øjemål og fingerfornemmelser, der styrede processerne. Det betød bestemt ikke, at der var frit slag. Der var altid en tegning og en gipsmodel. Og hvis det fremgik, at en dekoration på en tekande fx skulle inddeles i 28 ens dekorationsfelter, så skulle der være præcis 28 ens felter. Men det skal tages i betragtning, at ornamenter og dekorationer blev udført rent håndværksmæssigt, på

---

26 *Sølvsmedien ekspanderede bl.a. via opdeling i en internationalt orienteret salgsafdeling samt en industrielt orienteret produktionsafdeling, med hver sin magtfulde direktør. De 2 aktieselskaber fungerede med selvstændige bestyrelser. Georg Jensen oplevede sig i stigende grad marginaliseret. Titlen som kunstnerisk direktør stod ikke mål med hans forventninger. Det endte i brud, der kompliceredes af at den ene direktør og flere centrale personer var besvogret med Georg Jensen som søskende til 3 af hans afdøde hustruer.*

rent håndværksmæssigt fremstillede skåle, kander, fade osv. Hver eneste vare var unik. Der var ikke to, der var helt ens, hvis man begyndte at måle meget præcist efter. Kunsten for håndværkeren var at skabe produkter, der fremtrådte helt ens, helt korrekt, på trods af, at de ikke var helt ens. Der skulle skabes en illusion. Lidt magi var godt at have i 'ærmet'.

Den håndværksmæssigt baserede produktionsmåde dengang stod i skarp kontrast til maskinfremstillede varer. En maskinarbejder eller værktøjsmager arbejdede dengang som i dag med 1/1000 del millimeters nøjagtighed. Her drejer det sig ikke om illusioner, men om micro tolerancer. Der er mere brug for 'pernittengryn' i sådanne fag end der var i sølv- og guldsmedefagene, hvor en del rodehoveder gennem tiderne har klaret sig ganske glimrende.

Lærlingen fremstillede selv sit værktøj, hamre og punsler. De blev filet i facon og slebet og poleret glatte. Sluttelig hærdes stålet. Det sidste kunne være drilsk, da man let risikerede, at komme til at udføre en for aggressiv hærdning. Fx en for hurtig afkøling af metallet i olie efter glødning, eller at man ikke fik efter varmet stålet tilstrækkeligt efter hærdningen, så brodden blev taget af det hærdede metals spændinger. Det kunne få materialet til at revne eller ligefrem splintre. En ciselør havde mindst 100 punsler og 3-4 hamre i forskellige størrelser og udformninger. Selv træskafterne blev håndfremstillede. Man kunne i reglen fremstille en punsel på 1½-3 timer og en hammer på en ½ til en hel dag. Man lånte nødigt andres værktøj, så hellere bruge en halv dag på at lave et nyt selv. Og man udlånte også nødig sit værktøj. Man arvede dog glædeligt en dygtig gammel svends eller mesters værktøj, eller lånte det. Værktøjet var omgærdet af magi, og måske klæber magien til værktøjet?

På Georg Jensen har man fastholdt meget af det ældre design, der bliver ciseleret. Den nyere tids formsprog præger dog en stadig større del af produktionen. Der er ikke ciseløropgaver forbundet med det nye formsprog, der i øvrigt ikke er ubetinget nyt. Meget af dette nye formsprog har 70 - 80 år på bagen.

Min glæde ved at arbejde med det gamle design blev skærpet gennem læretidens første år, hvor jeg skulle lære at udføre ciseleringerne præcist og korrekt. Men senere, da jeg var ved at være udlært og egentlig kunne udføre de opgaver, man som ciselør kunne komme ud for, begyndte jeg at have det ligesom, når man har hørt et stykke dejlig musik igen, og igen og igen. Magien gik tabt. Jeg forestiller mig, at det ville have været lidt bedre at have været sølvsmed, fordi der her var en løbende fornyelse, med det modernistiske design, som Henning Koppel, Søren Georg Jensen, Nanna Ditzel m.fl. stod for dengang. Men dette nye gav ikke opgaver til ciselørerne.

Hvis fx Bjørn Nørgaard havde designet til Georg Jensen, kunne jeg forestille mig, at han ville have sat ciselørerne i sving. Synd at han ikke gjorde det. Han ville have set de fantastiske muligheder, det ville kunne tilføre sølvet. Nørgaard har for mig at se et betydeligt udtryksmæssigt slægtskab med Arno Malinowski, som jeg også værdsætter højt. Fx hans armbånd og halskæde 'løg'. På trods af, at ciseleringer er forladt af vores tid, og på trods af høje priser, er der stadig efterspørgsel på det gamle design, fra Georg Jensen. Ciselørfaget lever videre med 3 svende og en lærling på værkstederne på Søndre Fasanvej 7 på Frederiksberg.

Gravørens opgaver består i inskriptioner og i ornamenter, signeter og dekorationer af forskellig art.

Gravørens arbejde bliver stukket ned i materialet, med spidse skarpe stikler, der skærer fine spåner ud af materialet, hvorved motiver og bogstaver opstår. Dengang var der ikke maskingraverede bogstaver, næ, dengang var det håndgravører, der udførte graveringerne med svung og karakter i gravuren. Ikke noget med elektronik i stiklen og slet ikke noget med gravørmaskiner eller andre teknologiske påfund. Jeg var meget imponeret af gravørens

Arno Malinowski, arm ring Onion(løg) Georg Jensen dessin 110, ca. 1945.

arbejde. Fx var der flere rederier, der fik graveret kaptajnens store sølvbakke, hvor et stort smukt motiv af skibet blev graveret på bakken. Det var en dyr sag, Ikke bare på grund af den fine store gravering, men også på grund af, at bakken indeholdt kilovis af sølv og krævede stor håndværksmæssig dygtighed og arbejdstid at fremstille.

Jeg har en enorm respekt og beundring for de opgaver, som håndgravører kan udføre. Mange opgaver synes at være på den anden side af det menneskelige mulige, så små og så præcise, og man skal ofte benytte lup for at kunne se det komplette resultat. Som et eksempel på dette, bestod en af gravør lærlingens øvelser i at gravere 'Fadervor' i dets fulde tekst på en sølvplade af samme størrelse med den daværende én øre. Ja, den lille katekismus var endnu ikke glemt dengang.

Det håndværksmæssigt vanskelige ved håndgravering, er at vælge den rette stikkel til opgaven, at holde det rette tryk bag stiklen og at variere det, så der fremkommer de ønskede relief og skyggevirkninger mv. og allermest at

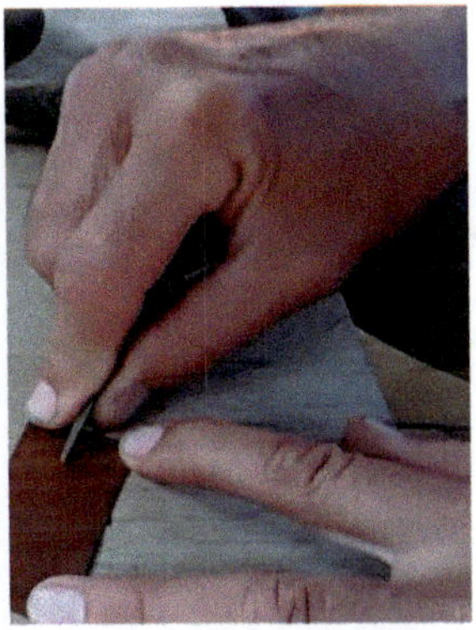

Gravør med håndstikkel

Ciselør og Gravør værktøj, 3 stikler

undgå 'ryttere'. En rytter er en smutter, dvs. når stiklen smutter ud af kurs og laver et utilsigtet længere spor i materialet. Det kan være uopretteligt så hele emnet må kasseres. Derfor arbejdes der med utallige øvelser i messing og kobber før lærlingen får lov til at gravere i sølv- og guld.

Eksempler på håndgraveringer

Ciselørerne og gravørerne

Ciselørmester Paul Timm, hvis far i øvrigt også havde været ciselør, var en meget venlig og fagligt godt funderet mester. Han instruerede og demonstrerede meget grundigt, og han så meget grundigt efter, hvordan hans lærlinge arbejde, og interesserede sig meget for hvad vi tænkte og følte, hvad vi interesserede os for, og han forstod og støttede til enhver tid sine lærlinge med individuelle hensyn til vores forskelligheder. En virkelig god mester, og et observant menneske. Jeg kunne ikke ønske sig nogen anden mester end Paul Timm. Han var tillige den mest behagelige og empatiske leder jeg er stødt på i mit arbejdsliv - overhovedet.

Timm efterfulgte Haakon Brauer, den gamle norske mester, der ansatte mig i 1962, han blev pensioneret som 70-årig i 1964. Han boede i en herskabslejlighed i Vejrøgade nr. 1. Når Brauer skulle instruere mig - det skete i øvrigt ikke så tit - så satte han sig på min plads med mit værktøj og med det sølv, som jeg arbejdede på, og så begyndte at arbejde. Jeg stod bagved og kikkede på. Han arbejdede derefter i nogle få minutter. Samtidig talte han henvendt til mig med smuk norsk accent, 'sådan Haaans'. Og det var det. Så gik han. Ja det var det.

Han holdt sig for munden, når han talte. Han havde den uvane, at han brugte skrå. Så hans tænder har givetvis været sorte. 'Kan du løbe neettt ettterrrrdd en pakkkkke Rrrrrrrekorrrdd Skrrrrrråå, Haaaans' bad han mig ofte, og så hentede jeg 'Rekord Skrå', som mærket hed, hos den lille tobakshandler på den modsatte side af Ragnagade. Der var ingen, der måtte vide eller se, at han brugte skrå, selvom alle naturligvis vidste det. Han bad mig samtidig se efter, om der var kommet et eksemplar af den norske avis 'Aftenposten' fra den foregående dag. Så måtte jeg over i bladkiosken på Lyngbyvej og se efter den. Det var forståeligt for mig, at han skulle have de seneste nyheder fra sit smukke fædreland.

Ciselørsvend Svend Åge Nissen, der tillige arbejdede som guldsmed, når der var brug for det - det gav lidt mere i lønningsposen, da der var bedre akkorder og større mulighed for masseproduktion af ringe og andre småting.

Nissen var omkring 60 år og lige så tyk som Berg, men han var 10 cm mindre. Han havde tæt gråt hår og tykke hornbriller. Han fortalte engang om 30'erne, hvor der ikke var arbejde indenfor faget. Da fik han nogle gange afløserjob som kullemper i varmecentralen i kælderen under Københavns Kommunehospital i Far-i-mag's-gade. Ja 'far i mag', råbte bonden engang til kongen på dette sted - deraf navnet. Det var meget slidsomt, snavset og elendigt lønnet at være kullemper der. Og kvælende varmt ved fyret. Om vinteren var det tillige isnende koldt i de forskellige kælderrum. Både i de rum, hvor kullene skulle hentes og efterfølgende i de rum, hvor kul- og koksslaggerne skulle magasineres efter afbrænding i fyret. Rummene var uhyggelige. De var forbundet i et uoverskueligt forgrenet gangsystem. Men Svend Åge Nissen var glad for overhovedet at kunne få lidt arbejde en gang imellem, så han kunne få penge at leve for. Engang havde en farlig forbryder gemt sig et sted derinde i gangene. Da var det ekstra uhyggeligt at skulle arbejde i fyrrummet og kulkældrene.

Nissen fortalte en anden gang, at en bror til ham havde opsøgt ham en juleaften. Broderen og Svend Åge Nissen var mange år tidligere kommet i strid, da broderen ustandseligt skulle låne penge, men ikke betalte tilbage. Så de havde ikke set hinanden i en årrække. Nissen afviste broderen i døren. Vi lærlinge syntes nu trods alt, at det var hjerteløst af Nissen, især når det var juleaften. Men der har nok også været andre grunde, der var værre end pengene, som han ikke ville fortælle os om. Nissen havde en stor lysegrå Chevrolet Bel Air fra 1953.

Ciselørsvend Henry Heerand, den lange ældre mand, i reglen kaldet Heerand, eller 'den lange' eller i særlige situationer 'piberenseren' eller 'Chabesoflasken', en flaske der leder tanken på smalle hængende skuldre. Han boede på Skodsborg Strandvej 220 'volt vekselstrøm', som han havde for vane at tilføje i relation til sin adresse. Han boede sammen med sin '3. mellemsøster'. Ja det sagde han, og søsterens kæreste Kaj boede der også. Kaj var sælger, ja og af hvad? Det vidste Heerand ikke rigtigt - ej heller søsteren. En ældre større smuk Patricia villa, ikke herskabeligt møbleret, men bestemt ok. Helt usammenligneligt meget over den jævne 3. sals lejlighed på Jonas Lies Vej i Søborg, hvor jeg boede.

Heerands hus lå direkte til stranden, hans egen private strand - med badebro - en fantastisk beliggenhed direkte til Øresund, 10 meter fra stuen til vandkanten. Hvordan havde han egentlig råd til at bo på den adresse? Han var næsten altid på timeløn, og dermed tjente han ikke ret meget. Det var lidt af en gåde for os, hvordan han kunne bo der. Og med tiden er min undren ikke blevet mindre. Heerand havde sukkersyge. Engang han havde været til kontrol for dette på 'Hvidøre' i nærheden af, hvor han boede, han fortalte, med et lille smil, at blodprøven viste spor af ingefær. Det kunne lægerne ikke forstå. Det er nok porterne, sagde han, men det finder de nok ikke ud af. Og det er også lige meget, for ingefær er sundt, fortsatte han. Det har jeg undersøgt, sagde han.

Da jeg kom i lære, drak Heerand Carlsberg Hoff, den blev senere skiftet ud med en Carlsberg Porter, der blev til flere portere dagligt. Han havde det sikkert ikke så godt. Vi drillede ham ofte, når han var blevet bedugget sidst på dagen. Engang fyldte vi hans taske med store blykoldser. Han havde stillet tasken på arbejdsbordet, medens han var henne for at stemple sit ur kort som det sidste den arbejdsdag. Han dinglede en del på vej tilbage hen imod tasken, som han forsøgte at gribe i farten. Men den lod sig bestemt ikke bare gribe i farten. Heerand snurrede i en halvbue omkring tasken, der blev stående på bordet, og derefter måtte han slippe taskens hank, hvorefter han endte siddende på gulvet, hvor han til stor morskab for os slap en fjært.

Det var pinligt for den ældre mand, fysisk og vel også psykisk svækket, som han var, og det var tankeløst ondt fundet på af os. Det fortryder jeg meget i dag. Vi fik en berettiget skideballe af vores mester. Der som tidligere omtalt var en meget venlig mand. 'Der må snart være grænser for drengestregerne, I er jo næsten voksne, tag jer dog sammen for pokker' sagde Paul Timm til os. Næste morgen lovede Heerand os bank, med ordene, 'mine hænder sidder løse - pas på'. Og så holdt vi os i skindet i flere dage, indtil vi splattede finsk tjære på hans fodskammel. Det var noget klistret stads, der ikke var til at få af skoene, af gulvet eller af noget andet. Heerand havde i øvrigt haft en lille radioforretning i Westend på Vesterbro, da han var ung. Dengang han havde højt hår, ja det sagde han, højt hår. Han kunne reparere alt på en radio og skaffe reservedele og give fiduser fx til at fjerne støj og susen fra de forskellige modstande og forstærkerdele og styrkereguleringsdele.

Heerand kunne være vældig morsom, og gæstfri og venlig var han tillige. Han inviterede alle ansatte på værkstedet hjem til sin 60-års fødselsdag midt under øl strejken i 1965 [27], hvor der kun var svensk og hollandsk øl at få i butikkerne, Heineken bl.a. Det var forsommer, en dejlig behagelig stille og varm solskinsdag, en søndag eller måske en helligdag, hvor vi sad udenfor og kikkede ud over Øresunds glinsende spejl. Nu fik vi også lejlighed til at se hans '3. mellemsøster' og Kaj og flere andre søstre og deres mænd. Og niecerne var der flere af. Hans '2. mellemsøsters' mand arbejdede i DFDS. Jeg sad ved siden af denne søsters ganske kønne datter, der boede i Hillerød. En anden niece boede på Amager.

Heerand købte i øvrigt en del sølvvarer en gros hos Georg Jensen. Det kunne alle ansatte gøre. Jeg har også selv købt nogle få ting lidt sølvbestik, stålbestik og enkelte

---

[27] *Øl strejken i 1965 varede fra 2. maj til 13. juni. En svær tid for mange, især for drukkenbolte.*

smykker. Men Heerand købte fx 12 sølvbægre og andre større partier af varer til sig selv. Nogle gange oversteg prisen på disse indkøb hans løn ganske betydeligt. Han måtte have haft økonomiske reserver at trække på, eller nogle af hans bekendte må have haft det.

Charles Poulsen, var pensioneret ciselørsvend, oprindeligt kaldet 'ovalværket'[28]. Jeg husker ikke, hvorfor han havde fået dette særprægede øgenavn. Det var vist nok noget med, at alt bevægede sig samtidig men i forskellige retninger. Det blev fortalt, at han var den første håndværkersvend på Georg Jensen Sølvsmedie, der købte sin egen bil, det var engang i 1930'erne.

Engang var Charles Poulsen på besøg på værkstederne hos os i Ragnagade. Han var virkelig en nydelig ældre herre, meget velklædt og velsoigneret. Det havde jeg slet ikke forestillet mig, med det øgenavn han havde fået. Måske var det bilen, han dengang havde købt, der havde givet inspiration til tilnavnet 'ovalværket'?

Der var flere han kendte og hilste på og talte med, medens han gik rundt på værkstedet. Han lod tasken blive stående på det arbejdsbord, som jeg delte med Leif og Heerand. På en eller anden måde fik Leif og jeg lokket en af svendene til at se, hvad 'ovalværket' gemte i tasken.

Netop som vedkommende svend var ved at lukke tasken efter et grundigt gennemsyn, der til vores fortrydelse ikke bragte en eneste interessant eller pinlig effekt frem, dukkede den pensionerede hr. Poulsen op. Den distingverede elegante Poulsen blev både forundret og vred, da han så den berusede ciselørsvend stå med tasken.

'Hvad laver du i min taske', spurgte Poulsen. 'Jeg skulle blot se, om du havde gemt nogle tyvekoster i den',

---

[28] Et ovalværk er et kompliceret stykke specialværktøj, der gør det muligt at udskære ovale profiler, bl.a. i træ.

svarede svenden ganske kækt. 'Jeg kunne melde dig til politiet for dette her', svarede Poulsen vredt og forlod værkstedet med ordene:

'Sikken en mangel på respekt for andres ejendele og mangel på opdragelse - tænke sig, at det er kommet så vidt i dag blandt kunsthåndværkere. Det er skammeligt for Georg Jensens omdømme og for ciselørstanden. At man vil bruge sådanne folk, det er mig ubegribeligt. Faget og virksomheden var bedre tjent foruden.'

Der var også ciselørlærling Marianne Christensen, hvis far var i færdigvarekontrollen og hendes kæreste, ciselørsvend Renny W. Andersen, der efterfølgende supplerende uddannede sig til tandtekniker.

Flere år senere mødte Leif Johnny Pedersen Marianne. Mødet var kort, hun var på vej op i en bus, men nåede i farten at råbe til ham, 'Jeg er blevet gift med Renny, vi har fået to børn, vi har hus i Hvidovre, hej, hej.' Ja, det var en kort version af livshistorien, som hun der fik fyret af. Marianne arbejdede i øvrigt også hos guldsmedene i nogle perioder, jeg tror bedre hun kunne lide det end at ciselere, eller måske var det den bedre løn, der var årsagen. Et eller andet trak i den retning.

Poul Andresen, var også ciselør, men han arbejdede i reglen i bestikafdelingen. Han lavede spas, og med voldsom forvrænget stemme prøvede han at efterligne Bing Crosby og Dean Martin. Især sang han ofte de første strofer af 'Everybody Love Somebody Sometimes' med en overdreven vibrato og med en stemme, der tilsigtet knækkede over. Det var en rigtig god karikatur af Dean Martin, og Poul kunne egentlig også minde en del om Dean Martin, en ganske flot gråsprængt mørkhåret charmør, der i fremtoning og adfærd virkede yngre, end han var.

Og der var lærlingene Leif Johnny Pedersen og Hans Rosenfalck og senere kom også Violette Bürki, 'den lille sorte' eller 'lille knogle', blev der klistret på hende.

Hun havde endda også et kælenavn, det var Lotte. Sød og køn, det var hun. Også hun arbejdede i perioder hos guldsmedene. I en periode var også Maikel Pedersen ansat i ciselørværkstedet. Hun var gudinde smuk.

Så var der gravørmester Erik Madsen og hans nevø gravørlærling Ole Bøgelund, de var begge dygtige og fagligt ambitiøse ud over det almindelige. Ole fik Haandværkerforeningens sølvmedalje for sit svendestykke. Ole er fortsat aktiv i faget, han har sin egen guldsmede- og gravørvirksomhed i Hjørring. Der er ganske få håndgravører tilbage i Danmark.

Øgenavne

Det var ikke kun hæderkronede æresfyldte navne, der blev uddelt rundhåndet i Ragnagade, som det var hos indianerne i Amerika. Selvom der også var tilnavne, som ikke ligefrem var ærekrænkende. Her kan fx nævnes; den lille, den lange, den sorte, den lille sorte, barnet, den røde, skægget, rødspætten og frederikshavneren. Men der var flere navne, der var mindre gode at få tildelt, fx piberenseren, chabesoflasken, tempeldanseren, brædtfryns, den vandrende pind, den lille knogle, det snigende uldtæppe, ovalværket, lokumskongen, doktor Humle, slangetæmmeren, den hellige, bordsnakkeren, og pyromanen. Øgenavne der alle tiltænkte pågældende et ringe omdømme.

Herudover anvendte man ord som snudebøf, ynglekæp og mange andre betegnelser og ord. De fyldte en god del af sproget på værkstederne. Det var nyt for mig, og umiddelbart kunne det virke morsomt og nogle gange uskyldigt, især så længe det ikke gik ud over en selv. Sådan var det nok for de fleste. Men ofte var der ondskabsfulde undertoner med, og det blev også benyttet til at mobbe andre, eller til at fjerne et negativt fokus fra en selv og flytte det over på en anden. Den lærdom fik man, især når man selv prøvede at blive ramt.

Berg - Elvir Heinrich Berg, i regeln kaldet Heinrich

Berg, også kaldt Heinrich eller 'Doktor Humle' fordi han drak mange bajere, der som bekendt indeholder humle. Der var den forhistorie, at han havde et dårligt ry blandt ciselørsvendene, dvs. de ældre svende, som typisk var født mellem 1900 - 1915. Vi unge lærlinge kendte ham ikke dengang, da vi hørte, at han skulle begynde en mandag engang i 1963. Han blev overflyttet fra et job som arbejdsformand i Gladsaxe afdelingen, hvor der blev produceret maskin udstansede stålvarer og sølvvarer. Lidt af et kuriosum var det, at de to schæferhunde, der holdt vagt på området i Gladsaxe efter fyraften, hed Marx og Berg, opkaldt efter de to markante arbejdsformænd. Min far, der arbejdede i socialforvaltningen i Gladsaxe Kommune, kendte Marx arbejdsmæssigt, fordi Marx ofte kunne ansætte ledige arbejdsføre personer, der var havnet i socialforvaltningen. Marx kunne næsten altid bruge en ekstra arbejdsmand i sin afdeling. Som nævnt i indledningen var det Marx, der anbefalede min far, at jeg kunne kontakte afdelingen i Ragnagade, hvis jeg ønskede en læreplads som sølvsmed, man søgte jævnligt lærlinge.

Det hed sig, at Berg, blev flyttet tilbage til sit gamle fag, fordi han drak for meget. Han kunne godt bestride de faglige dele af lederjobbet, men han kunne ikke være et godt eksempel for sine medarbejdere. Det var problemet. De gamle ciselørsvende sagde, 'at han var blevet smidt ud på grund af druk' og de fortalte videre, at han var en rigtig slubbert, der ikke var til at stole på. Vi lærlinge fik af vide, at vi skulle holde os fra ham, ellers ville han på alle måder blive os et ubehageligt bekendtskab. Så vi var noget påpasselige.

Men det skulle snart vise sig, at denne høje tunge skaldede mand, med det brede ansigt og den fyldige let krumme næse og de små mørke øjne, var fantastisk, og tillige eminent faglig dygtig. Dygtigere og hurtigere end nogen anden ciselørsvend. På trods af, at han ikke havde været aktiv håndværker i en længere årrække.

Han havde for år tilbage arbejdet freelance i store varehuse a'la Illum og Magasin du Nord i USA. Som et eksempel på opgaverne fortalte han, at en velklædt dame kom hen til ham, hvor han sad i det åbne værksted midt i stormagasinet, hvor folk passerede forbi. Her bestilte hun et relief af sin medbragte lille hund. Den opgave måtte Berg udføre på stående fod. Først tegner dyret og derefter at ciselere relieffet i en passende sølvplade, som hun selv valgte. Den kunne hun hente den følgende dag.

Ja og videre havde han, som allerede fortalt, været arbejdsformand i Gladsaxe. Hverken håndværket eller den klassiske ornamentik havde han dog glemt undervejs. Han arbejdede med en meget langsom kadence med hammeren, og han brugte punsler, der var meget større, end de punsler, som enhver anden ciselør ville have valgt. Men hvert slag var placeret med stor præcision, og lagt med den rigtige styrke og i den rette dynamiske rytme, som skal til, for at forme det perfekte ornament. Han arbejdede aldrig en ekstra gang hen over sine serier af træk af hammerslag, som vi andre ofte måtte gøre. Han var en artist.

I forsøget på at virke lige så virtuos som Berg, udviklede jeg selv den attitude, at arbejdet skulle udføres med overbevisende ro og langsom kadence. Det virkede til min overraskelse ikke blot som attitude, men efter en tid virkede det også håndværksmæssigt. Næsten med samme tryllekraft som det gjorde ved olympiaden i 1968, da en højdespringer for første gang sprang med ryggen over stangen i stedet for med maven.

Berg støttede til enhver tid og ubetinget de svageste på smedjen, dvs. lærlinge og arbejdsdrenge. For os var han en Robin Hood, og han holdt sig ikke tilbage. Han havde ikke respekt for titler eller andet, der kom 'fra oven'.

Han fortalte historier, så vi var ved at flække af grin, og han kunne, til enorm begejstring for os alle, efterligne og karikere og animere hvem som helst, og hvad som helst, når som helst. Mennesker, herunder en hvilken som helst kropsdel, i en hvilken som helst situation, dyr, planter, ting, stemmer, lyde, dufte, selv tanker, ja alt, alt. Han overgik 'Linje 3', der i øvrigt dengang blot var en sporvogns-linje, der kørte mellem Østerbro og Kgs. Enghave, hvor Berg i øvrigt boede. Han var en gave for os lærlinge.

Men sandt var det, at han drak. Ganske forfærdeligt meget. Og selv om han vel var omkring 190 cm høj og nok vejede sine 120-130 kg, så virkede han nærmest letbenet og mobil og adræt. Han kunne løbe op ad trappen fra gården og til 2. sal uden at holde i gelænderet, og han var trods alt omkring de 60 år. Men han var ofte lige til at 'stemple ud' efter frokost, når der havde været snaps på hans frokostbord. En af os lærlinge blev sendt i byen efter en ½ flaske snaps, enten Rød Aalborg eller Harald Jensen. Det kom an på, hvem han skulle dele med, og hvad der var flertal for. Vi blev sendt af sted kl. ca. 10.30, ofte var flasken tom kl. 12. Den kunne strække til 2 dage, hvis de kun var 2 til bords. I reglen var de 3-4 om at dele, da blev flasken tømt til frokost.

Mestrene købte jævnligt en enkelt eller to genstande af flasken. Det foregik komisk fordækt, nærmest snigende, når snapsen skulle udlånes og leveres tilbage igen. De fleste på 'det lille snapsehold' havde tillige drukket øl, eller porter, og det var ofte lige fra morgenstunden. Denne lille skare var svært alkoholiserede.

Engang bad min mester, Haakon Brauer, om jeg ville løbe op til 'Birrrrg'. Sådan udtalte han Berg. 'Haaaans sagde han til mig. Kan du løøbe opp til Birrrg og spørrrge, om jeg kan køøbe enn enkelttt snappps af ham'. Mesteren sad det meste af dagen i færdigvarekontrollen på 1. sal. Så jeg løb op til Berg i værkstedet på 2. sal, og spurgte om Brauer kunne købe en enkelt snaps af ham, hvis jeg måtte låne flasken, som jeg plejede, og komme tilbage med den, når Brauer havde fyldt sit glas. Det hele plejede at foregå fordækt, med flasken skjult. Ingen måtte se noget.

Berg svarede, at jeg denne gang skulle købe 2 halve flasker snaps, og at han skulle have den ene, og at jeg skulle give Brauer den anden, med venlig hilsen fra Berg.

Jeg afleverede flasken til Brauer, og sagde, at jeg skulle sige fra Berg, at flasken var fra ham, og det var med venlig hilsen. Brauer blev ildrød i hovedet, greb flasken og styrtede op til Berg, hvor han knaldede flasken i bordet og råbte; 'Hva faaannn laaaver du Mannn, hvaa bildddrrrr duu deeeiig innn. Deeet errr det mæsttt uforskammdeee jeeeiig ennnnuu har oplevttt frrra diin siddd Birrrg. Jeeeiig harrr ikkkke bedddd om en heelll falskkkeee, men om en enkeltt snappps, som sævanliiiig´.

Nå, svarede Berg, 'det var kun for at hjælpe dig, at jeg ville forære dig en halv flaske. Det er nemmere for os begge, og så behøver du ikke at lege skjul med min flaske op og ned af trapper og ind i kroge, hvor andre ikke kan se, hvad du laver af upassende ting for en mester.'

Det var en ægte 'Berg'. Og Berg brugte derefter ofte vendingen, 'hva faaannn laaaver duu mannn'. Og så grinede han som en flækket træsko.

I øvrigt lejede Berg en lille feriehytte ved Køge, direkte til vandet i sommermånederne, og tog på arbejde derfra med 'Bøgekussen', som han kaldte køgebussen. Der var en del plat sprog på værkstederne dengang, fx også 'det kan ske det kniver med gaflerne', så var bestikafdelingens varesortiment næsten inddækket.

Berg fortalte os ofte om de 'langfilm', som han så relativt sent om aftenen på svensk tv. Dansk tv lukkede dengang tidligt på aftenen. Egentlig mærkeligt, at han kunne holde til disse våde dage på værkstedet og efterfølgende være længe oppe om aftenen og igen tidligt oppe næste morgen.

En sen eftermiddag kom administrerende direktør Anders Hostrup Pedersen kom ind i værkstedet, da var Berg ved at tage sig en dyb slurk af sin øl. Nåå Berg, sagde direktøren. 'De ville have bedre af at spise et stort rødt æble'. Berg tøvede lidt, og svarede så, 'joo, ét æble måske, men De må forstå, at jeg umuligt ville kunne spise så mange æbler, som jeg drikker øl'. Og så skraldgrinede de begge to.

Alkoholpolitik og at lære at leve som en fri mand

Bortset fra Berg var svendene der drak i reglen temmelig ubehagelige overfor os lærlinge, der tilhørte den første Cola-generation i Danmark.[29] Vi blev betragtet som hængerøve af de gamle svende, fordi vi ikke brød os om alkohol, som vel i grunden også smager grimt for en dreng eller pige på 15-17 år. Man må huske på, at dengang var der ikke alle de raffinerede alkoholiske drikke, som der er i dag. Dengang var det øl og snaps. Vin blev der ikke drukket meget af blandt håndværkere dengang. I andre miljøer, blev der nok drukket vin, hvor folk var berejst, og kulturelt mere udadvendt, end det var tilfældet blandt faglærte arbejdere og lavere rangerende funktionærer.

Firmaets alkoholpolitik bestod i, at mesteren stemplede de berusede svende enkeltvis ud, når de ikke længere kunne arbejde, og det var med ordene, 'gå hjem og sov den ud og kom igen i morgen kl. 6.45', og det gjorde de, ellers blev de fyret. Men det kunne til gengæld gentage sig dag efter dag, måned efter måned, år efter år. Der var vel 7-10 svært alkoholiserede på hele virksomheden, hvor der dengang vel var omkring 200 ansatte, og

---

[29] *Coca Cola blev genindført i Danmark i 1959 efter ca. 20 års pause, hvor der ikke var en dansk importør, der havde importlicens fra Coca Cola Company, Det var en dyr licens. Man kunne dog købe Coca Cola i Sverige, og på sverigesbådene. Coca Cola var noget ganske særligt.*

herudover var der endnu flere, der drak 3-5 øl pr. dag. Ret få drak ikke øl. De blev i reglen betragtet som særlinge, 'seriøse' i ordets mest kedelige, underkuede, initiativløse eller ligefrem kvindeligt afrettede betydning, hvad der var det værste, der kunne overgå en voksen mand. 'Fortæl aldrig din kone, hvor meget du tjener. Gør du det, mister du din frihed til at disponere og leve som en fri mand, og det ender måske med, at du ikke tør tisse midt ned i vandet i din egen WC-tønde, så man kan høre udenfor, at det plasker'. Det var sådanne råd de gamle svende gav til os, især op ad dagen, hvor de både havde fået øl og snaps. 'Glem aldrig at sørge for din ret til at være en fri mand' kunne de sige.

De unge svende rystede på hovedet ad de gamles vrøvl om frihed og mandighed. Men det var den ældre kvindelige ciselør Viktoria Sørensen, som i reglen svarede: 'Du taler ikke som en fri mand, men du taler som et gammelt svin'. Og hun fortsatte: 'Hvis man bliver gift, så må man naturligvis dele det, som man har, og det som man tjener - mand og kvinde - det nytter ikke at lyve eller at skjule så væsentlige ting for hinanden, som hvor meget man har at leve af i det daglige, så du har også misforstået, hvad et ægteskab er. Og du skulle holde op at drikke så meget øl og snaps hver dag, og koncentrere dig om dit arbejde, din familie og din egen sundhed'.

Ofte reagerede pågældende svend eller svende ved at blive grove overfor Viktoria. Og de havde lige så lidt som Karl Mar Møller i dag har det, argumenterne med sig. De kunne fx sige 'med den røv og det par sko, du jumper rundt med, burde du slet ikke sige så meget lille Viktoria'.

De turde ikke reagere sådan, hvis en mester var der. Han ville omgående have bedt dem om at holde mund, og måske også have sendt dem hen at stemple ud for den dag.

Hvis en mester var der, kunne de i stedet finde på at sige. 'Ja Victoria, kvinder forstår ikke det talte sprog'. I vil tolke og dreje hvert ord af led. Og hvis en mand interesserer sig for en kvinde, vil hun betragte det som utidig indblanding, og hvis ikke han interesserer sig, vil hun betragte det som ligegyldighed. I kender ikke til fornuft. I er umulige at have med at gøre. I kvinder kendes på, at I har et tomt hoved og en tunge som en kirkeklokke, bimmelim, bim, bimmelim'. Dette medførte naturligvis også en reprimande fra mesteren.

I øvrigt kunne de også finde på at drille Viktoria, ved at sætte ølkapsler i klemme i de højtsiddende vinduer, der blev åbnet og lukket ved træk i en lang snor. Viktoria var meget kuldskær og mærkede straks, at det trak. Men de sagde blot at enhver da kunne se, at alle vinduer var lukkede. Man skulle faktisk op at stå på bordet, for at konstatere, om der var sat noget i klemme i vinduet. Viktoria var så lille, at hun ikke ville kunne se, om der var noget i klemme, selv om hun kravlede op på bordet. 'Du kunne nok allerhelst tænke dig at sidde med røven oppe på radiatoren, hvis du kunne nå derop lille Viktoria', kunne de også finde på at sige'. Det må have været forfærdeligt at være kvinde eller pige i en familie med en mand eller far med en sådan adfærd og med sådanne holdninger, og også usundt at være dreng der.

De drikfældige havde det modsatte problem af Viktoria. De havde det for varmt. Det var ynkeligt at høre og at se på det drikkeri hver dag. Så meget vidste vi lærlinge dengang. Vi ville aldrig drikke alkohol i arbejdstiden eller som tidsfordriv, kun i festligt lag.

At ende som de gamle, var afskrækkende. På en måde var det for mig, som om hele faget havde noget aflukket over sig, sluttede snævre cirkler og små skæve verdener, med hver deres sære påfund og nedarvede normer, som de var spundet ind i. Når turistbusserne og deres guider troppede op hver dag over middag, for at se de arbejdende kunsthåndværkere på sølvsmedien, kunne tankerne falde på, om vi var en del af en human zoologisk have til underholdning for mere eller mindre velbeslåede turister. Jeg ville finde andre leveveje i tilværelsen, når jeg engang var udlært, det vidste jeg ret hurtigt.

Jeg tænkte, om det måske generelt forholdt sig sådan, at de fleste mennesker har opmærksomheden rettet imod det, som de selv beskæftiger sig med og det, som optager dem. At det er derfor, der opstår små selvstændige 'verdner'. Fordi de fleste føler sig bedst tilpas i selskab med ligesindede. Derved opstår 'os' og 'dem'. Hvor 'dem' er de, der er udenfor vores interesser. Jeg havde ikke lyst til at blive en del af 'os'. Måske var det slet ikke sundt at vælge så nem og bekvem en løsning, som at blive en del af et fællesskab. Uanset om det var et arbejdsfællesskab, et interessefællesskab, fx et politisk fællesskab eller et kulturbaseret fællesskab. Det tænkte jeg meget over, herunder også dette, at et menneske der er en del af et fællesskab, for mig at se, aldrig ville kunne blive fuldt ud sig selv, fordi det netop sælger ud af sin sjæl.

I den forbindelse er det interessant, at Søren Kierkegaard bl.a. nævner, at vi i udgangspunktet slet ikke vil være os selv, fordi det er for omkostningsfuldt og besværligt. Det er lettere blot at flyde med tidens strømninger, end det er at virke i et forhold til sin personligheds bindende magt. Der er også den bonus ved at flyde med tidens strømninger, at det sociale spejl, dvs. dine relationer til andre mennesker og deres vurdering af dig, bedømmes på den måde, at du kan regne med at blive betragtet som en af vore. Jeg så det som et udtryk for personlig svaghed og som en nødløsning, at slutte sig til en flok. Også når svagheden var erkendt, som i arbejderbevægelsen, og ligesådan hos arbejdsgiverne, der også stod sammen for at opnå større styrke.

Og alle parter var endda i den vildfarelse at tro, at netop de havde fat i den tykke ende af tovet, men overså at væksten, der er forudsætningen for forestillingens fredelige videreførelse gradvis, vil aftage - på grund af klodens og ressourcernes begrænsning - og til sidst vil det resultere i ophobning af affald, i klimaændringer og begrænsede livsbetingelser - analogt til en kræftsvulst, væksten bliver dens egen død. Nå ja, det blev vist til en storpolitisk sidebemærkning.

Det jeg dengang var ved at nærme mig, med min opposition imod at tilslutte mig et fællesskab, var utvivlsomt et af sociologiens og et af menneskelivets grundproblemer; at mennesket som individ er alene i verden, men at det samtidig er absolut afhængigt af andre mennesker og af forskellige former for fællesskaber med andre mennesker. Til dette vil jeg lige indskyde, at da jeg var ung, var jeg fascineret af forestillingen om at leve i det yderste hus i Hattarvik på Fugloy på eller på Svinoy på Færøerne med ganske få mennesker i nærheden. Droppe radio og tv mv. Bare være til, måske gå i kirke, når præsten var på besøg og holdt andagt. Det var sikkert inspireret af min slumrende barnetro blandet med min mormors tro; at være kristen er en prøvelse, fornægte sig selv i ubetinget indadvendthed som sin egen medvidende prædikant.[30] Forstå biblens ord, ikke som historiske bidrag fra oldtiden til fortolkning i objektiv belysning, men som aktuelle ord rettet til dig her og nu. Luk alt andet ned som fx også mystikeren gør det i dyb indadvendthed.

Overvejede tillige mere radikale former, som nogle voksendøbte og gendøbte praktiserer, idet de efter dåben vælger at genopstå, som et nyt menneske befriet for enhver form begær, og leve skarpt efter det.

Dette som modsætning til den mere magelige Lutherske praksis, hvor kristendommens sandheder udøves filosofisk, uden nødvendigvis så meget praktisk kristelig gerning.[31]

---

30 *Søren Kierkegaards Skrifter. Bind 12, **Indøvelse i Christendom** S. 297. Gads Forlag, København 2008. ISBN 9788712043683*

31 *Søren Kierkegaards Skrifter. Bind 13, **Til Selvprøvelse Samtiden anbefalet** S. 46. Gads Forlag, København 2008. ISBN 9788712044901*

Ingen af disse metoder tiltalte mig, jeg ville heller ej kunne leve op til dem, det havde jeg erkendt. Næ, jeg forestillede mig noget i retning af at lægge verden død - og vente på min naturlige opløsning i universet - med Emily Dickinsons fantastiske, VERS J712/Fr479, in mente:

'Standse for døden ku jeg jo ikke
så han standsede kærligt for mig;
sammen med udødeligheden
var vi to roligt og sikkert på vej;

for uden hastværk drog vi afsted,
ingen sysler havde jeg med,
ingen sysler - i deres sted
havde jeg hans hengivenhed;

hen forbi skolen hvor børnene sloges
hegnet i frikvarterets tvang,
dernæst marker med stirrende kornaks
og så forbi en solnedgang

Nej, Han passerede os!
Dirrende kolde drev dugbyerne,
Min kåbe var flyvende sommer
Og mit hovedtøj tyndeste tyl.

Vi pauserede foran et hus der så ud
Som en svulmen af selve jorden,
For taget var næppe synligt
Og karnissen var i jorden.

Og siden da går århundreder,
Men det føles så kort som dagen,
Da jeg endelig anede hestenes hoveder
Med retning mod evigheden.'

Og tilbage til dengang vi var lærlinge og frygtede dagen vi blev udlært i den forstand, at vi da skulle sidde ved svendenes frokostborde, hvor man blev hånet, når man ikke drak alkohol. Mærkeligt var det også, at man pludselig skulle sige 'du' til svendene, som man havde sagt 'De' i fire år og fire måneder - lige så længe som skotten Alexander Selkirk opholdt sig på den ubeboede tropeø 'Más a Tirra'. Hvilket gav inspiration til Defoes, til at skrive 'Robinson Crusoe'.

'Imod strømmen'. Det kan have sin pris! Alex Colville. Canadisk f. 1920

'Imod strømmen'. Der er ofte en vej uden om! Hans Rosenfalck. f. 1945

Variation

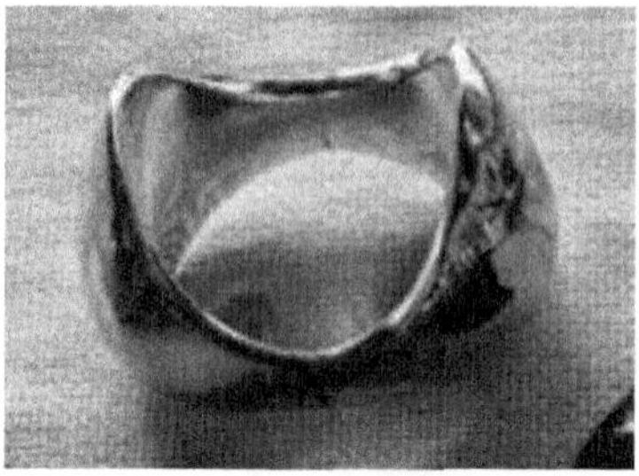

Nanna Ditzel armring ca. 1960, Georg Jensen, dessin 122

Georg Jensen lysestage, ca. 1920, dessin 383

Der var stor variation i design på Georg Jensen. Det gamle Georg Jensen design gav arbejde til ciselører, det gjorde det dengang fremvoksende nye design derimod ikke. Det gav til gengæld mere arbejde til guld og sølvsmedene samt til en massiv blok af nye modernistiske designere.

I dag er en betydelig del af arbejdet med det nye design omlagt til nye produktionsmåder og til nye materialevalg. En del produceres af de ca. 100 thailandske guldsmede og specialarbejdere på Georg Jensens afdeling i Thailand.

Arbejdet med det gamle design bliver derimod stadig produceret af ciselører og sølvsmede i Danmark. Der er 3 ciselører og 10 sølvsmede tilbage på Georg Jensen i Danmark. På trods af at disse varer er løntunge - dyre at fremstille - så sælges de stadig. Det er egentlig er en bedrift, i forhold til markedsvilkårene i verden i dag. Den variation der var i designet på Georg Jensen, blev sådan set afspejlet i en mindst lige så stor variation i livsanskuelser hos medarbejderne!

ANDET AFSNIT: TENDENSER, MATERIALER OG PERSONER

Begivenheder, omstændigheder og personer på sølvsmedien og i tiden i 60'erne

Ledere

Gravørmester Erik Madsens var den yngste af mestrene, omkring 30 år. Han var både elegant og dygtig. Nogle gange virkede han lidt for smart og rap i replikken. Hans forgænger Eliot Johansen, var nu i færdigvarekontrollen. Han måtte skifte lederjobbet ud på grund af svigtende helbred, selv om han burde have været i sin bedste alder. Og der var ciselørmester Haakon Brauer, han gik på pension i midten af 1960'erne. Da havde han vist også passeret pensionsalderen. Herefter overtog Paul Timm jobbet. Paul Timm var nogenlunde jævnaldrende med Erik Madsen, men Timm virkede ældre og mere betænksom og myndig. Han var et fantastisk og venligt menneske, en meget dygtig og ydmyg fagperson, stabil, redelig og en god leder, også for mig. Han var afholdt og respekteret. Både Erik Madsen og Poul Timm var skuemestre; udpeget til at vurdere svendestykker fra lærlinge fra andre firmaer.

Firmaets administrerende direktør Anders Hostrup Pedersen, som på ciselørværkstedet var kendt for talemåden, 'Ny ska' jej siuvge dem nøøøgheddd Beeerhhhhh, de drikker sgy før mengee baeeejereeee'. Sådan skulle han have sagt til Berg, dengang Berg blev flyttet fra lederjobbet i Gladsaxe tilbage til et timelønnet håndværkerjob - uden pension. Det var Berg selv, der fortalte sådan, han var i besiddelse af en god portion selvironi. Anders Hostrup Pedersen havde lige som sine brødre, der var salgsdirektører i henholdsvis København og i London, en nasalt præget stemmeføring og en autentisk Hellerup dialekt. Anders var søn af ingeniør P.A. Pedersen, stor investor og medstifter af Georg Jensen A/S helt tilbage fra 1916. Han havde været drivkraft i udvidelsen og modernisering af virksomheden med sikring af lønsomhed og sikring af produkt kvalitet.

Og der var den senere direktør Bent Lefevre, der både reducerede antallet af varenumre, der blev produceret af sølvvarer ganske betragteligt, vist nok fra ca. 6.000 helt ned til ca. 1000, og samtidig introducerede andre luksusvarer som gourmet køkkengrej, lædervarer og ure.

På direktionsgangen var også Finn Nielsen i en periode, han havde tidligere bl.a. været chef for motorbane selskabet Roskilde Ring. Der var frimurerlogemesteren og sølvsmedemesteren Poul Andersen[32], der efterfulgte den om muligt endnu mere magtfulde Gustav Pedersen med det smukke store bølgede kridhvide hår, en flot ældre mand - lige til en amerikansk film. Men det var givet vis Georg Jensen, der var Gustav Pedersens forbillede. Georg Jensen havde netop også et stort viltert hår, som flere medarbejdere anlagde, endda også mange år efter hans død.

Der var det særlige ved Gustav Pedersen, erfarede flere af os lærlinge, at han fornemmede, når en lærling fuskede for sig selv, i stedet for at arbejde for firmaet. Det må have været den fordækte adfærd, dårlig samvittighed og den slags, som han fornemmede. Man sidder måske og gemmer det emne, som man arbejder med, skutter sig lidt, ser sig over skulderen i ny og næ. Når han havde fået færden af sådan noget, var han en mester i at slå til på rette ubevogtede tidspunkt, ved pludselig at stå bagved synderen, og bede om at se det, man arbejdede med. 'Har du betalt for sølvet', spurgte han' stille og lavmælt med

---

[32] *Poul Andersen F. 1928 – D. 2018, Ridder af 1. grad af Dannebrog (R.1.))*

sin lidt hæse stemme. En stemme meget lig den Marlon Brando brugte i rollen som 'Godfather'. 'Har du fået tilladelse til at lave det i din arbejdstid?' spurgte han roligt videre. Og så fangede bordet, for det havde vi jo ikke fået lov til. Så blev materialet inddraget, og

Hans Rosenfalck(tv) og Niels-Jørgen Svensson(th) på værkstedet hos Georg Jensen på Søndre Fasanvej 7 i 2011. Niels-Jørgen er fortsat aktiv sølvsmed. Han har i øvrigt haft en række forskellige job, bl.a. egen blomsterbutik sammen med ægtefællen. 69 år i 2011 - ikke til at se.

produktionstillægget mv. blev inddraget i en periode på 1, 2 eller 3 uger, alt efter sagens stilling og grovhed.

Man kunne faktisk godt købe sølvet og få lov at arbejde efter fyraften med sine egne produkter efter aftale med mesteren og portneren. Man fik endda sølvet til indkøbspris.

Gustav Pedersen håndhævede også reglen, at lærlinge ikke måtte ryge på firmaets grund, det var uopdragent og usundt for 'store børn' at ryge, sagde han. Det blev påstået, at 'Gåsse', som Gustav Pedersen også blev kaldt, (når han ikke selv var til stede) skulle have givet Niels-Jørgen Svensson en øretæve, fordi han stod nede i porten og røg med den ene fod på en af de pullerter, der skulle sikre, at lastbiler ikke ramte og ødelagde murværket, når de passerede den smalle port. Men det passede ikke, sagde Niels-Jørgen; 'han slog overhovedet ikke, men han nuppede min cigaret'.

Gustav Pedersen var sølvsmedemester fra 1925 til 1965, da var han fyldte 70 år. Foto 1955. Han var både højt respekteret og tillige frygtet.

I det hele taget, var der en del opdragelse af os unge mennesker til voksenlivet og til mødet med andre mennesker. Hvad man bør gøre, og hvad man ikke bør gøre. Fx at sige højt og klart godmorgen når man mødte om morgenen. Ikke noget med hej eller andre uopdragne tilsnigelser. Der blev brølet 'GODMORGEN' fra alle i værkstedet, hvis der ankom en ny lærling, eller en ældre lærling for den sags skyld, der ikke huskede denne regel. Og dette brøl blev ofte efterfulgt af bemærkningen 'ÅÅÅÅ

SIKKEN EN HÆNGERØV', eller 'MON HAN LIDER AF UNGDOMSSLØVSIND', hvis en lærling kom for sent, det var meget ildeset blandt de voksne kollegaer.

Der blev på samme måde brølet op fra alle sider, hvis en - ja og uanset hvem - tabte noget eller lavede en hørbar eller synlig fejl. ÅÅÅÅ sikke en plummerko, han ødelægger alting. Fejl var til enhver tid bandlyst, ligesom synligt eller hørbart hastværk og stress var bandlyst for en voksen selvstændig svend. Stress og hastværk blev betragtet som værende uværdigt og fjernt fra alt mandigt.

Der var også driftsingeniør Sven Whitta-Jørgensen. Han var nøgleperson, når lønforhøjelser skulle godkendes, eller når man søgte at få forhøjet en akkord. Han var en dygtig og kreativ forhandler. Noget mere kvik end svendene til forhandling. Engang ville svendene have justeret 15 - 20 af de mest elendige af de utallige akkorder, således at man også kunne tjene nogenlunde på de dårligste akkorder. Man kunne ikke engang opretholde sin timeløn på nogle af de dårligste akkorder, selv om man puklede løs. Svendene havde brugt lang tid på at beregne og opstille nye akkordpriser på hver enkelt vare. I stedet for at gå ind i snørklede og diskussioner tilbød driftsingeniøren på stedet at hæve samtlige dårlige akkorder over en bank med 8 procent, og så kunne den sag vel afsluttes, foreslog han. Hans prompte forslag og dets relative størrelse, overraskede så meget, at det blev accepteret på stedet. Dette på trods af at skævhederne langt fra blev oprettet på alle akkorderne med tilbuddet.

Der var bogholder Roulund, hans funktion ville i dag hedde økonomichef, og lønningsbogholder Jytte Vang. Hun blev gift med driftsingeniør Jørgensen. Jeg tror aldrig det skete, at hun lavede en regnefejl i forbindelse med de utallige lønudbetalinger, som hun behandlede hver uge.

Der var også guldsmedemester Munck, der emigrerede til en anden verdensdel, han kunne i smug godt kunne finde på at holde en udlånt ung kvindelige svend i hånden, hvilket pågældende ikke havde det mindste imod. Tvært imod var hun lidt stolt over det og fortalte om det til os. Det var ikke hans egen kvindelige lærling, han havde udset sig. Hun var i øvrigt mig bekendt den første kvinde, der blev udlært hos guldsmedene på Georg Jensen. Hos sølvsmedene og ciselørerne var det derimod almindeligt med kvindelige lærlinge og svende.

Videre var der korpussmed og i tilgift også guldsmed og smykkedesigner Peter Vang, der etablerede eget værksted

Det er Peter Vang til højre. Sølvsmeden til venstre hed vist nok Steen, det var der flere der hed. Jeg hilste på ham, lidt besynderligt i ryttermylderet, da han stod som tilskuer i et skarpt sving i Virum i Sorgenfriløbet, i 1966. Smeden ved bordet bag Peter er Preben Knudsen.

med forretning i Studiestræde 8 allerede i 1968. Han sad ved siden af og fulgtes altid med en jævnaldrende høj kollega, der ligesom han selv fik sølvmedalje med legat for svendestykket. Begge optaget på guldsmedehøjskolen.

Jeg husker ikke mesteren i bestikværkstedet, han hed, vist nok Valter Rasmussen, eller var det Møller

Rasmussen? Der er lidt kludder i mit tovværk med hans navn. Formændene i sliberiet og i forsølveriet husker jeg ikke. Formanden i pudseriet var den lille spinkle Verner Andersen.

Medarbejdere

Sølvsmeden Peter Erslev sang hver dag, meget rent, meget højt, han kunne afgjort være blevet stjerne for en aften, og hans søn sølvsmedelærling Mogens, han spillede elbas. Der var også den midaldrende sølvsmed, som boede hos sine forældre, fornavnet husker jeg ikke lige nu, men han hed Stoffersen til efternavn, og blev kaldt Stoffer - forældrene havde forretning, og havde derigennem sikret den lille familie økonomisk. Da Stoffer blev syg i en lidt længere periode engang, ville Peter Erslev lægge Stoffers lønningspose ned i Stoffers værktøjskasse. Men kassen var fuld af lønningsposer, alle uåbnede. Det var meget sært synes alle, at han ikke havde noget at bruge sin løn til. Og hvorfor satte han ikke pengene i banken?

Der var den ældre hjælpsomme og ofte sidst på dagen let 'pyntede' bestiksmed og motorcyklist Gynter Nielsen og hans 2 sønner Danny og Dines. De var alle bestiksmede. Man sagde om ham, at han kørte af sted hjemmefra om morgenen med en Ravn, men at han kørte hjem om aftenen med en bjørn. Frit oversat kørte af sted hjemmefra om morgenen med Jørgen Ejler Haar Ravn, og han kørte hjem med en ordentlig brandert. Og der var Gunnar, han var også bestiksmed som sin bror Ole. Faderen var sølvsliber i firmaet, han havde skaffet lærepladserne til sønnerne.

Bestiksølvsmeden Stadager med den velklædte kone og de søde velklædte prinsesselignende døtre. Konen og døtrene hentede ofte Stadager i Ragnagade, konen ventede i gården, og børnene løb op til far for at se, om far var klar. Så fulgtes de hjem alle fire - strålede af lykke. Det blev sagt, at Stadager var den kunsthåndværkersvend på Georg Jensen, der havde den højeste årsløn, 43.000 kr. blev det nævnt engang i 1960'erne. Næsten dobbelt så meget som en almindelig jævn svendeløn. John Schreiber, Bernhard Bokelund og Bjørn Frøberg, var også bestiksmede, sidstnævnte var tillige cykelrytter i Lyngby Cycle Club. Og 'rødspætten', frederikshavneren, der var flyttet til København for mere end 30 år siden, og stadig bar rundt på sit gamle stednavn. Hans ene øre var væk. Det blev sagt, at det blev brændt af for mange år siden, da han i et forsøg på at tage sit eget liv, havde åbnet for gashanerne. Han havde blot glemt, at der var en flamme tændt et sted i lokalet. Lokalet eksploderede, og han blev forbrændt. Og der var den manisk kække bestiksmed, der slyngede om sig med gloser i et frit fantasifuldt sprog, som man ikke troede muligt, med begreber for det mandlige kønsorgan som 'ynglekæppen' og for en gang bank, som han oversatte til 'snudebøf'.

Men han blev helt stille den sene eftermiddag, da han havde viklet en lang sølvtråd omkring to af sine fingre. Han skulle pudse 'kogehuden' af tråden med den roterende messingbørste, der var monteret på den kraftige elektromotor ude i syrerummet. Men desværre var han uopmærksom, så tråden viklede sig omkring pinolen med børsten, og maskinen rev straks fingrene af den stakkels mand. Han faldt om, og lå ligbleg og tavs på gulvet og ventede, indtil ambulancefolkene hentede ham.

Alf Rasmussen skal også huskes. Oprindelig bestiksmed, men midt i 60'erne blev han ansat i Guld- sølv og elektropletarbejdernes fagforbund, her var 1.000 medlemmer, som han skulle varetage interesser for i forhold til løn og arbejdsforhold, bl.a. sammen med forbundsformand Verner Andersen, som ikke skal forveksles med navne-broderen i pudseriet. Forbundsformanden var særdeles ambitiøs han avancerede i 1975 til den magtfulde post som formand for CO-industri, der bestod af 11 forbund med 86.000 medlemmer. Sådan en post kræver stor personlig styrke og energi. I min familie var formanden for skibstømrernes fagforening 1872-75, Andreas Truelsen.

Hans mor Andrea Amalie Rosenfalk var min oldefars søster, ja det var langt ude. Og tænk, hun fødte 12 levende børn. Tilbage til sølvsmedien. Her var også forsølveriet, hvor man bl.a. opløste eventuelle fedtstoffer fra materialet med cyankalium, dette efter slibning og eventuelle opretninger af buler mv. inden forsølvningen eller forgyldningen kunne gennemføres af materialerne.

Flugt fra det du har uddannet dig til?

På Georg Jensen Sølvsmedie belønnede man medarbejdere, der løftede sig over basisopgaverne. Det gjaldt de, der blev valgt til lederopgaver, og specialfunktioner. Der var samtidig stor interesse hos medarbejderne selv til at søge at opnå sådanne job, der tillige var vellønnede og ansete.

Der var også en anden tendens til, at nogle medarbejdere selv forsøgte at trække sig fra håndværksopgaverne. Det var fx attraktivt for sølvsmede og guldsmede osv. at komme ind i 'buret' til temmelig ukomplicerede opgaver i færdigvarekontrollen. Sådanne job forudsatte ikke særlige faglige kvalifikationer, og de førte hverken til god løn eller højere anseelse. Senere i mit arbejdsliv er jeg stød på et nogenlunde tilsvarende fænomen bl.a. i særforsorgen, hvor nogle veluddannede omsorgsassistenter foretrak lavere kvalificerede opgaver på tøjdepotet ol. frem for beboerkontakten, som så blev varetaget af uuddannede afløsere og vikarer.

I mange funktioner med direkte borger- eller kundekontakt i offentlige og private virksomheder fx blandt pædagoger, hos politiet, i forsikringsbranchen, pengeinstitutterne, på rådhuse og i mekanikerbranchen, dagligvarebutikker osv., kendes fænomenet; at nogle veluddannede ansatte foretrækker mindre kvalificerede opgaver i baglandet.

Fælles har det har i reglen været, at opgaverne i front derefter blev overgivet til andet personale med mere

begrænsede kompetencer, end de som trak væk.
Jeg har tænkt over, om dette skyldes, at det er mere belastende at arbejde i den direkte personlige kontakt og at arbejde direkte med håndværksmæssige opgaver, end det er at arbejde ude af frontlinjen. Eller om det er fordi nogle medarbejdere har valgt en uddannelse eller et arbejdsfelt, som de i virkeligheden ikke bryder sig om. Eller om det er fordi, det har en lavere status i deres egne hoveder eller i andres hoveder, eller om det er fordi de er generte, at de ikke ønsker at arbejde i frontlinjen? Ja, bare jeg vidste det.

En konsekvens er i alle tilfælde, at det bliver vanskeligt at sikre en drift, således at beboere, borgere og kunder kommer i centrum og opnår den bedste service, når de velkvalificerede trækker væk.

Cyankalium, flussyre, svovlsyre og andre heftige stoffer

Der blev benyttet flere giftige og sundhedsskadelige stoffer i produktionsprocesserne på Georg Jensen i 60'erne. I emaljeafdelingen benyttede man fx flussyre, når et emaljearbejde var mislykkedes. Flussyre opløste emaljen, så der kun var sølvet eller guldet tilbage af varen, efter varen havde ligget i flussyre bad. Ædelmetallet kunne herefter genbruges. Det var et uhyggeligt syn, når emaljør Cai Koch forsigtigt kom gående med blykarret med flussyre. Det firkantede kar var på størrelse med et mindre vandfad. Der hang en tæt klæbende og uigennemsigtig cremegullig syretåge over fadet, og Koch bar gasmaske, handsker og blyforklæde. Han fik 50 øre ekstra i timen, ved denne særlige opgave. Om det havde sammenhæng med dette, det vides ikke, men han havde nogle små sår bl.a. ved ørene, der ikke ville hele.

En gang om året blev de medarbejdere, der arbejdede med emaljering undersøgt af stadslægen i København. En lang mager læge, Knipschildt hed han. Han lod medarbejderne strække hænderne frem i vandret stilling imod sig, og

sagde til dem, at de skulle prøve på at gøre mest mulig modstand i fingrene. Herefter pressede han deres fingre nedad enkeltvis. Hvis en medarbejder kunne gøre god modstand, så var det tegn på, at vedkommende ikke var forgiftet med de tungmetaller, som emaljen indeholdt!
I sølvsmedien fyldte yngste lærling hver morgen et stort kar med 90 liter skoldhedt vand og fyldte derefter 10 liter svovlsyre i. Denne blanding blev benyttet til afkogning af de sølvvarer og guldvarer, der skulle glødes i løbet af dagen. Det var nødvendigt at gløde materialet, når man drev det op med hammerslag, bøjede det eller valsede eller strakte det. Glødningen fjernede de spændinger, der kom i materialet, når man formede det. Mange varer skulle glødes mange gange undervejs i arbejdsprocessen, dette for at undgå at det revnede.

Når sølvet eller guldet var blevet glødet eller loddet, blev det flammet sort, gråt og blåt, og grimt og anløbet at se på. Derfor skulle det lægges i karret. Når det havde ligget et kvarter i den skoldhede syreblanding, kom der den smukkeste mælkehvide overflade på materialet. Den kaldes kogehud, og den lå som en næsten guddommelig smuk hinde, næsten som en hud, over materialet. Lækker at røre ved, mere lækker end sølv eller guld uden 'hud'. Når sølvet eller guldet havde ligget i syrebad, skulle det over i et lige så stort kar med en salmiakopløsning, for at neutralisere syren med en stærk base. Efter sådan en omgang blev sølvet eller guldet børstet frit for kogehud med roterende messingbørster. Der blev tilført rindende koldt vand medens materialet blev børstet. Herefter var sølvet eller guldet meget smukt og blankt.[33]

---

[33] *Om denne glødning af materialet skriver Søren Kierkegaard følgende interessante lignelse: Thi som Guld renses i Ild, saaledes Sjælen i Lidelser. SKV. Bd. 10, Christelige Taler, s. 114.*

En af NESA's trolleybusser ved Hans Knudsens Plads ved Lyngbyvej i 60'erne

Det mest skræmmende ved denne proces foregik lige før af fyraften. Da lukkede yngste lærling indholdet ud karrene, ved at fjerne bundproppen. Så kunne det hele løbe frit ud i det københavnske kloaksystem. Der kan ikke have været mange levende rotter dernede. Den brugte flussyre og det brugte cyankalium blev afhentet af kemiske virksomheder, der tog sig af den videre bortskaffelse. Hvad den bortskaffelse har bestået i, det kender jeg ikke noget til. Uha, uha men jeg kan forestille mig, at der ikke blev gjort særligt meget.

Det var ikke kun på Georg Jensen, at der var heftige stoffer og larm. Der var i det hele taget larm, lugt, røg og os derude på Ydre Østerbro fra de utallige virksomheder. Når man nærmede sig en tidlig morgen, var det første man mødte lugt af chokolade blandet med lugt og fra slagteriaffald, kafferistning, lugt fra ubestemmelige kemikalier og utallige færdigretter konserves. Lugtene vekslede med vindretningen. Og der var spektakel fra metalvirksomheder og trævirksomheder osv.

Der lå alle mulige virksomheder derude. Gelatinefabrikken stank fælt af det slagteriaffald, allermest på en varm sommerdag. Kafferisteriet, Hellesens batterifabrik, Galle & Jessens chokoladefabrik, metalværksteder, galvaniseringsanstalter, Beauvais konservesfabrik, grafiske virksomheder, medicinal- virksomheden 'Dansk Droge'. Af uransagelige grunde, var Dansk Droge den virksomhed, der til tider udgød allermest stank, andre dage kunne der komme ligefrem dragende dufte derovre fra.

Man kan på flere måder godt sige, at meget af den verden og de livsformer og betingelser, der eksisterede på Ydre Østerbro i begyndelsen af 1960'erne, at det er udslettet, og er blevet erstattet af andre nye former og vilkår.

I dag er der et jødisk plejehjem 'Deborah' på den grund, hvor Dansk Droge dengang var, og der er lejligheder, hvor gelatinefabrikken og kafferisteriet lå i Haslegade, og hvor Beauvais lå ved Borgervænget. De utallige små håndværksvirksomheder, i baggårde og kælderlokaler, er også tyndet kraftigt ud. Det samme gælder de utallige butikker; slagtere, købmænd, fiskehandlere, bagere, tobakshandlere, ismejerier, cykelsmede, grønthandlere, kiosker, herre- og dametøjs butikker, garnbutikker, skotøjshandlere, skomagere, urmagere, herre- og damefrisører, isenkræmmere, rulleforretninger, radioforretninger, legetøj, guldsmede, lædervarer, parfumerier, lingerier mv.

Til gengæld er der bygget monumentale domiciler for firmaer, statslige styrelser og fagforeninger osv.

Der hvor Georg Jensen Sølvsmedie lå, i Ragnagade nr. 7, er der nu et kontorhotel. Det var 'Kuben' der købte bygninger og grund af Georg Jensen A/S i 1987. Det hele blev straks renoveret og moderniseret. Efterfølgende har Danske Bank overtaget og udlejet komplekset til de utallige lejere, der har adresse på stedet i dag.

Det industripræg, der fyldte kvarteret dengang, er gået

til grunde, på godt og på ondt. Og boligmassen er enten blevet renoveret, nedrevet eller erstattet af nybyggeri. Vejføringerne er tillige ændret flere steder, og nogle vejnavne er nedlagt, det gælder fx Haslegade.

Sølv og guld

Sølvsmed kalder man det i almindelig tale. Men den korrekte betegnelse, som fx fremgår af et svendebrev, er korpus smed, hvilket som sådan ikke har noget med sølv at gøre, men som det latinske ord siger, vedrører det 'kroppen' dvs. de store ting. Logikken i at kalde korpussmeden for sølvsmed, findes i den kendsgerning, at de store ting næsten altid udføres i sølv. Det ville fx være ubetaleligt dyrt at fremstille en kaffekande, en frugtskål, et spisebestik eller et stort fad i guld.[34]

Guldsmeden derimod arbejder i reglen med de meget fine og raffinerede små eller mindre ting. Her kan det gå an at benytte det dyre guld. På Georg Jensen benytter man 18 karat guld. Guldsmeden arbejder dog også med sølv, fx til ringe, armbånd, kæder og andre smykker. På Georg Jensen benytter man Sterling sølv, det indeholder 92,5 pct. sølv, tretårnet sølv indeholder 83 pct. sølv. 100 % sølv benyttes bl.a. til forsølvning, det er en anelse blegere eller hvidere end Sterlingsølv og tretårnet sølv. Oprindelig foretrak Georg Jensen selv det 3 tårnede sølv, som han fandt mere spændstigt, men det betydningsfulde amerikanske marked forlangte sterlingsølv, således kom markedet til at bestemme. Som tiden gik, blev Georg

---

[34] *18 karat guld koster ca. 200 kr. pr. gram og Sterling sølv koster ca 4 kr. pr. gram. 2020 priser. 18 karat indeholder 75 % guld, Sterling sølv indeholder 92½ % sølv, tretårnet sølv indeholder 83 % sølv og det gamle såkaldte prøvesølv 82,8 % sølv.*

Jensen i stigende grad marginaliseret i den virksomhed, som han oprindeligt havde grundlagt og som bar hans navn.

Ja, og hvorfor er det mon sådan, at guld er meget dyrere end sølv? Det kan forklares på flere måder. For det første er guld vanskeligere tilgængeligt på jorden end sølv, og det er vanskeligere og mere tidskrævende at finde og udvinde, og det kræver dermed mere arbejdstid og flere omkostninger at finde og at frembringe guld.

Men ikke nok med det. Der er også betydelig forskel på kvaliteten målt ved elasticitet og strækevne. Guld kan strækkes mange gange længere end sølv førend det brister. Det giver flere håndværksmæssige muligheder at arbejde med guld. Fx med indfatning af sten, der ofte udføres raffineret i spinkle konstruktioner, som kun vil være mulige med guld. Her vil det være på sin plads at aflive myten, at guld skulle være blødt. Det er det absolut ikke, med mindre da, at det er valset papirtyndt. Så skån tænderne, lad være at forsøge at sætte bidemærker i guldet, det bliver dine tænder, der taber den dyst. Rent guld er som metal sejt, og elastisk i den forstand, at det tåler at blive strakt og bøjet, men det er kompakt og bastant og absolut ikke blødt. I øvrigt har guld tillige en høj elektrisk ledeevne, hvilket er uden betydning for kunsthåndværket, men af betydning for elektronikbranchen. Om guld er smukkere end sølv, det synes jeg fx ikke.

Messing er elendigt at arbejde med, det har ringe strækevne og man bliver snavset og kommer til at lugte på fingrene af det. Det erfarede jeg de første måneder, da jeg var i lære, hvor jeg arbejdede i messing eller kobber, når jeg skulle udføre øvelser. Messing er en legering almindeligvis bestående af 62 pct. kobber og 38 pct. zink.

Kobber er et rent metal og temmelig blødt at arbejde med. Måske kan man vænne sig til det. Det kan kobbersmede fx.

Bronze er en legering. Den består i reglen af 90 pct.

kobber og 10 pct. tin. Bronze har jeg ikke arbejdet med. Endelig er der nysølv. Det benyttedes ikke på Georg Jensen, og jeg har ikke prøvet at arbejde med det. Nysølvet er en legering, som består af kobber og zink ligesom messing gør det, dog er der yderligere tilsat nikkel. Det må være nikkelindholdet, der giver nysølvet det skinnende blanke udseende næsten som crom.

Heldigvis for os lærlinge på Georg Jensen blev øvelserne oftest udført i sølv, fx som vist på billedet herover, hvor jeg havde ciseleret et mærkat til en sherry karaffel - sådanne varer var der efterspørgsel på dengang. Og øvelsen, ja, den er vist nok fra mit 2. læreår. Sølv var for mig et fantastisk materiale at arbejde med.

Stadsgourdegnen

Stadsgourdegnen kom ofte på uanmeldte besøg. Hans opgave var på myndighedernes vegne, at kontrollere, at der ikke blev svindlet med sølv- og guldstemplerne. Dvs. at sikre metallernes lødighed. At sterlingsølv overholdt kravet at indeholde mindst 92,5 procent sølv, og at 3 tårnet sølv indeholdt mindst 83 procent sølv, at 18 karat guld indeholdt mindst 75 procent guld, at 14 karat indeholdt mindst 58,5 procent guld osv. Stadsgourdegnen dengang hed

Gerhard Hansen. Han hentede prøver af metallet fra de tunge trækasser på lageret. Han afklippede stumper rundt omkring hos svendene på værkstederne, og analyserede materialet. Jeg husker ikke, at der opstod problemer.

En mærkværdig stillingsbetegnelse, som man ikke kan resonere sig til betydningen af. Der er dog en del i denne kategori, fx stadskonduktøren. Umiddelbart kunne man være i den tro, at en konduktør havde noget med billetkontrol at gøre. Det gjaldt dog ikke for denne meget højtplacerede embedsmand. Han var ansvarlig for udstedelse og berigtigelse af stadens matrikler i København. Muligvis eksisterer disse titler fortsat.

Jeg selv har også haft en stilling med en forunderlig betegnelse, det var da jeg var personforvaltningschef: Det var jeg i daværende Ramsø kommune og efterfølgende i Sorø kommune. Ja og hvad dækker den betegnelse? Jo, personforvaltningschefen var chef for alle de forvaltninger, der direkte havde med personer at gøre. Personer i betydningen borgere. Dvs. den samlende chef i en kommune for; socialområdet, sundhedsområdet, arbejdsmarkedsområdet, skole- og kulturområdet og børn og ungeområdet. En væsentlige pointe ved at organisere sig på den måde var at sikre samarbejde og helhedssyn på tværs af fag til gavn for borgerne / personerne, samt ikke mindst for fagene, for at fagene og medarbejderne skulle berige hinanden i samarbejde til mest muligt gavn for borgerne under hensyn til lokale fællesskaber og sammenhængskraft. Personforvaltningschefen udgjorde sammen med økonomichefen og teknik- og miljøchefen og kommunaldirektøren forvaltningens direktion.

Sølvguardein Gerhard Hansen virkede fra 1960 til 1971. Oprindeligt var guardeinens titlen; 'Mønt- og Sølvguardein'.

TREDJE AFSNIT: SÆRLIGE PERSONLIGE KARAKTERER

Begivenheder og omstændigheder og personer på sølvsmedien og i tiden i 60'erne

Flere profiler

Der var sølvsmedelærling Herbert Kildegaard. Hans far og mor havde lejlighed i porten, hvorfra de også varetog firmaets portnerfunktioner. Engang holdt Herbert en mejsel i strakt arm ud af vinduet i begrummet på 2. sal. Den tør du ikke give slip på, sagde en af lærlingene i begrummet. Straks gav Herbert slip. Der lød knald, slag, klirren af knust glas, efterfulgt af en faretruende stilhed. Var nogle mon blevet ramt? Det var ikke godt! Men da brølede en kraftig dyb mandsstemme, 'HVEM VAR DET!' Efter en længere pause svarede en meget lille stemme; 'det var mig'. 'KOM FREM' blev der videre brølet. Og Herbert måtte stikke sit smalle ansigt og sine spinkle skuldre ud af vinduet og bekende sig for sølvsmedemester, Poul Andersen, der svarede, 'JEG KOMMER OP NU'. Uha, uha, stakkels Herbert, den gode rare dreng.

Der var flere lærlinge, der havde delvis tyske aner. Ofte en dansk mor og en tysk far (soldat). Hvis det var omvendt med en dansk far og en tysk mor, da var hun ofte flygtning. I 1945 var der ca. 240.000 civile tyske flygtninge i Danmark, det var overvejende kvinder og børn fra Østpreussen, Danzig og Pommern, hvorfra det anslås at der flygtede ca. 10 mio. civile tyske til Mittel-Deutschland, (det senere DDR) og til de vestlige dele af Tyskland, samt ca. 250.000 midlertidigt til Danmark i krigens sidste måneder. Det var ret almindeligt i det Danske samfund, at der var krigsbørn. Nogle levede hos deres danske mor, andre var adopteret af en dansk familie. Østpreussen, Danzig og Pommern blev tømt for personer med tysk oprindelse og delt mellem Rusland og Polen. Alle stednavne blev ændret i Russisk og Polsk retning, Slut med Preussen og Pommern. I syd var det også slut med Schlesien og Sudeterlandet og andre områder, hvor den tyske befolkning ligeledes blev fordrevet.

Der var indvandreren Edward fra Armenien. Han tilbød mig venligt at overtage sin lejlighed på Nakskovvej i Valby, da han havde fået en bedre. Det var tæt ved det sted hvor S-tog på broer i to lag krydsede den underliggende Vigerslevvej. I en periode var der også en kortkrøllet lysblond ung svend med guldbriller. Han kom fra München. Der havde faderen en guldsmedebutik med værksted. Hed han Oscar? Han havde den evne, at han lærte det danske sprog prompte, ord for ord, sætning for sætning, ved at høre efter og ved at kommunikere på dansk. På få måneder talte han dansk, UDEN ACCENT. Hvert ord og ordstillingen var korrekt. Det var ufatteligt for os, at det kunne lade sig gøre. Os der både havde terpet tysk og engelsk i årevis i skolen med hjælp fra lærere, bøger, grammatiske regler og målsætninger, men uden succes. Ja, og vel også uden det engagement, og den motivation og vilje, som Oscar havde.

Ja, det var nogle af medarbejderne. Men der var flere. Der var tegnestuen med tegnere, bl.a. 'Steff', Steffen Andersen, og Flemming, der senere blev leder af tegnestuen, og designerne Søren Georg Jensen[35], Henning Koppel, Nanna Ditzel, Arno Malinowski, Viviana Torun

---

35 *Søren Georg Jensen var også kunstnerisk direktør med overordnet ansvar for design linjen, ja godkende og indstille alt, der skulle sættes i produktion og bestemme hvad der skulle udgå. Det er i høj grad Søren, der har været ansvarlig for den modernistiske produktlinje på Georg Jensen A/S.*

Bülow Hübe, perfektionisten, som vel nærmest var den eneste, der kunne designe og udforme et smykke, hvor låsen var nem at håndtere og ikke sprang op i utide. De øvrige designere var på kanten til det uduelige, hvad låse angik. Man burde overlade den opgave til en specialist i låsemekanismer. Ligesom arkitekter får bistand fra ingeniører, når byggeriet skal sikres.

I 1966, da man fejrede Georg Jensens 100-års fødselsdag, var der bl.a. åbne konkurrencer, hvor nogle få prominente blev inviterede, men hvor enhver i øvrigt var velkommen til at levere forslag til design af bestik mv. Dette førte til utallige nyskabelser og design efter helt andre normer, end de kendte. Det var spændende at opleve.

Per Arnoldi havde fx tegnet en ske med cylinderformet skaft. Der var 3 farvede bånd indlagt i skeens sølvskaft. Det var tanken at farverne skulle indlægges med et lag emalje i hvert af de afsatte bånd. Det lod sig imidlertid ikke udføre i praksis, da emaljen ikke kunne blive hængende jævnt rundt om skaftet, når den skulle smeltes i ovnen. Med andre teknikker og materialer kunne denne ske godt være produceret. Plastik eller glas fx til de farvede bånd. Men det var den håndværksmæssige og produktionsmæssige fantasi ikke moden til dengang.

Det er den til gengæld i dag, hvor hæderkronede kendte sølvvarer fremstilles som værende stål, hvilket i sig selv kan være slemt nok, men ikke nok med det, i realiteten består en del dette 'stål' af ekstrem tynd messing- eller blikplade kombineret med plast, og afslutningsvis forkromes det hele, så det illuderer stål. Mest forbavsende for os var det dengang i 1966, at den ældre ciselørsvend Henry Heerand indleverede et forslag. Han havde valgt et klassisk portræt af Tutankhammon som udsmykning af en ske. Skeen skulle forgyldes med motiv i blå emalje, hvis den blev sat i produktion. Heerand kunne have fortjent anerkendelse. Det havde han aldrig fået.

I marketenderiet var fru Skandrup leder, og medhjælperne

fru Kofoed og fru Svendsen, modne damer, især fru Svendsen var nu alligevel ret pæn. Hun havde et smukt sprog og en elegant stemme, hun var bemærkelsesværdig. Åse fra bogholderiet, som var gift med en sliber eller var han pudser, Arnold, vistnok ham der blev kaldt 'Knold', som engang ved et uheld ved pudsemaskinen fik en kagekniv i brystkassen. Senere blev han chauffør for direktøren efter den chauffør, der døde i porten.

Før ham var det emaljør Cai Koch, der var chauffør. Koch havde en heltemodig og meget farlig fortid som medlem af modstandsgruppen Holger Danske - den københavnske afdeling 'Eigil', afsnit 8 H under 2. verdenskrig, hvor han var yngste og mindste mand.

Det var forfærdende, hvad denne lille mand havde udført - en type lig Tom Cruise. Nådesløst og risikabelt var det, han havde udført. Hvor uforudsete reaktioner under udførelsen af en opgave engang førte til utilsigtede fatale hændelser, da en stærk og desperat kvinde greb fat i ham, efter gruppen i øvrigt havde udført deres planlagte operation. Opgaverne var udført baseret på andres formodninger. Der var ikke plads til eventuelle andre motiver hos de mennesker, der bestilte hans tjenester. Han fortrød intet. 'Nazisterne og deres håndlangere var nogle satanner' sagde han, 'hver og en, nådesløse'. Flere af Cai Kochs kollegaer blev tortureret, sendt i KZ lejr, eller henrettet af nazisterne og deres håndlangere. Hans had til dem var logisk. Han og hans kollegaer levede livet i en kombination af frygt, tyndslidte nerver og dødsangst. Hvorvidt det virkelig var en stikker eller en på anden måde farlig nazist, han skulle standse, det var ikke hans opgave at forholde sig til. 'Jeg stolede og stoler fortsat på vores folk, der traf de beslutninger. Det krævede ikke tilladelse at likvidere danske medlemmer af Gestapo (Geheime Staatspolizei), eller af Hipo (Hilfspolizei), men det krævede det når det drejede sig om civile stikkere. Måske er det svært at forstå for jer unge mennesker, der aldrig har oplevet krig, eller oplevet at være jaget alle døgnets timer alle ugens dage - en krig der fortsatte efter 5. maj 1945, hvor vi fortsat ikke kunne føle os sikre. Vi var kampberedte så længe det var nødvendigt'.

At han var i stand til at udføre sådanne definitive opgaver uden så meget tvivl, det tænkte jeg meget over. Hvidt og sort, godt og ondt. Han havde ikke den tanke, at det kunne være en måde at slippe af med en kreditor, eller en konkurrent osv. Men jeg skal ikke dømme ham. Måske havde jeg selv handlet tilsvarende, hvis jeg havde haft hans oplevelser. Han fortalte os, at der var mange flere danskere, der meldte sig i tysk krigstjeneste, end der meldte sig til aktiv modstand mod nazismen i Danmark.

I øvrigt var han en udadvendt person med god humor, ja ligesom skoledirektør Ole Birger Stagsted og skoleleder Aage Staffe Johansen, som jeg stødte på senere i mit arbejdsliv. De havde også været aktive modstandsfolk.
I øvrigt var der i mange år efter 2. verdenskrig en udbredt mistro blandt danskere til tyskere, kunne man nu være sikker på at de ikke inderst inde bar rundt på den 'den brune pest', nazismen? Hos nogle danske var der et generelt had til tyskere. De ville fx ikke tale med en tysker eller ekspedere dem, hvis tyske borgere ville handle. Denne dæmonisering af det tyske folk er heldigvis

et overstået kapitel i Danmark i dag.

Jeg sender Cai Koch en tanke den 4. maj om aftenen, når jeg tænder lys for afslutningen på 2. verdens krig for så vidt det drejer sig om Danmark. Her får Fred Hinsch, der netop blev født den 4. maj 1945, også en tanke.

Fred havde jeg glæden af at samarbejde med i forbindelse med de utallige statistikudtræk, jeg blev bedt om at levere til udvalg og direktion mv. i Sundheds- og Omsorgsforvaltningen i Københavns Kommune. Fred var i øvrigt uddannet som frisør og havde haft egen salon i Lyngby, eller måske var det på Lyngbyvej. Han måtte forlade jobbet pga. allergi, og han blev omskolet til SAS programmør. SAS er et kompliceret databasesystem. Det mestrede han til det fuldkomne. Ja, han og kollegaen Michael Rastrup var på mange måder en stat i staten i sundhedsforvaltningen. De afgjorde ofte, om der skulle åbnes eller lukkes for bestemte muligheder for statistik produktion. Når jeg bestilte statistikudtræk hos Fred blev jeg ofte mødt med følgende bemærkninger: 'Det kan ikke lade sig gøre på den måde, som du vil have det', eller 'Det er umuligt', eller det vil tage 14 dage, eller 'så må jeg stoppe alt andet arbejde'. Eller 'det må du beskrive bedre, sæt dig bedre ind i hvad SAS kan, og hvad det indeholder!' Det blev ofte efterfulgt af; 'med den høje løn du får, og med en akademisk uddannelse og hvad ved jeg, burde du nok kunne regne ud, hvad der er muligt at udtrække af statistik. Jo højere løn folk får, jo mindre ved de, og jo mere forlanger de af alle andre. Det eneste de kan, det er ord, ord og ord'.

Men i reglen kom Fred efter et par timer med de statistikudtræk, som jeg havde bedt om og flere til, og gode forklaringer på svagheder ved udtrækkene. At forhandle med ham var som at fange en kæmpe fisk på en meget tynd line.[36] Meget interessant og udbytterigt var

---

36 I den dybe Arsukfjord i Grønland var det en sport at fange havkat på krog

det i de år, hvor jeg var formidler mellem forvaltningens kontorer og SAS-operatørerne, Fred og Michael. Deres sektion blev flyttet rundt fra den ene kontorchef til den anden. Ingen af cheferne, eller andre i øvrigt, kunne gennemskue SAS forunderlige struktur, muligheder og begrænsninger, så Fred og Michael havde næsten frit spil i deres lokalemæssigt beskedne kongerige. I udstrækning og konsekvens omfattede deres kongerige dog mere end 10 pct. af Danmarks befolkning.

Tilbage til Georg Jensen. I sølvtrykkeriet var der bl.a. Reimann. Mørkhåret, med næsten skaldet isse, men en flot mand med et smukt sprog, venlig og lyn hurtig i replikken. Her trykte, pressede og drejede man basisformer i sølv til store fade og kander, som sølvsmedene efterfølgende overtog og arbejdede videre på. Det var en genvej for sølvsmedene at få produceret basisformen i trykkeriet i stedet for selv at slå den op med håndkraft. Og en masse larm blev samtidig undgået. Det larmede ubeskriveligt når større emner skulle smedes.

Der var også en enkelt billedskærer. Han skar bl.a. hanke og håndtag i det hvide elfenben og i det sorte ibenholt. Han blev ustandselig plaget om at fuske af de øvrige svende. Især peber og saltbøsser var på hitlisten, når svendene bestilte hos ham. Bøsserne blev skåret som kvindefigurer, hvor kvinden holdt sine hænder ned omkring anklerne og rumpen lodret i vejret. I rumpen var der så boret huller til salt henholdsvis til peber. En klodset form for mandetankegang og dumhed, mange ting i tiden havde sådanne kvindeforagtende vinklinger.

---

med fiskestang. Det krævede godt udstyr, en lang og stærk line, samt god tid og tålmodighed. Man skulle give havkatten modstand men dog kun i en grad, så den fik indtrykket af, at det var den der havde magten. Ja, og så ellers bare i tålmodighed, lade den dykke og løbe linen ud og markere sin styrke og mange kræfter i timevis indtil den var så udmattet, at man kunne hale den ind.

I sliberiet kendte jeg bedst sølvciselør Leif Johnny Pedersens lillebror Bjarne, der var i lære som sølvsliber. I det fag var læretiden kun 3 år. Bjarne købte senere en blomsterforretning. I sølvsliberiet, fandt den første grove slibning sted. Især støbevarer, der ofte havde støbefejl, havde gavn af at blive slebet. I sliberiet havde medarbejderne slidt det meste af neglene væk. Der var ej heller meget mønster tilbage af deres fingeraftryk. Det var det mest snavsede arbejde på Georg Jensen, med slibemasse og pimpsten mv. Sølvvarerne fik et meget smukt udtryk, og der kom en blødhed og afrundet helhed og karakter over de færdige produkter, og alle små ujævnheder forsvandt samtidig.

I pudseriet, hvor den afsluttende fine polering, fandt sted, var Verner Andersen formand. En weekend nedrev han væggen hjemme i lejligheden mellem sine to stuer. Han ville bygge en fin hvælving dér. Det havde konen længe ønsket. Sådan en havde hendes søster. Nedrivningen medførte desværre, at etageejendommen sank delvis sammen, og at underboen og flere andre ikke kunne lukke deres døre op. Det blev dyrt for den lille Verner at betale håndværkerregningerne for at rette skaderne op.
I pudseriet var der også Skovshoveds tidligere fodboldhelt, 'den sorte' som han kaldtes, Jørgen Jacobsen, han blev formand i Hjørring afdelingen, da denne overtog Gladsaxe afdelingens opgaver. Og der var arbejdsmand Ib Jørgensen, KB fodboldfan, der ofte drejede en samtale i retning af et eller andet med sex.
Pudseriet led i øvrigt en krank skæbne, ja - det blev nedlagt. Det var et forslag fra en medarbejder. Han synes ikke det var til at se, at varerne havde været igennem pudseriet. Derfor kunne man lige så godt lade efterbehandlingen slutte i sliberiet. Og sådan blev det.

Der var Nørgaard fra pakkerummet. Han fik senere job hos Ravstedhus, der sælger værktøj til faget m.m., og i lageret var frk. Bergqvist, hun var pæn, og fru Worsøe, mor til den dengang kendte impresario Arne Worsøe. og altmuligmanden i værkstedet i gården, hed han Johansen?

I den lille emaljeafdeling ledede Cai Koch, og der var hans medhjælpere, den lille venlige ægte rødblonde Lene Mandrup Humble og hendes karismatiske kollega Joan, den høje slanke og rapmundede hennafarvede københavnerinde med det markerede hageparti. Hun havde et kreativt morsomt og kækt sprog og et ordvalg med en københavnerdialekt meget lig Mette Blomsterberg i 'Det søde liv', og der var amerikanerinden hed hun Ann Malmqvist? Med manden, der var noget i retning af toiletpapirdirektør. 'Lokumskongen' kaldte en enkelt ham. I perioder var der også en køn asiatisk udseende kvinde. Ja, og den lille sølvsmed, og tillige 'raket hurtige emaljør' Steen Jørgensen. I fritiden var han både amatørdykker og vægtløfter, en rigtig god vægtløfter endda. Og Lene og Joan røg. Indimellem var det hverken Kings eller Prince de røg. De blev aldeles rasende, da de blev bortvist og fyret i et rygeorgie i emaljeværkstedet. De slyngede indholdet af en kasse emaljerede årsskeer rundt i lokalet, råbte og skabte sig, da de blev ført til porten med deres overtøj, tasker og indendørsfodtøj mv.

Et par uger senere kom der postkort fra Afghanistan. De havde tomlet derned og skrev, at de nød friheden. Man må håbe, at det er gået dem vel. Måske fulgte de Dalai Lama's råd, at; 'du skal nyde de pauser livet byder dig'. Ja, de udlevede deres drømme. Det gjorde jeg mange år senere, da jeg sad i DC 10'en 12.000 meter over indlandsisen og nød udsigten og lyttede til Sibelius 'Finlandia', på vej til mit nye job i Ivittuut Kommune. Der er mange måder at rejse og opleve på.

Kurt, jeg tror han hed Petersen, var også sølvsmed. Han sad bagerst i værkstedet ud mod bagtrappen ved emaljørerne og trykkerne. Og sølvsmed og violinist Erik Nielsen, som spillede til gravørlærling Ole Bøgelunds forældres sølvbryllup. Niels-Jørgen Svensson som senere uddannede sig til blomsterbinder, men dog vendte tilbage til sølvsmedien efter en del år med egen forretning sammen med ægtefællen. Han er stadig aktiv sølvsmed på Georg Jensen. Evander, der drak skibsøl. Sådan en øl smagte ubeskriveligt stygt - sødt og tjæret. Bugge samt Weise med det grå skæg, han kaglede op, når der var noget, han ikke var enig i. Han havde sommerhus i samme område som Timm. Og den dygtige sølvsmed Poul Schmidt med sin driftssikre fornuftige Ford Taunus 12M. Videre var der Erik Dennung, tidligere top fodboldspiller samt træner i B93, og senere med egen smykkevirksomhed. Den unge sølvsmedesvend Jan Ehlers, der sigtede på en fremtid som leder eller måske selvstændig, med egen virksomhed.

Der var også den ældre svend, der i fortvivlelse havde drukket sig fra forstanden, da han havde fået udbetalt arven efter sine forældres død. Han omdelte grædende alle pengene til kollegaerne. De afleverede pengene til mesteren, som dagen efter leverede tilbage til den fortvivlede mand.

Den ældste sølvsmed - han kom aldrig for sent

Det hvidhårede korpus smed, der havde cigarkasser som speciale, udåndede en morgen midt i værkstedet få øjeblikke efter kl. 6.47. Man sagde, at han aldrig var kommet for sent. Nogle sagde endda, at han havde rost sig af det. Men han døde lige efter at have nået at stemple ind - med ur kortet i hånden - sporvognen var forsinket, så han skulle skynde sig - for ikke at komme for sent. Han nåede det. Det blev hans sidste gerning på jorden. Efter at have stemplet vaklede han over til det nærmeste arbejdsbord, Peter Erslevs, Niels Jørgens og Morten Lindegårds bord, her sank han sammen og gled ned på gulvet. Man forsøgte venligt at hjælpe ham op at sidde, for han skulle komme sig. Det kan ikke udelukkes, at denne venligt mente handling kan have været med til at fremskynde hans vej ind i himlen. 76 år gammel blev han. Men det var både en misforståelse og en overdrivelse, at sige, som nogle meget egoistiske gjorde den dag, at hans død for et udtryk for Nemesis [37].

Aldersdiskrimineringen på Georg Jensen rettede sig dengang især imod de unge men også imod ældre, der havde passeret pensionsalderen. De ældre kunne fortsætte, så længe de kunne møde frem og arbejde. Blot et par timer om dagen et par dage om ugen, det blev accepteret. Nå, men denne morgen, hvor den ældste erhvervsaktive sølvsmed på Georg Jensen havde opbrugt sine åndedrag, var der en enkelt, der var særligt irriteret, fordi det nu kom til at koste en hel dagløn. 'Kunne han ikke have taget det roligt, og være kommet for sent, i stedet for at fare af sted og falde død om'. Nå, men det kostede hver eneste timelønnet medarbejder en fuld dagløn, fordi det var kutyme, blandt håndværkere, at standse alt videre arbejde den dag, når en kollega døde på arbejdet. Det var måden at vise respekt for en kollega, der døde på arbejdspladsen. Det har vel kostet omkring 140 daglønninger at falde død om i arbejdstiden, når det skete så tidligt på dagen. Svarende til et beløb, der kunne have dækket løntabet ved, at en medarbejder kom en halv time for sent hver dag i ca. 11 år i træk.

I øvrigt var den ældste sølvsmeds søn også sølvsmed på værkstedet. I dag er barnebarnet sølvsmed samme sted. Det er således en realitet, at den gamles gener lever aktivt videre på sølvsmedien i bedste velgående. Fantastisk. Og de som egoistisk, eller i tankeløshed, brokkede sig over dødsfaldet og den tabte dagløn - den dag for mange år siden - de har givetvis forladt såvel Georg Jensen Sølvsmedie som det jordiske liv for årtier siden.

---

37 ***Nemesis*** *er gudinde for retfærdighed og hævn i græsk mytologi. Hendes vrede rettes imod menneskers overtrædelse af den naturlige orden og imod udøvelse af arrogance. Hun forfølger den hovmodige og den onde. Hybris (synd og hovmod) straffes med nemesis (undergang). Der, hvor jordisk lov ikke sker fyldest, træder denne guddommelige mekanisme i kraft.*

Turister og verdenssituationen

To gange dagligt i sommerhalvåret kom der turister, for at se det arbejdende værksted. Hver medarbejder blev belønnet herfor med en øre i timen året rundt. Ca. 2.000 øre = 20 kroner om året svarende til godt en times løn. Men det var nu interessant at se og høre, hvad der blev talt om og specielt, hvad de stakkels guider fandt på at sige. Der kunne på en god dag godt komme 3 busser fulde to gange. Japanere og amerikanere fotograferede meget. Det gjorde englændere, tyskere og sydlændinge i reglen ikke. Mange kom hen til os og spurgte til sølvet vi arbejde med, eller spurgte hvor, de kunne finde et toilet, the lavatory, the closet, the toilet osv. Det sidste var morsomt at lade som om, man ikke forstod. Engang kom kronprinsesse Margrethe på besøg. Hele fabrikken var på den anden ende flere uger før, hun skulle komme, og der blev malet og gjort i stand. Men hun virkede i modsætning til virksomhedens ledelse rimelig naturlig på trods af sine forskruede omgivelser. Og hun var virkelig interesseret i og bekendt med de sølvvarer, som vi arbejdede med. Hun fik trods alt point hos os den dag, selv om vi ikke ligefrem var kongetro.

Det var på tale, at Sovjetunionens ministerpræsident Khrusjtjov skulle komme på besøg på Georg Jensen i forbindelse med statsbesøget i 1964. Sådan blev det dog ikke. Men han og hans kortege kørte forbi på Lyngbyvej. Byen myldrede med politi. Vi stod på altanerne på administrationsfløjen - ligesom vi gjorde, da der var solformørkelse - og fulgte Khrusjtjovs kortege.

Ja, dengang var der kold krig, og vi frygtede, at det ville ende med en atomkrig, der udslettede alt liv på jorden, det kunne fx være sket under Cuba krisen i 1962.

Da præsident Kennedy blev myrdet i 1963, var det for mange af os som om, håbet og det gode, nærmest på verdensplan var blevet slået ihjel af en udefinerbar ondskab. Det var rystende, at det kunne finde sted.

Der var også 'Berlin-muren', som det statskapitalistiske Østtyskland opførte, som markering for sine borgere og for omverdenen, at her var den uoverskridelige grænse. Grænsen mellem øst og vest. Spændingernes akse. Og Vietnam-krigen voksede med USA's invasion. Der var en voksende frygt blandt folk i de tidlige 1960'ere. En lørdag aften blev der udsendt et drama i radioteatret, tror jeg måske, at det var. I den realistisk konstruerede handling var jordens rotation sat i stå. Det bredte sig ud på gaderne, at 'jorden var gået i stå'. Det var vi mange, der troede på et par timer den aften.

En anden lørdag, dog en formiddag, da jeg i øvrigt var på vej hjem fra cykeltræning på den vanlige lørdagsrute omkring Ballerup, Måløv, Knardrup, Veksø, Søsum, Ganløse, Kirke Værløse, Hareskovby, hørte jeg et kraftigt drøn, da jeg var nået ind et sted mellem Bagsværd og Buddinge. Hvad var dog det? Da jeg kom hjem til Søborg, hørte jeg, at det var Valby Gasværk, der var sprunget i luften.

"Jesus, Jesus, jeg troede det var en atomkrig"*, råber en kvinde, mens hun grædende betragter resterne af, hvad der engang har været hendes hjem. Det er lørdag den 26. sept. 1964. Klokken er lidt over halv ti, og et enormt brag* har rystet *København.*

Sådan kunne man høre i en radio reportage samme dag. 'Eksplosionen blev efterfulgt af en voldsom trykbølge. Den bredte sig som en vifte mod nord og skabte massive ødelæggelser i det omkringliggende boligområde. Vinduer og døre blev blæst ind og det regnede med nedfaldne tagsten. Fem personer døde ved eksplosionen. Tre af dem var gasværksarbejdere. En 71-årig bogbinder der befandt sig i en bagerforretning i nærheden af ulykkesområdet, døde af chok. En lærer fra den nærliggende Lykkebo skole, der kom cyklede ad Vigerslev Alle, blev ramt af nedfaldne bygningsdele. Han døde senere af sine kvæstelser.'

Københavns Stadsarkiv 1964

Det var som en krigsskueplads i området omkring Valby Gasværk efter eksplosionen om formiddagen lørdag den 26. september 1964.

Eksplosionsulykken i Valby og den generelle krigsfrygt var forfærdende. Men der var trods alt også lyspunkter i tiden, når man så godt efter, som i digtet, der følger her, skrevet af den dengang unge forfatter Viggo Madsen bl.a. inspireret af barndomsminder fra 50'erne.

Ja, og jeg har fået Viggo Madsens tilladelse til at bringe digtet her i bogen!

FLUGTBILEN KOMMER

hun tog sin hemmelighed
med sig i graven
må man vel det?

nej dette er ikke et haiku
haiku
skråt op!

de glider til side, de tunge gardiner
lærredet afventer sit billede, solen
ser i sit brændglas

som barn af sin tid er man et vidne
til lidt af hver, sandhedsvidne
jeg for min part har oplevet fred på jord
ja man kan undre sig

det blev nævnt i middagsradioavisen
fred på jorden, ingen krige nogetsteds
allerede om aftenen var en ny brudt ud
og, ja, det hed pressens radioavis dengang

flugtbilen holder med motoren i tomgang
taxaen hæver sin rejsecheck

de billeder man efterlader: nu hjemløse

FJERDE AFSNIT: MODSÆTNINGER, LOVMÆSSIGHEDER OG SÆRLIGE KARAKTERER

Begivenheder og omstændigheder og personer på sølvsmedien og i tiden i 60'erne

Lærlinge - de afrettede:
en salonkommunist, en kammerherre, og alle os andre hængerøve, socialdemokrater, bjergbestigere, dykkere, vægtløftere, cykelryttere, musikanter og dagdrømmere

Sølvsmedelærling Beatrice - lys og blond med sin egen bil en rød Morris mini 850. Hun var vist nok den første lærling, der havde sin egen bil. Hende kunne ciselørlærling Leif Johnny Pedersen vældig godt lide, men hun var derimod lidt forelsket, tror jeg måske, i sølvsmedelærling Preben Knudsen. Preben var særdeles god til at arrangere en hyggelig sammenkomst, og ofte var der 'fondue' på menuen, eller 'landgangsbrød'. Så mødte vi frem et lille hold lærlinge hjemme hos ham i Lyngby.

Der var Allan Scharff, globetrotter, bjergbestiger, ski-akrobat og kunstner. Allan var bl.a. med en ekspedition, der forsøgte at bestige det dengang ubestegede Ejnar Mikkelsen fjeld, 3308 meter. Alene at komme til området var yderst vanskeligt og særdeles farligt. Blosseville kysten består af stejle fjelde, der rejser sig direkte op af det is fyldte hav, uden fjorde og landingspladser. Da det trods alt lykkedes dem at passere denne stridbare fjeldkyst, måtte holdet klatre og vandre mere end hundrede kilometer gennem sprækkede og spaltede

Ciselører og sølvsmede hjemme hos Preben Knudsen. Fra venstre, Leif Johnny Pedersen, mig, Violette og Preben Knudsen

gletchere, for at komme frem til Ejnar Mikkelsens fjeld. Ekspeditionen måtte som en sidste prøvelse inden Ejnar Mikkelsens fjeld passere en porøs isvæg, med en tragtformet bund i ca. 1700 meters højde. Dette sidste blev vurderet at være så ekstremt farligt, at man i stedet valgte at omlægge ruten til Grønlands højeste fjeld, Gunnbjørns fjeld på 3694 meter. Gunnbjørns fjeld lå i samme område. Men det var dog besteget af andre. Allan huggede en smuk sten ud og indfattede den i en ring til Dronning Margrethe.

Allan inviterede i øvrigt også. Han boede hos sine forældre i Virum. De serverede varme saltbagte kastanjer, der lå i et fad, hvor bunden var dækket af et lag groft salt. Dertil serveredes en udsøgt rødvin. Fantastisk dejligt, delikat og bestemt med en stil og et niveau, som vi andre ikke kendte til hjemmefra. Det var spændende. Allan er i øvrigt en anerkendt smykkedesigner og kunstner. Georg Jensen producerer flere af hans ting.

Jeg mødte ham en del år senere, i 1974, i gangsystemet under Gentofte Amtssygehus. Han var på vej til operation. En portør skubbede ham af sted. Han havde brækket begge ben under ski-akrobatik et sted i Sydeuropa. Jeg var der med en beboer fra 'Lillemosegård', Margueritte Duchamp hed hun. Hun var kommet lettere til skade. Hun brokkede sig højlydt over mig, det synes jeg var pinligt. Jeg var ferieafløser. Ja og det var varm sommer, og tillige var der VM i fodbold. Med varmen taget i betragtning undrede det mig, at Allan lavede ski akrobatik, det må have været meget højt oppe. Måske i alperne og over 3000 meter oppe?

Og sølvsmedelærling Erik Hostrup Pedersen - 'ska dy ha nøgeeed keffe i daaauuggg Haaans' spurgte han venligt lærling Hans Rosenfalck hver morgen. Ja, det var altså mig han talte til. Og kammerherre, baron og lærling Carsten Schack von Brockdorff, som lærlingekollegaen Violette til Hans store fortrydelse vist nok var lidt lun på, eller i alle tilfælde meget opmærksom på, hendes opmærksomhed ville Hans have for sig selv. Det fik han ikke. Hun havde sin Per, og ham ville hun ikke bytte for noget. Og der var Clovis Gauguin den kække og frække knægt, som spillede glimrende på alle blæseinstrumenter, og lavede rav i den både her og der, men besynderligt nok trods dette kom igennem sin læretid med et svendebrev i hånden. Og 'skægget', Hans-Jørgen Christensen med violinen. Den smalle mand med det enorme og tætte mørkebrune fuldskæg allerede som 16-årig. Efterfølgende uddannede han sig tillige til violinbygger. Han er i dag en legende indenfor traditionel dansk spillemandsmusik, og Michael Witzansky, der vist nok var 'salonkommunist', og havde en søster, som læste på kunstakademiets arkitektskole.

Kjeld fra Hillerød, var ven med den unge politiker in spe Claus Hækkerup. Kjeld kogte æg til flere sølvsmede og til andre ude i begrummet lige inden frokost, og en eller anden drillepind klippede grydehanken over den ene gang efter den anden, og Kjeld monterede hver gang og prompte blot en ny endnu kraftigere hank. En socialdemokrat i en nøddeskal - med livrem og seler. Og til sidst var det ikke til at få bugt med de satans hanke. Han fik lavet dem i fjederstål, der var ret umuligt at komme igennem, når man hverken havde vinkelsliber eller skærebrænder. Så var der lærling Stoltz, og lærlingen med håret som selveste Tordenskjold, Steffen hed han vist nok og Morten Lindegaard, hvis far spillede i symfoniorkester, Susanne Friis var der også, og Giselinde, en bemærkelsesværdig pige, og langhårede Steen 'stones' Rasmussen, Ejnar der fik revet sit flotte sorte krusede hår af i pinolen på en boremaskine som 16-årig - det groede ikke ud igen. Synd for den stakkels rare knægt.

Flyvende insekter og trommehvirvler

Blandt det værktøj, der hørte med, når man var kommet i lære som sølvsmed, ciselør, guldsmed eller bestiksølvsmed var gasbrænderen. Den blev benyttet, når materialet skulle loddes, sættes på beg, tages af beg osv. Der var ud over gas også trykluft bag flammen, så den kunne give en høj temperatur og en skrap flamme. Et meget fleksibelt stykke værktøj, der kunne finindstilles til utallige specialformål og varmegrader. Det fandt man snart ud af.

Hvis der kom et flyvende insekt indenfor rækkevidde, så blev gasbrænderen omgående sat på flammekasterfunktion. Den kunne med lethed nå ud i på 50 - 60 cm. Og vupti, så stod det flyvende kræ i flammer. Kun humlebier var fredede, absolut fredede. Ja, og naturligvis også sommerfugle. Det var barnelære, at uden dem, blev der hverken grøntsager, frugt, blomster eller honning. Om alt dette holder stik, er jeg ikke sikker på. Men jeg vidste af erfaring, at humlebierne var godmodige. Jeg var aldrig blevet stukket, på trods af, at jeg som barn flere gange puttede dem ind i mine legetøjsbiler. Der kunne humlebierne brumme, og gøre det ud for en lille motor.

Til værktøjet hørte også alle mulige hamre og punsler.

Sidstnævnte stod bundtet i metal dåser af forskellig størrelse. Hver lærling og hver svend havde også en værktøjskasse. Det var en metalkasse, en blikkasse, typisk en familieskovturs madkasse af de helt store, 30 cm lang 20 cm høj og 20 cm bred, og med på-loddede beslag til en hængelås, det var kram. Man havde også en sodavandsflaske med benzin, der var sat en korkprop med et lille boret hul i, så man kunne dryppe benzin ud bl.a. til at opløse og fjerne små beg rester fra sølvet med en klud. Man benyttede også en fodskammel, en stor træblok ca. 10-12 cm høj og ca. 35-40 cm i diameter.

Klokken 13 blev der tændt for musikradioen på værkstedet. Og hvis der var musik der fængede, så skulle det snart vise sig, at mange lærlinge og svende havde en fin rytmesans og en veludviklet motorik. Det begyndte med fodarbejdet. Rytmebunden blev lagt med kraftige skiftevis hæl og fodballe rytmeslag enten i gulvet eller på fodskamlen, alt efter hvad der gav kraftigst effekt. Derefter kom hammeren i sving, med rytmiske slag på metalværktøjskassen, det skramlede og klirrede på de forskellige blikdåser, flasker og messingdåser med punsler på bordet, det kunne give de særeste variationer af metalliske lyde. Lampen fik også slag og bordet, ja alt indenfor rækkevidde. Vandrør, gasrør. Nogle var eminent dygtige til at arrangere rytmespil, og lydspil, helt virtuose. Og det var ikke kun de, som faktisk var musikere, der havde sådanne rytmiske gaver. Hele værkstedet kunne komme på den anden ende og alle grinede og morede sig, når der opstod en ny variant i lydbilledet, fx ved at slå skiftevis på radiatorrør, vandrør og gasrør. Alt, der kunne give lyd, kom i brug.

Der ville helt bestemt have været kvalificerede inspirationskilder for 'Safri Duo' at hente på Georg Jensen Sølvsmedie dengang.

Lærlinge, der ikke lod sig afrette:
En svindler, en slagsbror og flere frie fugle

Der var den store flotte og elegante karateglade lærling Flemming Andersen, der blev fyret. Han blev senere topmodel og bureauchef, inden han 13. september 1971 blev dræbt i sin voldsomme Volvo i frontalsammenstød på Kongevejen ved Kvistgård ikke så langt fra Helsingør. Han blev kun 25 år. Hans smukke modelhustru overlevede, men hun måtte leve med mén. En anden model, der var passager i bilen, blev ligesom Flemming dræbt. Var det en ministerbil, der efter en problematisk overhaling, måtte ned bremse voldsomt for at undgå at ramme en parkeret lastbil, og kom ud af kontrol og i slinger videre over i venstre vejbane hvor den ramte frontalt ind i Volvo én.

Flemming huggede kosteskafter og andet træværk over med de bare næver, og vi så måbende til. Han var tydeligvis karatemester. Og i øvrigt en handlingens mand, udpræget alfahan. Han var ikke den der blinkede eller flyttede sig først. En dag greb han fat i en lille ny læredreng, Johnny, der endnu en gang havde været flabet. Flemming håndterede den lille lærling som et tøjdyr, op i den lange keramiske vask med træristene i bunden og så åbnede han for alle vandhanerne, og holdt den lille hjælpeløst sprællende stakkel, som blev drivvåd.

Da sølvsmedemester Poul Andersen blev gjort bekendt med dette, fyrede han Flemming. Den lille knægt blev fyret få måneder senere af samme mester.

Den lille lavede plat, og bondefangede flere af os godtroende fjolser ved at påstå, at han kunne skaffe nye LP-plader til ½ pris. Vi skulle bare betale forud, så ville pladerne blive leveret en uge senere. Vi bestilte og betalte. Pengene stoppede han i lommen. Da der var gået en uge, sagde han, at pladerne var forsinkede. Tiden gik, og han kom med nye forklaringer. Til sidst måtte han tilstå, at han havde brugt pengene. Så blev han fyret.

Ja, Poul Andersen havde noget at se til, med plat, mobning, drillerier og drengestreger samt druk blandt medarbejderne. Unge som gamle.

Hvide, blå og kakifarvede kitler

Hver uge blev alle håndklæder, måtter og snavsede kitler afhentet til vask. Det var to unge brødre, der havde etableret eget vaskeri. Den ene var lys krøllet, han bar også briller med tyndt metalstel, den anden havde mørkt glat og lidt tyndt hår. Meget flinke var de, og de kunne altid svare for sig, begge to. De kørte i en Toyota Crown, hvor ruden i bagklappen kunne åbnes. Det havde jeg ikke set på andre biler. Den lyshårede havde i øvrigt den drøm, at han engang, og gerne snart, kunne blive TV fotograf. Tænk bare, hvis man selv kunne blive sådan noget, det tænkte flere af os.

Man kunne selv vælge hvilken farve kittel, man ønskede som erstatning for den man afleverede. Om der var brændt hul i det afleverede, eller om den var umanerligt snavset eller laset, ja så blev den lappet vasket og altid også stivet, alt blev flot igen. Forbavsende som det lille vaskeri kunne trylle lasede pjalter til stolte klæder.

Der var både fornuft, traditioner og hierarki og anarki i forhold til hvilke medarbejdere der bar hvide, blå og henholdsvis kakifarvede kitler. Afdelingsvis var det sådan, at ansatte i sliberiet, pudseriet, forsølveriet og trykkeriet benyttede kakifarvede kitler, dog var der nogle få der benyttede blå kitler. Alle disse afdelinger var kendetegnet ved overvejende snavsede arbejdsopgaver, specielt i sliberiet og pudseriet. Selv mestrene og formændene i disse afdelinger benyttede kakifarvede kitler - måske i en form for solidaritet med afdelingernes opgaver. I de øvrige afdelinger var det mest udbredt at benytte hvide kitler. Alle mestrene i de øvrige afdelinger på nær gravørmester Erik Madsen benyttede hvide kitler. Erik Madsen benyttede blå kittel.

Jeg selv benyttede oftest hvid kittel, det passede mig bedst. Min selvforståelse sagde mig, at jeg var kunsthåndværker, helt og aldeles, så det måtte være hvidt. Men blå gik dog også an, men ikke kakifarvet, aldrig. Heller ikke når jeg skulle afløse i begrummet. Blå var på mange måder farven der byggede bro mellem fagene, og mellem ledere og medarbejdere. De ufaglærte gik aldrig i hvid kittel. Kontorpersonalet i administrationen gik sjældent i kittel, bogholder Roulund bar dog hvid kittel.

Der var tillige en opdeling af toiletter. Funktionærerne, der bestod af administrativt kontorpersonale og ledelse, tegnestue, mestre og arbejdsformænd, færdigvarekontrol og lager, havde deres egne toiletter. Svende og lærlinge havde deres egne toiletter. For disse kategorier gjaldt det, at der var oplukkelige toiletsæder, og hos funktionærerne var der tillige et låg over toiletsædet. På arbejdsmændenes og arbejdsdrengenes toiletter var der ikke oplukkelige toiletsæder, men blot et stykke træ fast monteret på hver side af toiletkummen. Det skulle givetvis være med til at sikre, at de ikke blev fristet til at opholde sig der i længere perioder i arbejdstiden.

Alle benyttede samme kantine, men på grund af kantinens begrænsede kapacitet var der holddelt spisning afdelingsvis med 30 minutters interval begyndende kl. 11 frem til kl. 13, hvor funktionærerne spiste.

Musikken, Gaston Scott Skotner og sølvet

Gaston Skotner stod der på skiltet over en lille træbarak på Lyngbyvej nr. 34. I dag er der murstenspyntet tilstræbt prangende betonbyggeri med domicil for bl.a. Magistrenes Pensionskasse. Der var en hel række sølle udseende bazarbutikker på det sted dengang.

Gaston Scott Skotners butik fremkaldte film og solgte

vinylplader, LP, EP og single plader - det nyeste, Rolling Stones, Animals, Kinks, Loving Spoonful, Troggs, Beatles, Beach Boys, Hollies, Dave Clark Five, Pink Floyd, Vanilla Fudge, Yardbyrds, Cream, Spencer Davis Group, Arthur Brown, Procol Harum, Bob Dylan, Donovan, Julie Driscoll, The Who, Canned Heat, Frank Zappa, David Bowie, Janis Joplin, Lou Reed, Jimi Hendrix, som jeg var aldeles optaget af. Der var også afroamerikansk rytme og blues fx Fats Domino, Blueberry Hill og There Goes My Heart Again, han svingede godt. Andre købte instrumentel pigtråd som franske Les Fantômes, engelske Shadows og amerikanske Ventures. Det gjorde fx Mogens Erslev. Andre kunne lide mere pop agtig musik som fx Sonny og Cher, Hermans Hermits og Hollies. Fx nogle af pigerne.

På billedet herover ses bazarbutikkerne. De fleste var fraflyttet på dette tidspunkt i 1969 som følge af saneringsplanerne for området. I 1969 var sporvognslinjerne også nedlagt - der var fyldt asfalt i sporene. Et stræde mellem bazarbygningerne og murstensbygningerne førte ind til sære bygninger for forskellige håndværk, rent Klondyke. Strædet blev kaldt 'likørstræde'. Men der var ikke synlige udskænkningssteder.

Der var meget trangt i butikken, og en elendig skrattende højtaler. Men den lille mand, Gaston Skotner formodede vi, skruede hver gang helt op for forstærkeren, når han så os. Ubehageligt højt, i de elendige og helt bas forladte højtalere. Han blev sikkert forstærket i den tro, at des højere han skruede op, des bedre solgte han. Der var i øvrigt sikkert aldrig nogen af os lærlinge, der bad ham skrue lidt ned. Og vi købte derovre hver torsdag efter lønudbetaling, ja 100 singler og 25 LP'er og enkelte EP'er har jeg da købt i den lille butik dengang.

Musik fyldte meget for de fleste af os. Det var i tiden. Både jazz, blues, rock, beat, pigtråd og tillige klassisk musik. Fx Mozarts klaverkoncert nr. 24 c-mol KV 491, 2. sats Larghetto. Den vil de fleste blive berørt af. Ja, og en lille håndfuld lærlinge derude på sølvsmedien

Bazarbutikkerne under besættelsen 1940 - 45 var der nazistiske sympatisører i området. Bemærk den heilende figur til venstre over bygningerne. Dette provokerede i november 1943 sabotører til at bombesprænge Reinhardts Autoværksted Lyngbyvej 32.

interesserede sig for gammeldags dansk spillemandsmusik, og de spillede selv, især Hans-Jørgen Christensen. Dengang begyndte der at komme forstærkere baseret på transistorer i stedet for de hidtidige rør forstærkere. Det betød langt kraftigere lyd og bedre lydkvalitet, high fidelity, hvis man vel at mærke ud over forstærkeren også købte gode højtalere og en god pladespiller. Ja, og naturligvis betød det også, at forstærkerne kom til at fylde meget mindre og veje meget mindre. Men det kostede uopnåeligt for en lærling, og års opsparing for en svend.

Da jeg var udlært og i stedet for en lærlingeløn på 1 krone og 35 øre i timen blev tilbudt hele 9 kroner og 25 øre i timen, følte jeg mig rig. I lighed med hvad andre lærlinge blev tilbudt, kunne jeg også købe mine svendestykker, der bestod af tegninger til en broche og tegninger til en stor frugtskål, en voks model af brochen, en ciseleret sølvbroche, og en ciseleret frugtskål. Jeg købte brochen, 63 gram vejede den og 110 kr., blev den takseret til, hvortil blev lagt 12½ procent moms. Jeg var i øvrigt stolt af brochen, den sad lige i skabet, det måtte enhver indrømme, selv om man aldrig roste hinanden eller fik ros af andre på Georg Jensen[38].

---

38 *Én gang fik jeg ros. Det var dog ikke fra en ansat på Georg Jensen. Det var da jeg, efter en gipsmodel udført af billedhuggeren Olaf Stæhr-Nielsen (1896 – 1969), havde ciseleret en stor løve i en kobberplade. Den var en del af det originale Ribe byvåben, som var forvitret og beskadiget. Den skulle efterfølgende viderebearbejdes emalieres og indsættes i byvåbnet i Ribe. Da jeg havde afsluttet arbejdet, mødte Stæhr-Nielsen op på ciselørværkstedet i Ragnagade og bad om at måtte tale med ciseløren, der havde udført arbejdet med løven. Jeg blev aldeles overvældet og forbløffet da den nydelige og særdeles velklædte ældre herre henvendte sig til mig. Det gjorde min mester bestemt også og de andre på værkstedet. Et ufatteligt kultursammenstød.*

Frugtskålen vejede mere end 2 kg. Den blev jeg tilbudt for 3.680 kr., og så kom der moms oven i. Nej, det lod jeg mig ikke friste af. På trods af, at næsten alle sagde, at jeg var tosset ikke at gøre det, fordi frugtskålen kostede næsten 12.000 kr. i butikkerne. Du kan da bare sælge den og tjene på det, blev der sagt. Sådan noget har auktionshusene masser af kunder til.

Men jeg ville ikke spekulere i sådanne baner. Så ville jeg hellere bruge 3.600 kr. På det nyeste komplette B&O stereoanlæg med en Beomaster 1000 forstærker og tuner, forstærkeren med hele 2 gange 15 watt udgangseffekt, og med et helt klaver af hvide betjenings tangenter. Separate højtalere, Beovox 1500, og B&O's nyeste pladespiller, Beogram 1000. Sikken et design, det var jeg glad for, og som det dog spillede og gav lyd. Jeg blev kort efter mit fine køb klar over, at der fandtes et endnu kraftigere B&O anlæg, bestående af Beolab 5000, Beomaster 5000 og Beovox K 6201 højtalere og Beogram 3000 grammofon. Det oplevede jeg på Cæciliavej hos min brors kollega Mogens Lohmann. Det anlæg var ubetaleligt dyrt.

Selv om det naturligvis var idiotisk, at jeg ikke købte sølvskålen, så havde jeg usigelig glæde af mit fantastiske anlæg og af musikken, og det har jeg stadig. Anlægget blev udskiftet tre gange siden. Men højtalerne står stadig i kælderen sammen med andre udslidte sager, som jeg ikke kan få mig selv til at skille mig af med.

Stæhr-Nielsen ja, fra en anden verden med andre normer og opdragelse, selvværd og åbenhed. Han takkede mig med en inderlighed, som jeg aldrig før eller siden skulle opleve. Jeg kunne slet ikke matche eller gengælde hans gestus, respekt og agtværdighed i situationen, det bragte mig i stor forlegenhed. Jeg følte mig simpel, og jeg vidste, at jeg havde meget at lære og arbejde med på det personlige plan. Det var nok i mit sidste læreår 1966.

Mit svendestykke bestod af sølvbrochen på billedet herover. Tillige bestod det af en tegning af brochen og en voksmodel. Endvidere bestod det af den store ciselerede sølvskål, dessin 296, på billedet herunder.

.

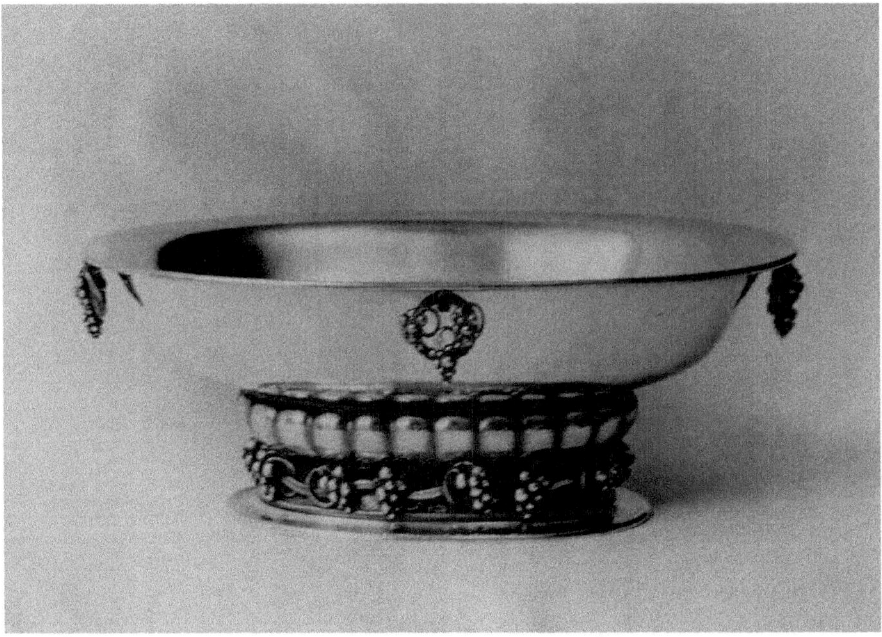

Den nye pige - Wouldn't it be nice - God Only Knows

Meget køn, lille, lys, med moderne briller, der slet ikke klædte hende. Morsom og kvik i replikken. Spillende øjne. Hendes tilstedeværelse skabte lys og glæde i omgivelserne og i mig. Hun var glad for jazz, og jeg var vild med Stones. Aktuelt den uge lyttede jeg dog til Beach Boys. Lidt pinligt synes jeg, men fascinerende, især 'Wouldn't it be nice', sådan noget sukker pop turde jeg ikke nævne for hende. Hun havde et lidt intellektuelt skær over sig. Allerede hendes første arbejdsdag, aftalte hun og jeg at vi skulle mødes hos hende efter fyraften.

Hun var fra en lille by ved Esrum sø, men boede midlertidigt hos noget familie. Hun fortalte mig en del om dem, at de var 'unge' på 40, som man dengang sagde. Han havde sukkersyge, tror jeg nok, og de kunne ikke få børn. Det fortalte hun mig. Hos dem skulle jeg møde hende, så nu var jeg forberedt. Hun og jeg skulle bagefter følges til Lollikhus, et diskotek, der lå i acceptabel gåafstand derfra vel nok 2 busstoppesteder, ikke mere, men vejret var jo fint at gå i.

Da jeg kom derud, gik der lidt tid, før der blev lukket op. Nå tænkte jeg, er der ingen hjemme. Men så dukkede hun op i døren. Hun var helt våd med en hvid badekåbe omkring sig. Hun var i bad. Husets beboere var lige gået, sagde hun. Jeg kunne næsten ikke kende hendes ansigt nu, da hun ikke havde briller på. Jeg var meget overrasket, og havde slet ikke forestillet mig at hun var i bad, da jeg ankom. Hun bad mig vente i stuen, medens hun gjorde badet færdigt. Hun kom ind til mig i stuen efter badet, med vådt hår og uden briller naturligvis, måske? Hun var usigelig smuk, aldeles fortryllende så hun ud, og der stod hun så lige foran mig, og vi var alene, en helt almindelig solbeskinnet sen forsommer eftermiddag i en fremmed lejlighed i Birkerød. En tilsvarende situation havde jeg ikke oplevet. Hun spurgte om jeg ville tørre hende på ryggen. Jeg blev komplet overrumplet, rådvild, handlingslammet, og næsten angst i situationen. I mine fantasier havde jeg naturligvis forestillet mig noget lignende. Drømt om det havde jeg bestemt også. Men nu, da det gjaldt, var jeg ikke i stand til at fange situationens muligheder, og gøre mine forestillinger og drømme til virkelighed.

Følelsen var noget lignende, som at være solskoldet. Det brænder og alligevel fryser man, næsten ryster af kulde. Hun stod meget tæt på mig midt på gulvet og bad mig om at hjælpe sig med at se, at tøjet kom til at sidde pænt, når hun tog det på. Først tog hun trusser på, så almindelige strømper. Sidder de pænt bagpå, spurgte hun mig og smilede og drejede rundt, og udenpå hentede hun stormaskede netstrømper. Det havde jeg ikke troet, at det var sådan, at damer gjorde. Netstrømper troede jeg i øvrigt kun var noget, artister havde i deres garderobe i revy, på teater, eller i cirkus eller lignende, og at der skulle være almindelige strømper indenunder, det havde jeg ikke forestillet mig, og hvorfor? Det ved jeg stadig ikke, fordi pigen var både let solbrun og hun havde meget smuk hud. Ja, alt var perfekt hos hende. Hun havde ikke skavanker at skjule. Måske kradsede sådanne grovmaskede strømper, eller også var det et indfald, som hun ikke havde tænkt sig fra begyndelsen, at tage netstrømper udenpå? Måske som en form for turbo, for at få mig endnu mere op at køre? Bh'en blev jeg pænt bedt om at lukke i ryggen.

Hvor var hun dog smuk og dejlig, og hun duftede helt fantastisk. Jeg turde næsten ikke trække vejret midt i al hendes skønhed.

Jeg var på samme tid tryllebundet og lammet af hendes elegante menageri. Jeg følte mig helt ør, dum, svag, uduelig. Og jeg turde slet ikke at lægge mine hænder omkring hende. Hun viste mig smilende og imødekommende alt - med den største naturlighed - og jeg, der dog var lidt ældre end hende, jeg kunne intet. Gjorde blot artigt, mekanisk og næsten angst, hvad hun sagde, ikke andet. Jeg tabte al kraft, og alt mod - hun kørte rundt med mig. Scenen og initiativerne var alene hendes værk.

Min inderlighed var sendt til tælling, lammet og flænset i fortættet kvindelighed, omsluttet i kvindelighed - i kvindelig velmagt og overmagt.

På Lollikhus bowlede vi, og dansede også, folk stirrede på hende, super lårkort og sindssyg smuk, utrolig sexet og glad var hun. Flere bød hende op, hun sagde pænt nej tak, og kikkede sødt og lidt forelsket på mig. Folk så vantro på mig, den komplette slaskedukke af en mand, ja nærmest kun en dreng, der havde kapret den mest fantastiske Venus. Ja, det troede jeg da dengang, selv om det set i bakspejlet i realiteten nok var omvendt, at hun havde gaflet mig for at lege lidt og blive bekræftet i sin skønhed. Vi drak et par gin og lime og en Lumumba eller to.

I min lammelse i situationen satsede jeg på nå den sidste bus 184. Jeg anede ikke hvad jeg ellers skulle gøre med hende, eller rettere, hvad jeg skulle gøre med mig selv, og kørte, både lettet over at komme ud af situationen, og dog også med blødende hjerte og helt knust, helt fortabt af sted hjemad i komplet vildrede.

Jeg mærkede, at mit liv var ændret. Mine længslers mål blev lagt i mine hænder. Jeg skulle bare tage det, jeg blev givet, i den hensigt det var givet til mig[39]. Men jeg kunne ikke. Jeg havde lidt et alvorligt nederlag i forhold til min egen selvforståelse. Jeg duede ikke, når det virkelig gjaldt, det stod mig klart, jeg havde tabt initiativet helt og aldeles. Få dage senere skulle jeg på ferie, op at flyve for første gang, til solskinsøen Mallorca, efter ferien skulle jeg være soldat i Jylland.

Det føltes fantastisk at få brev fra hende på kasernen i

---

[39] *Modtag gaverne, i den ånd de bliver givet til dig. Noget i den retning, var de ord som pastor Alfred Nielsen gav mig ved min konfirmation i Søborg kirke.*

Skrydstrup. Det havde jeg slet ikke regnet med. Hun skrev bl.a., at hun havde været ude med min ven, Hans, som jeg havde præsenteret hende for et par dage før, jeg skulle på ferie. Da vi var taget til Bellevue en aften alle tre.

Det bekymrede mig, at de to havde været ude alene sammen. Og det var vel i grunden en rimelig bekymring. Men jeg fik en aftale med hende på min første weekendorlov. Vi skulle mødes lørdag aften på 'Det lille apotek' i en af de små gader i Københavns latinerkvarter. Min ven Hans, der lignede en Italiener - en af de flotte endda - var også med, han boede tæt ved hende, så han tog hende med i sin bil. En ny VW 1300 med et omfangsrigt flettet Porsche udstødningssystem, der fyldte det meste af motorrummet, og som lød meget mere af Porsche end en rigtig Porsche dengang gjorde. Han havde stil, købte udenlandske modeblade, købte tøj i specialforretninger, hvor jeg blot købte mit tøj hos Hugo Buch på Søborg Hovedgade. Og han var varm på hende. Hun var lækker, det sagde han til mig.

Jeg tænkte, at han nok var mere attraktiv end jeg, et par år ældre var han, og bil og lejlighed i Birkerød. Smagfuldt indrettet med designermøbler bl.a. havde han ventet længe på at få sin speciel fremstillede Erik Kærholm briks med aluminiums ben i cognac farvet bøffellæder, den var virkelig elegant. Og tømmermester var han. Jeg var bange for, at han ville rende med hende inden natten var omme.

Men vi hyggede os og havde det rigtig sjovt alle tre. Til sidst kørte Hans, hende og mig hjem til et par hyggelige værelser, som jeg havde lånt, inden han selv kørte hjem.

Her lærte hun mig om kvindens indretning og drømme og om koncentration. At komme ovenpå igen, efter jeg havde følt, at nu var der ikke mere. Mest overraskende for mig den nat var det, at det ikke var forplantningen som sådan, der var hendes længslers mål. Det var ikke bare noget hun sagde, det mærkede jeg. Jeg havde dog altid hørt, og forestillet mig, at det var det. Men jeg elskede hende, det vidste jeg, og kun hende i hele verden, og bestemt for evigt. Tillige var hun rigtig sjov, og alligevel meget alvorligt fokuseret i alt hun foretog sig i forhold til mig.

Men hun tog ligesom dygtige atleter en kamp af gangen, og en dag af gangen. En fast kæreste - det var hun ikke interesseret i. Jeg sørgede i lang tid, ja i flere måneder, ja i halve år endda, for hun var så dejlig og helt uopnåelig for mig.

Siden den dag har jeg ikke set hende eller talt med hende eller hørt om hende. Når jeg tænker på hende, kan jeg stadig få en tung trist følelse - uduelig.

Jeg var fortvivlet, og lige ved at overse at jeg havde genvundet initiativet, midt i nederlaget.

Der sad i mange år efter dette en frygt i mig for smukke kvinder, som lignede hende. Frygten for at blive sat ud af spillet.

Jeg forstod ikke dengang, at hendes mål var at lege og at erobre spændende nye oplevelser i det ukendte land[40]. Det var hendes form for søgen efter lykke. Jeg håber at hun har fået et lykkeligt liv. Mit mål var naturligvis også at finde lykken, blot i form af én smuk, sjov og dejlig kvinde, som jeg kunne være alene med, og som jeg kunne dele alt med.

Det fandt jeg heldigvis, og det blev min lykke. Og den tosomhed det bar med sig, bragte mig i en forunderlig

---

40 *Jeg tænker i dag, at hun vel nok befandt sig i et spændingsfelt mellem frihed og mulighed(er), som hun i sagens natur ikke kendte, før de var prøvet. Tiltrukket og draget af det ukendte vel sagtens. Måske samtidig angst for risikoen. Hun kunne ikke vide, om der ville tilstøde hende noget ubehageligt.*

verden, som jeg ikke tidligere havde mødt.
Jeg reflekterede en del over forskellene på i hvilken grad kvinder var smukke, flotte, dejlige, lækre, elegante, betagende, sexede osv.

Der var mange fascinerende facetter. Hvad de hver især havde mest af, hvor meget af det ene og af det andet, og hvad der fyldte mest, og hvornår det passede bedst.

I 1960'erne var der nye kvindeidealer på vej, og bestemt også mandeidealer. Traditionelt havde det været kvindetyper, stilede fx sådanne som Hitchcock benyttede i sine film. De nye kvindeidealer var mere i retning af hippietyper, mere frie, uden snærende stropper og bånd og kosmetik. På samme tid ændredes mandetyperne fra Cary Grant typer til mere eller mindre hippietyper. En del trådte ud og ind fra de gamle typer til de nye og tilbage igen. Det var fascinerende at eksperimentere med.

Jeg konkluderede, at det afgørende var, at en kvinde var tiltrækkende for mig. Det var ikke en bestemt type der var afgørende. Jeg har aldrig været optaget af bestemte typer. Det var det, der lå i hende, som kunne friste mig, men fristelsen var jo min, og kom således lige så meget fra mig. Og den afspejlede tillige tosomhedens højeste fase, den uudgrundelige fase, kærligheden.

Tillige måske også lykkens højeste fase. Når jeg siger, måske, er det fordi lykken ved at blive far var ganske forrygende, hver gang. Kærlighedens allerfineste frugt.

Seksualiteten og kærligheden er fantastisk, og den er samtidig smertelig, utålelig og påtrængende, som en plageånd, der ikke vil lade dig være i fred.

Pyromanen

Jeg måtte finde mig i at blive kaldt pyromanen i en længere periode efter en eksplosionsagtig brand på Georg

Jensen i Ragnagade. Branden var startet i begrummet i udsugningsanlægget. Det var en formiddag medens jeg stod og tømte en færdig ciseleret sølvkande for beg, at en af mestrene kom ud i begrummet. Han kikkede på indersiden af udsugningsskærmen, hvor jeg havde hængt kanden op i kroge og ståltråd. Han sagde til mig, at jeg skulle rense skærmen, der i sagens natur var komplet sodet på indersiden. 'Det måtte vel være lige til at brænde af ligesom på kanden', mente han. Jeg skulle ikke nyde noget af at følge det råd, og frarådede ham det på det bestemteste, med henvisning til, at beg-rester jo brændte kraftigt på kanden inden det forkullede, og at det samme kunne forventes at ske på skærmen. Men den ellers fornuftige og eftertænksomme venlige mand lod sig ikke standse af mine betænkeligheder. Han tog en rask beslutning, tog brænderen og satte godt med trykluft på.

I samme øjeblik flammen ramte indersiden af skærmen lød der et PUFFFF-SLOOOOMM efterfulgt af et blødt - men alligevel dybt - drøn og tryk. Man kunne mærke eksplosionerne. Drøn efter drøn bredte sig trinvis frem gennem det vidt forgrenede udsugningssystem i bygningen, til alle etager og rum. Man fornemmede straks, at den var helt gal, en storbrand var etableret. Fem brandkøretøjer ankom efter få minutter. Både mesteren og jeg blev afhørt, af politiet. Han var aldeles bleg, vi talte ikke indbyrdes om det. Aldrig nogen sinde. Den rette sammenhæng blev hverken før eller siden afsløret eller nævnt. Den bar vi i os selv hver især.

Efter den dag fik jeg flere gange små lønforhøjelser, både når jeg bad om det, hvis jeg vel at mærke gjorde det solo og uden omtale, og også nogle gange uden at bede om det, så blev min løn løftet, hvis en anden havde fået et lønløft. Dengang var der i øvrigt en inflation og dyrtidsregulering og et ufatteligt lønpres, også fordi der var masser af job at få rundt omkring, det var almindeligt med flere både individuelle- og kollektive lønstigninger hvert år.

Ja, og tilbage til den samvittighedsfulde mand, han har givetvis været plaget af episoden i mangen en ledig stund, hvor han ellers nok kunne have haft brug for at hygge sig lidt. Han var på Georg Jensen som mester hele sit arbejdsomme liv. Han døde som pensionist for år tilbage.

Han fik i øvrigt malerier, som han selv kunne vælge hos min far, da jeg fratrådte min stilling som ciselør på Georg Jensen Sølvsmedie 30. april 1971. Jeg holdt meget af Paul Timm. Han var en gentleman. Trods fejltrinet med flammen på udsugningsskærmen dengang, eller måske netop derfor, står han for mig, som det mest ædelmodige menneske, jeg har mødt.

Medaljen og den anden brand

Det kan ej heller udelukkes, at denne varme kartoffel af en episode havde indflydelse, da jeg ved brev af 9. maj 1967 fra kontorchef Th. Agerskov, blev indkaldt til at møde den 23. maj 1967 kl. 18.45 ved Det Københavnske Håndværks MEDAILLEUDDELING i rådhushallen. Anvist til Plads D 61. Her modtog jeg Haandværkerforeningens sølvmedalje, efter nøje trykte anvisninger, at have passeret logen med Hans Majestæt Kong Frederik og Hendes Majestæt Dronning Ingrid.

Dengang var der ikke noget med håndtryk uden handsker, som der er i dag, hvor Dronning Margrethe er monark. Der var så vidt jeg husker et par hundrede, der modtog medalje fra alle mulige forskellige håndværk, de fleste bronze i små blå silkeforede æsker med navn påtrykt i sølv, men også mange sølv i små røde silkeforede æsker med navn påtrykt i guld. Kun ganske få fik supplerende et legat til videre uddannelse. Til udlandsrejser eller til videreuddannelse fx på guldsmedehøjskolen. Det fik jeg ikke. Jeg havde ej heller ansøgt herom, eller var blevet opfordret dertil. Der var tillige en del, der sikrede optagelse på guldsmedehøjskolen, bl.a. mine lærlingekollegaer Violette Bürki og Allan Scharff.

Jeg tænkte engang, om der på en eller anden måde kunne være en forbindelse mellem brandårsagen på sølvsmedien i 1964 og medaljen, om den var en belønning for at holde kæft. Fordi livet har lært mig, at der er så mange og uransagelige veje til at opnå bedre aflønning, ære og embeder på. Og måske er der også en rest hos mig, af gener fra en påstået ane tilbage i tiden, på min mors side, 11 generationer før mig. Færøsk-Norske Magnus Heinason - på dansk Mogens Heinesen. Han blev halshugget på Gammeltorv i Kjøbenhavn den 18. januar 1589. Dømt for bl.a. sørøveri og blodskam. Det var rentemester Christoffer Valkendorff, der udnyttede tomrummet efter kong Frederik den 2. døde i 1588 til at få Heinason sigtet og dømt. ... Året efter halshugningen blev Heinason retfærdigvis, måske? Benådet, og hans jordiske rester blev flyttet til et ærefuldt gravsted ved Ørslev kloster i Jylland. Ved slottet Jægerspris på Sjælland troner en flot mindesten over ham sammen med støtter over, Tordenskjold, Ludvig Holberg, Snorre Sturlason og andre kendte og hæderkronede navne fra det danske rige.

Hvorvidt man kan sige 'bedre sent end aldrig' med denne benådning, det er vanskeligt at afgøre. Alt har sin pris, men man kan ikke altid forudsige, hvad prisen bliver, eller hvem der skal betale den. Hans enke fik dog efter datidens forhold en betydelig pension.

I øvrigt blev den 23. maj 1967 af en helt anden grund en dag jeg ikke glemmer. På vej ind til medaljeuddelingen på Københavns Rådhus, ramte en folkevogn frontalt ind i den sporvogn, som jeg kørte med. Det var linje 16 i fuld fart nede i bunden af bakken på Frederiksborgvej, at 2 fodboldspillere i en overhaling af en anden bil 'hang fast' i de regnvåde sporvognsspor. Derved ramte folkevognen frontalt ind i 'min' sporvogn. En regn af gnister stod op foran den tunge sporvogn, der skubbede den lille folkevogn mange meter baglæns. Folkevognen eksploderede efter få sekunder, og meterhøje flammer og kulsort røg væltede ud af bilvraget.

Det var ikke muligt at nærme sig. Ganske forfærdeligt. Jeg var så chokeret, at jeg fortsatte til fods de sidste kilometer til rådhuset. Jeg tænkte på det hele tiden inde på rådhuset, og kunne ikke glæde mig over medaljen og den imponerende festivitas og musik, der var derinde.

Den ulykke og de omstændigheder omkring den fyldte mine tanker i lang tid, og jeg tænker ind imellem stadig på det skrækkelige sceneri og magtesløsheden.

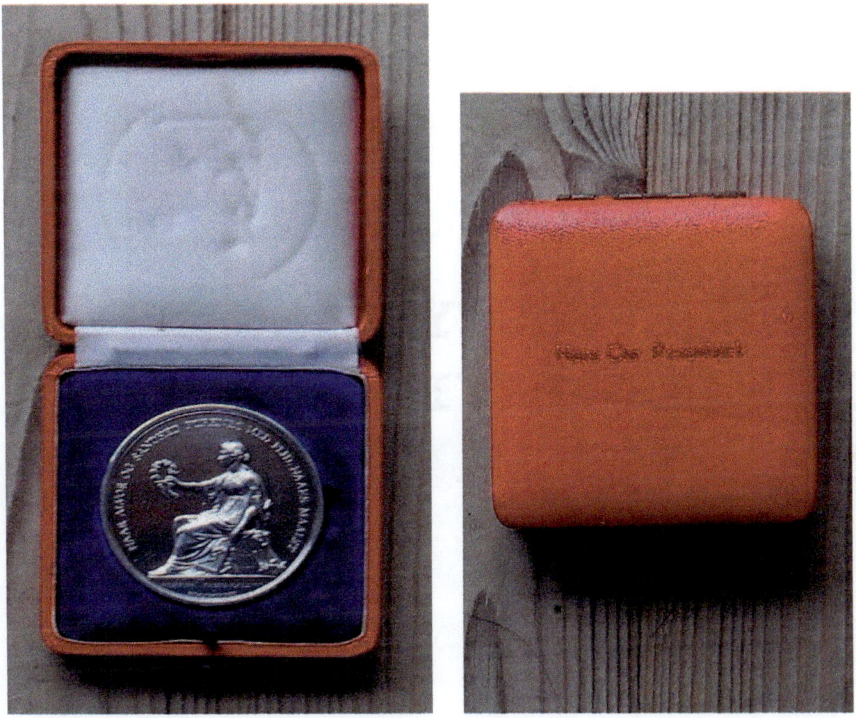

Jeg modtog Håndværkerforeningens Sølvmedalje for mine svendestykker på Københavns Rådhus den 23. maj 1967. Medaljen blev stjålet sammen med andre effekter ved et indbrud i vores hus i 2014, kun æsken er nu tilbage. Efterfølgende installerede vi G4S fotoalarmer mv. alle steder i huset og opmagasinerede værdierne.

ANDEN BLOK: LIVTAG

I LANDEVEJSCYKLINGENS VOLD MED BEVIDSTHEDEN PÅ INDRE REJSER

Foto: Oddershede

I udbrud i øsende regnvejr på vej ud på sidste omgang i Københavns Mesterskabet i klasse B, 17. juli 1966 med Poul Erik Thygesen på hjul. Den dag sad jeg med i 25 udbrud. Hold nu op med det pjat, sagde bl.a. min klubkammerat Tommy Overballe, du kan jo se, at du bliver kørt ind af feltet hver gang, lige meget hvem du stikker med. Jeg holdt mig tilbage fra udbrud nr. 26. Det holdt naturligvis hjem, og jeg måtte nøjes med en 9. plads på en dag, hvor jeg havde vinder ben og energi i topklasse. Ja, hvad kan man så lære af det, jo hvis du kan gå med i 25 udbrud, så kan du lige så godt også gå med i nr. 26. I øvrigt havde jeg det som 'en fisk i vandet' når det regnede, lun sommerregn det var noget for mig.

Møde med en sand overmand

Det var en meget tidlig, solbeskinnet og kold søndag morgen i april 1963. Jeg var landevejscykelrytter, 17 år. Jeg havde lige indledt min 3. sæson. Jeg hørte ikke til de bedste, var bestemt ikke god til enkeltstart, der i øvrigt var den mest ubehagelige konkurrenceform fysisk såvel som psykisk. Især hvis 30 meter reglen tillige gjaldt. Den regel der sagde, at man skulle falde mindst 30 meter tilbage, hvis man blev indhentet, inden man måtte forsøge at køre udenom, eller inden man måtte forsøge at holde tempo med ham, som man var indhentet af. Der var en del ryttere, der fik advarsler eller blev diskvalificerede på grund af 30 meter reglen. Det er jeg selv blevet nogle gange som ungdomsrytter, meget uretfærdigt den ene gang. Og frygten for og ydmygelsen ved at blive indhentet var nærmest ubærlig. Og hvis man blev indhentet af en bagved startende rytter, tabte man i reglen både modet, rytmen og troen på, at der var nået som helst at køre videre for den dag. Omvendt var det, hvis man indhentede en foran startende rytter. Det var stort. Men man skulle passe på, at man ikke kørte for stærkt lige inden man indhentede ham, og man skulle passe lige så meget på, at man ikke slappede af, når han var hentet. Man skulle straks finde et nyt punkt at køre efter, ellers satte man det hele over styr igen. Og for alt i verden skulle man genfinde rytmen, koncentrationen og intensiteten og håbe på at energiniveauet kunne holde resten af vejen til mål.

Nå, men jeg kunne dog på en god dag komme i den sidste ende af præmierækken, men jeg var oftere udenfor.

Der var typisk 25 præmier i juniorklassen til de 150-225 startende. Almindeligvis var vinderen ca. 1½ minut hurtigere end nr. 25. Enkelte gange 2 minutter hurtigere, men ikke mere. Cirka hvert tredje løb var enkeltstart. Ellers var det holdtidskørsel med mellem 3 og 5 mand på hvert hold. Holdene blev sammensat ved lodtrækning, og blev oftest sendt af sted med et minuts mellemrum. I alle situationer gjaldt det om at have hurtigste tid, alle løb var på ca. 30 km. Oftere lidt kortere ned til 26-27 km. Alle løb skulle være afviklet inden kl. 10, det forlangte politimestrene, fordi cykelløb og andre begivenheder ikke skulle forstyrre 'søndagstrafikken'.

Problemet ved dette var, at sekunda klasserne - dvs. begynder, junior og D - der havde rigtig mange deltagere, som blev sendt af sted enkeltvis, eller i små hold, at de måtte starte meget tidligt om morgenen. Der kunne være næsten 800-900 tilmeldte ryttere til et cykelløb fordelt på de mange klasser dengang. I reglen skulle de første starte omkring kl. 05, for at alle kunne nå at være i mål før kl. 10. Man anså, at det ville være farligt at sende sådanne uerfarne 'sekunda' ryttere af sted i større felter, derfor sendte man højest 5 af sted af gangen.

C rytterne, der var mere erfarne, måtte køre i felter med maksimalt 25 ryttere, B og A ryttere måtte køre i så store felter det skulle være. Desuden skulle klasse A og klasse B, der typisk kørte 140 - 210 km, også starte kl. 05.30 - 06.00 for at nå at være i mål inden kl. 10. B og A klassen havde i reglen politieskorte. En eller to motorcykelbetjente kørte ca. 100 meter foran felterne og standsede eventuelle biler, så de store felter kunne passere uden problemer.

Lidt at spise skulle man også have, især hvis man skulle køre langt. Det var nødvendigt. Jeg har nogle gange spist et godt måltid kl. 03.00 og kørt hjemmefra kl. 04.00 for at være i Roskilde, Køge, Hillerød eller Helsingør kl. 05.00. Det føltes sælsomt at stå op så tidligt og spise, fx en bøf med kartofler. Og det var set i bakspejlet helt galt at spise et så tungt og svært fordøjeligt måltid. Det burde i stedet have været pasta med lidt magert kød eller fisk og grøntsager. Men pasta var bandlyst; 'så bliver du bare tyk ligesom en Italiener' blev der sagt, bl.a. med henvisning til de lynhurtige italienske sprintere på Ordrupbanen. Muskuløse typer, der kunne levere en topfart på 65-70 km/t i 10 - 12 sekunder. De havde naturligvis ligesom fx Antonio Maspes en mere kompakt kraftfuld kropsbygning end en senet mager landevejsrytter som fx Fausto Coppi, der kunne levere 45 km/t. i 7 timer i træk og pulverisere alle konkurrenter i bjergene. Men italienske Coppi typer var ikke en del af billedet af den typiske italiener herhjemme. Sikkert fordi man kun så sprintertyperne herhjemme på Ordrupbanen og på vinterbanen i Forum. Det skal tilføjes, at de danske sprintere, var lige så kompakt bygget som Maspes, der iøvrigt slet ikke var tyk, han var blot muskuløs.

Nå men videre med forberedelserne sådan en tidlig søndag morgen. Gader og veje lå øde hen. Jeg kunne nogle gange føle mig som Palle alene i verden. Men det var ofte de smukkeste morgenlandskaber jeg cyklede igennem på vej til startbyen. Helt specielt. Især om foråret, med fuglesang, ny udsprungne træer, morgenduft, og dis over engdrag. Faktisk var jeg klar allerede klokken 05. Mit døgn ur har stadig det største moment fra tidlig morgen til ca. kl. 15, og det laveste moment fra kl. 23 til kl. 05.

Der var ikke fokus på nødvendigheden af at drikke rigeligt dengang. Det var en udbredt opfattelse, at man kunne 'vænne sig til' at drikke ganske lidt, blot en liter på 180 km for fuld knald på en varm sommerdag. Rent vanvid. Ofte gik det store felt på 70 - 100 A eller B ryttere af denne årsag i opløsning efter ca. 120 km, og rytterne slæbte sig enkeltvis eller i små hold til mål mere eller mindre dehydrerede. Da kunne den opmærksomme rytter konstatere kollegaernes forskellige måder at vise udmattelse på. Nogle fik sære ansigts tiks, andre ændrede ustandseligt siddestilling, øjnene blev tomme. En af mine træningskammerater, Steen Holgaard Nielsen[41], var i særlig

---

[41] *Steen var grebet af manddomsprøver. Om vinteren, når vi bl.a. løb i skoven et lille hold på 6-8 ryttere, var træstammeløft en fast prøvelse. Hvem kunne sidde på hug og rejse sig op med den største træstamme, som 2 andre løftede op på staklens skuldre. Mange af os var – bevidst eller ubevidst - ude i de samme prøvelser som Steen. Cykling til grænserne, træningspåfund og konkurrencer - tørst, udmattelse, forsagelse, askese, beherskelse, kontrol - grænseoverskridelse på krop og på psyke. Da jeg efter 5 år erkendte, at det også for mit vedkommende var manddomsprøver, blev cyklingen meningsløs. Prøven var i øvrigt bestået. Det mente jeg, bl.a. den 14. juni 1966, da jeg efter*

grad eksponent for en væskefattig filosofi. Jeg var flere gange ved at kollapse af væskemangel, når jeg trænede rigtig langt med ham, og fulgte hans principper[42]. Det gjorde jeg i sommerferien, ofte på meget varme dage. Engang måtte jeg ind efter vand hos en keramiker i nærheden af Mørkøv. Lunkent og urent smagte det - jeg slubrede det i mig. Steen så undrende på mig. Jeg ved ikke, hvordan han kunne holde ud at lade være med at drikke. Steens hemmelige våben var, en psykisk betinget vilje og en evne, til at tilsidesætte sin krops behov.

'Det nytter ikke at du støtter dig til det som du kan, du er nødt til at gøre meget mere, hvis du skal klare dig', det var hans tilgang. Steen var Sjællandsmester i A klassen i 1966, et par år senere blev han Danmarksmester i 100 km holdløb på CC Gladsaxes 4 mands hold. Han ville være en oplagt vinder kandidat i et ekstremt langt løb, med iskolde haglbyger eller med bagende sol og 36 graders varme i skyggen. Ja, eller begge dele skiftevis. Det som jeg lærte af Steen, det var at turde satse når jeg så en mulighed, og at gennemføre satset med fuld musik, når andre ikke turde gennemføre det. En form for galskab, der

---

fyraften cyklede fra Jonas Lies Vej i Søborg til Klirevej i Smidstrup på en time og et kvarter. Mere end 50 km. Samme aften cyklede jeg tilbage, også på en time og et kvarter. I store gear hele vejen, og gennem Gribskov i samme fart som bilerne. Nogle iagttog mig fra bilerne. En råbte til mig, 'du kører over 50 '. At komme i præmierækken i A-klassen og køre 30 km enkeltstart på under 42 minutter, det var også bestået. Men set i bakspejlet, var min virkelige manddomsprøve 1½ års ørkesløst slid i D klassen – helt uden succes. Koncentreret lidelse uden belønning. Personlig frigørelse fra begær og håb.

42 *Jeg antager, at flere af de ryttere, der er kollapset gennem tiderne, har været ramt af dehydrering, måske kombineret præstationsfremmende midler.*

Steen Holgaard Nielsen, Jørgen Emil Hansen, Leif Mortensen og Bent L. Pedersen undervejs til at vinde DM i 100 km holdkørsel for CC Gladsaxe.

havde den sidegevinst, at andre ryttere måske mistede modet. Det var ikke fordi vi kørte hurtigere end de andre, men det var fordi vi slog til, når vi selv og alle de andre var så udmattede, at vi burde have givet op.

Der er i øvrigt en lille interessant detalje, som mange langdistanceudøvere sikkert kender til, det er en forøget produktion af væske i mund og næse, når man lukker op for energien. Den må i et eller andet omfang også koste en smule tab af væske.

Nå, men der var ikke væske problemer for en juniorrytter,

Leif Mortensen, Steen Holgaard og Jørgen Emil til Steens 75-års fødselsdag på Restaurant Fortunen 2019

der højest måtte køre en distance på 30 km. I 'Succes Chokoladeløb', 5 mands holdtidskørsel var distancen på 27km. Jeg fik som sædvanlig startlisten med posten fredagen før løbet skulle køres. Jeg blev utrolig glad, da jeg læste, at jeg var sat på hold med vinderen og nr. 2 fra det foregående løb, Leif Mortensen og Gregers Bunch, samt to andre ryttere, den ene fra den arrangerede klub '1960'. Han var kommet slemt til skade med underkroppen året forinden, var røget under en højresvingene lastbil, men var nu klar igen, Jens Jeppesen hed han, fra Dragør området, en stærk og glad gut, mørk, flot og sympatisk, men næppe ved fuld styrke endnu. Den sidste på holdet havde fået præmie på enkeltstarter, mere vidste jeg ikke.

En enestående chance for en topplacering til mig var det at komme på hold med nr. 1 og nr. 2 fra det sidste løb.

Hvis jeg da kunne følge med dem. Det satsede jeg alt på. Jeg havde hørt, at Leif Mortensen spændte tå clipsen umiddelbart før startøjeblikket, og lavede en lynstart, som om løbet skulle afgøres på de første 500 meter, og at han herefter fortsatte i vildt ridt. Det blev sagt, at han 'snertede' hele vejen.

Jeg indøvede 'lynstart' lørdag, dagen før løbet. Så jeg var sikker i at spænde clipsen i sekunderne før start, og komme næsten flyvende af sted. Jeg kunne hver gang køre 1 km på ca. 1 min og 25 sek. Jeg var bestemt ikke sikker på om det var tilstrækkeligt, jeg tænkte at han ville køre på omkring 1 min 20 sek. Sikkert hurtigere endda. Og at jeg i den situation måske ikke ville kunne hænge på ham.

Inden starten klædte vi om på en nærliggende skole. Toiletterne skulle man helst undgå, nogle havde i reglen nervøs mave, så der stank i reglen derude. Nogle tog en appelsinskræl for næsen, hvis de trods dette måtte derud.

Man fik udleveret sit nummer udenfor omklædningsrummet, når man havde betalt startpenge på 15 kroner. Pengene gik til den arrangerende klub, til præmier, forplejning til dommerbord tidtagere osv. og til en skadesfond, der gav tilskud til materielle skader ved styrt.

Det første man gjorde, når man havde fået cykeltøjet på, klubtrøje med korte ærmer og korte stramtsiddende sorte cykelbukser, det var at indsmøre sine nybarberede ben i en blanding af kamfer og olie. Det lugtede meget stærkt - af kamfer - alle vegne omkring et cykelløb. Kamferen havde flere funktioner. Det var for det første ret sejt og også lidt mystisk at lugte sådan. Videre gav kamferen god kriblende varme på overfladen af huden på de bare ben på en kold forårsmorgen. Og endelig så det også sejt ud med de olierede ben. Nogle af blandingerne indeholdt farve, det var i reglen over i de orange eller okker toner, ja, drabeligt. En enkelt gang, da det virkelig var koldt lånte jeg Capsolin creme, af John Pedersen, FIX Rødovre, for at varme knæene. Det fik jeg forbrændinger

af, og lige meget hvor meget jeg prøvede at vaske det væk bagefter, så brændte det blot videre på huden.
Nå, nu videre, alle varmede op på cyklen ved at køre små spurter i nærheden af startområdet for at få pulsen op. Typisk varmede man op i ca. 15-20 minutter og sørgede for at være klar ved startlinjen 5-10 minutter før start. Der var hektisk og meget nervøst i startområdet. Jeg var indesluttet i tvivl, frygt og håb, mon det ville gå godt? Sådan var det hver gang før starten. Helt alene i verden, kun dig selv til at støtte dig til, det er din ære overfor omverden og overfor dig selv der er på spil.

Ved starten på Mileparken i Herlev gjorde Leif præcis, som jeg havde hørt. Gregers Bunch sad med lige så let, og jeg hang lige akkurat på. Jeg var helt oppe at køre og lettet over at være med. Jeg kørte til mit yderste, klistret millimeter tæt til deres baghjul - og uden at betragte min skygges skiftende tegninger gennem terrænet, som jeg ofte forfaldt til - og alligevel var jeg ved at blive sat af. Hvor længe ville dette holde?

Men det værste var overstået efter et par minutter. Herefter skulle der arbejdes sammen, det var jo en tidskørsel. Nu var vi kun 3 tilbage, de andre var sat af. Farten var høj men ikke længere så truende som i starten. Jeg turde dog ikke tage føringer, af frygt for Leif skulle gentage det indledende vilde ridt eller måske bare sætte ind med et hidsigt ryk, så jeg røg af. Han snertede farten i vejret hver gang han skiftede med Gregers, ja, han satsede hele butikken i hver eneste af sine føringer, og han råbte ad mig, at jeg skulle tage føringer. 'Vi skal hjem inden det bliver mørkt'. Efter ca. 4-5 km i udkanten af Glostrup, begyndte jeg at tage føringer, men sprang dog også ofte føringer over. Jeg gav alt det jeg havde, 'når' jeg førte. De brokkede sig begge over, at mine føringer var alt for korte, og over at jeg rykkede, så rytmen blev ødelagt. En lidt stolt fornemmelse midt i overlevelseskampen, da jeg mærkede, at jeg hver gang kunne rykke deres tempo yderligere i vejret i mine korte føringer. Men jeg tænkte hele tiden på, at jeg skulle være meget koncentreret og på vagt, så de ikke rykkede mig af et ubevogtet øjeblik. Leif kørte umenneskeligt stærkt. Han lignede på ingen måde et overmenneske, heller ikke en stærk mand, han lignede en stor dreng ligesom jeg selv, men han havde evner, og han brugte dem i en grad, som jeg ikke magtede, men jeg kunne dog hænge på.

Jeg havde aldrig før prøvet at køre så stærkt i så lang tid. For mig var det næsten, som det var for 'Jeppe, der vågnede op i baronens seng', at jeg stadig sad med, da der var mindre end 1 km til mål.

Her, i Ishøj landsby, eller var det i Islev landsby? tabte Leif kæden, da han skiftede gear lige før sidste sving, og Gregers strøg af sted. Nu havde han chancen. Kom med råbte han endda til mig, det var en meget venlig og fin invitation. Og jeg var meget tændt og opsat, med stor moral, som det kaldes i cykelmiljøet. Det havde jeg ikke haft 40 minutter tidligere, eller nogensinde før for den sags skyld. Men i stedet for at modtage Gregers invitation og køre på lykkens æstetiske bølge sammen med ham, valgte jeg, af ukendte grunde[43], at skubbe Leif af sted, indtil han havde fumlet kæden på med det yderste af sine febrilske fingre. Og han kunne lige akkurat nå at stryge forbi Gregers og vinde.

En herlig fornemmelse var det at køre hjem med en sølvpokal den formiddag. Jeg var meget glad og stolt. Jeg har nok været Leifs lykkehare den dag. Vi blev da også nr. 1, 2 og 3 i løbet, der havde 179 startende deltagere. Men 'vi' vandt kun med 8 sekunder ned til de

---

43 *Måske var det en indre kamp imellem æstetikeren, der aldrig på forhånd træffer valg, men altid som en lykkeridder griber livets muligheder for storhed og skønhed mv og altid helst til egen fordel, og på den anden side etikeren, der altid på forhånd har truffet det moralsk retfærdige valg – i denne situation, at støtte Leif, som den eminente drivkraft og temposætter han var?*

næste. Leif var trods alt også i højere grad min lykkehare, end jeg var hans, fordi jeg ikke tidligere havde været på podiet i et løb med så mange deltagere.

Uden ham var jeg måske endt som nummer 50, naturligvis alt efter hvem jeg var blevet sat sammen med. Hvorimod han uden mig alligevel havde vundet, eller i alle tilfælde blevet placeret et eller andet sted i top-10, med mindre da at han var helt alene.

Efter den dag, kørte jeg på en ny måde, jeg begyndte ind imellem så småt at 'snerte'. Men der skulle gå 3 år mere, før jeg kunne køre en ordentlig enkeltstart, et ordentligt holdløb, og en ordentlig spurt. Derimod blev bakker og temposkift hurtigt mine specialer, især bakkekørsel faldt mig let. Jeg følte virkelig, at der ikke var nogen som helst, der ville kunne sætte mig af op af en stejl lang bakke. Des stejlere des bedre for mig.

Det blev så et problem for mig, at det hverken var temposkift eller bakkekørsel, der var behov for i hverken juniorklassen eller i seniorklassens nederste trin; D klassen. Dér var det alene enkeltstarter og holdløb, der gav point til at komme videre op gennem klasserne. For mig oplevedes D klassen som uendelige slidsomme prøvelser, hvor udueligheden efterhånden stod indlysende.

Det var ikke uforløst talent, men smertelig erkendelse, at cyklingen, og vel også det manglende talent som ciselørlærling fulgtes hånd i hånd. Uophørlige vidnesbyrd.

Jeg var i eksistentiel krise, i tyngende indadvendthed, og kæmpende med at skjule min ensomhed.

Det oplevedes som en evighed at komme igennem dette. Mere end 1½ år tog det. Herefter gik det befriende videre gennem klasserne, og samtidig også med styr på ciseleringerne på min læreplads på Georg Jensen Sølvsmedie. Men der kom ikke styr på kærligheden.

Efter en nærmest forrygende sæson i 1966 forsvandt motivationen. Jeg mødte frem til de første konkurrencer i foråret 1967 - indledningsløbet i Väksjö i Sverige med venstrekørsel og på grusveje og efterfølgende i Foskanerløbet i Holte med 40 km enkeltstart - i en elendig form. Jeg udgik af begge løb. Det var slut for mig at være cykelrytter. Jeg fandt det var meningsløst at træne, og jeg stillede hver dag det spørgsmål, hvorfor jeg brugte min tid på det, og hvad jeg egentlig ville opnå, om jeg end vandt alle konkurrencer, hvad jeg naturligvis aldrig nogen sinde ville kunne opnå?

Det var en befrielse for mig at sælge racercyklen i foråret 1967, frigørelsens port åbnedes for mig.

Leif vandt individuelt olympisk sølv i landevejsløb i 1968, blev amatørverdensmester i 1969, nr. 2 i de professionelles verdensmesterskab i 1970, nr. 6 sammenlagt i Tour de France i 1971, hvor han endda var hjælper for den spanske stjerne Louis Ocana. I 1973 var han Tour de France-feltets ubetingede stærkeste rytter, men satsede det hele på at føre Ocana til sejr. Her ville Leif utvivlsomt have vundet, hvis havde haft frit spil. Hvor ville han dog have fortjent dette.

Nå, men nu tilbage til den kolde april søndag morgen i 1963, da jeg var så heldig at være på hold med Leif Mortensen og Gregers Bunch. Den dag lærte jeg at gribe chancen, når den var der at gribe en opgave an på en ny og mere effektiv måde, at arbejde målrettet med dette, bl.a. også motiveret af en frygt for ikke at være i stand til at slå til, når det virkelig gjaldt. Vel gennemført mærkede jeg belønningens sødme; at få en tro på, at man kan nå mere end man almindeligvis når, hvis de rette omstændigheder og den rette forberedelse er på plads, ja og at satse hele butikken for at nå det.

Men trods sådanne oplevelser, faldt cykelløb mig på intet tidspunkt let. Jeg måtte træne rigtigt meget, grave mine yderste ressourcer frem af dybet, og køre langt ud over mine grænser. Måske manglede jeg talent? Måske havde de fleste det på samme måde? Jeg tror på begge dele.

Jeg er overbevist om, at det aldrig har været og aldrig vil blive let at opnå eliteniveau, uanset fysisk og psykisk formåen og medfødte evner. Den der satser det hele for at vinde, han risikerer derved at sætte det hele over styr. Det er vinder mentalitetens følgesvend at udsætte sig for nederlag. Den der modsat dette vælger det sikre af frygt for at tabe, han vinder nok heller ikke, når det virkelig gælder, selv om han er den stærkeste.

I øvrigt vil jeg lige springe tilbage igen nu dog til april 1964, året efter jeg første gang var på hold med Leif Mortensen, da var vi begge rykket op som seniorer, i D klassen, den antalsmæssigt største klasse, der nogle gange havde mere end 300 deltagere. Igen udførte Leif lynstart, og på få minutter var der kun ham og mig tilbage. Men denne gang havde han ikke snert og fart, som han havde haft året før, var han syg? Eller var det mig, der havde fået mere styrke og fart? Vi kørte med ligeligt fordelte føringer, og jeg frygtede ikke at blive rykket af, som jeg gjorde året før. Den dag burde jeg have taget mere ansvar, og betale af på gælden til Leif fra året før. I stedet for at nyde det behagelige tempo, og bare at rulle med, burde jeg have givet tempoet et tryk, og ikke bare tro, at Leif var min fribillet til podiet. Resultatet blev da heller ikke godt. Leif blev nr. 11 og jeg blev nr. 12. Havde vi kørt 23 sekunder hurtigere, var vi blevet nr. 5 og 6. Det ville absolut have været muligt, hvis jeg havde gjort mit bedste.

Selv de bedste som Leif kunne have en dårlig dag. Det blev Leifs dårligste dag og dårligste placering, i den dårligste klasse han har kørt i, D klassen. Hvor han i fik 2 sejre, en 3. og en 4. plads, og i alt 26 point, 10 point mere end nødvendigt for at rykke op i C klassen.

D klassen blev derimod som et mareridt for mig, idet jeg stort set kun hentede et point pr. løb, når jeg da overhovedet kom i den pointgivende præmierække. Et point får man for placeringer mellem nr. 7 og nr. 20. Jeg avancerede først til C klassen i juni 1965, da jeg passerede 16 point, som var kravet for at rykke op. De fleste af mine kammerater var rykket op et år før mig. Min bedste placering i D klassen kom i mit sidste D løb, det var i Næstved, hvor jeg blev nr. 4 og fik 4 point. Ja, og jeg behøvede kun 1 point for at rykke op. Før det var en 5. plads i Amagers Basta løb og en 6. plads i Køges Blitsa løb de bedste resultater.

C, B og A klassen passede bedre, end D klassen gjorde det, til min fysik og psyke med temposkift og bakkespurter og med mere fart og med masser af ryk.

Sammenligningsmomentet fyldte meget i de år, det var nok medvirkende til at jeg mistede lysten til at fortsætte. 'Sammenligningen er som den hemmelige Tærings skjulte Orm, der ikke døer, idetmindste ikke før den har faaet Livet af Kjærligheden.'[44] Ja tænk fx på dét, som du er allermest glad for, hvis du da begynder at sammenligne det med noget, der er endnu bedre, smukkere, stærkere osv. Ja, så kan du blive helt ked af det, som du ellers var så glad for. Dette kender de fleste nok til.

Det som trods alt holdt lysten i gang så længe, fra 1961 til 1966(67?), det var håbet. Selv når det så sortest ud, kom der drypvis små lokkebidder og muligheder - i form af fremgang. I tålmodig tiltro til det bedste, selvom frygten også stak næsen frem, og prøvede at fortælle, at intet var sikkert. Men en mærkelig tro på kærlighed til projektet fra oven måske endda, det blev aldrig afklaret.

Måske er det sådan livets opdragelse virker på evighedens uendelige lange strækninger, hvor nuet hjælper til med små fremskridt, der holder håbet i live.

---

[44] Søren Kierkegaards Værker, bd. 9, Kjærlighedens Gjerninger, S. 186. Gyldendal, Kbh. 2017. ISBN 9788702177497

Lige kommet i mål. Succes Chokoladeløb april 1963. BKL-trøjen er lyseblå med et hvidt og et rødt bånd, præcis som Silkeborg CK's klubtrøje. Der var flere forskellige producenter, og trøjerne fandtes i forskellige varianter og farveskalaer. Den fineste og dyreste var fransk. Den var af ren uld og båndene var vævet ind i trøjen i stedet for at være syet på.

Marteng's cykelfabrik

Han var i reglen ene mand på sin fabrik. I perioder havde han dog en cykelsmed ansat til at gå til hånde. Hans kone og søn var der ofte sidst på dagen. Familiens lille hund fulgte ham altid i baghusene ved Søborg Hovedgade 140.

Man skulle gennem gyden, for at komme ind til det forreste baghus. Det indeholdt en lille butik, og i lokalerne på siden af butikken og bag butikken lavede han alt til cykelformål og alt på en cykel og alt værktøj til cykelformål. Specialværktøj som tandkrans aftager og kædenitte udtager. Og beklædning herunder sko til cykelformål, læderklamper til cykelsko, fælglim til racerfælge, nål og tråd til at sy de lappede lukkede ringe sammen omkring slangerne igen. Ja konkurrence cykelryttere benyttede lukkede ringe dengang. Ringen var fra fabrikken syet sammen omkring slangen, og ringen, dvs. det sammensyede dæk med slangen inden i, skulle efterfølgende limes fast til den specielt udformede fælg med special lim. Noget fælt stads, den fælglim, der blev ved med at klistre i årevis. Jeg tænker, om der måske var finsk tjære i den lim, det tror jeg, fordi det klistrede på tilsvarende uophørlige måde. Martin Petersen, som han hed, producerede også sin egen blanding af kamfer og olie til at smøre på de bare ben, når det var koldt. Den blanding varmede kraftigt. 'Vintergrønt' kaldte han det.

Ja, det hele omkring Martin Petersen var komplet og håndlavet med let bistand fra sælsomme hjemmetilpassede maskiner. Han skar de engelske 'Reynolds 531' stålrør til i beregnede længder, målt efter rytternes individuelle anatomi, benlængde, ryglængde og armlængde.

Reynolds' rør fandtes i flere vægtkategorier. De fineste og letteste var buttede og dobbeltbuttede, dvs. stukne og dobbeltstrukne stålrør. Stukne rør var ekstra tynde i godset, dette for at mindske vægten. Det kunne ikke ses, at rørene var strukne. Rørenes diameter var den samme, om de var strukne eller ej. Det var bare godset der var tyndere på de strukne rør. Når Martin Petersen havde tilpasset rørenes længde efter rytterens anatomi, blev de efterfølgende slagloddet sammen i smukt udformede messingmuffer. Han skar gevind i krank (hvor pedalarme monteres), i kronhoved (hvor styr og forgaffel monteres), sprøjtelakerede, og hånd stafferede stellene med en spids pensel, bl.a. rundt omkring de elegante udskæringer i mufferne. Han satte sine mærkater på, samlede egerne med nipler i narv og fælg, monterede med styr og håndbremser, samlede tandhjulene efter rytterens ønsker og efter gældende regler og monterede gearskifter og kabler mv.

Hvis det drejede sig om ryttere under 18 år, så måtte 15-17-årige fx maksimalt have et gear monteret, der bragte cyklen frem med 7,01 meter pr. pedalomdrejning. Denne udveksling kaldtes gear 84. Dette besynderlige geartal dannes fx ved følgende kombination: 53 tænder på forreste tandhjul divideret med 17 tænder på bagerste tandhjul ganget med hjuldiameteren målt i tommer (oftest 27), dvs. 53 / 17 * 27 = 84. Hvis rytterne var under 15 år var grænsen endnu mindre pr. pedalomdrejning, for ikke at belaste led og muskler for meget. Dette naturligvis også for at skabe lige vilkår, da en højere gearing ville kunne give højere fart i medvind og ned af bakke.

Når man var fyldt 18 år, var der ikke længere begrænsninger for gearstørrelse. Da regnede man med, at led og muskler kunne tåle stor belastning. En gang imellem blev der taget stikprøver af ungdomsrytternes gearstørrelser. Der blev tegnet to kridtstreger på vejen, der angav den afstand, som cyklen maksimalt måtte tilbagelægge med en pedalomdrejning, for 15-17-årige var det som før nævnt 7 meter og 1 cm. Jeg har kun en gang hørt, at en rytter var blevet diskvalificeret efter et løb, fordi han havde monteret et for stort gear. Men jeg kendte en juniorrytter, der lige siden han var begynder, havde for stort gear på, gear 96, og han brugte det hver gang. Han blev aldrig afsløret, måske fordi cyklen havde et lidt sølle udseende, slidt mørkeblå, uden fabriksmærker, og hjul der absolut ikke var blanke, men cyklen var i øvrigt tip top, og John Pedersen var samtidig begunstiget med et ualmindeligt talent. I begynderklassen blev han nr. 5 på sin første enkeltstart. Det skal her bemærkes, at der var mere end 400 startende begyndere i det løb. Da vi andre søborgdrenge skiftede klub fra '1960' til BKL, da skiftede John til FIX Rødovre og blev holdkammerat med legenden Vagn Bangsborg. I løbet af nogle år indhentede de fleste af os andre Johns forspring, så vi stod styrkemæssigt lige. Iøvrigt havde Søborg sine egne cykelhelte, fx ostehandler Johannes Risby. Da han havde passeret de 70 år cyklede han tværs over Amerika med en kammerat. Det blev fulgt og beskrevet hver uge i Søborgbladet.

Lige et eksempel. En rigtig god juniorrytter kørte dengang 40 - 44 kilometer i timen på en enkeltstart afhængig af vind og vejr samt rutens beskaffenhed med bakker og sving osv. Lad os for nemheds skyld sige 42 kilometer i timen. Når han gjorde det, og når han kørte i det højeste tilladte gear, der bragte ham 7 meter og 1 cm frem på hver pedalomdrejning, så kørte han med en kadence på præcis 100 pedalomdrejninger i minuttet. Det bragte ham 701 meter frem hvert minut. Lad os antage at løbet var 30 kilometer langt. Så skulle han træde 4280 pedalomdrejninger, før han var i mål, hvis han da ellers kunne køre lige uden slinger - det er også en kunst - bare 2 cm slinger pr. pedalomdrejning vil forlænge strækningen med 85,6 meter svarende til ca. 7 sekunder. Men hvis han kørte helt lige, hvilket naturligvis er umuligt, ville det tage ham 42 minutter 47, 8 sek. med det nævnte gear, og den nævnte kadence og den nævnte hastighed. Denne rytter var således 85,8 sekunder om at tilbagelægge en kilometer, dvs. 1 minut og 25,8 sekunder.

I dag køres noget hurtigere end man kørte i 1960'erne. Nogle professionelle kan i dag køre en enkeltstart med en gennemsnitsfart på op til 55 kilometer i timen, og de kan finde på at køre i gear 134, fx 55 tænder på forreste tandhjul og 11 tænder på det bagerste, hvilket for mig virker usandsynligt og umuligt for noget menneske, med mindre det går ned af bakke hele vejen eller det er stærk medvind. 10 meter og 60 cm pr. pedalomdrejning, det er umenneskeligt og vildt. Ren tortur at træde det gear.

Da jeg var juniorrytter, benyttede jeg i reglen kun det største tilladelige gear, 84, dvs. 7,01 meter pr. pedalomdrejning, når jeg enten havde medvind eller det gik ned ad bakke. Til gengæld kørte jeg med en lidt hurtigere kadence, 120 pedalomdrejninger i minuttet.

Det passede mig bedst at køre på den måde, sikkert fordi jeg ikke havde så mange 'watt' i benene, som man siger i dag, med mine kun 61-62 kg. Så kunne jeg kompensere ved at benytte en højere kadence. Da jeg blev senior var det største gear jeg kunne finde på at benytte gear 110, 8 meter og 50 cm pr. pedalomdrejning, men så skulle det også være meget kraftig medvind, da jeg stort set altid kørte med samme kadence, ca. 120 pr. minut. Med gear 110 og en kadence på 120 vil hastigheden da også være 61 kilometer i timen. Så høj hastighed opnår man ikke under almindelige forhold. Måske i en kort spurt, hvor man har haft perfekt læ af feltet, kan man et kort øjeblik nå sådan en fart, eller i stærk medvind eller ned af bakke.

Jeg fik flere lærestreger på de lange enkeltstarter i D klassen - seniorklassens første trin. Det kan godt være, at jeg trådte en hurtigere kadence end de fleste andre, men jeg kørte simpelthen i for lave gear, og således kørte jeg også for langsomt. Frem til foråret 1965 var mit højeste gear 53 / 16 * 27 = 89.

Det forår fik jeg den største lærestreg med små gear, det var i Simplex Løbet, 58 km enkeltstart og med 30 meter afstandsreglen, hvis man blev hentet. Det var strid blæst den dag. Vi startede med 1 minuts mellemrum på Frederikssundsvej i Herlev, hvor Herlev Bygade udløber.

Det var pibende medvind de første ca. 12 km op til Stenløse. Jeg blev blæst fremad, mine ben gik som trommestikker. Så det var lammende at blive indhentet med hele 2 minutter af Henrik Hall (Mercolo)Pedersen og samtidig med 1 minut af Allan Petersen efter mindre end 12 km. At tabe så meget tid på så kort en strækning i medvind, det var lammende. Henrik blev nr. 3 og Allan nr. 4 i løbet, og jeg blev nr. 17 i en tid, der var 3 minutter 31 sekunder langsommere end Henriks tid. Helt usædvanligt i øvrigt at der var et helt minut mellem nr. 3 og 4, det plejede at dreje sig om sekunder, det var sikkert blæsten, der skabte den store spredning. I modvinden og i sidemodvinden tabte jeg ikke tid til dem, der passede min gearing ganske glimrende.

Henrik fortalte mig bagefter, at han kørte i gear 114 i medvinden. Han sagde samtidig til mig: 'Du er nødt til at sætte større gear på cyklen, og du er nødt til at bruge det i medvind. Det er jo tosset, at du pisker rundt i små gear og smider et par minutter væk på et kort stykke medvind, det tab kunne du have begrænset med et større gear. Du taber jo kun 1½ minut på de sidste 45 km i sidevind og modvind osv.' Men jeg var da selv alvorligt bange for, at Henrik ville have hentet mig den dag, uanset hvor stort et gear jeg havde haft på, men måske var der gået nogle flere kilometer før han havde hentet mig, og da ville jeg måske kunne have holdt ham indenfor synsvidde resten af vejen til mål. Måske.

Næste dag kørte jeg til Marteng og fik monteret en ny bagkrans, og samtidig monteret ny kæde. Kæde og tandhjul på bagkransen fødes og dør altid samtidig. Hvis man kun skifter den ene enhed, kommer kæden til at hakke og springe over. Nå, men med den udskiftning blev mit største gear 53 / 13 = gear 110. Klar til medvind.

I dag, hvor man benytter watt måler, vil man ikke komme ud i det problem, som jeg havde med de små gear. Watt måleren ville afsløre, at jeg ikke trådte tilstrækkelige watt, hvilket vil sige, at jeg skulle skifte til højere gear. Så enkelt er det i dag. Og i øvrigt skulle man slet ikke piske rundt, hvilket jeg i øvrigt også havde fået banket ind i hovedet, man skulle sigte på at køre i samme fornuftige kadence hele tiden, uanset om det gik opad eller nedad ved hele tiden at vælge det rette gear.

Nå, men tilbage til Martin Petersen og Marteng cykler. Han samlede tandhjulene i Campagnolo kassetter, eller hvis man ikke havde så mange penge i Simplex kassetter - Shimano der er udbredt i dag fandtes mig bekendt ikke i Danmark dengang. Martin Petersen skar Brooks læder sadlerne til, fjernede meget af bagkantens læder og fjernede også noget af læderet på siderne, dette efter sadlen havde ligget i olie bad natten over. Og han klemte sadlerne smallere i en meget stor skruestik, det gav dem af en eller anden ukendt årsag samtidig et svaj, og derved kom de til at passe bedre til sædepartiets anatomi. Han syede cykelsko, cykeltrøjer, cykelhuer og tasker og bukser, alt, alt. Og han producerede, som en af de få i verden, specialcykler til cykelbold, ufattelige mærkværdige stel, hvor alt nærmest var vendt på vrangen.

Man kunne fristes til at tro, at det var jernskulptøren Robert Jacobsen, der havde været på spil, når man så disse besynderlige cykler.

Der var et remtræk under det meste af lofterne i værkstedslokalerne. Der var vel 10-15 forskellige læderremme, fladremme, ca. 8 cm brede i forskellige længder og udgående i forskellige retninger med differentierede udvekslinger til hver deres ejendommelige maskine. Lædersymaskiner, læderhullemaskiner, maskinsave, gevind skærere, boremaskiner, alt muligt og umuligt. Det hunkede og skrunkede og flappede og hele bygningen rystede, når han tændte det eldrevne remtræk, fordi han ikke bare kunne starte en rem, uden at hele basissystemet begyndte at køre samtidig, selv om kun den ene maskine blev koblet til. Når strømmen sluttedes, blinkede lyset ildevarslende i de mørke afskallede og slidte lokaler. Men hverken Storm P. eller Georg Gearløs kunne måle sig med denne mesters konstruktioner. Man skulle dog ikke tage fejl, for hvis man så bort fra udseendet, lydene og det blinkende lys, ja så virkede det hele.

Han forklarede og demonstrerede gerne, når man viste interesse for hans arbejdsmetoder og hans værktøj og maskiner. Han havde en karakteristisk vending, der ofte blev gentaget, når han forklarede og demonstrerede for mig. Det var, at han sagde 'ved det', hvor man i dag ville sige 'fordi'. Han havde bortset fra denne vending en københavnsk dialekt med strejf af noget sjællandsk.

Hans lille hvide hund, kendte for mig at se dengang forskel på hver af ugens dage. Den stillede sig op foran døren i fabrikken kl. 17.25 præcis mandag til torsdag, fredag var det kl. 18.55 og lørdag kl. 13.55 - altid 5 minutter før lukketid. Den havde afluret et eller andet! Da hans søn Marteng var 11 - 12 år, fik han en sidevogn monteret på cyklen. Her kunne den lille 'Mussie' sidde. Det så sjovt og mærkeligt ud, når han cyklede af sted med den lille hvide hund i kassen. Men den sad i reglen pænt.

I sidevinden efter Stenløse, april 1965.

Foto: Oddershede

Billedet ovenover er taget efter Stenløse, da jeg var drejet ind i sidevinden efter 15 km. Her er jeg blevet indhentet og passeret af Henrik Hall og Allan Petersen, jeg kunne stadig se dem foran mig indtil ca. 50 kilometer af ruten var gennemkørt. Herefter forsvandt de ud af syne. Jeg var desperat, efter at jeg var blevet indhentet så hurtigt. Jeg kørte derefter på mit maksimum. Allan lagde sig i Henriks baghjul, når der ikke var mennesker eller biler i sigte. Det havde været til diskvalifikation, hvis en kommissær havde set det. Jeg fik et enkelt point ind på kontoen til C klassen den dag, så nu manglede jeg 4 point, dvs. en 4. plads eller endnu 4 placeringer mellem nr. 7 og nr. 20. Jeg fik mine point på den hårde måde i D klassen dvs. et af gangen eller slet ingen. Da jeg til sidst manglede 1 point, fik jeg en 4. plads og dermed også 4 point, dem ville jeg gerne have haft tidligere. D klassen var et mareridt for mig. Jeg blev ikke ligefrem hurtig af at køre alle disse lange enkeltstarter. Det tog mig 1½ år at skaffe point nok til C klassen. Det var lettere at komme frem i forreste række i C klassen, i B klassen og i gadeløb og åbne løb med A klassen. Den ene af mine jævnaldrende træningskammerater, Jan Høegh boltrede sig derimod med de store gear. Han vandt D løb og fik den ene topplacering efter den anden og var rykket op i C klassen på få måneder, og han fortsatte med samme hast gennem C og B klassen. Bjarne Erbs gjorde det samme med en naturlig forsinkelse på grund af militærtjeneste.

Foto: Oddershede. Fra C klassens afsluttende spurt i Simper Løbet juli 1965. Allan Petersen vandt spurten på sit lynhurtige antrit. Jeg ses midt i billedet med løftet ansigt og armene ud til siden. Nr. 4 blev jeg. Men jeg vandt bakkespurten på Mørkemosebjerg. Det sidste var jeg stolt af. Bakkespurter ville jeg gerne have haft mange flere af i løbene, desværre var der kun få.

Om lørdagen efter lukketid kørte den gæstfri familie i reglen til det lille hyggelige sommerhus på Klokkildevej ved Buresø i Slagslunde. Mesterens søn, min gode ven, hed som sagt Marteng, ligesom fabrikken. Han var lidt hvalpet, og helt lys blond, med en kropsbygning og et udseende meget lig den nuværende professionelle rytter Michael Valgren. Marteng fik masser af præmier i begynderklassen og rykkede hurtigt op i juniorklassen. Mange vil i øvrigt have set Marteng på film, som drengen, der havde skurkerollen i flere 'far til fire' film.

Moderen var rekvisitør på det Kongelige teater, og havde hjulpet Marteng lidt på vej, ved at melde ham til Ping Klubben, hvor han blev castet til såvel teater som til film. Marteng huskes fx, som Lille Pers plageånd, bl.a. som den onde spejder. Det fik han bl.a. en del bank for i Søborg skole og på Jonas Lies Vej, hvor både han og jeg gik i skole og boede. Det var komplet uretfærdigt med de trusler og bank. For udenfor filmverdenen, var Marteng den mest velopdragne og venlige og hensynsfulde dreng.

Marteng blev udlært som cykelsmed hos sin far. Efterfølgende gik han i moderens fodspor og blev rekvisitør assistent. Han var tillige assistent en sæson for den legendariske 'professor' Tribini på Bakken. Tribini, var oprindeligt skibsbygger på det lille træskibsværft i Jyllinge. Tribini var en skrydende spradebasse - Martengs absolutte modsætning. Utroligt at det makkerskab kunne holde en sæson.

Faderen, Martin Petersen, han kunne alt. Og han praktiserede det egenhændigt i Søborg, som Robinson Crusoe gjorde det på sin tropeø. Han havde bl.a. en sjælden fransk Panhard Dyna varevogn, med en aparte og aldeles kraftløst lydende 2 cylindres motor, bloppende eller ploppende lød det næsten som en 'cykelmotor' lavet med et stykke pap imod en cykel eger, og ret hårdhændet blev denne lille hjemme-sprøjtemalede varebil håndteret, med høje motoromdrejninger, og trods dette helt uden fart. Men det blev sagt, at den var specielt egnet til

Panhard Dyna havde en besynderlig motorlyd

bjergkørsel, og at den kunne forcere de stejleste alpetoppe fuldt lastet. Jeg tænkte, at den eneste mulighed for dette ville have været en ualmindelig lav gearing, og dermed også en ualmindelig lav hastighed.

Alt var enten særpræget eller hjemmelavet eller begge dele hos ham. Han var en opfinder, en skaber, en unik udfører samt iværksætter og en energisk sælger og meget mere. Men han var ikke en direktør eller forretningsmand som fx Bristol Cykler længere nede af Søborg Hovedgade var det. Martin Petersen havde til gengæld meget stor anseelse i såvel banecyklingsmiljøerne i Danmark som i landevejsmiljøerne, han lavede bl.a., cykler til flere danmarksmestre og til mange af os almindelige mere jævne cykelryttere. I konkurrencesporten påskønnede man og havde stor gavn af hans viden og eksperimenteren med cykelkonstruktioner helt ud i den yderste detalje.

Han fortalte engang, at han punkterede ude i Klampenborg under 2. verdenskrig. Han kunne ikke få lappegrejer. Købte i stedet en vaffelis med syltetøj, og benyttede pergamentpapiret omkring isen til at lave en lille lap, og syltetøjet brugte han som lim. Efter at have pumpet kunne han køre et par kilometer, og måtte så gentage øvelsen med papir og syltetøj indtil han var hjemme.

I 1963 købte jeg en renoveret, sandblæst og ny lakeret racercykel hos ham. Den var af højeste standard, 3 år havde den kørt. Max Knudsen, glaspusteren, fra Lyngby Cycle Club var vist nok dens første ejer, så der var noget, jeg skulle leve op til, hvis jeg skulle gøre det lige så godt som han. Den passede perfekt, og det kunne hverken ses eller mærkes, at den ikke var ny. Den kostede 600 kr. En fantastisk cykel. En ny ville have kostet 900 kr. hos ham. En alm cykel kostede fra 250 kr. til 400 kr. Det kostede et sæt racerhjul også, og et sæt racerringe kostede 150 kr. op til 250 kr.

De mest populære cykelmærker dengang var Banani, Casemo, Crescent, Fix, Hamlet, Harthiner, Keller, København, Legnano, Monark, Peugeot, Saxil, Schrøder, SCO, Skandsen, Stabileti, Stelli, og Vitesse osv. De kostede fra ca. 1.200 til 1.600 kr. Kvaliteten og udstyret var nogenlunde ens. Jeg antager at disse producenter måtte købe det meste af det materiel, som Martin Petersen selv

Fotos: Oddershede, Høve Stræde 28.august 1965. Opad.

Jeg kørte på en Marteng cykel som begynder, junior, D og C rytter. Jeg skiftede til Columbus stel i B klassen i juni 1966. Billederne her er fra Hillman IMP Løbet 28. august 1965. 16 gange over Høve Stræde - på en 5 km rundstrækning, næsten uafbrudt opad og nedad. Åbent løb for alle klasser. Jeg blev nr. 19 - nummer sjok, hentet med en omgang - jeg var den eneste C rytter, der fuldførte. Mogens Poulsen, ABC, på billedet og jeg fulgtes med Arne Meldgaard Christensen, Hillerød CK, Arne kørte fra os hver gang på Høve Stræde men ventede pænt på nedkørslen. Ole Ritter vandt foran Mogens Frey og Erik Skelde. Jeg sad med i udbrud de første omgange. Det var, som Dan Fjord, fra Silkeborg CK, sagde til mig; 'overmodigt, du må vente nogle år med det!'. Ja, jeg fløj op ad Høve Stræde de første 4 omgange. 5. omgang kunne jeg ikke længere følge med.

Så går det nedad, Hans, Arne og Mogens

fremstillede, og at de måtte betale mere for det, end Martin Petersen forlangte for sit arbejde. I sit sene arbejdsliv begyndte Martin Petersen ud over cykler at fabrikere messing støbevarer. Lysestager osv. Jeg tegnede illustrationerne, der var udenpå æskerne, som varerne blev lagt i. Disse produkter fik kritik. Det var ikke deres udførelse, der blev kritiseret, selv om det må tilstås, at støbningerne ville have haft fordel af en håndværksmæssig efterbehandling af en gørtler eller lignende. Men det var deres gamle stil, der blev kritiseret. En journalist kaldte dem for 'gamle rædsler'. Det ramte Martin Petersen hårdt. Han havde vist ikke før oplevet at blive kritiseret for det, som han producerede.

Forklaringen på at Martin Petersen begyndte at producere messing støbevarer skal søges i, at han ikke længere solgte så mange racercykler og stel. Årsagen til dette var til dels, at han holdt fast i Reynolds rør. Men det var nok ikke hovedårsagen. Den var nærmere, at han holdt fast ved den traditionelle skråt stående vinkling af stellene. Op gennem 60'erne blev det mode at benytte Italienske Columbus stålrør. De var få gram lettere end

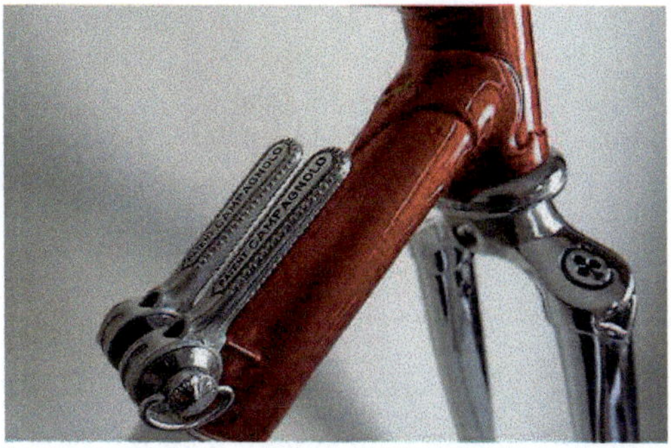

Stålrør og messing muffer blev slagloddet sammen, når de var udmålt efter rytterens anatomi. Stellene var komplet håndbyggede. Til venstre et Reynolds stel, og til højre et Columbus stel. Reynolds muffer i smuk klassisk stil, og Columbus muffer i smuk enkel stil. I dag anvendes der hverken muffer eller stålrør, de er erstattet af ekstremt let karbon materiale. I reglen som helstøbte stel.

Reynolds rør, hvis man valgte det meget dyre Columbus SLX rør. Mufferne som Columbus rørene blev samlet i var tillige mere enkle og måske var de en anelse lettere.

Men det har næppe været mange gram, det har drejet sig om. Tour de France blev fx vundet på cykler bygget af Reynolds rør flere gange i 1960'erne og 1970'erne, så det var ikke rørene, der var problemet. Det var de nye normer for vinkling af stellene, med mere lodret stående rør, hvor såvel forhjul som baghjul blev trukket tæt op af stelrørene. Stellene blev kortere og cyklen føltes hurtigere. Rytterens vægtfordeling og fremrykning på cyklen og det dermed følgende mere lodrette tråd - lige op og ned, det var forklaringen på den højere fart, det er jeg sikker på. Martin Petersen fulgte ikke disse nye principper, når han byggede landevejsstel. Derimod havde han i mange år bygget ekstremt stejle banestel, men han mente ikke at det skulle overføres til landevejsstel.

Jeg kørte ca. 1½ minut hurtigere på 30 km med det nye stel. Under 42 minutter et par gange, bl.a. i Ordrup CC's enkeltstarts Grand Prix 7. august 1966, hvor jeg blev nr. 4 af de ca. 300 startende ryttere fra alle klasser. En disciplin, der ikke havde været min, var pludselig ved at blive min. Og 2 af de 3 ryttere, der havde en lidt bedre tid end jeg - Henholdsvis 35 sekunder og 6 sekunder bedre - blev i 1969 henholdsvis danmarksmester og nr. 3 i 4 km forfølgelses løb. Det var Bjørn Persson[45] og Benny Nielsen. Mine specialer blev udviklet i retning af at slå

---

45 *I Hillerød Cykle Klubs Nestlèløb den 15. maj sad jeg perfekt i Perssons baghjul, da spurten blev indledt. Der var et sving kort før mål og de sidste 300 meter gik lidt ned ad bakke. Det var en ren direktør plads for mig. Jeg kom da også op på siden af ham, men forbi ham kom jeg ikke, selv om det var tæt på. Den store venlige Bjørn havde kæmpekræfter og kæmpegear. Det var i øvrigt den første af 3 andenpladser på stribe til mig i foråret 1966. I Saxilløbet den 22. maj blev jeg nr. 2 efter Kaj Bro, og endelig i Roskildes Rutanaløb den 29. maj blev jeg nr. 2 efter Lars Bjørklund, der virkelig var spurthurtig. Jeg blev desuden nr. 3 Køges Blitza løb Kr. Himmelfartsdag den 19. maj samt i Franks Radioløb den 5. juni, og nr. 4 i Ordrup CC' s SCO løb den 24. april. Topplaceringerne fortsatte som perler på en snor i 1966. I alt 18 blev det til, heraf 4 i A- klasse løb og 7 i B- klasseløb. Alt hvad jeg havde drømt om de 5 foregående år blev realiseret i 1966. Det oplevedes uvirkeligt for mig, at jeg havde løftet mit niveau og bidt mig fast der med de bedste. Var det den nye cykel, de nye intensive træningsmetoder, fysisk udvikling, psykisk udvikling, stigende selvværd? Ja og et par gange smuttede mulige topplaceringer. Fx i KCK's Jolly Cola Løb 10. juli, hvor jeg var i udbrud med 5 andre med mere end 2 minutters forspring, da motorcykelbetjenten viste os på afveje. Han beklagede og undskyldte og var meget ked af det. I Hvidovres Martiniløb blev jeg trukket i trøjen på ægte stodder-maner af Ole Gamborg Jensen, Lyngby CC, så jeg tabte fart og røg fra en 5-6 plads i spurten til en 13. plads. Øv.*

huller i feltet og køre alene. Flere gange lykkedes det at køre hjem foran stærke A ryttere. Fx da jeg vandt 4 tur i Københavns Distriktets Stafetløb for klubhold den 21. august 1966. Bakkespurter på Mørkemosebjerg og Søllerød Slotsbakke. Og gadeløb lå godt til mig.

Mange af os ryttere havde inden vi fik et stejlt stel, en tendens til at sidde langt tilbage på cyklen og derved komme til at træde en smule skråt fremad. Vi synes ligefrem det så sejt ud. Fx husker jeg, at Gert Bjerring og Frede Toxværd sad ekstremt langt tilbage på cyklen. De sparkede nærmest fremad på pedalerne. Dette var der flere, der gjorde, måske også inspireret af nogle af de gamle stjerner som fx schweizeren Ferdinand Kübler. Og Erling Laursen FIX Rødovre, der blev kaldt støvsugeren, fordi han tillige sad med hovedet godt ned imod asfalten.

Det var få cykelsmede i Danmark, der byggede efter det nye stejle koncept. Jeg fik et stel bygget i 1965, hos Leopold Grønning, der bl.a. byggede til professionelle ryttere. Man kunne bestille direkte hos ham, dvs. cykelfabrikken Skandsen på Fyn, men det mest almindelige var at bestille gennem en lokal forhandler. Jeg bestilte i november 1965 via Kaj's Cykler i Helsinge, og derfor kom der Kaj's Stabileti mærkater på mit stel, der blev leveret i januar 1966. Efterhånden byggede Grønning stel til mange af os almindelige ryttere. Der var ca. ½ års ventetid. Et stel kostede det samme hos ham, som en hel cykel kostede hos Marteng. Jeg tror ikke, at Martin Petersen har solgt mange racerstel efter 1966-67. Peter Hove og Bjørn Vind købte dog fortsat stel hos Marteng.

Martin Petersen døde for mange år siden af en uhelbredelig sygdom. Han arbejdede til det sidste.

Der hvor Martin Petersens butik lå, og hvor fabrikken også lå - inde igennem den smalle gyde - er der i dag et tarveligt udseende ukrudt dækket tomt. Det kan ske, at den bliver benyttet til parkering for særligt lokalkendte. Ud imod hovedgaden ved nr. 140 lå der dengang en bagerforretning. I dag er der et værtshus, 'Toppen'. Det har ligget der i rigtigt mange år, en kinagrill er senere yderligere kommet til lige ved siden af værtshuset, hvor skomageren tidligere havde butik.

Man taler ofte om de tab det medfører, når plantearter eller dyrearter går til grunde. Man overser måske, de tab det medfører, når menneskeskabte værker og levevis samt unikke initiativer, evner og mestring går til grunde.

En fantastisk særpræget enegænger, original i ordets mest fornemme betydning, en sand mester og et meget godt og venligt menneske, det var Martin Petersen. Og han havde en dejlig lille familie. Og meget passende i forhold til familiens beskedenhed, var ingen af dem særligt høje.

Bevidsthed og træning på landevejene - satori i Kagerup?

Enkelte gange, og faktisk lige siden jeg var helt ung, er det sket, når jeg var på vej et sted hen, at jeg i et kort øjeblik ikke huskede, hvad det var jeg skulle, lige nu og lige der, hvor jeg befandt mig, eller hvor jeg videre skulle hen. Jeg tabte tråden. Det betød ikke, at jeg var typen, der ikke kunne huske, om jeg fik smækket døren eller slukket for gassen, sådan var det ikke. Flere gange hjalp det, når jeg havde tabt tråden at gå tilbage til det sted, hvor jeg endnu ikke havde tabt tråden. Da huskede jeg det i reglen igen. Jeg har tænk, om der måske i forbifarten ubemærket opstod en form for kobling mellem tanke og sted, som blev brudt, når jeg forlod stedet, og som blev genetableret når jeg vendte tilbage? Jeg undrede mig. Der dannes givetvis uransagelige aspekter og sammenhænge, der ikke umiddelbart træffer vores øverste bevidsthed, men som fungerer på underliggende planer. Tilkoblinger og afkoblinger, ja, til hvilken nytte?

Jeg tænkte også på, om det måske var en udløber fra min ungdom, hvor jeg var amatørcykelrytter fra jeg var 15 til jeg var 20 år. Dengang trænede jeg ca. 8.000 - 15.000 km årligt, og kørte konkurrence hver søndag. Jeg trænede 5 dage ugentlig, 2-4 timer på hver træningstur. Ofte alene. Min træningsmængde var ikke noget at prale af. Jeg var ikke en ny Knud Rasmussen[46]. Jeg var en almindelig dagdrømmer og amatør. Ja, og jeg trænede jo kun til min egen berigelse, ikke for at verden skulle blive klogere, eller bedre for nogen, som Knud Rasmussen gjorde det.

Træningsturene, hvor jeg var alene, blev ofte til utilsigtede indre rejser, hvor reflekserne overtog 'vejkortet' og færdselsreglerne, og hvor indre forestillinger, drømme og hvad ved jeg, opfyldte det øvrige af mig helt og aldeles. Det oplevedes ikke, som 'at falde i staver', hvor man er bevidst, men at det blot er blikket, der stivner. På sin vis føltes det som om, at det var 'ingenting', der fyldte mig. Intet, men på den anden side føltes det også helt fantastisk, som at smelte sammen med omgivelserne - med hele verden og hele livet.

Des mere jeg blev opslugt af verden, des mere blev jeg et med den, og mit ego forsvandt for mig i samme takt. Det var både naturligt og sælsomt. Det gav en virkelig god grundstemning, når det stod på. Måske var det en form for Satori eller Zen, som buddhister arbejder ud fra. At man umærkeligt indtræder i og bliver en del af universet uden ego-fornemmelser, uden begær, uden længsel og uden forventninger, uden forestillinger om at ændre det ene og det andet. Krop og sind krystalliserer, følelser og fornuft i stille fuldkommenhed - i levende live vel at bemærke! Jeg gik på opdagelse i livets gåder og gåden om

---

[46] *Knud Rasmussen, f. 1879 – d. 1933. Dansk-Grønlandsk polarforsker der bl.a. tilbagelagde 18.000 km til fods i isnende kulde og i storme på kun 1½ år sammen med 2 inuitter og et hundespand, der trak en enorm bagage gennem polaregnenes ekstreme klima og ufremkommelige terræn, og hvor føden var en uvis størrelse, som han måtte kæmpe sig til hver dag.*

det hinsides! - med min cykeltræning. Og det foregik uden ledestjerner. Det var heller ikke religiøst betonet, eller noget jeg havde hørt om, eller var blevet inspireret til gennem andre. Det passerede helt af sig selv, som en gave fra dybet eller fra det høje måske. Ja, jeg vidste det ikke. En ting vidste jeg dog, denne tilstand kunne kun opleves i absolut ensomhed, lykkelig ensomhed.[47] På en eller anden måde blev jeg opslugt af

---

[47] *Friedrich Nietzsche, Tysk filosof 1844 – 1900, havde en vision om overmennesket. En beskrivelse af hvad tanken går ud på får man i hans værk, 'Således talte Zarathustra', hvor Nietzsche lader Zarathustra træde ned fra bjerget og tale til folket:*

'Jeg lærer jer om overmennesket. Mennesket er noget, der skal overvindes. Hvad har I gjort for at overvinde det? [...] I har gjort vejen fra kryb til menneske, og meget i jer er endnu kryb. Engang var I aber, og endnu i dag er mennesket mere abe end nogen abe. [...] Mennesket er en line udspændt mellem dyr og menneske - en line over en afgrund. En farefuld overgang, en farefuld færd, et farefuldt øjekast tilbage, en farefuld skælven og standsen op. Det, der er stort ved mennesket er, at det er en bro og ikke et formål: det, der er elskeligt ved mennesket, er, at det er en **overgang** ***og en*** **undergang.**

Nogle har tænkt at hovedpersonen Zarathustra i bogen selv skulle være et eksempel på et overmenneske. Men om dette udtaler Zarathustra:

'Jeg elsker alle dem, der er som små tunge dråber, der falder én for én fra den mørke sky, der hænger over menneskene: de bebuder lynets komme og går som bebudere til grunde. Se, jeg er en bebuder af lynet og en tung dråbe fra skyen: men dette lyn hedder overmenneske.'

Nietzsche lagde vægt på menneskets åndelige liv, at nå overmennesket handler om at overvinde sig selv, snarere end at overvinde andre, og at finde

nuet, opslugt af øjeblikket, og jeg tror, at jeg derved samtidig uden at ane det kom til at åbne døren til evigheden på klem.

Jeg har efterfølgende reflekteret over dette fænomen, at jeg umærkeligt påførte mig selv den balance i livet, der både gjorde mine tanker usynlige for mig selv, og gjorde mig selv usynlig for mig selv. Er det mon sådan, at man ved et tilfælde eller måske i dyb meditation eller i bøn, kan møde sin skaber? For mig var det dog ikke noget jeg bare kunne gøre, som en troldmand, der henter den kappe, der gør ham usynlig. Nej, jeg vidste dengang ikke, hvad der gjorde udslaget. Om det var balancen mellem energi og udmattelse, mellem komisk og tragisk, sult og mæthed, tørst eller for lidt eller for meget af det ene og det andet, afslappet eller anspændt, positivt eller negativt, meningsfuldt eller meningsløst eller helt andre forhold?

Mange år senere, når man har levet et langt liv, indser man, at fornuften aldrig ville kunne nærme sig sådanne oplevelser.[48], [49] Tvært imod, fornuften vil afvise dem.

---

styrken i sig selv. (Jeg har den tilføjelse fra træningen på landevejen: Udenfor sig selv, ud af egoet, ind i altet. Udenfor individet, udenfor det timelige og det dødelige. I ånden og i tanken, ideen og troen. På den vis lærte jeg uforvarent at meditere! I dag holder jeg det ved lige fx, når jeg maler, skriver, går tur alene med hunden)

[48] ***Baruch de Spinoza (1632 – 1677)*** *Nederlandsk filosof. Angreb den antagelse, at hvis man opstillede et skel mellem følelser og fornuft, og dermed troede, at man kunne fjerne alle forstyrrende elementer ved at fjerne følelserne, så havde man forstået menneskets natur meget dårligt.*

[49] ***Zenon fra Kition (334-262 f.kr.)*** *Cypriotisk filosof der grundlagde Stoicismen. Stoicismen byggede på tesen, at man skulle adskille følelser og fornuft, og*

Måske er dyr nærmere på at leve sådan, i tiltro til verden som 'Liljen på Marken og Fuglen under Himlen'[50], - at det hele giver sig selv - tankerne tænker sig selv uden 'at banke på' hos den øvre bevidsthed. Når du er tørstig, drikker du af flasken, når der er rødt lys standser du, når der kommer en bakke, skifter du gear, når der render en hund efter dig sætter du farten op og langer ud efter den med pumpen, hvis den bliver ved osv. i logiske spor set fra livets og erfaringernes synspunkt.

Der opstod efterfølgende ofte det problem, når jeg kom hjem fra en træningstur alene, at min mor spurgte, 'Hvor trænede du så i dag Hans'. Øøøø, jo øøøø, og så måtte jeg prøve at rekonstruere et eller andet. I reglen kunne jeg efterfølgende kortlægge ruten nogenlunde, men langt fra altid. Nogle gange kun korte strækninger af de mange forskellige lange ruter - efter jeg var fyldt 18 år typisk mellem 70 og 120 km alt efter vejret.

Jeg har ikke diskuteret dette fænomen med andre end min mor, og hun døde den 13. oktober 1967 af kvæstelser efter en trafikulykke den 10. oktober på Maglegårds Alle. Hun mente, at forstanden på flere måder havde sin egen tilværelse. At det ikke nødvendigvis var alt, forstanden havde med at gøre, der ragede mig. 'Det ville ikke være sundt at vide det hele', sagde hun. Her må jeg indskyde, at jeg i reglen heller ikke kunne huske, hvad det var, jeg havde tænkt på, når jeg ikke kunne huske ruten. Lidt

---

søge at finde livets balance ved at leve under fornuftens herredømme. Det gode defineres som det der fremmer menneskets stræben efter at leve i ro og balance og i overensstemmelse med naturen, og det onde som det modsatte.

50 *Hvor høitideligt er der ikke derude under Guds Himmel hos Lilien og Fuglen, og hvorfor? Spørg "Digteren"; han svarer: fordi der er Taushed. Søren Kierkegaards Skrifter. Bind 11,* ***Liljen på Marken og Fuglen under Himlen.*** *S. 18. Gads Forlag, København 2006. ISBN 9788712042471*

mærkeligt i betragtning af, at jeg på andre felter husker særdeles godt, hvad jeg har oplevet, set, hørt, læst, følt osv. Men jeg kan dog ind imellem sagtens finde på at manipulere og rykke lidt rundt med begivenhederne og 'pynte på det' og lægge til eller trække fra i min egen favør. Selv om min mor kun havde gået i skole hver anden dag i syv år i Viderejde på Færøerne, må det have været en tænksom hjælpepræst, der underviste hende.

Der var meget visdom i hendes ræsonnement dengang, at forstanden på flere måder har sit eget liv, hvis man giver den lov. Og tillige, at alle levende skabninger har en universel side, som bliver overset i vores kultur.[51], [52]

Men oftest var jeg naturligvis ikke i denne dobbelttilstand, hvor det indre og det ydre krystalliserede.

Det har i øvrigt været sådan for mig - og er det fortsat - at mine oplevelser kan få en særlig intensitet, når jeg er alene med naturen. Det mennesketomme område tiltrækker mig meget stærkere end det menneske nære område. Dette ses også i mine malerier og i mine fotos. Jeg har som nævnt i første afsnit her i bogen den opfattelse, at hvert menneske i realiteten er alene i verden med sig

---

[51] *'Videnskaben kan ikke løse Naturens dybeste mysterium. Årsagen er, at vi, når alt kommer til alt, selv er en del af det mysterium, vi forsøger at løse.'* ***Max Plank (Karl Ernst Ludwig)*** *(1858 – 1947), Tysk teoretisk fysiker.*

[52] ***Oswald Spengler*** *(1880 -1936), Tysk kulturhistoriker (og tillige dybsindig matematiker) udtrykte livets kernespørgsmål således, i erkendelse af naturvidenskabens begrænsede omfangslogik: 'Al fysik er behandling af bevægelsesproblemet, i hvilket selve livets problem ligger, ikke som om det en dag ville være til at løse, men endskønt og fordi det er uløseligt.' Vesterlandets Undergang', Aschehoug, København 1962. s. 192.*

selv, men at det selvklart vil gå til grunde, hvis det praktiserer at leve sådan. Mennesket er på næsten enhver måde afhængigt af andre mennesker. Således er menneskets sociale og sociologiske skæbne lagt tilrette. Frede Fup rammer dette meget fint med sin satiriske udlægning:

"Vi blev konger i det tomme rum, det maksimale minimum".

Omkvæd til 'Tillykke til jorden' fra 2001.

Interessant er det i denne sammenhæng at medtænke, at end ikke den dygtigste videnskab kan komme mennesket til hjælp i forhold til menneskelig følelse og menneskelig oplevelse inde i livet, fordi følelser og oplevelser er subjektive, individuelle, personlige i deres substans, hvorimod videnskaben afviser alt subjektivt og alene opererer ud fra almengyldige objektive substanser. Videnskaben kan derfor ikke hjælpe mennesket i eksistens-forholdet - i livets labyrint af subjektive relationer, oplevelser og følelser. Dette ville selveste Søren Kierkegaard ganske være enig i.[53]

'På en underlig indirekte, satirisk Maade indskærpes det ofte nok, skjøndt Menneskene ikke tage mod Lærdommen, at Videnskabens Veiledning er Vildledelse.'[54] Videnskabens objektive retning gør enhver til betragter, flytter videnskabsmanden ud af eksistens-sfæren i sin forskning, ud af forholdet til sig selv og sine omgivelser i livet.'

---

53 *Søren Kierkegaards værker Bd 7. Afsluttende uvidenskabelig Efterskrift. Bl.a afsnit om; Det objektive Problem om Christendommens Sandhed s. 27. Gyldendal, Kbh. 2017. ISBN 9788702177411. Samt fx s. 74: 'Tænkende tænker han det Almene, men som existerende i denne Tænkning, som erhvervende denne i sin inderlighed bliver han mere og mere subjektiv isoleret.' Endvidere samme s.292.*

54 *SKV Bd. 7. Afsluttende uvidenskabelig Efterskrift. S. 123*

Når det ene subjekt i sin eksistens skal forstå det andet - Virkelighed, tanke, handling og mulighed

Om dette udtaler Søren Kierkegaard:

"Naar jeg tænker Noget, jeg vil gjøre, men endnu ikke har gjort det saa er dette Tænkte, hvor nøjagtigt det end er, om det end nok saa meget maa kaldes en tænkt Virkelighed, en Mulighed.
Omvendt, naar jeg tænker Noget, som en Anden har gjort, altsaa tænker en Virkelighed, saa tager jeg denne givne Virkelighed ud af Virkeligheden og sætter den over Muligheden, thi en tænkt Virkelighed er en Mulighed, og høiere i Retning af Tænkning end Virkelighed, men ikke i Retning af Virkelighed.
- Dette betegner tillige, at der ethisk intet ligefremt Forhold er mellem Subjekt og Subjekt. Naar jeg har forstaaet et andet Subjekt, er dets Virkelighed for mig en Mulighed, og denne tænkte Virkelighed forholder sig qva Mulighed ligesom min egen Tænken af Noget, jeg endnu ikke har gjort, forholder sig til at gjøre det."[55]

'Dette er et gavnligt Forstudium for at existere ethisk: at det enkelte Menneske står alene.'[56]

Hvert enkelt menneske er en verden i sig selv.

Videnskabens akilleshæl i forhold til subjektet er netop videnskabens objektivitet. Så heller ej her findes hjælp. Af denne grund bl.a. for at forsøge at komme nærmere end videnskaben har Kierkegaard søgt ind i subjektiviteten i en af samme årsag 'Uvidenskabelig Efterskrift' (til hans værk 'Philosophiske smuler').

---

[55] *SKV Bd. 7. Afsluttende uvidenskabelig Efterskrift. S. 292-293*

[56] *SKV Bd. 7. Afsluttende uvidenskabelig Efterskrift. S. 295*

Videnskaben og subjektet

Det er et grundlæggende teoretisk problem og et metodeproblem og ikke mindst et praktisk problem for videnskaben, der selvsagt ligger i videnskabeliggørelsen med oplysningstidens gennemtrængning af tænkning og forståelse af menneskelivet og forståelse af mennesket i samfundet. Alle forhold betragtes og undersøges ud fra objektive kriterier. Det betyder at mennesket som oplevende og handlende subjekt belyses ved at mennesket træder ud af sin subjektivitet, og som det forskende væsen betragter subjektet udefra, dvs. som et objekt.

'Alt bestående forsvinder i det ubestemte almene'[57] - eksistensen opløses i det ubestemte almene. Dette sidste bl.a. hentet ud af Hegels fordybelse i gammel Græsk filosofi, Aristophanes[58] og Socrates[59], den negative og ekskluderende side af den ironisk baserede tænkning. Kan du overhovedet være sikker på noget af det du ved og tror?

Den færøske forfatter William Heinesen greb, i sin bog 'MODER SYVSTJERNE' fra 1952, eksistensforholdet og skabelsesberetningen an på ganske anden vis end videnskaben ville være i stand til. Heinesen satte sig i det nyfødte barns sted i de tidligste oplevelser, før bevidstheden var i stand til at reflektere så at sige, inde fra barnets eget subjekt således:

'I begyndelsen var hverken himmel eller jord eller ting, men kun en umådelig higen efter varme, mættelse og søvn. I vældige byger kom livet over dig, storme af ømhed

---

57 *Vorlesungen über die Philosophie der Geschichte* (1822-31/1837). *S. 85, Friedrich Hegel, Tysk filosof. 1770-1831.*

58 *Aristophanes, Græsk filosof, 450 f.Kr.-385 f.Kr*

59 *Socrates, 470 – 399 f.Kr.*

fyldte dit urtidsmørke, vilde floder af mælk og rensende vand, uophørlige kildevæld af gode og mindelige lyde, der endnu ikke var blevet til ord. Og omsider fik dine øjne deres første sjæl og du så de dunkle omrids af den store livgiverske, alle tings ophav, den der skaber og vedligeholder det Evige. Ja, før du endnu sansede solen og dagen, tændtes lyset i dig, dengang du mødte den Eviges menneskeøjne.'[60]

Og så videre til Kierkegaard igen, han påpeger en yderligere forflytning af fokus hos videnskaben - fra individ til generation[61]. Dette begrundet i de uovervindelige vanskeligheder der følger af at være et individ i sin subjektive eksistens, hvor den enkelte må indse, at det ikke rigtigt batter noget lige meget hvor godt et menneske det end forsøger at være. Da er det lettere at glædes over sin generations fremskridt i forhold til videnskab, teknologi, idræt, velstand osv. Men dette er blot et endnu mere omsiggribende bedrag og forfængelig indbildning, fordi det jo ikke er dig, der er Einstein, Usain Bolt, Wozniacki eller Gandhi mv. Ja, og sortseeren eller samfundsrevseren vil måske ligesom kunstneren Ingvar Cronhammer, ha ..'svært ved at få øje på forkanten, men afgrunden er rimelig visibel. Der er så meget skrøbelighed i lortet, at det er ved at krakelere. Du ved kun én ting: At du skal dø'. (Ud & Se)

Nu til noget ganske andet - Jeg tænkte ofte over et andet fænomen, når jeg trænede. Det var, at det egentlig var mærkeligt, som trafikken klumpede. Jeg kunne sagtens køre 5 - 10 minutter uden at møde andre. Lidt efter kunne jeg se en bil komme imod mig langt ude. Men når den nåede hen til mig, kom der ofte samtidig en bil bagfra, og jeg måtte trække ud til kanten ved rabatten for at komme i

---

60 *Moder Syvstjerne, Gyldendal København 1952. William Heinesen, f. Tórshavn 1900 d. Tórshavn 1991.*

61 *SKV Bd. 7. Afsluttende uvidenskabelig Efterskrift. S. 325.*

sikkerhed. Derefter var der igen en pause, hvor jeg ikke mødte andre. Ofte gentog det sig. Jeg ved ikke om denne tendens til sammenklumpning har en logik. Men jeg har ofte oplevet den i mit liv, at begivenheder, tilbud, ting mv har tendens til at klumpe, efter pauser, hvor der 'ikke rigtig foregår noget'. Måske er det et af tilfældets mysterier, at de har en tendens til sammenklumpning.

I forhold til min cykling generelt var min far i øvrigt meget neutral. Jeg tænkte, at han opfattede det således, at jeg var i en form for et fællesskab med de øvrige ryttere, der ikke som sådan kom ham ved. Han havde ej heller forstand på det, og ville ikke blande sig i det.

Mine brødre havde ikke meget tilovers for mit cykelløb eller for min træning, specielt ikke Flemming. Ingen af dem eller andre i familien i øvrigt var ude at se mig til cykelløb. Ikke en eneste gang, selv om løbene nogle gange havde start og mål i nærområdet i Gladsaxe, Herlev, Ballerup, Lyngby. Og selv om jeg cyklede i 6 år. Den eneste jeg kunne forestille mig at komme ud at se, det var min svigerinde Annelise. Hun var endda engang ude at træne med mig, da jeg var begynder, og jeg var på ferie i hendes og min bror Pouls sommerhus i Smidstrup. Jeg var lidt ked af, at de ikke kom ud at se mig dengang, men jeg nævnte det ikke for dem, ej heller for mine kammerater. Enkelte af mine kammerater, bl.a. Jan Hansen fra min opgang på Jonas Lies Vej, kom uopfordret ud for at se mig på sin nye Tomos knallert. Det glædede mig meget, også når jeg netop disse dage gjorde det godt.

Jeg må tilstå, at jeg er mere ked af at tænke på det i dag, end jeg var den gang, at familien ikke så mig. Men jeg synes trods alt, at det er mærkeligt, at det, som jeg kun var en lille smule ked af dengang, ligefrem er vokset til en sorg med årene. Men jeg tænker også, hvorfor jeg aldrig spurgte dem. Det gjorde jeg ikke en eneste gang, jeg kunne bare have inviteret dem derud.

Da jeg selv fik børn, mindede følelsen fra dengang mig om, at det er vigtigt for enhver at blive set og hørt og fulgt, af dem man holder af. Så jeg har selv søgt at følge mine egne 5 børn i deres aktiviteter og interesser. Det er dog også en balance. Man skal samtidig passe på, at man som forældre ikke tager over og spiller klog på noget, som man overvejende er følelsesmæssigt omsluttet af. Man kan nok aldrig gøre det godt nok i rette balance. Men jeg har hver gang gået med mine børn til deres aktiviteter med oprigtig interesse. Det har været med den største glæde for mig. Hvis jeg af en eller anden grund var forhindret, følte jeg et tab og afsagn, ved ikke at følge deres fight osv. I det lys er det jo også ærgerligt at mine forældre og søskende gik glip af at følge mig og at følge fighten på landevejen dengang.

Flemming og hans venner, veninder og bekendte kunne dengang finde på at sige; 'hvad er det egentlig, du vil opnå med det cykleri? Hvor vil du hen? Hvad vil du opnå? Hvad oplever du egentlig? Med al den tid du bruger på det. Du kunne være cyklet hele jorden rundt, og have set en masse! Eller du kunne lære dig at spille på et instrument og blive en dygtig musiker, eller du kunne læse på studenterkursus, og fortsætte på universitetet! Det er jo hul i hovedet at jolle rundt på den jern-ged på Sjælland i al slags vejr sommer og vinter, og du vinder ikke engang, kun måske indledningsløb og småløb! Min mor derimod bakkede mig op uanset dette, ja uanset hvad. Det var godt for mig, at hun hverken mente, at det var håbløst, idiotisk og forkert. Hun sagde, at jeg nok aldrig spildte tiden, når jeg beskæftigede mig med noget, der interesserede mig!

Retfærdigvis skal det dog tilføjes, at Flemming foreslog, at en journalist fra Politiken lavede en reportage om mig og mine cykelgøremål og levevis i den for ham sære verden. Fotografen Ebbe Wraae havde lavet en billedserie til formålet. Det var på et tidspunkt, hvor jeg efterhånden havde kørt i 5 år, og hvor der kom gode resultater til mig, så han fornemmede, at det ikke bare var en forbigående grille, men at jeg virkelig satsede på denne vanvittige aktivitet. Det blev dog ikke realiseret. Men det var nu heller ikke sådan at familien ikke var imponerede af, hvad jeg kunne på en cykel. Fx at cykle 50 kilometer fra Søborg til sommerhuset i Smidstrup på 1 time og et kvarter, efter en almindelig arbejdsdag og køre tilbage samme aften også på 1 time og et kvarter. De mente næsten at det var umuligt, men det var det ikke, dengang min form og styrke kulminerede i sommeren 1966.

Cykelløbet var mit valg. Det var ikke en protest imod familien, det var et valg af lyst og en personlig prøvelse og udfoldelse. Familien havde tidligere 'sendt' mig til forskellige ting uden held. Bl.a. klaverspil hos Gerda Harbom. Men jeg protesterede og gemte mig, når jeg skulle til spil. Jeg nægtede at øve mig. Jeg kunne ikke fordrage at blive sendt til noget, som andre havde fundet på. Jeg følte mig som en dresseret abe i søndagstøj.

Sådan har jeg det egentlig stadig. I voksenlivet har jeg tilsvarende en grundlæggende modstand imod at følge med tidens strømninger, meninger og mantra. Jeg er i opposition - til tidens kunst, formsprog/modeluner rejseiver, planlægningsiver, strukturiver, imod tidens hastværk og imod alle de 'Fritz og Poul' reformer, som regeringerne udspyer. Jeg er derimod optaget af tænkning og tænkere, som det sikkert er bemærket. Filosoffer, sociologer, teologer osv. De inspirerer mig, som det sikkert også er fremgået.

I det hele taget er jeg optaget af eksistensen. Den overses efter min mening i tidens iver efter oplevelser og materiel stræben, og forestillingen om at opnå et meningsfuldt liv søger man i et liv i konstant velbehag, hvor man kan få sin vilje i flest mulige situationer, befriet for modstand og kampe. At forflytte realiteter som forfald, sygdom og død til politiske sagsområder med fagfolk, til at tage sig af det. Væk med det, vupti. Slippe af med det personlige ansvar i forhold til flest mulige af de vanskelige relationer, der kan opstå til sine nærmeste, hvis de bliver syge og svækkede, demente osv. gennem 'udlicitering' til eksperter, ansat og lønnet og betalt af de offentlige kasser. Ja, væk med alle vanskelige relationer. Så er du nærmere den lykkelige tilværelse, tror du måske.

Træerne ind i himlen?

Det regnede den sene onsdag eftermiddag i Helsingør, 27. juli 1966. Der skulle være gadeløb, 'Franks Radio Grandprix'. Folk var begyndt at møde op langs afspærringerne på opløbs strækningen og ude på den 1.800 meter lange rute. Den skulle gennemkøres 28 gange. Det var ikke en dag, hvor folk søgte i retning af Brostræde for at køb is.

Nummerudlevering og omklædning foregik på Helsingør Værft. Det var Kronborg Cykle Club, der var arrangør. Klubbens myndige formand Ernst Pingel var ved dommerbordet. Han var i øvrigt far til min senere læge gennem mere end 35 år, Søren Pingel, og også far til Danmarks ubetingede hurtigste landevejssprinter dengang, Ole Pingel. Ole var Sørens storebror.

Jeg havde i øvrigt en måned tidligere den 13. juni 1966 fået Wild Card til at deltage i Lyngby Cykle Clubs gadeløb, Scaniadam Grand Prix, på trods af, at jeg kun var B rytter, men fordi jeg var kommet i præmierækken i samme klubs landevejsløb, Sorgenfri-løbet dagen før. Ja med en 7. plads i Sorgenfriløbet på trods af styrt 1½ km før mål i min første B start. Styrtet kostede mig en podieplads. Jeg tabte 1 minut og 16 sekunder til de 2 forreste B ryttere. Resten i det forreste felt var A ryttere - i alt ca. 40 ryttere. Styrtet var bl.a. en følge af, at Flemming Wewer var utilfredshed med, at feltet kørte alle hans udbrud ind. Derfor kørte han helt frem i front af feltet med fuld speed og svingede fra yderste højre til yderste venstre side af vejen og tilbage igen. Det gentog han flere gange. Denne slinger forplantede sig i feltet og dermed væltede en pæn bunke ryttere spredt ud over vejen. Jeg sad lige bagved og kunne ikke nå at bremse. Jeg kørte lige ind i bunken, og kom til at ligge øverst. Jeg slog mig mærkeligt nok ikke det mindste. Nogle nede i bunken klagede sig højlydt.

Nå men tilbage til Scaniadam Grand Prix den følgende dag, Her blev jeg nr. 12 - i præmierækken blandt A rytterne, og vinder af B klassen i et gadeløb, der blev kørt helt kaotisk uden hoved og hale, det ene udbrud blev lagt oven i det andet. Jeg troede først at Peter Hove havde vundet B-klassen, men han var faldet tilbage fra et udbrud ned i et felt bag mig. Jeg sad med fremme fra løbets start, og klamrede mig til den omskiftelige frontgruppes støvsky af ryttere. På den ene langside af rundstrækningen støvede det af en eller anden ukendt årsag ualmindelig voldsomt fra vejene. Jeg kunne kun se rytterne, der lå nærmest foran mig. Ubehageligt og farligt hvis noget gik galt foran.

Med 1½ omgang til mål rykkede Svend Erik Bjerg sammen med Gregers Bunch, og jeg kom lige akkurat med i deres vilde tempo. Bjerg ville have os frem og tage føringer. Jeg meldte omgående pas, men Gregers forsøgte at hænge på. Han måtte dog også slippe. Bjerg holdt sig på imponerende vis alene foran det forreste felt, hvor jeg hang på som sidste mand. Jeg kæmpede mig med i Per Norups baghjul, han lignede en, der havde overblik midt i løbets kaotiske og støvtåger. Vildt for mig at sidde med i frontgruppen, hvor kun de stærkeste A ryttere var tilbage. Mere end jeg troede muligt. Der blev endda sat løbsrekord. 43 omgange, dvs. 60 km på 1.22,32, det var 6 minutter hurtigere end året før, da jeg havde jeg det største besvær med at klare mig i D klassens forbandede og lange enkeltstarter. Jeg var forbløffet over at jeg kunne følge de bedste A ryttere i et løb, hvor enhver gav alt det, som han havde.

Jeg svævede næsten hjemad. Kunne det virkelig være rigtigt, at jeg kunne sidde med de bedste? Jeg var jublende lykkelig.

Tog chance — v

To unge Lyngby-ryttere forsøgte »umuligt« udbrud, Scaniadam Grand Prix foran hele eliten — Ritter pun

DEN unge Lyngby-rytter Svend Erik Bjerg vandt sensationelt sin klubs gadeløb, Scaniadam Grand Prix — og dermed sin egen første sejr i A-klassen. Da der manglede knap to af de 43 omgange på ruten i Gladsaxes industrikvarter, stak Bjerg og hans lige så ukendte klubkammerat Gregers Bunch af fra feltet. Det virkede som en umulig taktik mod overmagten, men sandelig om de to ikke fik et pænt forspring.

— Vi kørte som rasende, men Gregers kunne ikke stå distancen. Da der manglede en halv omgang, faldt han fra, forklarede Svend Erik Bjerg efter løbet. Jeg vidste, at nu var det enten—eller, så jeg satte alle kræfter ind og holdt mig da også foran. Dejligt med en sejr efter megen modgang — bl. a. forårsaget af en netop overstået militærtjeneste . . .

Vindertiden for 60 km var 1.22.32. Bjerg var kun et par meter foran forfølgerne i mål. De næste placeringer var Jørgen Emil Hansen, CC, Henning Pedersen, Lyngby, Flemming Wewer, ABC, Rich. Strange, Hvidovre, Ole Vexø, Hillerød, Gregers Bunch, Lyngby, Reno B. Olsen, Roskilde, Bent Petersen, Glostrup, Bj. Sørensen, Hillerød, Per Norup, Lyngby, og BKL's B-rytter Hans Rosenfalk.

Nå men nu skal vi videre til Franks Radio Grandprix i Helsingør. Det var mere specielt end Scaniadam Grand Prix, fordi de første 10 omgange var udskilningsløb, hvor sidste mand blev taget ud, hver gang målstregen blev passeret, og fordi de sidste 18 omgange kørtes som point løb, med point hver anden omgang, med 3-, 2-, og 1 point til nr. 1, -2, og -3. Vinder af løbet var den, der havde flest point, eller eventuelt havde taget en omgang fra de andre. Et løb lige efter Ole Pingels smag. Mærkeligt nok dukkede han ikke op den dag.

Der var hurtigt mandefald. Den sidste rytter på de første 10 omgange blev udskilt. Tillige var der 2 styrt, det satte flere tilbage. Feltet måtte standse helt eller delvis op flere gange på de regnvåde gader. Det var en risikabel affære at passere de regn glatte sving.

Under denne tumult opnåede Peter Hove, Flemming Høj og Ole Vexø et forspring på 300 - 400 meter, og de støvsugede løbet for point. Det var den spurthurtige Ole Vexø, der vandt spurterne indtil han punkterede, da der manglede 7 omgange. Han kom i gang igen inden feltet hentede ham, og fik yderligere 1 point. Han punkterede dog endnu en gang, og blev hentet af feltet.

Nu var kun Hove og Høj foran feltet. Det var overvejende dem, der havde taget slæbet foran, og feltet kørte samtidig stærkere og nærmede sig. Nu, da der også var point at køre om til første mand i feltet, skiftede rytmen i feltet fra tempokørsel til pulserende sprint hver anden omgang - med de stærkeste folk som 'motor'. Dette skabte spredning i feltet. Da folk imidlertid kørte sig helt ud i forsøgene på at vinde spurterne, var et andet resultat, at feltet gik i stå hver gang målstregen var passeret, når de spurthurtige havde behov for at puste ud. Derved nåede de mindre spurthurtige atter op.

Som konsekvens af dette, forsøgte jeg, da næstsidste spurt skulle indledes, blot at holde feltets stærkeste, Kjell Rodians baghjul, uden at bruge kræfter på at forsøge at køre udenom, men blot at benytte ham som pacer, for at være med fremme, når spurten var forbi. Dette lykkedes, og da sprintere havde udkæmpet dysten, om det ene point, og pustede ud, da fortsatte jeg med alt, hvad jeg havde. Satsede det hele. Jeg fik med det samme et forspring på ca. 150 meter. Ingen ønskede at bruge kræfter på at køre mig ind, eller måske tænkte de, at jeg under alle omstændigheder ville blive indhentet?

Jeg holdt mig godt foran feltet den næstsidste omgang. På den sidste omgang kørte jeg igen med alt, jeg havde.

Flemming Høj tabte fart foran, måske kunne jeg hente ham? Ved målet manglede jeg 50 meter i at fange ham. Peter Hove, der i øvrigt kørte sin første start i A klassen var et par hundrede meter foran mig, og jeg var et par hundrede meter foran feltet. Typisk for Peter, på trods af, at han ikke var temporytter, ja så udnyttede han situationen og kørte imponerende tempo alene. Han var på sin helt egen måde en 'Situationist', greb og udviklede situationen[62] med sig selv som omdrejningspunkt.

Jeg fik dobbelt point for tredjepladsen i sidste spurt.

Resultat, Franks Radio Grand Prix:	Tid	Point
1 Flemming Høj, ABC	1,21,33.	24
2 Peter Hove, Amager	1,21,13.	20
3 Ole Vexø, Hillerød	1,21,56.	18
4 Hans Rosenfalck, BKL	1,21,35.	2
5 John Christian Nielsen, Ordrup	1,21,56.	1
6 Jonny Flagman Jensen, Kronborg	1,21,56.	1
7 Kjell Rodian, ABC	1,21,56.	0
8 Bent Beters, Hillerød	1,21,56.	0
9 John Søe Nielsen, Lyngby	1,21,56.	0
10 Flemming Hansen, BKL	1,21,56.	0

Den dag i Helsingør fik jeg samtidig en bevidsthed om, at jeg ville kunne vinde, også når de bedste var med, hvis omstændighederne flaskede sig. Det var befriende at realisere og mærke i praksis. Jeg havde opnået elite potentiale og vinderpotentiale. Jeg var glad dybt ind i sjælen. Den dag faldt brikkerne på plads i forhold til mine muligheder som cykelrytter, nu var alt muligt for mig på en god dag, hvis jeg satsede alt, som jeg havde.

---

[62] *Isme i kunsten etableret i 1957 af bl.a. Asger Jorn og hans bror Jørgen Nash. Offentligt kendt for den påståede afsavning af den lille havfrues hoved. Situationens selvsving udviklede påstanden verdensomspændende.*

Videre kan man sige, at hvis løbet havde været et almindeligt 'kom først til mål løb', da ville Peter Hove have vundet, Flemming Høj nr. 2, jeg nr. 3 og Kjell Rodian nr. 4, Bent Peters nr. 5 osv. og Ole Vexø ville ikke være blevet placeret i top 10. Ja, hvis og hvis min røv var spids, som det ofte blev sagt dengang, når noget mindre godt skulle bortforklares, eller når noget godt skulle tales endnu bedre end det var. Men man må dog huske på, at hvis det havde været et kom først til mål løb, da ville det have udformet sig anderledes, og jeg ville næppe have fået lov til at slippe alene af sted, men så var der måske opstået andre muligheder, hvem ved?

Men det bedste for mig den dag var, at Kjell Rodian efter løbet klappede mig på skulderen, og sagde, at det var klog og talentfuld kørsel, jeg havde udført, og at det var stærkt, at jeg kunne holde feltet på afstand.

Tænk at den olympiske sølvmedaljevinder i landevejscykling i Tokio i 1964 havde sagt det til mig, og jeg kendte ham slet ikke og kom desværre aldrig til det. Ham ville jeg gerne have haft som træningskammerat. Så kunne det være, at mit niveau ville blive hævet betragteligt. Han kunne nærmest køre så hurtigt som en motorcykel, også når han kørte alene. Han vandt bl.a. den vanvittige enkeltstart Malmø - Ystad, 130 kilometer - delvis på grusvej - 8 minutter hurtigere end nummer 2.

Rodian var af den sjældne kraftfulde type, der i næsten enhver situation var i stand til at øge farten yderligere, uanset hvor vanvittigt højt den var lagt. Ingen kunne følge ham, når han angreb på den måde. Jeg var så heldig i glimt at opleve at Ole Højlund, Ole Ritter og Ole Vejbo[63] gjorde noget tilsvarende, ligesom

---

63 *I Sorgenfriløbet i Lyngby 1966 var jeg uopmærksom da A feltet indhentede B feltet, som jeg sad i. Det 120 -140 mand store felt knækkede over da Jonny Flagman styrtede midt i det hele, paradoksalt nok uden at andre styrtede. 40*

ryttere slap afsted. Jeg forsøgte at køre op sammen med 3 - 4 andre. Vi kunne ikke køre dem ind. Til mit held fik jeg en ekstra mulighed, da der kom en selvantændt krudttønde farende forbi i skikkelse af Sven Ole Vejbo. Han kørte som en vanvittig, og bandede og svovlede over, at jeg ikke tog føringer. 'Så korse da det hul i røven' brølede han, da jeg ikke kunne tage føringer i hans vanvittige tempo. Men jeg hang med ham til vi hentede bagtroppen af det forreste felt, bl.a. bestående af den frygtindgydende landevejssprinter, svensk-tyske Jupp Ripfel, mahogny brun/eller var det fregner? internationalt look. Det øvrige felt var en broget flok af arbejdsmænd, håndværkere, kontorfolk, butikssælgere osv. En god blanding af storbydrenge og provinsdrenge. Og vi lignede de amatører, som vi var. Nå men til sagen igen, jeg var utryg ved Vejbo's vildskab, ville jeg måske pludselig få en på tuden. Jeg havde et par år tidligere været på hold med ham som junior, jeg kendte hans uregelmæssige kørsel og utålmodighed. Et eksplosivt tråd, når det stak ham, endnu voldsommere end Bjørn Perssons, som paradoksalt og i modsætning til Vejbo havde et roligt og venligt gemyt. Man skulle være glad, hvis man blot kunne hænge på, når de hver især lukkede op for energien. 4 km forfølgelsesløb måtte have været en oplagt disciplin for Vejbo, men han forsøgte ikke. Det gjorde Persson - han blev danmarksmester i 1969. Vejbo brugte for mange af sine kæmpekræfter på at køre huller op og på at slide sig frem til de forreste i felterne, fordi han ofte var uopmærksom og ikke kom med, når felterne knækkede over. Så han vandt ikke så meget som hans kræfter berettigede til. Med mere besindighed og økonomisering og venten med at fyre det hele af til de sidste km, kunne han have vundet mange landevejsløb. Han havde i øvrigt en særpræget københavnsk arbejderdialekt. Han udtalte fx Tivoli som 'Sjiveli'.

Fra venstre: Ole Emil Plens, Ole Vejbo og Jupp Ripfel. Foto fra Milow Grand Prix i Malmø. Vejbo kørte direkte ind i den styrtede finske rytter og landede selv ovenpå finnen. Ole Vejbo havde følgende kommentar til finnen, "Hvad har du gang i, ligger og roder rundt på vejen". Foto: Bob Bovin. Ole Emil var i øvrigt særdeles velklædt. I hans klub ABC kaldte kollegaerne ham 'Dansk Herremoderåd'. Det var den herlige unge talentfulde københavner flok med Tommy Røder, Flemming Hartz, Mogens Poulsen, Lars Simper, Leif E. Nielsen, Allan Petersen, Henrik Hall, Svend Erik Seidler, Carsten Glygård, Jørgen Blume, Nick Løven, Mogens Hess, Michele Fiorini. Længere fremme i ABS's hierarki var der ofte strid, især omkring klubbens 'konge' Ole Ritter. De havde Danmarks stærkeste 100 km firemandshold, det gik i reglen op i hat og briller om føringernes længde, om det rette tempo, om den rette ånd. De vandt ikke.

Alexander Vinukorov og Thomas Voeckler var i stand til. Dette i modsætning til en type som daværende Jørgen Emil Hansen, som de fleste godt kunne følge i rykkene. Når han så alligevel slap væk, så skyldtes det, at han blev ved med at gentage disse ryk. Og at de fleste øvrige ryttere kun kunne gå med i et eller måske 2 eller 3 af hans ryk. Så var der udsolgt, blot ikke hos ham, han fortsatte 4, 5, 6 eller flere gange med disse ryk. Han udmattede de øvrige til han enten var alene eller til de var så møre, at han kunne slå dem i spurten. Imponerende opslidende.

Iøvrigt findes der også en tredje type rytter, der næsten udramatisk lusker sig af sted i en periode, hvor feltet er ukoncentreret og ikke kører rigtig stærkt. Når de har fået 100 eller 200 meters forspring, så tager fanden ved dem, og de er næsten umulige at indhente igen. Dette har jeg fx oplevet med Bent Jensen CC Gladsaxe, Henning Viggo Nielsen, CK Kronborg og Poul Erik Thygesen Fix Rødovre.

Alle de nævnte ryttertyper er temporyttere. Herudover findes der sprintere. Første betingelse for en sprinter er at have evnen, styrken, balancen og modet til at kunne kæmpe sig frem i forreste række i feltet lige før mål, så de er sikre på at være med, når det går løs. Hvis man ikke er fremme, vinder man ikke noget i en massespurt. Tillige skal man være hurtig og have mange watt i benene at træde med, og en stærk kropsbygning og balance. I den kategori var Ole Pingel stjernen. Tidligere havde det været 'Sovsen' der var sprinter stjernen. Han hed Jørgen B. Jørgensen, men blev kaldt 'Sovsen', fordi han ligesom sovsen dengang fulgte med til alle retter, ja så fulgte Jørgen B. med det forreste felt i alle løb. Han var umulig at ryste af, og han vandt ofte spurterne.

Endelig er der ryttere, der ikke har et egentligt speciale, men som trods dette klarer sig ganske godt uden store armbevægelser, de kan lidt af hvert. Her vil jeg fremhæve min gode kammerat Bent Christensen fra Amager Cykel Ring. Malersvend var han tillige. Han manglede lige 5 point for at rykke op i B klassen i Køges Blitza Løb. Jeg sad i en lille gruppe med ham. Per Hass Christensen og Karl Johan Niebuhr var et par minutter foran os, så det passede lige, at Bent kunne få 5 point, hvis han blev nr. 3. Men jeg kunne ikke dy mig, så jeg stjal den tredjeplads for næsen af ham. Det var ikke pænt gjort og jeg sagde undskyld til ham. Han trak på skuldrene, ok det er jo cykelløb. Han vandt dog det næste løb i et soloudbrud og rykkede op. Vi fulgtes ofte til Ordrupbanen søndag eftermiddag. Han boede i Elmegade i en nedlagt kælderforretning. Jeg har desværre ikke mødt Bent siden dengang, han var en god kammerat, bedre end jeg var.

Rytternes klub var i øvrigt et godt sociologisk pejlemærke for deres lokale tilhør. Storbydrengene, de rapkæftede smarte kom fra storkøbenhavnsområdet. I periferien som overgangsklubber til provinsen med de mere besindige ryttere kom så Lyngby CC, Hillerød CK, Roskilde CR, Kronborg, Køge CK og Næstved. Og helt ude på landet var det så Haslev, Sorø, Holbæk, Kalundborg, Nykøbing Sj. Nakskov, Maribo osv. Cykelløb ude i Sjællands Distrikt blev ikke regnet for så meget, her kunne man lettere opnå point og præmier end i Københavns Distriktet, hvor der var 3 - 4 gange så mange deltagere. Problemet ved at hente point i Sjællands Distriktet var den lange cykeltur og de tidlige starttider. Det ville blive et natteshow at komme derud på cykel, så man måtte have bil eller også cykle derud dagen før. Det gjorde jeg et par gange sammen med min træningskammerat Jesper Østergaard fra Ordrup cykelklub. Vi blev nr. 12 og nr. 14 på en enkeltstart i Nykøbing Sjælland. Der var få sekunder imellem os. Vi overnattede på en Kro. En del andre D ryttere fra Københavns Distrikt havde fået samme ide den søndag, så anstrengelserne gav et ringe udbytte, der var kun point og præmier til de 12 første. En anden gang var det en enkeltstart i Skibby, her var der arrangeret overnatning på en skole. Igen med elendige resultater - heller ingen præmie til os den dag.

Hvis jeg skulle udpege en rytter, der skulle rumme essensen af dette, at være cykelrytter, i det hele taget, da måtte det blive Jørgen Green fra Roskilde Cykel Ring. Han debuterede i 1956 som 18-årig, og han har mig bekendt haft licens lige siden og har kørt i alle klasser med undtagelse af junior. Han kørte på højeste niveau i mange år. Han er ganske vist hverken verdensmester eller europamester eller lignende, men han har været med i cykelløb lige siden, og man støder på ham på landevejene, når han træner den dag i dag. Ja og han ligner på sin vis sig selv. Blot er hans stærke venlige ansigt med tiden og med vinden og vejret og med livet blevet endnu mere karakterfuldt. Ligesom en fin årgangsvin. Og der er naturligvis stadig fart i cyklen.

Jørgen Green - Cykelrytteren par excellence

Skulle man pege på en landevejsrytter som fysisk kraftværk i en epoke på 5 år, måtte det blive spanske Miguel Indurain, og skulle man pege på en rytter som fysisk kraftværk gennem et langt liv fra ungdom til alderdom, da måtte det blive danske Jørgen Emil Hansen.

Men der er mange kandidater, der har bevist, at de er langtidsholdbare; Alejandro Valverde, Jens Voigt, Oscar Sevilla, Francisco Mancebo, Chris Horner, og mange flere. Men tilbage til 27. juli 1966. Da jeg cyklede hjem fra

Helsingør til Søborg den aften, i den stille lune regn, da troede jeg, og da mærkede jeg, at jeg nok alligevel havde talent, nej talent var et forkert ord, men jeg havde opnået et niveau, så jeg havde mulighed for at placere mig helt fremme blandt de bedste, og måske endda vinde, hvis omstændighederne var gunstige. Det var en dejlig erkendelse, og en Braun el-shaver havde jeg med hjem i tasken, som præmie for 4. pladsen. For mig var det som en olympisk medalje.

Nu var det sådan, at jeg havde en Braun el-shaver i forvejen, så jeg solgte præmien til min bror. Han klagede efterfølgende over prisen på 150 kr. Han havde set den på tilbud i Magasin for 99 kr. Uha uha, for mig, der ikke kendte til Magasins tilbudspriser.

Næste dag kørte jeg forbi købmanden i Farum, da jeg var ude at træne, og købte Frederiksborg Amts Avis, hvor løbet var omtalt med billeder og resultater. Men det var en værre historie journalisten havde skrevet. Den havde hverken opfanget at løbet var et udskilningsløb eller at det var et pointløb. Heller ikke opfattet, at der var spredning og omvendt rækkefølge af de første ryttere i mål Hove nr. 1, Høj nr. 2 jeg nr. 3 Rodian Nr. 4, Bent Peters nr. 5, samt at Ole Vexø sad midt nede i feltet. Avisen opfattede kun at det var meget uheldigt og ærgerligt, at den lokale Ole Vexø punkterede 2 gange, hvilket bestemt også var en vigtig pointe. At John Chr. styrtede på første omgang, det overså avisen, han var i øvrigt lige så hurtig som Vexø!

Efter sådanne oplevelser skete det, at jeg natten efter drømte, at jeg var vægtløs, eller måske at tyngdekraften forsvandt omkring mig. Jeg kunne bevæge mig frit omkring overalt. Jeg kunne løfte mig op under loftet og ned igen, som det passede mig, hvor hen jeg ville, også ud af vinduet ud i det fri. Jeg behøvede bare at knytte mine hænder og lægge armene tæt ind til brystkassen, så steg jeg langsomt til vejrs. Jeg følte mig positivt udvalgt.

Shamanen og den magiske røg. Olie og akryl på lærred, marts 2018.

Svæveoplevelserne foregik med vandret udstrakt krop. Jeg var flere gange i tvivl om sådanne svæv var realiteter eller drømme. Og det er sket, at jeg har forsøgt at fokusere med al min styrke, i håb om at opnå et svæv i vågen tilstand. Men tyngdekraften og jordens nærhed og tilstedeværelse bifaldt desværre ikke disse håbefulde initiativer. "Ingenting i livet er gratis, det koster noget at kom´ i pardis", sang Troels Trier i omkvædet til; Kys din frø.

Ja eller endnu mere rammende som Shakespeare skulle have sagt for flere hundrede år siden:

'Vi er gjort af det stof, som drømme er gjort af, og vort korte liv afsluttes af en drøm'. Men Emanuel Swedenborg [64] ved, at alle kommer i paradis. Men han ved også, at der er mange, der ikke kan holde ud at være der. De kaster

---

64 ***Emanuel Swedenborg.*** *Svensk naturvidenskabsmand, filosof, og teolog fra Uppsala Universitet. Mystiker. F. Stockholm 1688 – D. London 1772.*

sig baglæns i helvede, himlens eneste udvej.
Ja, man kunne også vælge at indplacere svæveoplevelsen i Newtons naturfilosofiske matematiske principper således:

'Den kraft som påvirker et menneske, svarer til hans ånds acceleration divideret med hans kropsmasse.'

Ja hvorfor ikke i vores tekniske og videnskabelige tidsalder.[65]

Gladiatorernes træningsfilosofi -
pace efter scooter eller cykel belæsset med sandsække - hvad er bedst?

To rytterprofiler først i 60'erne var Jørgen Fobian og Ole Ritter. De kørte bl.a. fantastiske enkeltstarter.

Der opstod flere anekdoter om deres træningsmetoder. De er givetvis forsimplede, men jeg vil alligevel bringe en af dem her. Den gik ud på, at Fobian belæssede sin vinter træningscykel med tunge sandsække, med henblik på at få mere styrke, og at Ole Ritter modsat denne trænede pace efter en scooter for at få mere fart. Ja, og som det viste sig, så var det Ritters metode, der gav mest fart, også når der ikke var pace. Fobian havde i øvrigt en kort cykelkarriere, og han fik således heller ikke mulighed for at videreudvikle metoden, eller udvikle nye metoder.

I øvrigt husker jeg, at det engang i begyndelsen af 60'erne hverken var Ritter eller Fobian, der havde hurtigste tid på årets første enkeltstarts styrkeprøve, 'Foskanerløbet', men at det var c rytteren Flemming Gleerup fra Køge. Gleerup var flere minutter hurtigere end dem på de 40 km. Hvordan han trænede, aner jeg ikke.

---

[65] *Sapiens fra 2011, s. 265, af Yuval Noah Harari. Israelsk historiker. F 1976.*

Axel og rotterne

I 1962 var jeg første års junior i BKL. Banerytternes Klubs Landevejsafdeling. På en klubaften, der i øvrigt altid blev holdt i Vesterbro Ungdomsklubs lokaler i Absalonsgade på Vesterbro, hørte jeg et foredrag om den effektive træningsmetode, Circuit metoden. Det var en tidligere cykellandsholdstræner, der rejste rundt til cykelklubberne og fortalte om intervaltræningsmetoden. Manden var hverken øvet taler eller foredragsholder, rystende nervøs virkede han. Men indholdet i hans fortælling fangede. Man kunne blive meget, meget bedre ved at lægge træningen om.

Axel, der i øvrigt også var radiomekaniker, og tillige havde en fortid på cykelbanen i Forum, indledte med at fortælle om det videnskabelige grundlag for opdagelsen af metoden. Forsøg med 3 hold rotter. Det ene hold blev sat på et løbebånd, der kørte i jævn rolig fart 6 timer dagligt. Det andet hold blev sat på et løbebånd, der kørte væsentligt hurtigere ligeledes i 6 timer dagligt. Det tredje hold trænede kun 3 timer dagligt men skiftevis i jævn rolig fart i 20 minutter efterfulgt af 3 minutter med fuld speed. Efter ½ års træning blev rotterne aflivet, og man vejede deres hjerter. Rotterne fra det sidste hold viste sig at have væsentligt større hjerter end de andre rotter.

Uden sammenligning i øvrigt beskrev Bjarne Riis mange år senere en lignende opdagelse i hans egen træningsmetode fra daglange træningsture i konstant intensitet ændret til intervaltræning efter råd fra lægen Luigi Cecchini.

1966 blev året, hvor jeg skulle lære om fase 2 i intervalmetoden. Optimeringen. Jeg var igen udtaget til klubbens 100 km holdtidskørsel, som en af de fire ryttere, der skulle deltage i Københavns Mesterskabet. Vi blev denne gang kaldt til forberedelsesmøde hjemme hos Axel på 3. sal på Rolfsvej 14. Axel arbejdede i øvrigt på hjørnet af Rolfsvej og Falkoner Alle, hos Franks Radio.

Nu var han bl.a. BKL's rådgiver. Axel mente, at vi måske havde en mulighed for en top-3-placering, bl.a. fordi vi var blevet nr. 5 i samme disciplin i Hamlet Pokalløbet og nr. 6 ved Københavns Mesterskabet i 1965. Begge gange i en tid meget tæt på top-3, den ene gang endda kun ca. ½ minut efter. Første gang jeg var med på 100 km holdet var på et afbud fra John Zangenberg, den stakkels dreng havde fået en tandbyld. Det var i 1964, da jeg var D rytter, de øvrige på holdet var A ryttere, jeg skulle bare være redningsbåd prøve at hænge på så længe som muligt, helst hele vejen. To B ryttere havde takket nej, de frygtede sikkert for ikke at slå til. De bekymringer havde jeg ikke, da man ikke forventede noget som helst af mig. Nå, jeg tog ikke mange føringer, men hang dog på.

Nu frem til 1966, hvor status var langt bedre med realistisk forventning om en top-3-placering og dermed adgang til Danmarks Mesterskabet. Det var målet.

For at optimere mulighederne tilbød Axel hver af os en understøttende kurasje. Den bestod af 25 mg amfetamin, der skulle opløses i sherry i en lille lommelærke. Sherryen var alene tænkt som opløsningsmiddel. Der blev benyttet et par deciliter sherry, vel nok en kopfuld. Halvdelen af denne dosis skulle indtages når der var 65 km til mål. Anden halvdel skulle indtages, når der var 35 km til mål. Flasken skulle rystes grundigt hver gang. Vi var 2 der modtog tilbuddet. Axel ringede til Fasan centralen, bestilte et nummer og bestilte her 10 stk. 5 mg amfetamin. Jeg fik udleveret 5*5 mg amfetamin før opvarmningen - den lille lommelærke 1/2 fyldt med min fars Sandemand sherry havde jeg selv medbragt.[66]

---

[66] *Nogle år forinden eksperimenterede flere med at kombinere amfetamin med Ronicol. Det havde bl.a. den effekt at øge blodgennemstrømningen. Dette stof var ikke på dopinglisten. Man antog, at det var denne kombination, iblandet et yderligere præparat, som det tilsyneladende kun var Knud Enemark selv, som*

For mit vedkommende havde dette en særdeles mærkbar effekt, og det fristede til gentagelse. Især de sidste ca. 20 km var virkningen forbløffende voldsom. For den anden der modtog tilbuddet, var der ingen virkning, han følte sig halvsløj allerede fra starten og måtte opgive at tage føringer efter 70 km. Jeg tænkte bagefter, om han overhovedet havde indtaget det? Havde Axel frarådet ham det? Man måtte ikke tage noget, hvis man var sløj eller i dårlig form? Kurt den elegante rytter med det rolige gemyt, og med den misundelsesværdige stilling på cyklen.

Det blev desværre ikke til en top-3-placering for vores hold, selv om vi kørte på den hurtigste tid, som vi nogensinde havde præsteret, første gang 100 km på under 2 timer og 20 minutter. I dag ville det ikke være en hurtig tid. Meget er optimeret siden 1966, cyklen, beklædningen, siddestillingen, træningsmetoderne og mere til.

Axel orienterede yderligere om optimering af metoderne. Man kunne komme ud til yderligere grænser, opnå endnu mere vækst af hjertekapacitet og hele organismens kapacitet, ved en 'systematisk' anvendelse af amfetamin ol. Axels tilgang var den, at hver eneste gang du kom ud til nye grænser for din kapacitet, da udvidede du samtidig din basiskapacitet - frit oversat betød det at du blev stærkere. Således skulle man ikke nødvendigvis optimere i konkurrence men fx kun under træning. På den måde var det tillige 'uden risiko' for at blive afsløret. Dette var der mig bekendt ikke nogen, der benyttede sig af. Vi var mere her og nu orienterede. Jeg tror, at Axel fandt det interessant at se hvor meget det var muligt at løfte en rytters niveau med forbedrede træningsmetoder og optimering med tidens almindelige farmaceutiske midler.

Inspirationen til at foreslå præstationsfremmende midler var givetvis hentet fra den professionelle cykelverden,

---

kendte til, der medvirkede til hans død under Olympiske Lege i Rom i 1960. Oplyst fra en der var med i Rom dengang.

hvor doping var et udbredt fænomen. Udenlandske professionelle ryttere var dengang ikke interesserede i at deltage i danske landevejsløb. For det første fordi løbene havde en meget ringe status, samt at der var meget ringe økonomi i form af startpenge og præmiepenge, endvidere at der i reglen ikke var andre professionelle til start - i Danmark havde man ikke egentlige professionelle landevejsryttere på langtidstids kontrakter med firmahold før Ole Ritter og Henning Petersen blev professionelle i 1967 hos italienske Germanvox Vega. Endelig indebar deltagelse i et dansk landevejsløb en risiko for dopingkontrol. Hvis professionelle udenlandske ryttere takkede ja til at deltage, var det ofte på betingelse af, at arrangørerne garanterede, at der ikke var kontrol.

Nå - jeg afsluttede min aktive cykelkarriere i april 1967. Motivationen og lysten var forsvundet i løbet af vinteren. Der var kommet et eller andet på tværs af mine forestillinger om dette at dyrke idræt. Men tro nu ikke, at det var de forbudte stoffer, der gjorde udslaget. Det var det ikke, dem tog jeg med, som en del af gamet. En detalje og en bagatel i den store sammenhæng - absolut ikke en magisk hemmelighed.

Dæmonisk panteisme[67]

Selv om jeg havde mistet motivationen til at fortsætte cykelkarrieren, så havde jeg samtidig vanskeligt ved at slippe cyklingen helt. Måske var jeg fanget af begrebet, dæmonisk panteisme? Søren Kierkegaard udlagde dette begreb som noget i retning af at være ramt af en allestedsnærværende intethed[68]; være henvist til sig selv

---

[67] *Panteisme er opfattelsen at alt er gud og gud er alt, dæmonisk panteisme er en besættelse, hvor det guddommelige er udskiftet med formålsløs gerning.*

[68] *Søren Kierkegaards Værker. Enten – Eller, Første del s. 279. Gyldendal,*

indesluttet i sin egen formålsløshed, bundet hertil af det, der er blevet dit kendemærke - måske ligefrem som et synonym for dit livsgrundlag. Det du bedømmer dig selv på og som andre bedømmer dig på. Ja, det tror du måske. Din værdi som menneske måske endda? Det kan være alt lige bortset fra troen på gud fader den almægtige, da det i kristen forstand ikke er dæmonisk at tro blindt på ham. Således kan det være dit arbejde, din seksuelle orientering, din idræt, din kunst, ja, hvad som helst du måtte være indfanget af[69]. For mig var det cyklingen, der bandt mig i en grad, så jeg næsten ikke kunne slippe, selv om jeg samtidig fandt det meningsløst at bruge så meget tid, flid og energi på træning mv. Det var blevet min afhængighed. Cyklingen var blevet til et spørgsmål om min værdighed overfor mig selv og overfor min omverden. Det kan sikkert undre udenforstående, og det har bestemt også undret mig. Jeg havde ikke talent for den sport som fx Leif Mortensen havde. Jeg havde heller ikke evnen til at udholde særlige belastninger som kulde, varme, tørst eller udmattelse som Steen Holgaard havde det. Jamen hvorfor så? Måske fordi jeg måtte slide trøstesløst hver dag året rundt for at forsøge at 'forbedre mig'? Det måtte vel et eller andet sted være muligt? Fanget i en form for privat askese og lidelse?

Steen sagde flere gange til mig, 'det handler ikke om hvad du kan, men om hvad du gør.' Det er det, der er det vigtigste for en cykelrytter at praktisere. Du skal gøre meget mere end du kan, og det gælder i enhver situation.

Med troen på denne praksis, satsede jeg mere på cyklingen

Kbh. 2016. ISBN 9788702172379.

69 *'Den der lider af endelighedens fortvivlelse, lader sig definere af, hvad han eller hun er god til. Det siger sig selv, at fejler man, fortvivler man.' Pia Søltoft, 'Kierkegaard og kærlighedens skikkelser. Akademisk Forlag, 2015. S 131.*

end på noget andet. Ja, og hvorfor? Det ved jeg stadig ikke rigtigt. Men jeg fik med tiden sluppet de fysiske dele af dette, men mentalt ligger det stadig et eller andet sted derinde i psyken. Som en erkendt fortvivlelse, jeg bar rundt på dengang, og som jeg stadig han med mig. At jeg satsede så meget på en aktivitet, der aldrig blev fuldført i og med jeg sprang ud af det, netop som det begyndte at virke. Det var fortvivlende, ja og det er fortvivlende stadigvæk.

En betydningsløs aktivitet i forhold til hvad et menneske kunne bruge tiden og kræfterne på for sig selv og for andre, det var og det er sælsomt for mig, om end Steens sætning, 'det handler ikke om hvad du kan, men om hvad du gør.' Den har været en ledetråd og inspirationskilde for mig i mange andre relationer i tilværelsen.

Heldigvis har jeg ikke haft sådanne trælbundne oplevelser med andre emner end cyklingen, om end jeg i en periode var godt i gang med at identificere mig med mit job som forvaltningschef i Sorø Kommune og senest med at være billedkunstner. Men disse gerninger og opgaver har ikke haft bindinger af plagsom karakter. Jeg har forsøgt at undgå at satse alt på én ting, og sprede min indsats på flere forskellige felter; arbejde, familie, fritid, fordybelse, adspredelse osv.

Nå, men tilbage til cyklingen. Siden dengang har jeg kun cyklet i 2 korte perioder. Som forberedelse og motion til bro-løbet over Storebælt i 1998 og det samme til bro-løbet over Øresund i 2000, hyggeligt og roligt. Dog - enkelte gange prøvede jeg at lukke op for energien. Pulsen kunne komme op på 186, det var da flot. Men problemet var at farten, når jeg kørte alene, ikke var 40-50 km/t. som i gamle dage men kun 32-36 km/t. Denne kendsgerning har siden holdt mig fra at forsøge at køre stærkt, ja, i det hele taget cykler jeg ikke ret meget

Morgentur med hunden 2018

Derimod nyder **jeg**[70] at gå en tur over marken med hunden hver morgen - ja, og undrer mig over hvad det egentlig er udtryk for? Både at det kan gøres, og at det gøres! Vandring og tanker har det godt i hinandens selskab. Når begge dele er i bevægelse, opstår de forunderligste ting.

Ja, ligesom da jeg cykeltrænede for mange år siden, at jeg undertiden kunne ophæve egofølelsen, og blive opfyldt med 'ingenting'. Smelte sammen med omgivelserne, med verden og livet. Ja, måske endda smelte sammen med det, der følger efter livet. Den gode grundstemning, som naturen bærer, og som du af samme grund selv bærer. Både som når Schopenhauer skriver; Vores afhængighed af

---

70 ***Jeg!*** *– Dette tunge ord, som i deres ører, til hvem det er udtalt, bestemmer vor plads, skæbnesvangert og uforanderligt, ofte langt foran - eller bag ved det, vi ved om os selv, uden for vor vilje og over vore kræfter. Hint frygtelige ord, som, når det engang er sagt, forbinder og identificerer os med alt det, vi har tænkt og sagt, og med alt det, vi aldrig nogen sinde har tænkt på at identificere os med, skønt vi i virkeligheden har været ét med det. (**Ivo ANDRIC: Forbandelsernes gård. S 108.** Serbisk forfatter f. 1892 d. 1975. Nobelpris i litteratur 1961.)*

Mørkemosebjerg, Simperløbet 1966, Steen Holgaard, Køge, vinder bakkespurten foran Jelle Simonsen, Hillerød, Steen Andersson, Sverige og Leif Mortensen, CC Gladsaxe. Et fantastisk cykelterræn. Vejen gennemskærer på interessant vis Igelsø Mørtelværk i bunden af bakken. Det minder næsten om et bjerglandskab. Værket er i dag ejet af Flemming Wewer, der var en stærk A rytter i 1960'erne.

verden ophæves af verdens afhængighed af os. - Alt dette træder dog ikke med det samme ind i refleksionen, men viser sig som en intuitiv bevidsthed om, at man i en eller anden forstand er eet med verden, hvorfor man ikke tynges af dens umådelighed, men derimod løftes.[71]
Krop og sind krystalliserer, følelser og fornuft i stille fuldkommenhed. Som også buddhister arbejder med at opnå. Eller måske noget helt andet, tilbage til barnetroen:

---

71 ***Arthur Schopenhauer.*** *1788 - 1860. Tysk filosof. Verden som vilje og forestilling. S 327. Gyldendal 2008. ISBN 9 788 703 006 376. Opr. 1818.*

Da gud havde skabt verden, gjorde han sig usynlig, ved at iklæde sig den synlige verden[72]. Derved kunne han se til, at verden var god, og at dens skabninger anvendte de talenter, som han havde givet dem på en god måde, og således stod guds rige midt iblandt os.

Mit bidrag i hverdagen når jeg vandrer med hunden, når jeg maler, eller når jeg skriver, det er for at åbne for, at livet og eksistensen tager over, og ophæver mit ego. Det er gennem livets kringlede form opstået, næsten af sig selv - det er blevet min form for meditation.

En tilsvarende bevægelse, som den guddommelige, opstår når et menneske dør. Da bliver mennesket iklædt den synlige verden, og indgår direkte her - til evighed.

Københavns Mesterskabet 100 km 4 mands holdtidskørsel 1965. BKL's hold på Jungshøjvej - Knardrup bakke ved Flyvestation Værløse. Fra venstre: Hans Rosenfalck, Kurt Sjøberg, Flemming Hansen, Poul Erik Thamdrup

---

[72] Opfattelsen, at gud er i alt, der er skabt, at gud er alt og alt er gud, det betegnes ofte ved begrebet ***Panteisme.***

Københavnsdistriktets Stafetløb 1966, Kjeld Sandstød DBC ses lige bag mig. BKL's klubhold sluttede på en 3. plads på sidste tur. 16 klubber deltog. 21. august 1966. Axel anbefalede klubbens ledelse, at jeg skulle køre sidste tur, men man valgte i stedet den spurthurtige banerytter Torben Olsen. Kjell Rodian, ABC, vandt på sin lange monsterspurt foran Jens Sørensen, Amager - Jens lille søn på et år hed Rolf! Ham har de fleste hørt om i dag. Nej det var måske godt nok, at jeg ikke kørte sidste tur, sprinter var jeg jo ikke, men jeg kunne slå huller på overraskende tidspunkter og køre alene, se bare på billedet, hvor jeg vinder 4. tur, der så blev min tur. Jan Høegh, Lyngby CC og jeg havde aftalt, at vi ville splitte feltet med fælles ryk og skiftevis ryk - når en af os blev kørt ind stak den anden. Stop and go hele vejen dejligt kaos. Det er i øvrigt Kaj Rasmussen, der står i højre side af billedet, og speaker og orienterer under løbet. Ved siden af ham min klubkammerat Svend Olsen, han var oprindelig kapgænger. De 2 små drenge på ladet af lastbilen er Svend Erik Seidlers brødre. Yderst til venstre i billedet med lys trøje er det John Zangenberg, der læner sig op af afspærringen. Manden med striktrøjen foran John er BKL's kasserer Erik Lind. Manden med knallerten så man hver søndag, når der var cykelløb. Der var en del folk omkring et cykelløb, som aldrig selv havde kørt. Måske kendte de en rytter, måske havde de engang selv haft drømme i den retning.

TREDJE BLOK:

PÅ SLAP LINE MED LØST KRUDT

771-578

Jeg blev indkaldt til militær værnepligt, på flyvestation Karup den 2. august 1967 kl. 12.00. På session i vinteren 1966 fik jeg havde mulighed for at ønske værn, flyvevåben eller søværn. Militærlægen konstaterede, at min ryg var skæv sideværts, dermed var jeg ikke egnet til hæren med dagsmarcher og fuld oppakning.

Der afgik særtog fra Københavns Hovedbanegård den 2. august kl. 00.02. Banegården var opfyldt med unge mænd med håndbagage, selv om det fremgik af indkaldelsen, at vi ikke skulle medbringe ekstra beklædning lige bortset fra et par sorte blankpudsede sko, samt to par sorte sokker. Jeg havde dog medbragt et par øl og en bog, 'Brandmand på to hjul' af Viggo Madsen, samt 2 kg lakrids fra Høeghs Pingvinlakrids - overskud fra min brors basismateriale, til fremstilling af et lakridsbillede i forbindelse med Københavns 800-års jubilæum.

Vi skulle skifte til et andet tog meget tidligt om morgenen måske var det i Vejle. På et tidspunkt passerede vi forbi Søby brunkulslejer. Kilometerlange meget dybe snorlige udgravede slugter. Imponerende og sælsomt. Vi blev sat af toget op ad formiddagen ved et trinbræt på en lokal strækning få km fra flyvestation Karup. Vi gik det sidste stykke. Vi havde god tid til at møde ved Gedhus vagten. Kl. 12 afleverede vi indkaldelsespapirerne, som vi havde medbragt og blev herefter inddelt med 40 i hver deling. Vi fik udleveret en sort plastsæk og et manilamærke. På mærket skulle vi skrive vores navn og adresse. Herefter skulle vi tage alt vores tøj af og folde det pænt sammen og lægge det i sækken, sammen med vores hverdagssko. Manilamærket blev bundet fast med en snor, der lukkede sækken. Det hele foregik på en stor bar græsmark. Sækken blev så sendt hjem, hvor vi hver især boede. Herefter fik vi udleveret militær beklædning, der var placeret på lange borde i et stort telt. Konstabler så til, at tøjet passede hver enkelt. Vi skulle jo se ordentlige ud. Vi fik ikke udleveret våben første dag. I stedet for vores navn, blev vi kaldt ved vores nummer, mit nummer blev 771-578 i reglen forkortet til 78. ja, 78, det var mig. Senere på dagen skulle vi videre til Flyvestation Skrydstrup i Sønderjylland, det vidste vi ikke på forhånd. Transporten foregik hen over aftenen og natten, i umanerligt gamle togvogne med tremmebænke af træ. Nogle fortalte efterfølgende, at vi havde været heldige, for de måtte nøjes med kreaturvogne, bl.a. redaktøren FAN alias Finn Andersen, Sjællands Tidende, som jeg senere skulle få kontakt med i min egenskab af forvaltningschef i Sorø kommune. Nå men videre med bumletoget - i sneglefart med et ulideligt antal ophold.

De fleste forsøgte at sove. Men det var ikke muligt under de omstændigheder. Jeg tænker, at det må have været en blanding af ubenyttede sidebanespor og lokalbanespor, måske endda del strækninger fra den Midtjyske studebane, hede-banen, der blev taget i brug første gang i 1868 til transport af stude (kastrerede tyre) fra det Midtjyske til de store markeder i de Nordtyske landområder.

Jernbanesporene må have været historiske efterladenskaber. Sådan oplevede jeg det. Vognene rumlede og skramlede umanerligt, når de var i bevægelse. Vi var på Flyvestation Skrydstrup kl. 01.30. Her blev vi marcheret på plads i barakkerne på 8 og 12 sengs stuer, og instrueret om indretning af skabe og placering af beklædning mv i vores skabe, alt havde faste pladser. Vi skulle kunne finde alt udstyr i mørke, hvis strømmen gik.

Find hjem eller dø - ja, ja kun en øvelse

En sen aften i september 1967 blev vi i 4. deling, på rekrutskolen - 40 soldater - kommanderet ud foran den barak, som vi var indkvarteret i. Vi blev beordret til at sværte ansigt og hænder sorte og hjælpe hinanden med at alt synligt hvidt blev sværtet sort. Vi skulle tage vores mørkegrønne drejlstøj og brune militære gummisko på og

Efter 10 ugers rekrutskole i Skrydstrup efterfulgt af 2 ugers A-B-C kursus i Karup (kursus i forhold og handling ved atom, biologisk og kemisk krigsførelse) blev jeg overført som vagt / MP ved forsvarskommandoen på Henriksholms Alle i Vedbæk. Et meget smukt område, med behagelig omgangstone og gode kollegaer og foresatte. MP'ere boede på firemandsstuer. Der havde jeg det godt. Ofte 24 timers vagt, 8 timers almindelig tjeneste efterfulgt af 24 timers frihed. Så vidt jeg husker. Den smukke bygning er der stadig. Ca. 1970 flyttede kommandoen til et grimt ny opført betonbyggeri, kaldet ottetallet. Det var i samme område. Hele området er nu udlagt til eksklusive familieboliger med dejlige grønne strøg. Dengang var jazzmusikeren Svend Asmussen nabo til den smukke hovedbygning. Han udviste foragt for militæret, med nazi symboler til os, når vi passerede ham. Han var åbenbart opfyldt af frustrationer.

I 1967-68 var hans excellence generalløjtnant Pagh chef for flyvevåbnet. Når hans køretøj, en ældre Humber Hawk med militær privatchauffør nærmede sig, skulle vagten løsne jernkæden og gøre honnør, så han kunne passere i værdighed og respekt. Alle andre blev standset og bedt om at vise legitimation og oplyse om ærindet. Når det var personer vi ikke var bekendt med, tjekkede vi med opringning til de personer i kommandoen, som de skulle til møde med. Pagh var frygtet. Forsvarschef Ramberg var ikke omgærdet af frygt og myter om at ville sprænge kæden, hvis vi ikke fik den flyttet hurtigt nok, når han ankom med sin chauffør. Han havde en sort Humber Hawk, det var en pænere og nyere model end Paghs.

beordret op på ladet af et par lastbiler, der blev lukket med presenninger, så man ikke kunne se ud. Vi blev kørt af sted på veje af uensartet beskaffenhed, nogle veje var grusbelagt andre var asfalterede, nogle var jævne, andre var ujævne. Der blev drejet til højre og venstre, og der blev kørt på landeveje, jordveje. Efter en times kørsel i uens hastighed standsede vi i en skov.

Det var mørkt og stille. Vi anede ikke hvor vi var. Vi fik oplyst, at vi som i en krigssituation skulle håndtere at finde tilbage til kasernen i Skrydstrup uden at blive skudt. Ja, ja det hele var naturligvis løst krudt. Så det var ikke spor farligt. Der var kommanderet bevæbnede fjendtlige tropper ud langs alle veje, stier og broer, så vi skulle finde alternative ruter gennem krat, skov, over marker og åer osv. Vi måtte ikke ryge, eller følges ad eller tale sammen, det kunne afsløre os for fjenden.

Hvor var vi? Hvordan skulle vi finde tilbage? Jeg søgte alene af sted gennem krat og plantager og kom efter nogen tid til en åben mark. Her fik jeg et elektrisk stød fra indhegningen. Jeg sprang over hegnet ind på marken, hvor en flok køer kom til syne. De var meget nysgerrige efter at finde ud af, hvad jeg var for en. Des nærmere de kom des hurtigere løb de. Det samme gjorde jeg, blot den modsatte vej. Jeg pilede af sted med de store dyr i hælene og rendte lige ind i hegnet igen og fik et par stød mere. Sikken en helt, bange for køer, latterligt. Herefter mødte jeg 2 andre flakkere, der mente, at man måtte kunne se lys, hvor kasernen var. Måske havde man slukket lyset til ære for os, for der var bælgmørkt i alle retninger. Vi søgte videre men kom væk fra hinanden.

Pludselig hørte jeg maskinpistolskud nær ved. Jeg kunne høre at nogen var rendt ind i en af fjendens poster, og høre at de ikke accepterede at være blevet skudt, så disse 'døde' flygtede det bedste de havde lært med fjenden råbende og skydende efter sig.

Jeg fandt sammen med de 2 andre igen, vi søgte væk fra

Mig på Henriksholms vagten på Henriksholms Alle i Vedbæk november 1967. Foto Kjeld Andersen, alias 771772

den fjendtlige post. Men det varede ikke længe før det knaldede og bragede løs lige i hovedet på os. Lammende, overrumplende, skrækindjagende, i levende dødsbevidsthed.

Nogle dage senere skulle vi 8 mand og én sergent skiftevis øve henrettelsespeloton og dødsdømt soldat. Dette var lettere at distancere sig fra, end det var da vi rendte ind i den fjendtlige post. Selv om det skulle forestille det definitive at blive slået ihjel henholdsvis at slå ihjel, det var en grum øvelse.

Sergent Andersen

I foråret 1968 ankom et nye hold værnepligtige soldater fra rekrutskolerne til Flyverkommandoen i Vedbæk. De skulle uddannes til at varetage opgaverne efter det hjemsendte hold. Der ankom nye hold hvert kvartal, vel nok omkring 40 - 50 mand pr. hold. Min gode kollega 771-772 synes at det kunne være interessant at afprøve det nye holds evner og loyalitet overfor forsvaret. Især deres evner til at følge de foresattes befalinger. Han lånte uniformsjakke og kasket af sergent B. Rohde, en brav sergent, der også gerne ville vide lidt mere om grænserne for værnepligtiges loyalitet overfor forsvaret.

Da klokken havde passeret midnat, trådte den selvudnævnte sergent an i de nyankommnes barak. Han præsenterede sig som sergent Andersen og sine tilsynshavende assistenter som assistent Larsen og assistent Nielsen. Andersen gav ordre til, at alle skulle træde an i feltuniform på gangen med det samme. Assistenterne så til at alle ordrer straks blev fulgt og udført. Holdet trådte an i to geledder, der blev kommanderet ned i Maglemosen, der grænsede op til forsvarsanlæggene. Her blev de nyankommne beordret til at kravle i rasende fart gennem krat og sump. Sergent Andersen forlangte, at de der ikke kravlede hurtigt nok skulle tage armbøjninger medens de øvrige blev beordret til at tage knæbøjninger. Assistenterne holdt øje med, at ordrerne blev fulgt af alle. Efter armbøjninger og knæbøjninger blev alle beordret til at løbe i takt til Andersens og assistenternes kommanderende råb. Fortsæt, fortsæt, løb, løb til I kommer til Vedbæk tårnet et par kilometer længere fremme. Løb, løb råbte den rasende sergent. Og soldaterne forsvandt ud i Maglemosens uransagelige krat og sumpe i den mørke nat alt i medens Andersen afførte sig sergents jakke og kasket og assistenterne fjernede TASS emblemerne og løb og luskede tilbage til vagtstuen, hvor de berettede om øvelsen for de begejstrede tilhørere.

Næste dag blev der indgivet klage over sergent Andersen

og hans assistenter Larsen og Nielsen samt over nattens øvelser, der endte i opløsning og forvirring, endda uden at nogen fandt Vedbæk tårnet i Maglemosens krat og dynd. Sagen blev ikke opklaret, da der hverken fandtes en sergent Andersen eller tilsynshavende assistent Larsen eller Nielsen blandt Forsvarskommandoens personale.

'Sergent' Andersen

'TASS' Larsen

'TASS' Nielsen

Vend vrangen ud på gruppens hierarki og dynamik

Det var interessant at opleve hvordan militæret dengang håndterede gruppedynamik og gruppehierarki. Fx ved at få de folk ud af busken, som prøvede at komme lettest over opgaverne. Lokkemaden for dette kunne være følgende; 'Vi skal bruge 4 mand med kørekort'. Straks meldte 4 godtroende fjolser sig, i håbet og at slippe for strabadserne til fods. Men, men. Det skulle de ikke have gjort, for de blev som de første og eneste den dag sat til at kravle gennem et mudret åløb. Et andet eksempel kunne være at få pillet de mest skrydende og højrøvede og kæphøje distanceblændere ned på jorden. 'Ja, 78, det er lige Dem vi har brug for nu, vi skal have en initiativrig mand til at fjerne alle hår fra ristene i baderummene.' Ja, så måtte jeg i gang med denne lidet flatterende opgave. Modsat var det hvis en ravjysk hedebondesøn ikke håndterede reglerne. Det så befalingsmændene gennem fingre med, fx hvis han sagde Du i stedet for De til befalingsmanden. Et andet eksempel kunne være, at man bad os om at møde på feltpladsen i fuld feltmæssig udrustning. Da det var varm sommer, var det de færreste, der huskede vanterne. Da blev vi naturligvis bedt om at kravle gennem et krat fyldt med brændenælder.

Senere i min ledelseskarriere har jeg ladet mig inspirere lidt heraf. Ikke direkte, men dog benyttet varianter og elementer af disse strategier, fx da jeg som forvaltningschef flyttede fokus til medarbejdernes samarbejdsevner i højere grad end på deres faglige kvalifikationer, når jeg skulle udvælge faglige konsulenter og tildele kvalifikationstillæg og komme med eksempler på medarbejdere og ledere, der kunne vise de nye veje, som vi skulle arbejde efter.

Tilsvarende da en række fagligt krævende kontrolopgaver, blev erstattet af stikprøver en enkelt dag pr. måned. Det skabte sjældent ballade når man tildelte en medarbejder flere opgaver, men det gjorde det, når man reducerede en medarbejders jobindhold.

FJERDE BLOK

TVIVL OG TRO I SKABELSENS VOLD

Den skabende kraft - og troen

Undertiden og med jævne mellemrum funderer mange mennesker over livets store spørgsmål. Sådan er det, og sådan har det også været for mig.
Den skabende kraft og livets muliggørelse og realitet er ufattelig for mig i en hver henseende.

Hverken troen[73] eller videnskaben eller nogen anden forestilling eller analyse eller rationalitet er i stand til at nærme sig en begribelse af den skabende kraft. Specielt i forhold til skabelsen af alt levende. Videnskabens landvindinger er lysår fra at kunne rekonstruere noget tilsvarende. Budskabet i Brorsons salme fra det herrens år 1734 er fortsat aktuel i 2020, videnskabens konger inkluderet:

"Gik alle konger frem på rad
i deres magt og vælde,
de mægted ej det mindste blad
at sætte på en nælde" [74]

I nutiden forklarer videnskaben sig ganske vidst i komplicerede strukturer og opløser i atomer og andre småting, i kemiske forbindelser, elektroniske fænomener, gener, genomer og i rækkefølger mv. Men det forklarer i

---

[73] *Der findes flere skabelsesberetninger i Biblen. I Det Gamle Testamente den første beretning om at Gud skabte alt fra ordet, ud af intet på 6 dage, Første Mosebog 1. Samt den anden beretning Første Mosebog 2, hvor Adam skabes som den første skabning Videre herfra skabte Gud dyr og planter og til sidst kvinden af Adams ribben. Videre i Det Gamle Testamentes Apokryfe Bøger, i Siraks Bog, Det velordnede skaberværk, samt Menneskets skabelse, s. 1223*

[74] ***H A Brorson**. 1694 – 1764. "Op, al den ting, som Gud har gjort" 1734*

bund og grund næsten lige så lidt som ældre kulturers naive menneske gjorde om årsag og virkning. Videnskaben er ikke kommet nærmere forståelsen af tilblivelsens kraft, årsag, eller nærmere de kræfter der ligger bagved, før, eller efter. Hvorfor, hvordan, hvorfra og hvortil.

Det gælder især immaterielle forhold. Fra eksistens af hvad som helst levende og til lykke og det modsatte. Der står således fortsat en ladeport åben for tro af enhver art som alternativ til eksakt viden. Lige fra dyb religiøs tro, følelsesbaseret tro, erfaringsbaseret tro, holdningsbaseret tro, til hel eller delvis videnskabs baseret tro, eller ren overtro, eller gætteri.

Ja, ikke at forglemme, når det kommer til stykket, da er begrebet tro i sagens natur en trossag, og de der virkelig tror, de har lykkeligvis for dem ikke brug for beviser.

'at troe er just at tabe Forstanden for at vinde Gud.'[75]

Og omvendt forholder det sig med videnskaben og dens disciple, der kan karakteriseres ved, at være begrænsede af den videnskabeligt dokumenterede viden. Heroverfor står så alle vi andre og hugger en hæl og klipper en tå, og prøver at forstå.

Det spinner omkring forestillinger om verden og livet. Om godt og ondt, retfærdigt og uretfærdigt, sandt og falsk, om kærlighed, næstekærlighed. Det kan erkendes, at der eksisterer en skabelse, men er der således også en personlig skaber, og er skaberen udstyret med den gode vilje? Som gud? Findes der et overordnet modstykke til den gode vilje, en overordnet satan, der regerer i et helvede, ligesom gud regerer i sin himmel. Eller er satan, som Emanuel Swedenborg udtrykker det, blot en

---

[75] *Søren Kierkegaards Skrifter, Bind 11, Sygdommen til Døden, s 153, Gads Forlag, København 2006. ISBN 9788712042471*

lille gnom, der alene har plads i det enkelte menneske og ikke regerer andre steder? Regerer gud dermed overalt, men undlader blot at gribe ind i de menneskeskabte helveder, og giver disse frafaldne, hvad de vil have, for at straffe de små sataner, eller hvad?

Eller er det tilstedeværelsen af helt specifikke kemiske forbindelser, temperaturer, tryk, undertryk osv., i kombination med gunstige tilfældigheder her - i udkanten af universets labyrint, der har muliggjort livet?

Eller er det sådan, at det er en ondsindet skaberkraft, Der står bag livets opståen. Livets uundgåelige kvaler med smerte, sygdom, forfald, alderdom og død. At livet stammer fra en djævel, der har vakt mennesker til live, for at kunne fryde sig ved synet af deres kvaler. Eller er det livet i sig selv, viljen til liv, kampen for overlevelse, der gør alle til jægere, og dermed gør alle til jaget bytte. Trængsel, mangel, nød, angst og jammer - når viljen til liv kaster sig over sig selv - liv, eksistens, velvære, forplantning, i det uendelige. Og at troen på fred bliver illusorisk i denne viljes lys.[76]

Friedrich Nietzsche var stærkt optaget af antikkens græske filosoffer, af grækernes tragiske tidsalder, fx den bemærkelsesværdige Anaximander, 610-546 f.Kr. Anaximander skrev, at alt skabt skal forgå. At alle skabningers tilværelse er uretmæssig, at skabelsen som sådan er uretmæssig - og at den følges af lidelse forfald og død. Eksistensen forstås som de fordømtes henrettelsesplads.[77]

---

[76] ***Arthur Schopenhauer mente**, at filosofiens udspring skulle søges i den fundamentale erfaring af eksistensen som lidelsesfuld. Menneskets villen er et åg, som det ikke er i stand til at styre. At livet måske er en straffeanstalt, og døden figurerer som den yderste retfærdige straf for et liv i synd.*

[77] ***Friedrich Nietzsche & antikken. Tre ungdomstekster.** Filosofien i grækernes*

Nietzsche havde i øvrigt også instinktivt begreb om uforudsigeligheden i dynamikken omkring sådanne store spørgsmål som universet og tilværelsen:

"Lignelse. - De tænkere, i hvem alle stjerner bevæger sig i cirkelbaner, er ikke de dybeste. Den, der ser ind i sig selv som et vældigt verdensrum og bærer mælkeveje i sig, ved også, hvor uregelmæssige alle mælkeveje er; de fører lige ind i tilværelsens kaos og labyrint." [78]

Der er utallige udlægninger alene i den kristne tro[79]. Lige fra udlægninger der erklærer fornuften krig, og som ifølge bl.a. Immanuel Kant, af den grund vil få vanskeligt ved at holde på 'kunderne' i længden, med deres sværmeriske og usandsynlige kult og ulogiske og uvirkelige løsninger på jordiske problemstillinger. Og der er varianter, der i modsætning til ovenstående, kobler gudsbevidstheden med statens og den sociale tilværelses forfatning, ligesom folkekirken gør det med tusindvis af statsansatte præster - som ceremonimestre og statsmusikanter[80] - der på bekvemmeste måde velsigner næsten hvad som helst, og påstår salighed i evighed til hver eneste, der har et statsautoriseret medlemskort[81]. Et

---

tragiske tidsalder, om Anaximander 610-546 f. kr. s. 99-102. Informations forlag, 2012.

78 ***Friedrich Nietzsche**. Den muntre videnskab, s. 178 stk. 322. Det lille Forlag, Frederiksberg. 2. oplag 2008. Oprindeligt 1882.*

79 *Religiøse Grundfarver. Steen Marqvard Rasmussen. Aros forlag. 2004. (Stringent gennemgang af typologier – multivariable sammenstillinger)*

80 *Statsmusikanter kaldte Søren Kierkegaard den danske statskirkes præstestand, bl.a. i Samlede Værker, bd. 19. Lovtale over Menneskeslægten. 3. udgave 2. oplag. Gyldendal 1962.*

81 *'I det nye Testamente fremstiller Verdens Frelser, vor Herre Jesus Christus*

kort med en tilvækst på ca. 50.000 nye medlemmer årligt alene som følge af babydåb. En sådan form for udbredelse står i skærende kontrast til Jesus krav til at blive kristen. Jesus var 3½ år om at samle 11 kristne disciple. Det var ikke antallet alene det handlede om, Troen var i højsædet funderet i kristen gerning og levevis og forsagelse, ikke bare som kirkelige søndagsritualer ol.

"Gå ind gennem den snævre port. Vid er den port og bred den vej, der fører til fortabelsen. Mange er de, der følger den.
Snæver er den port og smal den vej, der fører til livet. Få er de, der finder den."[82]

Ovenstående kan ikke påstås at være folkekirkens forståelse af at blive kristen. Den danske kristne stat, dens politikere, dens borgere arbejder bl.a. for mest mulig velstand og rigdom og ære, hvilket må siges at være i absolut modstrid med det, der fordres af et kristent menneske i Det Nye Testamente, hvor Jesus Christus fx udtaler: 'det er lettere for en Kamel at gaa igennem et Naaleøje end for en rig at gaa ind i Guds Rige'. Selv om der til dette ofte fremføres, at Jesus modsætningsvis også i Det Nye Testamente i lignelsen om sædemanden, har sagt 'For den der har, til ham skal der gives, og han skal have til overflod; men den der ikke har, fra ham skal selv det tages, som han har. Ja, det står skrevet. Men det overses, at der videre i samme tekst i Matthæus

---

Sagen saaledes: Veien, som fører til Livet er trang, Porten snever – Faae de som finde den -- nu derimod er, for blot at blive i Danmark, vi alle Christne, Veien saa bred som vel mulig, den bredeste i Danmark, da det er den vi alle gaae ad. ... – ergo er det nye Testaente ikke mere Sandhed'. Søren Kierkegaard. Samlede Værker, bd 19. Lovtale over Menneske-Slægten. 3. udgave 2. oplag. Gyldendal 1962. S. 115.

[82] (Mattæusevangeliet. Kapitel 7, vers 13-14)

Evangeliet kapitel 13, vers 12 står, at denne overflod hverken vedrører gods eller guld. Tvært imod vedrører det rigdommen ved at forstå guds ord og himmerigets hemmeligheder. Det er pointen. Fordelingen af rigdommen ved at leve efter guds ord - den der har fattet dette, den skal komme til at fatte mere, den der ikke har fattet fortaber alt. Han fatter slet intet.

Ligesom det gælder hos folkekirken, er der også andre udlægninger, der reducerer gudsbevidstheden til en moralsk forbedringsanstalt, med det gode som ledestjerne og det onde som skræmmevæsen og vej til fortabelse. Der er endda partiprogrammer, der slet ikke er religiøst funderet, der arbejder efter samme mål, bare uden en gud, men så i stedet for med partiets eller statens værdier som ledestjerner.

Og der er gennemgående dogmer i kristendommen, fx begrebet 'den fri vilje'[83], der relaterer sig til viljen til at leve efter guds ord, og til at vælge etisk og holde æstetikkens umiddelbare sigte efter rigdom, storhed, nydelse og skønhed fra livet.

Søren Kierkegaard ser andre aspekter i friheden og i de uanede muligheder, som friheden åbner for. Han skriver bl.a. 'Af dette at være stillet overfor intet fødes angst. Og intet betyder vel at mærke ikke ingenting, men det betyder *noget, der endnu ikke er*[84]. Det defineres som uskyldighedens og uvidenhedens dybe hemmelighed.'[85] 'Intet' ligger i begrebet frihed. Frihed

---

83 ***Den Fri Vilje*** *er titlen på kirkefaderen Augustins skrift fra det herrens år 389.*

84 *Pia Søltoft. Kierkegaard og Kærlighedens Skikkelser. Akademisk Forlag 2015. S. 172.*

85 ***Nåden og den frie vilje****. S. 300. Johannes Adamsen. Om den hildede frihed, bl.a. ifølge Søren Kierkegaard. Forlaget ANIS. Frederiksberg 2006*. og ***Søren***

til og adgang til muligheder, også til sådanne muligheder, som man ikke engang ved af eller kender til[86]. Vi er alle uvidende. Hvad kender du eller jeg fx til i morgen, eller til hvad der var sket, hvis ikke det der skete, var sket? Kierkegaard åbner angstens port lige midt i den valgfrihed og de uanede muligheder, som vi hylder som ubetingede goder, des flere muligheder[87] des bedre, det tror vi på.

I det øjeblik virkeligheden er sat, går muligheden for noget andet end det, der blev virkelighed, ved siden af virkeligheden som et intet. Det frister tankeløse mennesker såvel som de eftertænksomme, vil jeg føje til. Det gør mennesket angst og sygt.

Modsat frygten, der er begrundet i noget bestemt, og som følges af fortvivlelse, der kan bringes til ophør gennem troen, er angsten opstået hos mennesket af intethed i frihedens og mulighedernes uransagelige labyrint - samtidig med syndefaldet - hævdes det. For Kierkegaard er

---

***Kierkegaards Værker**, bind 4.2, § 5 Begrebet Angest. Gyldendal, Kbh. 2014. ISBN 9788702165951.*

86 *Eksempelvis hvis en kvinde vælger at få foretaget en abort. Når den da er gennemført og er blevet til virkelighed, da kan hun sikkert i mange år fundere over, hvordan det ville have været, om hun i stedet havde født barnet og det var vokset op og havde fået sin egen familie. Der eksisterer, som det kan forstås, til enhver tid uanede muligheder, der ikke bliver virkelighed, når virkeligheden bliver sat. Det kan give anledning til spekulationer og til angst 'Som en Pæl nager i Kjødet' SKV, bd. 5. Pælen i Kjødet. S. 329.*

87 *Des flere muligheder des mindre mærker du dig selv. En erfaring mange har gjort, fx jeg selv. Når man er alene mennesketomme steder kommer man nærmere sit væsens rødder og sine valg i livet eller sine manglende valg.*

det ikke guds nåde, men troen på gud, der kan bringe menneskets fortvivlelse til ophør. Men med angstens uløselige binding til friheden og dermed til intetheden formår troen ikke at tilintetgøre angsten. Men troen formår at vikle mennesket ud angstens klør igen og igen i evighed.

Der findes næppe andre steder i litteraturen så udførlige og dybtgående definitioner af det menneskelige sind, dets reaktioner, tanker og mangfoldighed, som hos Søren Kierkegaard. Om end jeg finder, at Kierkegaards betragtning, 'at det at trænge til Gud er Menneskets høieste Fuldkommenhed'[88] fører ham ind i cirkelslutninger, der synes at opløse noget af hans klarsyn, i henseende til troen. Ligesom den forelskede, er Søren Kierkegaard forblændet i sin kærlighed til troen på gud, og taber dermed i betydelig grad den kritiske stillingtagen til troen på himlens lyksaligheder efter det jordiske liv. Kierkegaard er tillige arrogant og urimelig hård både ved sine teologiske modstandere og ved sine litterære kollegaer, fx H.C. Andersen. Hans angreb i artikler mv sigter på at afsløre og latterliggøre sine modstanderne som skvadderhoveder intelligensmæssige undermålere. Paradoksalt nok fører hans angreb i lige så høj grad ham selv i den offentlige gabestok, som arrogant og aparte selvhævdende litterat og præste- og kirkefjende.

Men nu videre. Jeg må indrømme, at det kan være praktisk at have en tro på eksistensen af en almægtig kraft, der er større og klogere og bedre end mennesket. En skaberkraft og en magt som mennesket kan henvende sig til når livet bliver ubærligt og uforståeligt. Som en trøst i livet, og som en forståelsesramme, der kan give mening og håb om retfærdighed og opnåelse af salighed i det hinsidige, i stedet for at stå alene med det hele selv og blive stegt i sin egen friheds magt vælde.

---

[88] *Søren Kierkegaards Værker, Bind 5. Fire Opbyggelige Taler. At trænge til Gud. S. 312. Gyldendal, Kbh. 2015. ISBN 9788702177374.*

Men uanset dette, så opfatter jeg, at den dybe tro også fører et menneske igennem et psykotisk landskab af umulige muligheder - der ikke hører denne verden til, og den rummer sælsomme vilkår, som fx at det alene er gud, der må vide og bestemme, hvad der er godt og ondt. Herren ønskede at fastholde Adam i uvidenhed i paradiset. 'Af alle træer i haven har du lov at spise, kun af træet til kundskab om godt og ondet må du ikke spise; den dag, du spiser deraf, skal du visselig dø.' Det var slangen i paradiset, der førte Eva samt Adam ud af uvidenhedens lykkelige lænker i paradiset med følgende uimodståelige argument: 'Når I spiser deraf, åbnes Eders øjne, så I bliver som Gud til at kende godt og ondt.' Det var Adams og Evas synd imod gud, idet de hermed opdagede at de var nøgne seksuelle begærlige væsner. Da kom arvesynden ind i verden. Hvorfor netop denne viden skulle gøre Adam og Eva til syndere, det er ikke helt logisk for mig at forstå. Om end det må indrømmes, at begærlighed i det hele taget er en belastende egenskab, samt at seksualiteten kan være en frygtelig plageånd, der kan tage magten fra de fleste.

Videre tillader jeg mig i min naivitet at spørge, hvorfra kommer satan? Det ene yderpunkt findes bl.a. hos Jehovas Vidner, der peger på en frafalden engel som Satan. Det andet yderpunkt hos Emanuel Swedenborg, der peger på, at Gud hersker overalt, at der ikke findes anden satan end det lille eksemplar, som hvert menneske må kæmpe med i sig selv. Men der findes helvede. Selv om alle ifølge Swedenborg kommer i himlen[89]. Men for de som ikke kan udholde himlens lyksaligheder - de som selv har valgt at forlade himlen, ved at styrte sig baglæns - til dem er der et helvede, hvor Gud lader dem i fred, og undlader at gribe ind i deres nederdrægtigheder overfor hinanden. Men det er nok mest udbredt i den kristne teologi at

---

[89] *Om himlen og helvede, Emanuel Swedenborg, tredje udgave København 1970. Oprindeligt London 1758. The Swedenborg Society. 20-21 Bloomsbury Way, London WC1a, 2th. 1971*

koble menneskets (Adams) egen vilje og oprør imod gud sammen med syndefaldet og udvisning fra Edens have til elendighed, kamp for overlevelse, hang til synd, forfald og død. Her kommer Jesus så det menneske til hjælp, der tror på Jesus som Kristus, ved ikke at forarges, når han, den hjemløse, uanseelige, udstødte og fornedrede skikkelse påkalder sig at være guds søn, gudmennesket Kristus, frelseren og forløseren. Kendt i sin samtid på sin hjemegn som papsøn af tømmersvenden Josef og søn af hus moderen Maria med fire brødre og flere søstre. Skulle man tro på, at han var Kristus, gudfader den almægtiges søn? Var det indlysende for skikke og fornuft på den tid, eller tilsvarende hvis han viste sig i dag i din hjemby, som en tidligere elev fra din parallel klasse, der kunne gøre mirakler? Ville du tro, at han var guds enbårne søn? Eller ville du forarges? Det er spørgsmålet! Der er ingen mellemvej som fx denne, at vi jo alle er skabt i guds billede, eller at det bare skal forstås symbolsk, i lyset af at der er tale om en tekst fra oldtiden. Nej det skal forstås konkret, som det var sagt personligt til dig her og nu. Vil du tro det? Troen på Kristus er ej heller en lære eller blot og bar en 'mening' om tingenes tilstand. Troen skal hverken begribes eller læres, den skal tros. Troen er dybeste alvor for dig i evighed. Hvis du tror, så fratager Kristus dig til gengæld din skyld og dine synder. Ved korsfæstelsen byttede Kristus plads med synderen, påtog sig arvesynden mv på korset i Golgata, åbnede vejen for alle troende til paradisets lyksaligheder, til det evige liv hinsides[90]. Den, som tror paa ham, dømmes ikke; 'men den, som ikke tror, er allerede dømt, fordi han ikke har troet paa Guds enbaarne Søns Navn.'[91] Idet han farer op til Himlen, saa begynder

---

90 *Denne forståelse er set fra Jesus perspektiv. Set fra Guds perspektiv er billedet, at gud ofrer sin søn for at bevare og styrke det gode, det sande, nåden og tilgivelsen - og frem for alt for at vise Guds kærlighed til mennesket.*

91 *Det Nye Testamente. Johannesevangeliet, kapitel 3 vers 18.*

Examens Tiden[92] - Den varer uafbrudt til verdens ende, hvor Kristus kommer igen for at dømme levende og døde. Prøven er at fornægte sig selv i lydighed til gud.

Tilbage til spørgsmålet om menneskets skyld, dets basis findes i menneskets egen vilje. Den er ifølge den kristne teologi årsag til livets fortrædeligheder, kvaler og undergang. Arvesynden er Adams ulydighed imod gud. Gud er alene det gode, den nådige frelser og enestående skaber uden nogen forbindelse til det onde, han sender sin søn for at redde menneskene fra synd, skyld og fortabelse.

Den almægtige guds modstykke, Satan er med sine djævelske påfund og gerninger med til at understrege guds godhed.

Ja, man må sige, at det nærmest er grænseløst, hvad der findes af udlægninger i kristendommen. I de øvrige religioner og trossamfund findes der utvivlsomt også utallige udlægninger af troen. Ja, og der er til en vis grad overlapninger tilbage fra nogle af oldtidens græske tænkere til kristendommen, om end der også er forskelle.[93] Således om sjælens udødelighed kan man i vidt forskellige kilder finde; at mennesket gennem livet efterhånden tilvænner sig kroppens svækkelse, at kroppen en dag skal dø. Samtidig mærker og tror mange, at ånden tilsvarende

---

92 *Søren Kierkegaards Skrifter. Bind 12,* ***Indøvelse i Christendom*** *S. 199. Gads Forlag, København 2008. ISBN 9788712043683*

93 *1334 år f.kr døde og genopstod den ægyptiske farao Akhenaton, som søn af guden Athon(solguden), og som talsmand for denne. Også den gamle græske gud Baal genopstod, og Molok, Fønix, og gudinden Isis. De kunne alle som Jesus helbrede. I den oldnordiske Asa tro genopstår de faldne krigere i Valhalla, hvor de kan kæmpe videre så meget de orker i evighed, og hvor kødet og huden vokser uendeligt ud på Thors to gedebukke og på det fortryllede svin Særrimner uanset hvor ofte kødet herfra indgår i måltiderne.*

styrkes og vokser, som en guddommelig gave måske endda? At åndens tiltagende styrke i sidste ende med kroppens død realiserer livet videre i åndeverdenen i fællesskab med andre ånder, afdøde, bekendte mv. Og specielt for kristne måske, ligefrem som en ophøjelse i døden - at slippe af med hylstret, med kroppen, og med kroppens syndige væsen og trang. Kierkegaard skriver følgende om udødelighed:[94] Thi Udødeligheden er Dommen. Udødeligheden er ikke fortsat Liv, saadan et i det Evige fortsat Liv, men Udødelighed er den evige Adskillelse mellem de Retfærdige og de Uretfærdige; Udødeligheden er ingen fortsættelse, som følger uden videre, men en adskillelse, som følger af det Forbigangne.

Ja, og til noget ganske andet; den vise gamle Athener, Socrates. Han, som med ironiens uendelige absolutte negativitet udraderer næsten al viden. Virkeligheden ved vi intet sikkert om, summen af al objektiv viden er intet. Alt er bundet til intet, med ironiens dialektik[95].

Vi ved i realiteten intet med sikkerhed. Færdig med alt. Kunne ophæve alt, magtfuldkommen til at gøre dette ved at fravriste magthaverne deres idegrundlag og tankegods, alt. For sådanne tanker og for gratis undervisning heri blev Socrates dømt og henrettet i Athen - for oprør imod staten, dens institutioner og idegrundlag og metafysiske overbygning.

Jesus korsfæstelse er af nogle troende betragtet som et tegn til efterfølgelse i åndelig forstand, således at mennesket ved en pagt med den almægtige gud afsondrer sig fra alle former for jordisk og personligt begær, og lever uden synd som den genopståede, som et saligt menneske. Det vil være interessant at erfare, hvordan det vil gå med troen, hvis der engang kommer evidente forklar bare svar på skabelsen, eller måske skabelserne, hvis der

---

94 *SKV BD. 10. Christelige Taler, s. 214.*

95 *Socrates. Græsk filosof, 470 – 399 f.Kr.*

måtte være flere, hvordan skabelse gennemsættes, med hvilke midler, hvorfor, hvor, hvordan, hvem, hvis der virkelig er en 'hvem'. Men uanset om dette måtte ske eller ej, da vil forhåbningen om et evigt liv i salighed i det himmelske naturligvis være en stærk motivation til at forblive i troen på gud, Jesus og genopstandelsen. Især for de mennesker, der ikke har haft et saligt liv på jorden. For de som derimod måtte have haft et saligt liv på jorden og var mætte heraf, og for mange andre givetvis, ville en definitiv død i fred og hvile være at foretrække frem for evig salighed i det himmelske. RIP, Requiescat In Peace, eller Rest In Peace som der står på mange gravsten og i mindeord. Ja, ikke mere bøvl.

Et af de helt tunge spørgsmål i forhold til kristendommen er naturligvis hvorvidt oldtidens ofringer til guderne, hvor man fx ofrede en ung kvinde som et offer for at sikre et frodigt forår. Er det en særlig variant heraf, der er indlejret i kristendommen med den uskyldige Jesus, der ofres af selveste Gud til fremtidens troende syndere, for at vise at han, Gud, elsker mennesket?

En ting er klart for mig, og det er, at mennesket hverken ejer forstand, åndelig kraft, eller fysisk eller psykisk formåenhed, til at kunne skabe et univers eller skabe liv. Mennesket er trods sin forbløffende formåen begrænset til at være menneske og af at være dødeligt, ligesom et dyr er begrænset til at være et dyr og at være dødeligt. Det svarer meget godt til beskrivelserne i Det Gamle Testamente, fx Esajas bog kapitel 44.

Mennesket kan leve, forplante sig, og det kan tilvirke og udregne og beregne, det kan pode og gensplejse, det kan dreje potter, smede og mange andre sager, og det kan modsat dyret opleve sine relationer til sig selv som eksistens og til andre og forstå egnes og andres motiver til en vis grad[96]. Det kan udtrykke sig gennem lyrik og i

---

96 *Mennesket kan ikke gøre dette helt præcist, da der ikke findes 2 subjekter,*

billedsprog, det kan opleve intethed og udvikle angst, det kan udvikle tro mv. Fantastisk, det er det. Men det står fast for mig, at hverken mennesket eller videnskaben som kraft eller funktion er skaberen af livet.

Jeg bøjer mig gerne i støvet og tilbeder skaberkraften. Den er af en beskaffenhed og styrke, der overgår alt menneskeligt. Men derfor er der for min ringe forstand ikke noget i vejen for, at mennesket kan være skabt i skaberens billede. Hvordan dette end skal forstås. Selvom det nok er mere sandsynligt, at det er omvendt. At gud er skabt i menneskets fortvivlede og forvirrede hoved, fordi mennesket hverken er i stand til at forstå livet eller den fantastiske verden, som det er placeret i.

Man kan stille sig selv spørgsmålet; såfremt troen udgør omdrejningspunktet for religionen, vil religionen da bryde sammen, hvis alle troens elementer måtte blive realiteter i den virkelige verden, og hvis himlens lyksaligheder blev synlige tilgængelige for alle skabninger? Ja, og det samme med helvede og satan. Ja, hvis det blev tilfældet, da ville troen vel have udspillet sin rolle, når alt og alle kom på rette plads og i orden? Hvad skulle man i givet fald tro på, når alt, som man havde troet på, det var blevet realiteter? Det ville for mig at se ophæve begrebet tro, der bl.a. i Det Nye Testamente, er religionens dybeste hemmelighed og pointe. Om dette skriver Søren Kierkegaard[97]: '… i en absolut fuldkommen Verden. I den er nemlig Tro utænkelig.

---

der er ens. Det bliver med samme usikkerhed som løgnedetektoren, og den gætter i mange situationer forkert. Desuden er det langt vanskeligere at tænke sig til sandheden, da den er specifik subjektiv end at tænke sig til løgnen, der i sagens natur tænkes objektivt udefra.

[97] *Søren Kierkegaards værker, Bind 7, Afsluttende uvidenskabelig Efterskrift s. 36. Gyldendal, Kbh. 2017. ISBN 9788702177411.*

Derfor læres også, at Troen afskaffes i Evigheden.'

Men der ville naturligvis være den praktiske udfordring, hvis man skulle leve efter teksterne fx som i det nye testamente, at det ville føre til en total omvæltning af omgangsformer og levevis og adfærd for hver enkelt af os, og dermed også en total omstyrtelse af omgangsformer og samfund. Mennesket ville ikke have kendt noget lignende.

Ja, prøv selv at læse det nye testamente, og vurder hvordan det ville blive, hvis du skulle leve efter disse ord i praktiske gerninger. Det ville være en verdensrevolution. Ikke blot med mildhed og venden den anden kind til uretfærdigheder, som vi så ofte kan læse og høre, men også med massive trusler til de mennesker, som ikke vil følge Jesus, ….'hvis I ikke omvender jer, skal i alle omkomme.'[98]

Men hvad så med kærligheden, kristendommens vigtigste element? Den som flere steder i det nye testamente er ved at blive druknet i trusler og had? Om den skriver Kierkegaard: 'Den Almagt, der skaber af Intet, er ikke saa ubegribelig som den almægtige Kærlighed … .'[99]

Vekselforholdet mellem den almægtige og den kærlige gud placerer og omslutter menneskets muligheder på jorden og i evigheden. 'Et Menneske, der kun sjeldent og da flygtigt beskjeftiger sig med sit Forhold til Gud, tænker neppe paa, eller drømmer om, at han saa nær angaar Gud, eller Gud lægger ham saa nær, at der mellem ham og Gud finder et Veksel-Forhold Sted; jo stærkere et Menneske er, jo svagere er Gud i ham, jo svagere et Menneske er,

---

98 *Lukasevangeliet kapitel 13, vers 5. Det Nye Testamente, Bibelselskabets Forlag 6. udgave 3. oplag 2014. ISBN 9788775237319*

99 *Søren Kierkegaards Værker, Bind 10, Christelige Taler s. 138 Gyldendal, Kbh. 2018. ISBN 9788702177527.*

jo stærkere er Gud i ham.[100]

Eller drop alt det der med gud. Følg Nietzsches og Johan Borgens forestillinger om de evige gentagelser:

Nietzsches *teori om, at hele ens eget liv - og hele universets udvikling forøvrigt - vil blive genspillet i evigheders evighed. Denne metafysiske teori stod for Nietzsche som noget nær den mest uhyggelige, og det virker, som om han anbefalede den som et slags meditationsobjekt. Han kaldte det for sin kongstanke, og det var ment som den største udfordring: at kunne udholde antagelsen af denne metafysik og stadig uforbeholdent favne livet - sige "ja" til det. Imidlertidigt viser det sig, at Nietzsche ikke selv skulle nyde noget: i et af hans sene breve skriver han, at han personligt skulle ønske, at døden var definitiv. (Den frie encyklopædi)*

Johan Borgens *forestilling om riget imellem jordeliv og frelse, skabt i sindene den gang menneskene blev fri for deres frygt for skærsilden og erstattede dette med en anden og endnu værre frygt, frygten for at fortsætte i det, der var i det uendelige. For nogen var det en kro, hvor de sad og sad og ikke kunne betale, undtagen med det jordiske gods de havde forladt. Men for andre, dem med den smertelige viden, var det landet, hvor livet gik sin gang med de mørkeste stunder, man kan mindes; et slimet land med moser og lumske farer, et land uden tinder uden udsyn. Sådan var dette land Nobiskro, det land, der ikke indfriede dødens længsel; den nådesløse fortsættelse af det, der var tilendebragt. Sorgerne ligger nøgne i dette land. De uindfriede løfter galer fra trætoppe, to-tonet og trist, som gøgen galer; den gæld, der er, den er der. Den bliver til skyld, skyld. I dette land har ingen myndigheder magten, men den magt der råder, råder i kraft af loven i hvert menneskes indre: Den der gjorde ondt, gør ondt; den der gør ondt, gør mere ondt. Fra dette land*

---

100 *SKV, Bd. 10, s. 138.*

er intet håb jaget ud, for der har ikke været noget håb. I dette land råder døden ikke, for døden kommer ikke her. Og ikke visheden om skyld, men anelsen. I dette land er ingen afbigt, ingen anger, for dets lov er lukket og absolut. Overvejelsen findes ikke i dette land.

Liv - og erkendelser i ødemarken

I 1951 besøgte jeg min mors familie på Færøerne, sammen med hende og min far. Jeg havde også været der i forsommeren 1946[101], da jeg var et halvt år gammel bl.a. på Svinø, hvor turen fra Tórshavn foregik østen om øerne i en åben motorbåd. Det erindrer jeg i sagens natur ikke. Min mor huskede det ret tydeligt.

Mødet med fjeldlandet og med havet da jeg var 5 år gammel i 1951 står for mig som det stærkeste og mest særprægede overhovedet. At der kunne eksistere sådan et sted på jorden, det kunne jeg ikke fatte som lille Søborg dreng. Barnet oplever med et nærvær, som voksne sjældent er i stand til. Nogle kunstnere kan periodevis nærme sig.

Jeg spurgte min mor, hvordan verden kunne se så mærkelig ud. Hun fortalte mig, at en guddommelig kraft havde skabt verden for mange millioner år siden. Den kraft havde gjort sig usynlig ved at iklæde sig den synlige verden,

---

101 *Der var frygt for søminer i Atlanterhavet i foråret 1946. Der var kastet 10.000 vis af miner i det uoverskueligt store Atlanterhav. Sejlturen til Færøerne dengang tog næsten 3 døgn bl.a. pga. udkig efter miner. Færøerne og Island var besat af England under 2. Verdenskrig da Danmark var besat af Tyskland. Forbindelsen til Danmark var afbrudt i 5 år. Island opsagde rigsfællesskabsaftalen med Danmark, da den skulle fornyes i 1943.*

Lådne mos- og græsklædte fjelde og rislende vandløb og får overalt - det hele omkranset af havet. De indhegnede tun omkring beboelserne, hvor jorden blev plejet lyste i stærke grønne nuancer i kontrast til de omkransende vissengrønne græsser i den uopdyrkede udmark. Ufatteligt så meget vand fjelde indeholdt det løb på kryds og tværs. Man skulle sejle, når man skulle til en anden bygd. I 1951 var der hverken tunneller eller broer på Færøerne. Til gengæld var der en del skotske trawlere så rustne, at der ikke var en synlig rest af maling noget sted. Ombord var der vejrbidte skotske søfolk, der talte en dialekt, det lød næsten vestjysk. I lurvede klæder, kaffedrikkende af store blik spølkum med et snavset stykke stof om halsen, der udgjorde det for et halstørklæde. Skotter var et særligt vellidt broderfolk, skotske fiskere i særdeleshed. Men man mærkede en frygt hos folk for de utallige russiske og polske travlere i farvandene. De havde sikkert andre hensigter end fiskeri med de mange antenner og pejlemaster. På billedet fremgår tydeligt, at jorden er gødet og kultiveret omkring husene, på tunet, hvor græsset er lysende grønt i modsætning til udmarkens visne farver.

som den havde skabt. På den måde var den usynlige kraft i alt, som verden bestod af, og som var i verden lige fra

Nogle steder i verden er naturen mere fremtrædende end andre steder. Der bliver det samtidig tydeligt, at naturens elementer har mange sider og overvældende sider; fra blid skønhed til vildt raseri, fx med mere end 100 meter høj brænding og endnu højere skumsprøjt i Hattarvik på Fugloy

de største fjelde og til de mindste fugle. Vi skal passe på alt det, der er i verden. Planter, dyr og mennesker. Jeg spurgte hende hvorfor den guddommelige kraft havde skabt alt det? Hun svarede at det var fordi, at alle skabte væsner skulle glæde sig over at få lov til at være med i det og opleve det, og hun spurgte mig om jeg ikke syntes, at det var en god grund? Jo, svarede jeg.

Mange år senere i 1984 boede jeg nogle måneder i Grønland alene og i 1985 med min familie, i Grønnedal / Kangilinnguit i Ivittuut Kommune, hvor jeg var ansat som kommunaldirektør, og hvor min ægtefælle Annette var ansat som lærer på Grønnedal Trivselsskole. Her havde jeg igen den tydelige oplevelse af undren over, at der fandtes sådan et sted på jorden, næsten ligesom jeg havde haft

Orkan gennem Vidareidi. Elve og vandløb blæses baglæns. Blæsten lyder som torden. Lukker du en dør op risikerer du at vinduer blæses ud. I gammel tid frygtede man naturkræfterne langt mere end i 2020. Men tag ikke fejl, det er stadig farligt at ignorere naturkræfterne. Biler og alt der er mindre kan blæse af vejen. Min storebror Flemming måtte i 1947 lægge sig fladt på jorden og holde fast i græsset med begge hænder for ikke at blive taget af blæsten. Og min datter Kamille prøvede det samme i 2017. Jeg har selv oplevet sådanne storme, da jeg boede i Grønnedal / Kangilinnguit/ i Grønland. Der hed orkanen sydost fase 3, når det blæste med mere end 180 km/t. Der blev dog de fleste vintre målt endnu højere vindstød, når der var sydost i Grønnedal op omkring 260 km/t. svarende til fase 5, den højeste kategori. I Østgrønland er der målt vindhastigheder på op til 324 km/t. Sådan en orkan kaldes Piteraq.

Saksun, Færøerne. Den lille kirke blev bygget af lokale. De fleste materialer blev båret over fjeldet fra Tjørnuvik. For mig er kirkerummet her det smukkeste, reneste og mest enkle, jeg har oplevet. Som en skærende kontrast til den pomp og pragt man ellers oplever i kirkerum.

som barn i 1951 på Færøerne. Jeg mærkede tillige, at jeg på dette sted, i den geologi, i det klima, i den natur, var nærmere begyndelsen og nærmere afslutningen på livets vilkår. Så tæt på at opleve naturens uendelige storhed og den kraft, der skal til, og den nøjsomhed, der eksisterer i ødemarken, i fjeldlandet med indlandsisen få kilometer bag huset. I fjordene og på Landet er flere steder 3-4½ mia. år gammelt. Man antager, at livet på jorden begyndte for ca. 2 mia. år tilbage, først som kemiske forbindelser, der var i stand til at duplikere sig selv, og siden i form af simple éncellede organismer, der flød rundt i havet. Sådanne encellede organismer spores i området ved Ivittuut i Arsukfjorden. Dette område var under vand for 2 mia. år tilbage. Landet nordfor var nøgent og dødt. Men fra det hav, det nye land opstod af, nord for Ivittuut findes en ca. én meter tyk horisont af koncentreret organisk materiale i form af grafit. Her har man fundet forskellige micro fossiler, fx vallenia.

Analyser af materialet har vist, at disse organismer har været i stand til at udføre fotosyntese, dvs. med sollys som energikilde at omdanne uorganisk stof til organisk. Der var tale om simple grønne alger. Dette er det første spor af liv, der er fundet i Grønland.

Først adskillige mio. år senere var livet så udviklet, at det var i stand til at trives på landjorden.[102]

2. april 1985 - en forårsdag i himlen

Jeg oplevede selv at være tilbageført i oprindelsens enorme størknede spor. Jeg havde aldrig oplevet noget lignende. Evigheden kom til syne for mig. Den almindelige hverdags dømmekraft blev sat på prøve. Noget så banalt som afstandsbedømmelse var vanskelig. Der var ikke træer eller huse eller veje i landskabet eller andre elementer af fast og kendt størrelse, så hvorvidt fjorden var 500 meter bred eller 5 km bred var vanskeligt at afgøre. Man lærte dog med erfaringen at danne et rimeligt skøn, fx ved at lægge yderpunkterne for sine antagelser sammen og dividere med 2.

---

102 ***Arsukfjorden***. *Redaktion Jørgen Fisker. Nordiske Landes Bogforlag 1984. s 115. Isbn: 87-87-439-02-6*

2. april 1985. Randsletten, fjeldplateau 500-600 meter over Grønnedal og Ivittuut. Foto herover er taget i vestlig retning, Labradorhavet anes ca. 20 kilometer ude. Bagerst til højre Kungnait fjeld 1418 meter højt.

Når man var højt oppe i fjeldet på Randsletten kunne man se havet åbne sig 20 km ude imod horisonten i vestlig retning. I østlig retning kunne man se indlandsisen ca. 10 km ude.

Hvis man var endnu højere oppe, fx på Kungnait fjeld, var det nogle dage muligt at se mere end 100 km væk i retning imod Sydgrønland. Stilheden på Randsletten, når man var alene, var nærmest overdøvende, og hvis man råbte, var det som om lyden hverken fyldte eller nåede ud.

Tillige snurrede kompasset rundt og viste helt forkert, fordi der var jernmalm i undergrunden, man skulle bruge sollyset eller andre himmelelementer som pejlemærker.

Foto herover er taget fra Randsletten i østlig retning. Indlandsisen anes, som en hvid stribe midt i billedet ca. 10 km ude.

Selv hvis man var i et område deroppe, hvor der ikke var jernholdig undergrund, var der en betydelig fejlvisning på grund af, at der var mere end 1000 kilometers afstand mellem den magnetiske nordpol og den geografiske nordpol. I 2020 har den magnetiske nordpol bevæget sig mere end 1.000 km væk fra positionen den havde i 1985 fra det Nordøstlige Canada i retning over imod Sibirien. Jordens flydende magnetiske kerne rører på sig næsten som der måtte forestå en polvending. Det skete sidst for 680.000 år siden. Selve vendingen tog kun 100 år, ja hvem ved, måske forestår der en polvending igen

Amerikanermast på Randsletten

I dag ville det ikke være et problem med jernholdig grund. Nu er det muligt at benytte satellit baseret GPS til at finde rundt og måle afstande, højder og retning.

Min vandring i fjeldlandet den 2. april 1985 bød på en stor overraskelse i form af elementer fra en amerikansk radio / telegraf station fra 2. verdenskrig. Den var etableret i 1943 i en dalsænkning på fjeldplateauet i ca. 500 meters højde. Der var master og stålkabler og vognspor i det mos klædte fjeldterræn. Det hele var forladt 10. august 1951, da den amerikanske base blev overgivet til Danmark. Under 2. verdenskrig etablerede USA en kæde af militære anlæg herunder vejrstationer, flådebaser og flyvepladser. Både langs Grønlands øst og vestkyst. Der var ikke forbindelse mellem Grønland og Danmark under 2. verdenskrig. Gesandt Henrik Kaufmann på den danske ambassade i Washington indgik udenom den danske regering aftaler med USA.

Bl.a. 'Grønlandstraktaten', der sikrede USA adgang til Grønland, herunder afgang til kryolitten i Ivittuut, der var af afgørende betydning for flyproduktion. Anlæggene i Grønnedal / Kangilinnguit var en del af USA's militære

Bundfrosset vandfald ved Randsletten hvor vandet løber videre ned i Grønnedalen, og samles i Bryggerens Elv, der fortsætter ud i fjorden.

engagement. Blue West 7 var USA's betegnelse for basen i Grønnedal. Amerikanerne valgte endda en kendingsmelodi for basen. Det blev naturligvis 'Blueberry Hill', som fandtes i forskellige indspilninger. Fats Domino udgaven var populær i 1984-85. USA etablerede også baser på Island. USA leverede forsyninger til Grønland og Island bl.a. imponerende amerikanske køretøjer til Island som bytte for fisk. USA var en attraktiv handelspartner for Island. Ligesom England var det for Færøerne.

Det var ubegribeligt for mig, at sporene i mosset og tørvelagene kunne ses, der hvor der var snefrit så mange år efter[103].

---

[103] *I 1985 fandtes der ikke små åbne terrængående firehjultrukne ATV-køretøjer. En krydsning mellem en lille traktor og en Landrover. De er siden kommet til, og de har gennemkørt terrænet og afsat spor utallige steder.*

Udsigt fra Randsletten ned imod Langesø. Fint ser det ud, men man skal være forsigtig ned af en fjeldside, når man ikke kan se oppefra, om der er stejle, isede og stenede områder på vej ned. Det erfarede jeg.

Selv det mest menneskeltomme øde rummer liv. Fjeldrypen havde nok ikke mødt et menneske før, men den var ikke bange. Den var som en ven, der mindede mig om, at der er muligheder overalt, hvis man holder hovedet koldt og fødderne varme. For mit eget vedkommende endte det med, at jeg ikke var tænksom. Jeg kunne ikke finde den klatremulige nedgang fra plateauet, og Søværnets dybblå Lynx helikopter måtte finde mig og tage mig ned. Du har 2 muligheder, sagde chefen, da jeg var blevet fløjet ned til inspektionsskibet 'Beskytteren'. Enten betaler du de 19.000 kr. som eftersøgningen har kostet, ja det tog 27 minutter, eller også skriver du under på, at du er en stor idiot, der har tilsidesat reglerne for at færdes i fjeldet. Jeg underskrev meget passende idioterklæringen. 'Beskytteren' var i Grønnedal, fordi den militære chef for Grønland og Nordatlanten PEP (kontreadmiral Poul Erik Pedersen) skulle have overrakt kommandørkorset. Ordner til søværnets folk bliver ofte uddelt på militære mærkedage. 2. april er datoen for slaget på reden i 1801.

Jeg var i tvivl, om det var alt eller intet, jeg oplevede i fjeldet. Jeg tænkte over, hvad der var stærkest, om det kunnen beskrives dybt og inderligt, eller om det var for overvældende uendeligt begge dele. Verdens undfangelse. Forventninger er overflødige. Skal du videre af den vej, er det havets bund eller til himmels. Forberedelse til mødet med evigheden. Hinsides menneskelige fællesskaber, der ellers har optaget det meste? 'Sjælens øje nød en udsigt, den aldrig havde kendt magen til.'[104] - iblandet rædsel. Det er stort og faretruende at være alene med naturen på dette sted - du er nærmere din eksistens og din plads i universets uigennemskuelige orden. Hvis der er en mening med det hele, da er den for stor til, at vi kan forstå den.

---

104 *Søren Kierkegaard. Samlede Værker, bd. 1. Om begrebet Ironi. 3. udgave 2. oplag. Gyldendal 1962. S. 219.*

Der var sælsomme Sten arter, nogle i strålende farver, små polardyr fx, ræve og harer, og fjeldryper, interessante fuglearter fx havørn, og en enlig hvid Grønlandsfalk/jagtfalk og flere ravne.

Man skulle dog på alle årstider se omhyggeligt efter og bruge alle sanser, hvis man ville fange det. Om sommeren var her fx mini valmuer. Men det var der ikke på Randsletten den 2. april 1985. Her oplevede jeg derimod både metertyk sne belagt med en forblæst isskorpe, fx i nogle dalsænkninger, og der var enorme snefaner, nogle steder som frosne udhæng over dybe afgrunde bl.a. ude i retning af Langesø. Op ad dagen tøede isskorpen nogle steder, hvor solen ramte, så jeg plumpede ned i sneen til op over livet. Ufremkommeligt. Jeg måtte søge udenom sådanne snefelter, hvor det var muligt. Andre steder var alt ren is. Men der var lige så mange steder, hvor der var helt sne frit og ren klippe og stenslette. Alt var vindblæst, slidt og præget storme, der fandtes ikke læ noget sted. Randsletten var omgivet af stejle fjeldsider hele vejen rundt. Dog var der en gangbar åbning tæt ved Grønnedalshytten, samt en til Ikafjordens bund. Vejen til Grønnedalshytten var let at se nedefra men umulig at se oppe fra sletten. Det var mit problem den dag.

Jeg havde 'sydost beslag' med i rygsækken til mine støvler, og da jeg ikke kunne finde tilbage til ruten, som jeg havde fulgt op på sletten, forsøgte jeg at gå ned et andet sted, hvor det ikke virkede så stejlt. Til gengæld var sneen overiset på det første stykke. Jeg spændte beslagene med de lange metalspidser under mine støvler, og gik forsigtigt, eet skridt ad gangen. Da jeg var nået et stykke ned, blev det stejlere. Det havde jeg ikke kunnet se oppefra. Her kunne jeg ikke hugge støvlerne fast i isskorpen og gled med raketfart ned imod et lille kort fladt snefrit men stenet stykke nærmest som en lille hylde. Efter glideturen rullede jeg rundt mellem stenene på hylden. Jeg holdt mig for hovedet og slog mig kun på kroppen. Tøjet var beskadiget, endda også lige der, hvor muligheden for at forøge fremtidens population befandt sig. Efter at have sundet mig, og glædet mig over, at jeg ikke rullede videre i den særdeles dybe afgrund, besluttede jeg, at jeg ikke ville forsøge at gå ned andre tilfældige steder. Jeg udfandt omhyggeligt det mindst stejle og mindst isede område og klatrede forsigtigt op på plateauet igen.

Hvad nu? Jeg var ikke sikker på om jeg var gået forbi den autoriserede nedgang, eller om jeg ikke var nået så langt endnu. Det var mit problem. Der var ikke synlige spor eller pejlemærker. Jeg spiste det sidste af de 4 æbler, jeg havde med, og fortsatte mod øst (indlandsisen), hvor jeg havde hørt, at man skulle holde sig fra den 'forkerte kløft', udgående fra Ikabunden vidst nok.

Da hørte jeg Lynx helikopteren komme lige imod mig - dens karakteristiske aggressive motor, der næsten overdøver rotorens flap. Jeg sprang i vejret af glæde, og baskede med arme og ben, den var ikke engang 100 meter over mig.

Den fløj frejdigt forbi mig og forsvandt i retning af Ika fjorden. Det kan ikke være rigtigt, er de blinde, tænkte jeg. På film kan de jo se alt oppe fra en helikopter. Jeg kunne høre den i det fjerne, men ikke se den. Nå tænkte jeg. Men den retning den kom fra, det er vel den vej, der er gangbar! Dvs. sporet ned til Grønnedalshytten og videre ned i Grønnedalen. Som tænkt så gjort, jeg fortsatte i den retning helikopteren var kommet fra.

Det varede ikke længe før jeg var fremme ved den autoriserede nedgang. Og inden jeg nåede ned til hytten, vendte helikopteren tilbage og landede lige foran mig.

'Hvad laver du her - alene? Spurgte orlogskaptajn Peter Hjortkjær? Er du kommet noget til?'

Neeej, svarede jeg.

'Vi flyver dig ned til 'Beskytteren'. Du skal tale med chefen, og fortælle hvor du har været, hvorfor, og hvad der måtte være sket.'

Helikopteren udførte et par 'æresrunder' omkring vores hus, så Annette og børnene kunne vide, at jeg var fundet.

De havde været til børnefødselsdag i Ivittuut. Og Jonas og Kamille havde været i fjeldet for at lede efter mig.

'Du har 2 muligheder, sagde chefen på inspektionsskibet Beskytteren til mig, da jeg var blevet fløjet ombord. Enten betaler du de 19.000 kr. som eftersøgningen har kostet. Ja klokken er snart 16, og det tog 27 minutter at finde dig og hente dig herned. Du kan også vælge at skrive under på, at du er en stor idiot, der har tilsidesat reglerne for at færdes i fjeldet. Du gik alene, uden at orientere om din påtænkte rute, uden nødradio, uden nødrationer, uden nødraketter, uden en orange stofdug, hverken ly, telt, sovepose, lygte eller spritblus. Disse betingelser har du tilsidesat. Det er uansvarligt, og du har endda familie, du burde have sat dig ind i reglerne for at færdes i fjeldet!'

Manden havde ret. Jeg underskrev idioterklæringen.

Sagen var, at jeg havde planlagt at gå i fjeldet op til den blå åre med sodalit, som Henrik Muusfeldt havde vist mig et par dage før. Jeg ville prøve at hugge blå sodalit ud af fjeldet med en lille muggert og en mejsel. Jeg fik hurtigt løsnet materialet. Da tænkte jeg, at jeg havde tid til at se mig lidt omkring, og fortsatte op til det bundfrosne vandfald og videre op på Randsletten, hvor jeg fandt det gamle amerikanske antenneanlæg. Ja, og så fortsatte jeg rundt deroppe på eventyr på fri hånd.

'Beskytteren' var i øvrigt i Grønnedal, fordi den militære øverstbefalende for Grønland og Nordatlanten PEP (kontreadmiral Poul Erik Pedersen) skulle have overrakt kommandørkorset. Ordner til søværnets folk bliver ofte uddelt på militære mærkedage. 2. april er datoen for slaget på reden i 1801.

Det var Alice Tim, der havde slået alarm og insisteret på at helikopteren skulle søge efter mig. Hun var pædagog i børnehaven, hvor jeg skulle hente mine to yngste børn, Sofie og Thor kl. 13. Da jeg ikke kom anede hun, at noget var galt. Jeg skylder Alice og søværnets folk, der sendte helikopteren den største tak, som et menneske kan skylde et andet menneske.

Efter flere timers søgning efter nedgangen til Grønnedalshytten fra plateauet på billedet her, og et skred ned ad fjeldsiden, indså jeg - mere rystet end forslået - at det ikke var helt sikkert, at jeg kunne vende tilbage fra denne uendelige, stenede forblæste fjeldørken.

Udsynet og horisonterne deroppe var af en anden verden. Det mest storslåede, jeg havde oplevet. Med en stilhed og storhed uden lige.

Det er skræmmende og stort at være alene med sin skaber. Om du er troende eller ikke er troende. Hinsides menneskelig formåen. I den alle stedsnærværendes vold?

Jeg oplevede det som et tegn, da en fjeldrype i vinterdragt kom helt hen til mig. Jeg var trods alt ikke alene. Jeg tænkte om det mon var min mor. Hun havde ofte talt om, at det måtte være dejligt at være en fugl!

Find ud af hvad du vil. Hvad er tilværelsen og tilstedeværelsen egentlig for en størrelse? Hvor kommer du fra? Hvor er du på vej hen - når du fjerner tidens voluminøse selvsving, og alle de mål og delmål og værdier som du boltrer dig i hver dag. Hvor fører de hen? Bare for dig selv og i forhold til din egen eksistens? Er du sikker på, at det er dit liv du lever? Eller var det måske en tilfældig bemærkning, eller en overlagt? sagt i tidens ånd engang, som kom til at anlægge din livsbane?

En Westland Lynx hentede mig i fjeldene bag Grønnedal 2. april 1985. S175 der ses på billedet, og S134 var ofte i Grønnedal i dengang. Lyden fra en Lynx var som sød musik. Jeg er sikker på, at jeg vil kunne genkende lyden, og jeg er sikker på, at lyden vil vække min glæde igen.

Arsukfjorden set fra Randsletten

Så fik de øje på mig deroppe

Den tavse mand

Et Grønlandsk sagn fortæller, at der var en ældre inuit[105], der altid var tavs, når hans fæller samledes på bopladsen og digtede og sang til hjemlandets pris. En dag spurgte man ham, hvorfor han var tavs, og da fortalte han:

"Engang da jeg var ganske ung, havde jeg besluttet mig til at synge en sang om min boplads, og en vinteraften i måneskin gik jeg frem og tilbage for at sætte ord sammen, der kunne passe ind i en melodi jeg nynnede. Smukke ord ledte jeg frem, ord, der skulle fortælle om fjeldenes

---

105 *Det grønlandske folk benytter ikke betegnelsen eskimo om sig selv, de benytter betegnelsen inuit.*

Hanseeraq marsertaq qulaaniit / Lille Hans der ser det hele fra oven. Noget i den retning blev mit grønlandske navn efter fjeldvandringen på randsletten den 2. april 1985. På billedet herover følte jeg mig som en lilleput på Kungnait fjeld. Det var i maj 1985. Her puttede man af naturlige årsager ikke stenene i lommen. I 1985 var der ikke moskusokser i Grønland, ej heller de firehjulstrukne ATV'er. Nu er der store flokke moskusokser. ATV'erne har deres begrænsning på områder som på billedet.

storhed og alt det jeg glædede mig over, hver gang jeg kom ud og åbnede øjnene. Jeg gik og gik og blev ved med at gå hen over den frosne sne, og så optaget var jeg af det, jeg tænkte på, at jeg helt havde glemt, hvor jeg *var. Pludselig står jeg stille og løfter hovedet i vejret for at se; foran mig lå vort vældige bopladsfjeld, større og stejlere end jeg nogensinde havde set det. Det var næsten som om det ganske langsomt voksede op af jorden, blev større og større og kom til at hælde ud over mig, livsfarligt og truende. Og jeg hørte en stemme i luften, der råbte:*

'Lille bitte menneske! Og du tror du kan besynge mig!'

Jeg blev så forskrækket, at jeg næsten gik bagover, og i næste øjeblik havde jeg glemt alle de små usle ord, jeg havde sat sammen til fjeldets pris. Og siden har jeg aldrig forsøgt det. For jeg har oplevet hvor lille jeg selv var overfor naturens storhed".[106]

De nordlige egne

Hvis man har tid og hvis man giver plads, så kan ophold i nordlige egne på en helt særlig måde åbne sind og sanser for eksistensens grundvilkår og skrøbelighed og for naturens mangfoldighed og storhed på jorden, og måske også for universets uendelighed. Dette forstærkes, hvis man færdes alene i ødemarken.

Uforudsete fænomener som fx nordlys, isfjelde i fjorden eller sydøst storme, der kan føre næsten hvad som helst med sig fx hele bygninger. Din plads bliver anvist. Erkend din betydning, dine muligheder og din indflydelse i forhold til omgivelserne - her. Din betydning kan opgøres til; æren af at få lov til at eksistere.

Her hvor du mærker forskellen imellem den flygtige tid og

---

106 *Kongen af Thule. Kurt L. Frederiksen s. 341, biografi om polarfareren Knud Rasmussen. Gyldendal Nonfiktion 2016. ISBN 978870220192-5.*

Ika fjordbunden set fra Randsletten. Om sommeren, når vi sejlede til fjordbunden, så vi de sælsomme Ikaitter, undersøiske søjler dannet over kildevæld, hvor alkalisk kildevand blandes med havvand. Som hvide spøgelser stod søjlerne lige under vandspejlet i den lave fjordbund. De var næsten så hårde som sten. Man kunne ødelægge en jolle ved påsejling.

Randsletten rejser sig 700 meter over havet ved Ikafjorden og er ca. 500 - 600 over havet ved Arsukfjorden. Plateauet har overvejende bløde bakker som kan forceres uden at klatre. Skrænterne ved kanterne er meget stejle, og 2. april 1985 var de tillige overisede de fleste steder.

evigheden! Jeg kunne vågne og være i tvivl om jeg havde drømt, eller om jeg bare havde tænkt, eller forestillet mig det, som jeg havde oplevet. Jeg fornemmer tilsvarende, som i Grønland, i mennesketomme fjeldlandskaber i Norge, Island, Færøerne.

Det fornemmer jeg derimod ikke i Alperne, Dolomitterne eller Pyrenæerne, selv om de er lige så smukke.

Jeg oplever andre former for tilhør nærmest som deja-vu i

10. september 1984. Kommunaldirektørboligen er næsten færdigbygget

Januar 1985. Vandretur omkring det aktive kryolitbrud i Ivittuut. Fra venstre, Jonas, Sofie, Kamille og Annette med Thor på armen.

nogle af de gamle mellemeuropæiske byer. Fx i Jelenia Góra i den sydvestlige del af Polen, og i fæstningsbyen Klodzko med 300 km minegange under byen, Schlesien hed landsdelen indtil 1945, Sudeterlandet der grænsede til Schlesien udgør nu den nordvestlige del af Tjekkiet. Disse oprindelige gamle tyske områder, blev afstået sammen med Preussen og Pommern i nordøst til Polen og Rusland. Alle tyske stednavne blev ændret til Polsk, Tjekkisk og Russisk. I alt 14 millioner tyskere flygtede og blev fordrevet herfra til DDR og Vesttyskland i 1945.

Sydens varme lande finder jeg tillokkende, men de er dog fremmede for mig. Om end jeg føler mig tilpas i Lissabon og Palma de Mallorca, så foretrak jeg at bo i norden.

Det var et paradis for en familie at bo i Grønnedal. Børn som voksne. At leve, bo, arbejde, gå i skole og i børnehave, tage på udflugter og nyde fællesskabet med bekendte og venner, der arbejdede i søværnet eller hos Topsøe Jensen & Schrøder, der stod for drift og Kryolitbrydningen og forsyning af minebyen[107].

Grønlands længste vej forbandt Grønnedal og Ivittuut, 5

---

107 *Da Annette og jeg havde været til ansættelsessamtaler i Ivittuut kommune i september 1984, kom jeg til at sidde ved siden af en sygeplejerske i flyet hjem til Danmark. Hun fortalte om forholdene i minebyen og om iagttagelser fra 25 års ansættelse som sygeplejerske i Kryolitbruddet, og om den efterfølgende oparbejdning af kryolitten i København, hvor mange arbejdere fik ødelagt deres helbred af kryolittens fluorholdige støv. Hun syntes at de spidse fjelde i Sydgrønland mindede om jomfrubryster og havde flere morsomme bemærkninger og var beleven, vidende og klog. Senere erfarede jeg, at hun havde taget sit liv, da hun kom hjem. Det var rystende for mig, at det morsomme og interessante menneske valgte den forfærdelige løsning.*

På tur i fjeldet i Grønnedalen med den 6 cylindrede Land Cruiser. 1985.

km lang. Snerydning og vej vedligehold var en stor post på det kommunale budget. Et år sneg der sig en ny bowlingbane med tilbehør ind imellem snemasserne, beløbet var indlagt under posten snerydning. Man prøvede ofte at slippe udenom regler og bestemmelser i Grønland. Det var lidt som en halvgrønlandsk variant af det vilde vesten. Regler blev dog overholdt, hvis man selv nød godt af dem! Mange på stedet fandt det ikke rimeligt, at den særstatus udenfor den kommunale inddeling som man havde haft i Ivittuut nu var ophævet. Man syntes at man bidragede mere end rigeligt til fællesskabet gennem sin kommuneskat. Den var på 15 procent i 1984 hvortil blev lagt 4 procent til hjemmestyret. Gennemsnitsindkomsten i Ivittuut var betydeligt højere end i de øvrige kommuner. Således bidragede Ivittuut væsentligt til de fattige kommuner.

Arsuk. I begyndelsen af 1980'erne verdens næst rigeste bygd - velstanden blev opnået ved effektiv udnyttelse af fiskerimulighederne i fjorden og på havet. Dengang boede der ca. 400 mennesker. I dag bor der ca. 170.

Jonas og Kamille i Arsuk med Arsuk Uummannaq i baggrunden

Annette, Jonas, Kamille og jeg tog med lægebåden til Arsuk i maj 1985. Det var en ubehagelig lodret stige, der førte fra den lille lægebåd op til den 5 meter høje kajkant. Annette gik bag Kamille og jeg bag Jonas.

Der var mange børn at lege med i Grønnedal.

Isbræen i bunden af Arsukfjorden. Man kan ane, at bræen kælver midt i billedet. Sikkerhedsafstanden til iskanten var 400 meter. Der kan styrte store isfjelde ud af bræen, det giver kraftige dønninger i fjorden, som kan påvirke mindre fartøjer voldsomt. 10. september 1984.

Isfjeld ved kommunaldirektørboligen i Grønnedal 10. september 1984. 1000 meter ud for vores hus var fjorden 780 meter dyb. I februar 1985 målte man fjordisen til at være 45 cm tyk. På et døgn blev fjorden tømt for is, under en syd øst storm, kaldet sydost. Ufattelige naturkræfter.

I fjeldet med familierne Hjortkær og Muusfeldt og Tim.

Der var gode venner såvel til børn som til voksne - her på vandretur i fjeldet over Grønnedal med familien Muusfeldt. Annette og Henrik lånte os i øvrigt deres hus, i deres sommerferie, da vores indbo var blevet sendt med skib til Danmark, medens vi ventede på flyvelejlighed hjem. Jeg var blevet fyret af borgmesteren, med begrundelsen: 'Ringe kendskab til de specielle forhold i Ivittuut Kommune'. Ja, det var jo sandt nok!

Alice Tim med sin mand ubådskaptajnen. Jeg skylder Alice en stor tak, for hendes insisterende indsats den 2. april 1985, da jeg for vild i fjeldet, og hun fik redningshelikopteren op at hente mig. Tak Alice.

Militærflyene, som den Hercules C 130 på billedet, og Golfstream, dykkede ofte et par gange og vippede med vingerne og hilste på os der boede i Grønnedal, når de passerede forbi. Det blev vi meget glade for og nærmest berørte af, en tænksom gestus, at de huskede på os. Glæde kan uddeles og glæde kan komme på mange måder.

På vej ud fra havnen i Ivittuut på udflugt med familien Eliasen og et par unge løjtnanter til Kungnait fjeld. Forår 1985. Vi var ofte sammen med Hanne og Finn Eliasen og deres børn og vi blev flere gange inviteret med på udflugter med Kryolitselskabets skib 'Quarto'. Quarto var udmærket til indenfjords sejlads, og Finn havde skibsfører certifikat.

Sofie på vej ud imod 'Fladlands kroen'. Dette fatamorgana - der har ført mangen en ny tilkommen på forhåbningsfuld vandring imod evigheden.

Finn Eliasen, der var ansvarlig for drift og forsyning i Ivittuut, kørte os ned igennem tunnelen til bunden af det dengang aktive kryolitbrud 80 meter under havoverfladen. Hullet var ca. 200 meter i diameter. Når man talte eller råbte kom der ekko. Bruddet blev nedlagt i 1987/88. Indtrængende havvand fyldte hullet i løbet af få år.

Den ene skulle overgå den anden - Jonas 8 år og Kamille 7 år - bemærk gummistøvlerne, nok ikke det bedste klatrefodtøj. Og vanvittigt at vi som forældre accepterede den form for leg!

Der var 3 klasser på Grønnedal Trivselsskole. På billedet ses første klasse, der var sammensat af elever fra børnehaveklassen, første klasse og anden klasse. Fra venstre Aya, Kamille, Merete, Kim, Jonas og Kenn.

Her er det Grønnedal Børnehave. Fra venstre børnene: Johan, Miki, Thor, Karina, Sofie og Martin. Pædagogen Pia til venstre og Ilse til højre.

Thor brød sig ikke om at have vanter på - det var meget upraktisk, når det var hård frost, som det kunne være selv på en forårsmorgen, var der is på vandpytterne. Stakkels lille Thor med iskolde fingre. I dag er Thor stor og voksen, og han er den i familien der oftest tager på ferie, næsten altid til varme himmelstrøg. Men han tager også på vinterferie, og da køber han altid de mest eksklusive handsker.

Mange fra Grønnedal vinkede farvel til os ved heliporten den 16. juli 1985. Der var massive protester over min fyring og den besynderlige fyringsgrund, 'Manglende kendskab til de specielle forhold i Ivittuut Kommune.' Med den begrundelse kunne man fyre enhver udefrakommende.

Det var overvældende at møde så meget sympati. Og vemodigt at forlade de mange søde mennesker i Grønnedal og Ivittuut. Jonas forsøgte at gemme sig. Han ville hellere have, at vi blev i Grønnedal alle sammen.

FEMTE BLOK

MED KUNSTEN PÅ BAGSÆDET OG FILOSOFIEN SOM LEDESTJERNE OG EKSISTENSEN SOM ALLE TINGS GÅDE

Drømmerier, forestillinger og realiteter, hvad er værst?

Dagskole, livs vejledning og hvor man finder et drømmejob?

Som lærling på Georg Jensen, uanset om man var guldsmed, sølvsmed, bestiksmed, sølvgravør, sølvciselør mv. skulle man tillige gå på dagskole i 6 ugers moduler. Det skulle man gøre 3 gange i løbet af læretiden. Det foregik på Kunsthåndværkerskolen, der dengang havde adresse i Ahlefeldtsgade lige på hjørnet af Nørre Voldgade, overfor Ørstedsparken og tæt ved Nørreport. Som navnene antyder, var det elementer fra det oprindelige fæstningsanlæg om København. I dag har Ahlefeldtsgade på netop dette sted skiftet navn til Linnésgade. Kunsthåndværkerskolen skiftede også navn, først til Skolen for brugskunst og senere til Danmarks designskole og dette på nye adresser.

På Kunsthåndværkerskolen underviste Ib Andersen i tegning, i projektionstegning, model udfoldning, metallære, modellering og i mange andre emner. Vi havde også dansk og regning. Her underviste bl.a. hr. Mehlert, ham kunne vi finde på at drille. Det turde vi absolut ikke med Ib Andersen. Ib Andersen var midt i 30'erne, lys, lidt tyndhåret, det var ikke trimmet, han bar briller og så vejede han for meget. I reglen gik han i brune fløjlsbukser og i grøn fløjlsjakke. Han var både en hård hund, og samtidig blev han også en udmærket hjælper med flere overraskende råd til os. Det var nu ikke det indtryk vi fik den første dag på skolen. Vi skulle tegne en opgave og aflevere den til ham, når vi hver især mente, at den var i orden.

Den første der afleverede, var stålgravørlærling / stempelgravørlærling Allan Ambeck Førsterling. Ib Andersen betragtede tegningen grundigt og længe. Derefter kiggede han Allan i øjnene - og destruerede tegningen i

Kunsthåndværkerskolen i Ahlefeldtsgade, i København. Gravør- og ciselørlærlinge 1963. Fra venstre: Allan Ambeck Førsterling, Leif Johnny Pedersen, Jan Nicolaisen, Flemming Jørgensen, Henning Rasmussen, Hans Rosenfalck, Peter Knudsen, Ole Bøgelund Rasmussen, Benny Andersen, Jan Hammerum, Henrik Andreas Wolff.

et lodret og et vandret riv.

'Den går ikke, så let slipper ingen gennem mine opgaver' sagde han meget behersket og meget tydeligt ud til os alle i lokalet. 'Godt forsøgt måske, men om igen. Gør jer umage, det gælder de næste'. I behøver ikke at skynde jer, det er vigtigere, at det i afleverer, er i orden.

Det var skræmmende. Der blev meget stille. Der var ikke lige nogen, der havde lyst til at aflevere som den næste. Men det viste sig efterhånden, at han ikke generelt var skånselsløs over for os. Han udstak linjerne, lagde niveauet, og sikrede sig at alle forstod og fik lært det, som han forlangte. Måske var det en del af datidens pædagogik, at man skulle sætte sig i respekt ved at statuere et eksempel den første dag. Det oplevede jeg flere gange helt tilbage til mine første skoledage. Jeg tror ikke, at der lå en personlig afstandtagen til den, der blev statueret og sat på plads, det var mere markeringen som sådan, der var målet. Ib Andersen rev ikke senere opgaver i stykker, eller var på anden måde grov. Han gav mange gode råd, og lærte os at arbejde med omhu. Han hjalp bl.a. Allan. De to havde ligefrem gode relationer og talte også om alt muligt andet end det faglige. Bl.a. om vægten. Måske havde han behov for at råde bod på den brutale fremgangsmåde ved den første opgave, hvor han benyttede Allan som eksempel, og udstillede ham, og bragte ham i forlegenhed foran hele holdet af lærlinge med sin forældede undervisningsmetode.

Ib Andersen gav gode karakterer for gode indsatser. Og han havde interessante og overraskende råd til os. Fx sagde han, 'husk at 'rive' en dag ud af kalenderen mindst én gang hvert kvartal. Det skal være jeres personlige dag, hvor I gør lige det, som I holder mest af. Tag fx ud at fiske eller hvad I nu bedst synes. Og har I ikke en fridag, så tag en, i nødstilfælde meld jer syge den dag. Gør en almindelig arbejdsdag til jeres personlige dag. Den betyder mere end I tror for jeres velbefindende, den dag er en kilde til energi og kreativitet'. Og husk den dag, at tænke efter med jer selv, om tilværelsen er på rette kurs. Ellers må i forberede at korrigere. Husk at livets kunst ikke består i, at du skal finde ud af hvem du er, nej det er lige modsat, fordi livets kunst består i, at I hver især beslutter jer for, hvem I vil være, og arbejder aktivt efter det. Det er det rette og det vanskelige. De fleste foretrækker, i stedet for at vælge sig selv, at lade være med at vælge, og bare flyde med tiden og med stedets strømninger. Det er en dårlig ide.

Da prinsesse Anne Marie skulle forloves med græske Kong Konstantin, skulle parret køre i karet gennem byen. Da sagde Ib Andersen; 'alle kongetro kan få fri til at følge optoget, de som ikke er kongetro kan fortsætte med at arbejde med opgaverne og dygtiggøre sig yderligere'.

Det viste sig at alle i klassen var kongetro (den dag).

Håndværksmæssigt var det mest imponerende jeg har set, de stålgraveringer, som Ib Andersen introducerede os til. Det var på frimærketrykkeriet. Og det var gravøren Czeslaw Slania, der udførte dem i naturlig størrelse, og graveringerne blev udført spejlvendt. Det var nærmest trolddom, at det lod sig gøre at håndgravere et frimærke minutiøst detaljeret spejlvendt i naturlig størrelse i en stålklods. Ekstremt. Ud fra denne håndgraverede stålmatrix fremstillede trykkeriet de kobberplader, der skulle anvendes til selve trykningen af frimærkerne.

Der var mange gode kammerater på kunsthåndværkerskolen. Stålgravør Henrik Wolff med sin Mobylette knallert. Det var en typisk 'dameknallert'. Men hans var monteret med blanke alu skærme, og den var malet British racinggreen, det var ualmindeligt. Den havde ikke gearskifte. Den gik så blidt, at den næsten ikke kunne høres og ekstremt langsomt i tomgang. Men når han drejede på gashåndtaget, brølede motoren i vanvittige omdrejninger. Den knallert var en ulv i fåreklæder. En dag havde en politipatrulje fulgt ham fra Glostrup ind imod København ad Roskildevej - og over en længere strækning målt hans hastighed til 95 km/t. Han var tuningskunstner, denne ellers så rolige unge mand. Men han havde bestemt et glimt af en spasmager og fantast over sig. Og sådan var der et eller andet særligt ved de fleste i klassen. I øvrigt ankom Henrik en dag til skolen op af formiddagen. Han var ikke til at kende. Aldeles forslået og hævet i ansigtet. Ja, vel egentlig over hele kroppen. Han var kørt galt med sin fantastiske knallert.

Ja, og hvordan så han ud, når han ikke var forslået. Det blev jeg ret klart mindet om, da Louise Wolff blev studievært på 'Aftenshowet' i 2007, og i øvrigt også vært på programmet 'Sporløs'. Jeg aner ikke om der er en slægtsmæssig forbindelse, det antager jeg, hendes ansigt har Henriks træk, og hun er ligesom han langlemmet. Det er interessant, at fortiden på den måde kan stikke næsen frem. Det er noget, jeg flere gange har oplevet at møde et ansigt fra en svunden tid, på et nyt menneske. Fx Charlotte Harder udenrigsrapporter på en af tv-kanalerne. Hendes ansigt fører mig tilbage til 60'erne, til Selma Lagerløfs Alle ved hjørnet af Gladsaxevej i Søborg, til indehaveren af Harder tømmerhandel, værktøj og isenkram. En lille beslutsom herre i en kakifarvet kittel. Hendes træk er næsten, som jeg husker, at hans træk var. Det samme gælder vejrvært Majbritt Søgaard på DR1. Hun har en slående lighed med en tidligere studiekammerat.

Måske er hårfarven eller stemmen en anden. Eller omvendt, at det er stemmen og bevægelserne, der ikke er til at tage fejl af. Det er som om, man ser det menneske og den tid, man forbinder med det, igen, efter de mange års dvale. Stemninger og situationer dukker op på ny. Enkelte gange, kan ligheden næsten virke skræmmende, selv om man kun har gode erindringer om den oprindelige person.

Allan Førsterling var i øvrigt ret durkdreven. Der var mange af os, der cyklede samme vej om morgenen ad Nørrebrogade og Frederiksborggade til Kunsthåndværkerskolen i Ahlefeldtsgade. Og der var ofte små kapløb. Men på trods af, at Allan kørte på en almindelig damecykel kunne jeg som cykelrytter ikke være sikker på, at jeg kom før ham til skolen. Han holdt fx fast i sporvognene og masede sig igennem de horder af cyklister, der dengang opfyldte Nørrebrogade morgen og aften. Han var frygtløs. En dag da jeg virkelig troede, at jeg havde sat ham helt af, kom han farende udenom mig i meget høj fart hængende skråt i den ene arm i ladet på en lastbil. Det var vanvittigt.

Han var den ældste af os lærlinge. 19 år da vi begyndte på skolen i 1962, og han var gift og havde en lille datter. Han boede hos svigerfamilien, og det var han ikke tilfreds med. Han syntes vist, at han en gang imellem blev behandlet som om, han var familiens ekstra barn.

Vi var 3 lærlinge på Kunsthåndværkerskolen, der havde

hørt, at reklametegnere tjente meget bedre end man tjente inden for vores fag. Det var Stålgravør Flemming Jørgensen, sølvgravør Ole Bøgelund Rasmussen og så mig. Flemming var i øvrigt Fats Domino fan. Blueberry Hill mv.

Nå, men vi fandt ud af, at man kunne tage uddannelsen som reklametegner om eftermiddagen på 3 år på Akademiet for Fri og Merkantil Kunst. Det lå for enden af Nørre Voldgade ved Jarmers Plads. Tæt på Kunsthåndværkerskolen, hvor vi gik på dagskole. Akademiets adresse og indgang var på Vester Voldgade nr. 2. Der meldte vi os til midt i august 1964.

Otto Frello[108] - at lære at bruge øjnene

'Selv om I er kommet til Akademiet for Fri og Merkantil Kunst', kan jeg ikke garantere, at I bliver kunstnere, hvis det er det I vil. Men hvis I bruger jeres øjne godt, og gør jer umage, så kan jeg lære jer at tegne og at male det, som I ser, og mere til endda.'

Noget i den retning indledte skolens forstander Otto Frello sin velkomst til os elever. Han underviste også i tegning og i tempera-maling mm. Der var hverken sjov eller pjank omkring ham, men en masse opgaver at arbejde med. Undervisning 3 gange ugentligt fra kl. 17 til kl. 20 og masser af hjemmeopgaver, i reglen brugte jeg lørdagen fra tidlig morgen til sen aften på hjemmeopgaver. Vi blev afrettede og vi lærte meget. Især synes jeg, at jeg lærte meget om principper for farvernes og lysets gradvise fortoning ud imod horisonten. Og om lysets lovmæssigheder i landskab og i rum mv. Samt farven som stemnings faktor.

Både Ole Bøgelund og Flemming Jørgensen etablerede egen

---

*[108] **Otto Frello**, født 6. april 1924 i Outrup ved Varde, død 24. marts 2015 København var en dansk kunstmaler og illustrator.*

virksomhed indenfor feltet efter at have virket som Art Director's på reklamebureauer. Flemming driver fortsat egen virksomhed. Velkonsolideret med en solid økonomisk base, og med specialuddannede ansatte, der er på forkant med tidens løsninger. Virksomheden udvikler således bl.a. også apps. Ole og jeg forsøgte at etablere et fælles reklamebureau sidst i 60'erne. Men der kom ikke rigtig gang i det. Vi var ikke tilstrækkeligt vedholdende og energiske i vores forsøg. Vi troede for meget, at opgaverne ville komme udefra til os, og ikke så meget at vi skulle vise, at vi var der, og at vi var klar.

Men det var nok også fordi, at vi i forvejen havde faste ansættelser på Georg Jensen, det var jo så let, og der kom penge hver torsdag. Senere blev jeg ansat freelance til mindre reklameopgaver medens jeg studerede sociologi på Københavns Universitet, det var vellønnede opgaver, i forhold til at være ciselør, men det var ikke fast arbejde. Og man skulle kæmpe for opgaverne, der i reglen var for omfattende. Morsomt og lærerigt var det engang, da jeg arbejdede for Jacob Ludvigsen på en reklameavis for Kalsø Sko, skoen med 'minushæl'. I dag 'Earth Shoe'.

Ole etablerede sig også i en længere periode med eget reklamebureau i det Nordjyske, hvor han samtidig var virksom som guldsmed og håndgravør. Han praktiserer fortsat som håndgravør og guldsmedemester.

Mine kammerater og deres jobvalg - og mine relationer til job og til kunstnerverdenen

Jeg havde mange kammerater. Både fra Søborg skole, fra Jonas Lies vej i Søborg, hvor jeg boede hos mine forældre, og gennem cykelløb. Jeg fik også nye kammerater på Georg Jensen Sølvsmedie og på Kunsthåndværkerskolen. De fleste af mine skolekammerater kom i lære i forskellige håndværk. Maskinarbejdere var der flere der blev, bl.a. min bedste ven da jeg var dreng, Jan Hansen.

Ja, og tømmerlærlinge, murerlærlinge, brolæggerlærlinge, rørlæggerlærlinge, glarmesterlærlinge, typograflærlinge, blikkenslagere, automekanikere, klejnsmede, skiltemalere, butikselever, og kontorelever. Min sidekammerat, der var flyttet fra Prinsesse Charlottes Gade Skole på Nørrebro til Søborg Skole, Erik Bering Petersen kom i lære som blomsterbinder. Erik havde et bemærkelsesværdigt smukt sprog og en smuk stemme, han kunne måske være blevet en fin sanger. I stedet blev han blomsterkunstner. Han var blomster bud hos Zenia blomster, overfor Søborg Kirke, efter skoletid. Min sidekammerat før ham, Carl Christian Degn kom i lære som automekaniker. Sidekammeraten inden ham, Bjarne Erbs, blev butikselev og dekoratør. Disse tre blev selvstændige erhvervsdrivende i meget ung alder, ligesom min klassekammerat Ole Jørgensen. Han blev vinduespolerer efter en tid forinden som math-elev på Bådsmandsstræde kasserne og på depotskibet 'Hjælperen'. Der stod 'Hjælperen' på hans uniforms kasket.

Da jeg kom i lære fulgtes jeg i begyndelsen ofte et stykke vej ud ad Dyssegårdsvej med Ivan Mortensen. Han havde gået en klasse under mig. Selv om han var lille og spinkel, så var han modig ud over det almindelige. Han gik vel i 4. klasse, da han sprang fra 10 meter tårnet i Gladsaxe Friluftsbad. Han var kommet i lære som jockey, så han skulle også møde tidligt om morgenen ligesom mig, ud at ordne hestene inden han skulle ride. Det var et ualmindeligt spændende job. Jeg var lidt misundelig på ham. Det måtte være dejligt at være ude i naturen hver dag. Jeg tænkte i en periode, at det var bedre, om jeg i stedet blev gartner eller brolægger. Men så var der jo også vinteren, da var det nok ikke så godt at være ude.

Min far arbejdede på Rådhuset i Gladsaxe. Han var tillige kunstner, ligesom hans far havde været, og som min ene bror var, og som mange i familien havde været tilbage i tiden. Så hvis det ikke direkte skulle være kunst, så var kunsthåndværk oplagt. Min familie synes, at det var mere fornuftigt med at vælge et håndværk, der smagte af kunst, og få fast indtægt, i stedet for at blive 'rigtig'

Antal elever der forlod skolen og gymnasiet i 1960		
	Antal	*Procent*
Efter 7. klasse	*36302*	*47,79%*
Efter 8. klasse	*10100*	*13,30%*
Efter 9. klasse	*7981*	*10,51%*
Med realeksamen	*17754*	*23,37%*
med studentereksamen	*3826*	*5,04%*
I alt	*75963*	*100,00%*

Kilde. Hvem, hvad, hvor (HHH), s.189. Politikens Årbog 1962

(Det fremgår på den efterfølgende side, s.190 af HHH, at 27456 elever gennemførte mellemskoleeksamen i 1960. Mellemskoleeksamen blev gennemført efter 4 år i mellemskolen, dvs. 6.- 9. skoleår. Børnene blev delt efter 5. klasse i eksamensfri mellemskole henholdsvis mellemskole med eksamensprøver. Mellemskoleeksamen var adgangskrav til realklassen og gymnasiet. Hovedparten med mellemskoleeksamen fortsatte i realklassen eller i gymnasiet. I øvrigt var mellemskoleeksamenen på vej ud, med vedtagelsen af folkeskoleloven af 1958. Af den årsag pressede man måske særlig mange igennem 1960? Men antallet på 27456 virker for stort - det er næsten lige så stort som summen af elever der forlod skolen efter; 9. klasse, realeksamen og studentereksamen = 29561. Omregnet til 1960 svarer det til, at kun 2105 af de elever der forlod skolen efter 9 klasse skulle komme fra den eksamensfri mellemskole. Hvis det er korrekt, må man konkludere, at de fleste af de elever, der ikke havde tænkt sig at afslutte med realeksamen eller studentereksamen valgte at forlade skolen efter 7. eller 8 klasse.)

kunstner uden sikkerhed for indtægt. Desuden kendte familien til kunstens uundgåelige følgesvend, smerten ved livet og dets kvaler, passionens periodiske ledsager.

Jeg havde i øvrigt ikke sådan pige venner dengang, jeg var genert. Pigerne jeg havde gået i klasse med, kom også i lære. Nogle i butik, nogle på kontor og nogle som sygeplejersker. Et par kom på husholdningsseminariet og en kom senere på lærerseminariet. Ja og der var en, der blev 'hulkortoperatør' på Regne Centralen.

Mange af drengene gik ud af skolen midt skoleåret, hvis de havde fået en læreplads. Når pladsen var der, så var det med at slå til. Lærepladsen var vigtig, det var skolen ikke i samme grad. I begyndelsen af 9. klasse var jeg den eneste tilbageværende dreng i min klasse, og der var 14 piger. Jeg syntes at pigerne virkede mere voksne end jeg, og de syntes nok også, at jeg var en fjollerøv.

Da klassen skulle på lejrskole et dejligt sted på Söderåsen i Sverige, Kopparhatten hed det, fik jeg lov til at tage en god kammerat med fra parallelklassen, Allan Møller Nielsen, han blev senere en af de mest vindende cykelryttere på Ordrupbanen. På flere måder lignede han en ung version af skuespilleren Hans W. Petersen, der dengang havde fyrige roller i Danske film.

Kunst og arbejde

Jeg havde den erfaring med i bagagen, at stolthed og glæde ved arbejdet ikke behøvede at hænge sammen med arbejdets art eller produktets status. Jeg havde bl.a. været medhjælper i Foreningen Kunst på Arbejdspladsen, hvor min bror var daglig leder og indkøbskonsulent. Her kom jeg rundt på mange virksomheder med udstillinger af malerier, skulpturer og grafik.

Medarbejderne var mest stolte af deres arbejdsplads hos Otto Mønsted A/S - OMA margarinefabrik. Her fortalte man fx stolt, at en medarbejder havde tabt sin kam ned i margarinekarret. Prompte blev karrets indhold bestående 6.000 kg margarine sendt til destruktion. Modsat var medarbejderne på Den Kongelige Porcelænsfabrik. De var gnavne. Der var alt muligt i vejen med porcelænet, med lønnen, med ledelsen og med kunsten, som vi kom med og hængte op. Men jeg kunne nu trods alt ikke tænke mig at arbejde på margarinefabrikken - men absolut heller ikke på Den Kongelige Porcelænsfabrik.

På Hellesens batterifabrik turde jeg næsten ikke komme. Der var fyldt med damer, og de råbte, når de så mig:

'Nneeeejjj hvor er han sød, den lille negerdreng, kom her hen, hvor er du sød, du er lige sådan en lille en, jeg

*Familieportræt 48*72 cm. Flemming Rosenfalck 1969.*

kunne tænke mig'. Ganske vidst var jeg sorthåret, og om sommeren kunne jeg blive brun næsten som en inder, men neger det var jeg da ikke. Men jeg havde givetvis arvet en del gener fra middelhavsområdet. Jeg havde sydlandsk udseende ligesom min mor og som min mormor. Min mormor var fra bygden Kirkja på Fugloy, hvor der vist nok havde været fremmede søfolk på 'besøg' langt tilbage i tiden. Drilleriet fra damerne på Hellesens var mere, end jeg brød mig om. Og de blev ved.

Foreningen Kunst på Arbejdspladsen havde adresse i Nyhavn 11, hos belysningsfirmaet Louis Poulsen og Co. Her var foreningens unge bestyrelsesformand Jens Kaastrup-Olsen administrerende direktør. Han var for det første interesseret i at fremme og udvikle formidlingen af kunst, og i at få kunsten, herunder den nyeste kunst, bredere ud end museerne og udstillingsbygningerne og kunstnersammenslutningerne var i stand til.

Kaastrup-Olsen var særdeles kunstinteresseret og interesseret i de kunstnere m.fl., der færdedes i bygningens kælderlokaler. Også PH rendte rundt dernede en gang imellem og gryntede skeptisk over kunsten. Kaastrup-Olsen har været inspireret af sit firmas satsning på kunsten i form af PH-lampen allerede i 1924. Det var fremsynet og modigt at forene kunstdesign og belysning. Og det var samtidig smukke og unikke lamper - ikoner for dansk design - der kom ud af det, og tillige en god forretning for hans firma Louis Poulsen og Co.

Engang jeg var dernede i foreningens kælderlokaler, spurgte Kaastrup-Olsen, hvem drengen var, altså mig. Det er min lillebror svarede Flemming. Det forbavser mig meget Rosenfalck, svarede Kaastrup-Olsen. Drengen er jo nærmest køn, har I samme forældre? Spurgte han kækt og skælmsk videre. Jeg synes det var flabet sagt til Flemming, men de kunne vældig godt lide hinanden, med gensidig respekt trods drillerier.

Kaastrup-Olsen forsøgte flere gange forgæves at få Flemming til at købe 'Skagensmalerier'. Men det kunne Flemming ikke få sig selv til. De var alt for dyre, og for forudsigelige, i forhold til hvad han kunne få for de samme penge. 'Hør nu her Rosenfalck, det er jo ikke Deres penge, det er foreningens penge, og foreningen skal have et bredt udvalg af dansk kunst'. Men lige lidt hjalp det, Flemming kunne ikke få sig selv til at købe så dyrt og så forudsigelig kunst ind. Der skulle være mere udfordring,

4 LAND OG FOLK Søndag-mandag 28.-29. april 1968

Af TIM JACOBSEN ★ Foto EBBE WRAAE

Kunsten skal ud til folket

Folk skal ikke presses til at forstå dansk nutidskunst, men i hvert fald have mulighed for at se den, siger lederen af Kunst på Arbejdspladsen, maleren Flemming Rosenfalk

- *David og Goliat?*

Bestyrelsesformand Jens Kaastrup-Olsen tv. og daglig leder Flemming Rosenfalck th. I 1968 leverede Foreningen Kunst på Arbejdspladsen kunst til 75.000 mennesker dagligt.

og mindre skønmaleri i kunsten, end hos skagensmalerne.

Det bedste ved at arbejde i Kunst på Arbejdspladsen for mig, det var, når vi holdt frokostpause i Henry Heerups havehus i Rødovre. Der fik vi stegt flæsk og spejlæg med et stykke rugbrød med smør. Og så kikkede min bror efter, om der var billeder, skulpturer, eller bemalede sten, som Kunst på Arbejdspladsen burde købe. Flemming var en særdeles opmærksom opsøgende indkøbskonsulent. Politikens kulturredaktør Pierre Lübecker kaldte ham i en artikel den 22. oktober 1969 for 'seeren'. Ekstrabladets kulturredaktør Jens Jørgen Thorsen gav ham den 21. juli

Flemming havde ofte gæster i Kunst på Arbejdspladsens kælderlokale i Nyhavn 11. Kunstnere og interesserede håbede på en go snak. Nogle håbede tillige på, at foreningen ville få øje på deres kunst og købe! Den unge dame på billedet har måske et godt øje til fotografen - Ebbe Wraae, den unge herre kunne ligne Mogens Lohmann, mon kvinden så er Annie Lohmann? Annie havde været tysk flygtning fra Østpreussen og Mogens havde været vagt ved flygtningelejren i 1945. På den måde havde de mødt hinanden.

1965 hele 2 tilnavne på samme tid: Dr. Jekyll og Mr. Hyde. Dette for hans dobbeltrolle, som den insisterende påholdende indkøber på den ene side, og på den anden side som udøvende kunstner, der ønskede bedre vilkår for de udøvende kunstnere.

Heerup var en finurlig mand, og der var ofte besøg af andre kunstnere hos ham. Lange unge John Christian Ravn lavede skæg med den lille ældre Heerup, og begge nød det, næsten som fyrtårnet og bivognen. Og Piero Manzoni, den unge Italiener, diskede op med de mest originale påhit. Fx kunstnerlort på dåse, som han solgte til gulds pris, efter samme vægtprincip som kunstnere i renæssancen

Ved blot at opholde sig i nogle få minutter i Kunst På Arbejdspladsens kælderlokaler i Nyhavn 11, kunne man i skørtehøjde endda, blive vidne til flere stævnemøder og aftaler - fascinerende.

solgte deres ædle blod. Videre lavede han 'Jordens sokkel' der ses på billedet på næste side, samt en ufattelig lang rulle papir med en maskinfremstillet sort stribe, der var lagt i en lukket beholder osv. Helt i internationalt format - ofte delvis finansieret af ejeren af Angli Skjorte fabrikkerne i Herning, Aage Damgaard. Manzoni var ligetil at tale med. På letforståeligt gebrokkent engelsk, og respektfuld var han overfor mig, der endnu ikke var voksen. Ham kunne jeg virkelig godt lide. Han virkede mere åben overfor mig end de fleste.

Piero Manzoni, Socle du Monde, der som det ses, hvis man står på hovedet, bærer hele kloden. 1961.

Han så de enkle løsninger på de store spørgsmål.

Manzoni og den elegante og galante Wilhelm Freddie deltog i en sommerfest, som min bror holdt i sin atelierhave i 1960. Freddie var den ældste deltager måske lidt over 50 år dengang, de øvrige deltagere var omkring 30 år. Jo og så var der også nogle, der havde deres børn med, bl.a. Inge Lendemark og Jørn Larsen havde deres lille søn med Lars hed han, Labber blev han kaldt, de havde et Daffy blad med til ham. Kirsten Stubbe havde en datter med, hun var lidt yngre end mig, Janne tror jeg hun hed. Freddie var min brors virkelig gode ven, måske også en form for en ledestjerne. Freddies daværende muse, Else Thomsen,

Flemming i Heerups have i Rødovre. Heerup havde et godt øje til 'løse' sten i nærområdet. Flere sten blev i ly af mørket placeret på hans lager og omskabt til kunst.

var restauratør, og indehaver af Drop Inn i Farvergade i København. På Drop Inn spillede de bedste amerikanske jazzmusikere. Fx Bassisten Oscar Pettiford. Ikke mere om det, nu videre med festen. Her var den norske hjertekirurg Inge. Ja, og Inge var en mand. Så var der Jørn Larsen, Inge Lendemark, Mogens Lohmann, Inger Hanmann, Bent Stubbe Teglbjærg, Kirsten Stubbe, Grethe Riisberg Thomsen, Hanne Heine, Flemmings muse gennem mange år Ketty, og Josefine, fotografen Ebbe Wraae og hans søster Mette (som senere blev gift med Black), ingeniør Knud Black, der havde været beskæftiget i et ulandsprojekt i Indien sammen med Willy Uffelmann, som

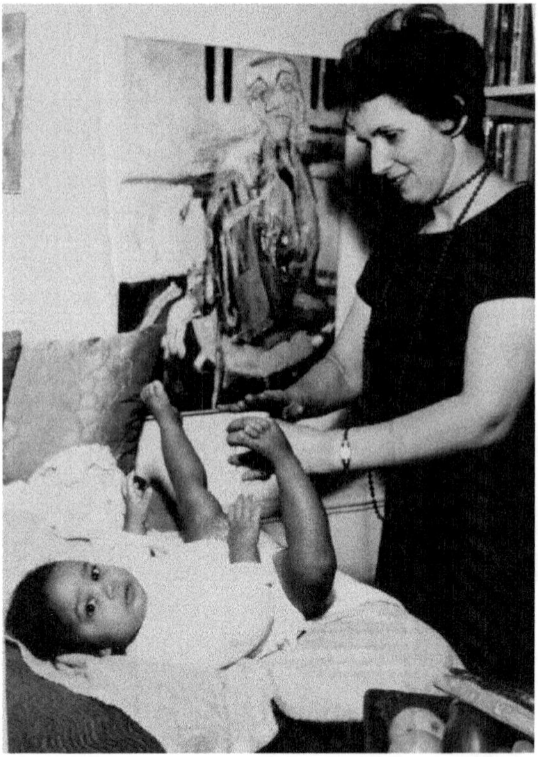

*Else Thomsen hjalp den unge enke efter bassisten Oscar Pettiford og passede tvillingedøtrene Celeste og Celine. Oscar, der kun var 37 år, blev pludselig lam og døde i løbet af få dage i 1960. I baggrunden Freddies portræt maleri af Flemming fra 1960, 65*81 cm.*

Nu har jeg malet dig ringede Wilhelm Freddie en dag i 1960 og fortalte min bror Flemming. Du er lidt doven, så jeg gav dig kun 3 fingre. Nå, har du malet mig, så er det derfor, jeg har sovet så elendigt den seneste tid svarede Flemming.

måtte vandre det meste af vejen fra Indien til Grækenland, hvilket tog det meste af et år. Inderne bl.a. vendte ham ryggen. De ville ikke hjælpe ham, da han havde en delvis lam arm. Det var et dårligt tegn for dem. Mange af festdeltagerne havde i øvrigt gået på professor Peter

Flemmings atelier mellem træerne set fra 'den modsatte bred' af Mølleåen ved Fuglevad i Kgs. Lyngby. Et fantastisk sted.

Rostrup Bøyesens private malerskole i København 1948-50. Her gik også den islandske kunstner og biografejer Gunnar Gunnarsson. Ham forsøgte jeg at opsøge i Reykjavik i 1987. Det viste sig, at der var fire der bar dette navn i Reykjavik. Jeg fandt ham desværre ikke, måske lå han på kirkegården? Jeg husker, at han havde en flot Amerikansk bil, og at jeg fik lov til at styre, selv om jeg kun var en lille dreng. Han var nok fra en velhavende familie.

Alle de nævnte og flere til var til bålfest med stegt lam i min brors have på Skovbrynet 94 i Kgs. Lyngby. Et fantastisk sted, 'Fuglevad', direkte til Mølleåen på en stor naturgrund, hvor hans lille atelier stod.

Han havde overtaget det, da billedhuggeren Jørgen Haugen Sørensen flyttede. Grunden var ejet af Ragnhild Madsen, den norskfødte enke der boede i hovedbygningen, en ældre landvilla. Hun var en mester i at strikke billeder, a'la dem der hænger på bagvæggen i folketingssalen. Hun havde

Ragnhild Madsen og Flemming Rosenfalck med et af Ragnhilds strikkede 'malerier'. Flittige Hænder nr. 4. 26. januar 1960.

Ragnhild Madsen sendte mig engang til bageren efter en 'pægl' fløde. Hun blev aldeles rasende, da jeg ikke vidste, hvad en 'pægl' var. Bagerjomfruen kunne fortælle mig, at en pægl var lig med en 1/4 'pot'. Jeg vidste dog ej heller, hvad en pot var. Jeg fik heldigvis den lille flaske med til fru Madsen, som hovedrystende tog imod med ordene, 'ungdommen nu til dags'. Ragnhild var en temmelig skrap dame. Til orientering kan jeg oplyse, at en pægl er ca. 1/4 liter og en pot er ca. 1 liter. Der er tale om gamle danske og nordiske måleenheder.

i øvrigt en betydelig omgangskreds af kunstnere og andre profilerede interessante personer. I den uoplyste kælder under huset stod en skummel gipsfigur i overstørrelse forestillende maleren Poul Bjørklund. Den gav anledning til flere gys, når jeg havde kammerater med ud at sejle i min kano. Buxtehude hed kanoen. Pagajerne stod bagved den bastante gipsfigur af Bjørklund i den mørke kælder.

Willy og jeg skulle sørge for, at lammet blev stegt på bedste vis. Da det var spist og mørket var faldet på, udspillede der sig en sælsom episode, da Willy spurgte den norske hjertekirurg Inge, om han kendte en pige, der hed .... ., ja, jeg husker ikke længere navnet, men hun havde en hjertesygdom. Hende kendte Inge. Inge beklagede, at hun desværre var død. Denne oplysning fik Willy til, i affekt, at gribe med den raske hånd lige ind i gløderne i bålet, hvor han trak en forkullet rod ud, og kastede den væk. Bag den lå der en stor rødglødende kniv. Det var en sælsom og uhyggelig episode.

Hvad pokker var det, der skete, og hvordan var den kniv kommet derind midt i bålet? Lægen tog hjem og folk havde ikke lyst til at sidde ved bålet, de kikkede betænkeligt på Willy. Troede måske, at det var noget, som han havde arrangeret. Det viste sig senere, at det var min brors papirkniv, der var af bronze, der af uransagelige årsager var havnet midt i bålet.

Jeg opholdt mig meget hos min bror i mine drenge- og ungdomsår, i hans kunstnermiljø. Det var et frirum for mig, hvor de fleste af hans venner talte til mig på lige fod. Dette mødte jeg ikke andre steder. Jeg nød det og havde stort udbytte af, at man ind imellem diskuterede essentielle spørgsmål med mig, og indførte mig i litteraturens og filosofiens verdener og værdier.

Før Flemming flyttede til atelieret i Fuglevad, havde han boet i kunstnerkollektiv på Gardes Alle nr. 14 i Hellerup. Her var det også meget interessant for mig at komme. Der boede flere forskellige kunstnere, intellektuelle og globetrottere både enlige og par, og de udøvede forskellige kunstarter. Nogle mestrede flere kunstarter, fx maleri og musik.

13 år efter Flemmings død genåbnede 'Søpavillonen', nu som Københavns ny 'Kulturhus', med restaurant og vægplads til kunstudstillinger, og med Ellen Freddie som kunstnerisk konsulent. Hun udtalte håbefuldt dengang, at det måske kunne blive Københavns svar på Louisiana. Flemming var valgt som første gæstekunstner. Om dette skrev Virtus Schade:

Rosenfalck var eksperimentator, i øvrigt Peter Bonnéns forgænger på posten som chef for 'Kunst på arbejdspladsen, og svævede han ikke på ørnevinger, vil hans glade 'avantgarde'-pip (og væsentligt længere nåede den kun 45-årige ikke i levende live) dog vise, at der var stof i det kunstneriske gennembrud ud over Mertz og konsortier. Vi har en kunstnerisk fortid, der mixer det nationale med det internationale, og Rosenfalck var en af kunstsammenstødets profeter.'[109]

Ja, han var jo død og i offentligheden også glemt på det tidspunkt i 1985. Måske netop derfor valgte bestyrelsen bestående af Ellen Freddie, Wilhelm Freddie og Palle Fogtdal at lade Flemming være første udstiller?

Døden

Tove Langelo 10. marts 1935 - 20. august 1957

Flemmings malerkollega Bent Stubbe Teglbjærg dannede par med Tove på 22 år, hun havde en datter Kathrine på 2 år. En varm dag i august 1957 havde Flemming ringet, at han kom forbi os og spiste med. Jeg havde sat mig i vinduet på reposen på 3. sal ude på trappen. Da Flemming kom til syne, var han aldeles forandret. Bleg, rystende. Normalt var han brun. Han arbejdede hos landinspektør Krogh bl.a. med opmåling af Hørsholmvejen. Altid ude. Tove var dræbt i en trafikulykke, hun var passager i en bil, føreren også blev dræbt. Politiet havde været på Gardes Alle for at oplyse om ulykken, samt hente en person, der kendte hende godt, som kunne identificere hende. Flemming tog med til hospitalet. Der lå Tove - så sød, så smuk, og aldeles død. Flemming var rystet i sin grundvold. Som jeg husker det blev Toves lille datter Kathrine adopter, jeg tror måske at familien hed Hinchely.

---

109 *Berlingske søndag, 1. sektion, side 30, 19. maj 1985. Artikel Virtus Schade*

Tove

Landinspektør Krog målte og Flemming holdt målepindene

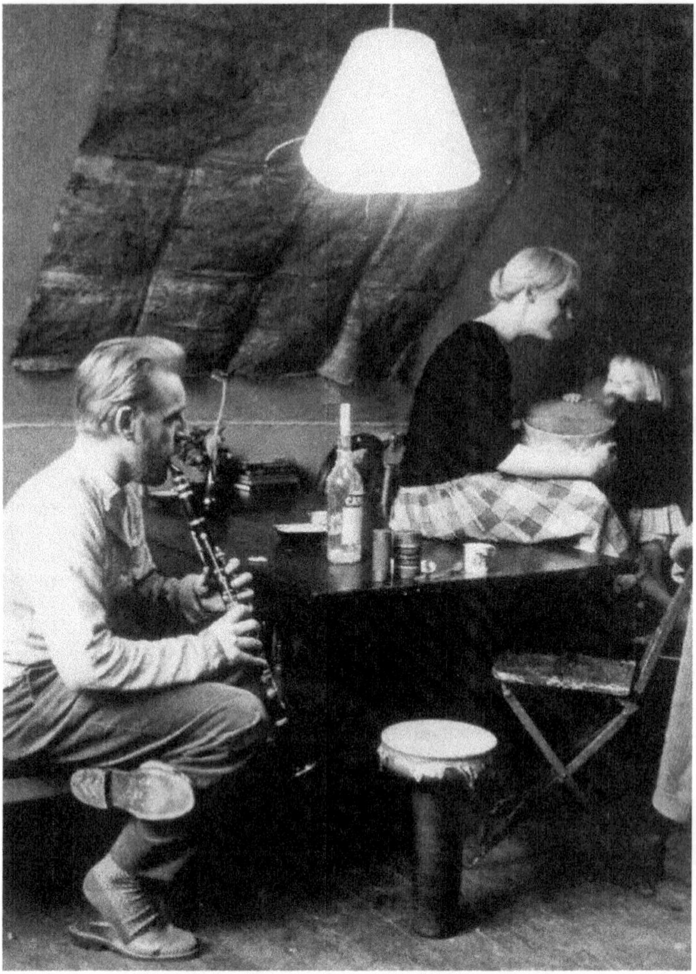

Stubbe, Tove, og lille Kathrine på Gardes Alle 14

Foto: Ebbe Wraae

Tove var det første menneske, som jeg kendte, der døde. Jeg var 11 ½ år da det skete. Det forandrede min måde at forstå livet på, at livet kunne forsvinde fra verden - uden varsel, og helt ulogisk hendes unge alder taget i betragtning. Et ½ år senere døde min mormor. Det var noget ganske andet, hun var mere end 90 år og glædede sig til at komme hjem til gud, hvad jeg ikke kunne forstå.

Året efter at Tove døde blev min mor meget alvorligt kvæstet ved en trafikulykke. En blodansamling i hjernen bevirkede at hendes kognitive niveau var spoleret. Hun havde tillige mistet førligheden. Vi frygtede alle, at hun ville dø. Efter 4 ugers tid anså Gentofte Amtssygehus hendes funktionsniveau for at være permanent - svært handicappet. Da bad professor i neurofysiologi Fritz Bucthal om at undersøge hendes hjerne nærmere. Han lokaliserede en blodansamling præcist, åbnede kraniekassen og fjernede ansamlingen. Vupti, så var min mor sig selv igen. Operationen tog en time og hun var ved bevidsthed medens Bucthal opererede. Det var et mirakel. Som en pagt mellem videnskaben og skaberen, måske? Så der var måske alligevel håb, også når alt håb synes ude.

Op gennem 1960'erne døde 2 af min fars søstre af organsygdomme. De var begge midt i 60'erne. I 1967 døde min mor i en trafikulykke, da var hun 67 år. 2 år senere døde min fars yngste lillesøster af en kredsløbssygdom. I 1972 døde min bror Flemming. Nyre, lever og hjerte var i dårlig forfatning, 45 år blev han. Året efter døde min nevø Niels, blindtarmsbetændelse 17 år gammel, ellers sund og rask. Da følte vi, at meningsløsheden havde taget magten. Der var ikke grund til at tro på noget som helst. 3 år senere døde Niels far, min bror Poul, 52 år gammel. Det var næsten som at læse i Jobs bog.

Jeg tænker nogle gange om alting ville være lettere, hvis jeg kunne lade være med at tage livet personligt, og dermed også tage død og sygdom personligt. Både min egen og andres død. Således at jeg ikke følte det som personlige prøvelser, når livet gjorde modstand, men blot betragte det som videnskaben ville gøre det, som tal i statistikkerne, som uheld, tilfældigheder, ja som en del af verdens gang.

Den personlige forholden sig til livet bunder måske i en

personlig forholden sig til den skabende kraft. Desuden producerer de grundlæggende nære relationer til familie og venner og bekendte naturligvis også personlige rum.

Et 5-årigt barns forestilling om døden

'Det gør ikke noget, at jeg dør nu, hvis vi alle sammen falder ned af bjerget med bilen, for så dør jeg sammen med min far og mor og os allesammen'. Nogenlunde sådan formulerede mit ene barnebarn sine tanker om døden på en snæver, stejl, meget skarpt bugtet bjergvej i Bergolo i Italien. Den var beregnet for lokale bjergbønder. Man kunne ikke vende om på den vej med en almindelig bil.

At et lille barn kan føle så dybt og nøgternt, når hun mærker frygten og stemningen i situationen, det er stort og tankevækkende, smukt og uselvisk. Ofrer alt hvad hun har. Og er i stand til at udtrykke det præcist.

Lakridsmen

I 1967 introduceredes en ny isme i billedkunsten i Danmark. Den nye isme opstod på foranledning af Københavns 800-års jubilæum, og i særdeleshed af kreativ tankegang hos Høeghs Pingvin Lakrids.

Høeghs Pingvin Lakrids fandt, at de kunstneriske islæt omkring jubilæums-arrangementerne var noget sparsomme.

Derfor inviterede Høeghs Pingvin Lakrids 24 af tidens kunstnere til at deltage i et morsomt eksperiment, hvor oliefarverne blev erstattet med alle mulige former for farvet lakrids.

Værkerne var en hilsen til den jubilerende hovedstad, og den 6. september 1967 bliv de overrakt til overborgmester Urban Hansen af generalkonsul Victor B. Strand ved et utraditionelt ceremoniel på Strøget foran Crome &

Goldschmidt, i hvis vinduer værkerne blev præsenteret.

Senere blev de lakridstiske værker sendt på turné, hvorefter de blev solgt på kunstauktion, og beløbet herfra tildelt velgørende formål i Københavns Kommune. Kunstnerne fik udleveret en enorm basispakke med lakrids og de kunne få suppleret op så meget de fandt nødvendigt.

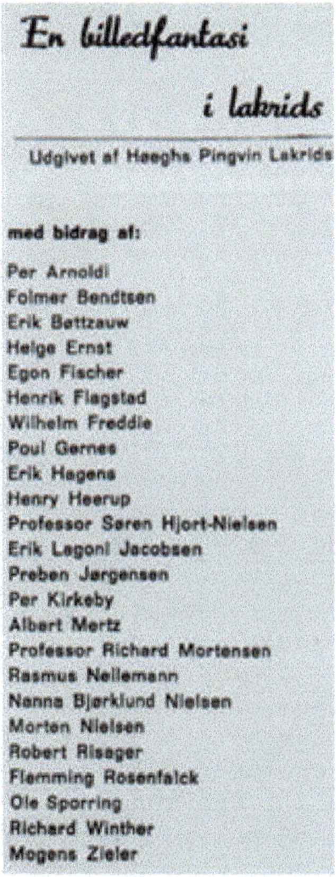

En billedfantasi i lakrids

Udgivet af Heeghs Pingvin Lakrids

med bidrag af:

Per Arnoldi
Folmer Bendtsen
Erik Bøttzauw
Helge Ernst
Egon Fischer
Henrik Flagstad
Wilhelm Freddie
Poul Gernes
Erik Hagens
Henry Heerup
Professor Søren Hjort-Nielsen
Erik Lagoni Jacobsen
Preben Jørgensen
Per Kirkeby
Albert Mertz
Professor Richard Mortensen
Rasmus Nellemann
Nanna Bjørklund Nielsen
Morten Nielsen
Robert Risager
Flemming Rosenfalck
Ole Sporring
Richard Winther
Mogens Zieler

Flemming var karikaturtegnernes ynglings 'offer'. Til venstre (i samtale med keramikeren Birthe Weggerby) i Hans Bendix streg og til højre i Otto C's streg. Flemming var i øvrigt en central figur i datidens kunstdebat. Hans scrapbøger bugner som de kendte sportsnavnes. Han deltog bl.a. også i forskellige events lige fra Kunst i kostalden hos gårdejer Jens Kirk i Thy til lakridskunst i forbindelse med Københavns 800-års jubilæum i 1967, hvor en ny isme opstod i kunsten - 'Lakridsmen'.

Dengang blev moderne malerkunst i øvrigt betragtet som oprørsk, halvgal og stærkt provokerende hos store dele af befolkningen. I dag lader folk sig slet ikke provokere i den grad af kunsten, og absolut ikke af malerkunsten. Den er ved at være forladt af tiden. En ligegyldig parentes.

Billedbehovet bliver også dækket rigeligt via TV, PC, Smartphones, Androids, Tablets, streaming og alt muligt fra det digitale univers, der kan skalere og frembringe effekter, der tidligere kun var mulige i fantasien.

I dag er det ikke længere kunsten, der går foran og viser nye veje og muligheder, kunsten er i den forstand passe'.

POLITIKEN Torsdag 7. september 1967

Lakritisk vurdering

En række kendte kunstnere udstiller for tiden værker, der er lavet af lakrids.
— Han er nu lidt for sødladen efter min smag.

Bo Bojesen lod i sin tegning ovenover beskuerne smage på lakridskunsten. Høeghs Pingvin Lakrids sponserede lakridsen. Hver af de 24 kunstnere fik 5 kg blandet lakrids at arbejde med, og de kunne få suppleret op, hvis de skulle bruge mere. Man kunne dog ikke spise af værkerne, for de var lakerede.

Henry Heerup leverede stenene til denne skulptur, som Flemming arrangerede i sin have og nød at sidde i med en smøg eller en kop kaffe.

Trefoldigheden får farver

Udsmykningskonkurrence resulterer i udstilling

Sådan kommer kunstbygningen til at se ud, når Peter Louis Jensens vinderforslag er gennemført

Flemming var også formand for bestyrelsen i det lille udstillingsanneks 'Trefoldigheden'. Bygningen var placeret på en græsrabat mellem Nyboder og Den Frie Udstillingsbygning. Her kunne håbefulde kunstnere få en chance for at vise deres værker for publikum. Bygningen blev revet ned engang i 1970'erne, da gulvet ikke længere kunne bære. Forinden det kom så vidt, havde man arbejdet med planer om at flytte bygningen ind i Tivoli, bl.a. for at få flere besøgende. Dem var der i reglen få af. Tivoli ville dog ikke være med til at formidle håbefuld kunst med trang til oprør. Det matchede ikke konceptet for den hyggelige gamle have.

Flemming var udlært som komis hos købmand Rosengård på Nørrebro. Han var i lære i perioden 1942 - 1946. I den tid var der en del forskelsbehandling af kunder - der blev ofte smigret for de betalingsdygtige og set igennem fingre med om disse kunder havde rationeringsmærker. Andre kunder kunne intet købe, hvis de ikke havde mærker. Flemming brød sig absolut ikke om disse forhold. Da han var udlært rejste han til Færøerne, hvor han bl.a. boede i en længere periode hos moster Louisa og onkel Meinhard. Her funderede han over tilværelsen og besluttede, at han ville gøre hvad han kunne, for at blive kunstmaler.

Han havde både lært systematik, orden og regnskabsførelse hos købmand Rosengård og på handelsskolen, så han besad gode forudsætninger for administration og styring af de mange udstillinger og de mange medlemmer, der på skift skulle låne disse udstillinger rundt om i landet.

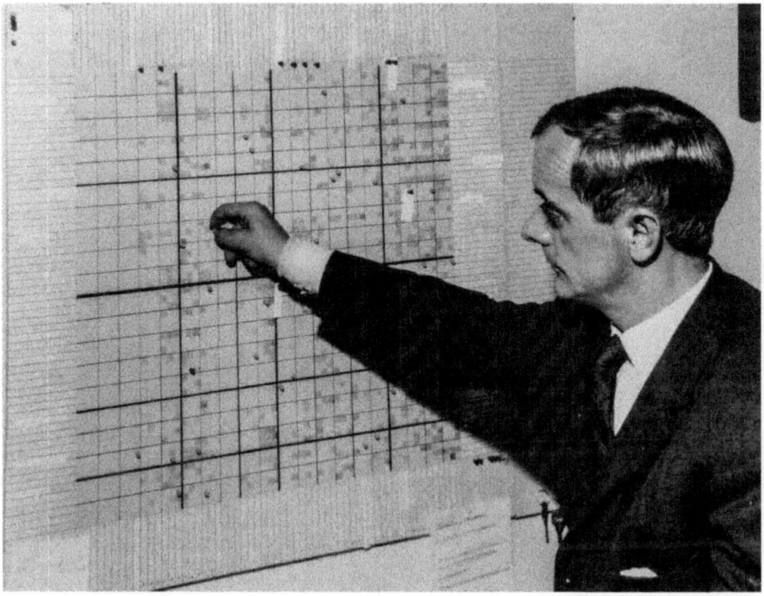

Flemming med sit selvkomponerede regneark. Det var noget af det første han fik lavet, da han blev ansat som daglig leder i foreningen Kunst på Arbejdspladsen i 1958. Her var han ansat til sin død i juni 1972.

Malermester i Chicago

Allan boede på 2. sal til venstre på Jonas Lies Vej nr. 14 i Søborg, lige under mig. Især husker jeg én episode fra min barndom, hvor Allan overraskede mig meget. Jeg var med min bror Poul og hans kone Annelise i et lejet sommerhus ved Gilbjergstien i Gilleleje. Jeg var vel 12 år gammel og Allan det samme. Pludselig var der en der kaldte på mig ude fra grusvejen. Jeg gik derud ved lågen, og der stod Allan. Han havde cyklet alene mere end 50 kilometer fra Søborg til Gilleleje på sin orangefarvede og hvide cykel, og han havde fundet vores sommerhus blandt de hundredvis af sommerhuse, der var i området. Det var næsten ufatteligt for mig, at han kunne det, der var ikke navneskilt på huset, måske var det bilen han genkendte, en Vauxhall Victor? Allan måtte nogle gange stoppe op og krumme sig sammen, hvis han kom til at anstrenge sig for meget. Det var måden, som han kunne få hjertet til at slå normalt på igen, når det kom til at galopere. Min svigerinde Annelise gav ham noget at drikke og han fik frokost med og en vist nok også dukkert i havet, tror jeg måske, før han kørte den lange vej alene hjem til Søborg. Allan var en ven. Jeg følte mig forlegen den dag. Jeg kunne ikke rigtigt gengælde hans venskab. Den oplevelse havde jeg overfor de fleste af mine venner, at jeg ikke magtede at praktisere så stærkt venskab overfor dem, som de kunne praktisere overfor mig. Jeg havde en begrænset evne til at gengælde venskab. Så de fleste faldt lige så langsomt fra igen. Det er på sin vis fortsat gennem hele min tilværelse. Derfor har jeg få venner men ret mange bekendte!

Allan emigrerede som 14-15-årig til Chicago med sin mor. Faderen Hugo Harpelund var emigreret derover et par år tidligere. Faderen fik et job som maskinarbejder med speciale i de helt store drejebænke, det havde han erfaring med fra Danmark. Allan havde en storesøster. Hun blev i Danmark. Hun spillede meget grammofon. Som jeg husker det, var det ofte 'Melodie d'amour' med Edmundo Ros. En helt særlig sound, calypso rytme, og en cool stemme - meget roligt hvilende i sig selv. Der var noget helt specielt fremmedartet over ham, sexet har Birgit givetvis synes. Hun hørte også Harry Belafonte, 'Dae - oh'. Tidstypisk for mange unge, der var lidt ældre end mig. Edmundo Ros blev benyttet på flere af de bedre dansesteder i København, og man hørte ham ofte i radioen. Allans forældre hørte bl.a. Ove Sopp med hans harmonika og hans Sopptimister, når de holdt fest. Det gjorde de hyppigt, med deres gode venner. Deres mest vedholdende ven hed Svend, han var ung, havde et pænt ansigt og var helt skaldet. Han var altid med og blev temmelig beruset. Han lignede komikeren Kjeld Petersen ganske meget.

Allans forældre kunne ikke rigtig forstå, at mine forældre hørte klassisk musik. Det synes de var meget kedeligt og højrøvet. Men vi hørte jo i virkeligheden mange gange den samme musik i radioen, som de gjorde. Svend Nicolaisens orkester, Grethe Kolbe, Hans Peder Åse, Emil Reesen, Ivan Leth, Teddy Petersen, Svend Asmussen, Bror Kalles Kapel, Fini Henriques, Henning Wellejus og hvad der nu ellers var indlagt fast i radioen i middagsstunden om lørdagen osv. Ja og faktisk hørte de fleste også lettere klassisk musik måske uden at vide det, fordi de ikke kunne undgå at høre Kuhlau, H.C. Lumbye i de populære almindelige radioudsendelser, fx giro 413 og Fritz Kreisler fx. I dag kendes meget af den musik kun af gamle mennesker. Det er ikke spillet i radioen de sidste 25 år. Noget af den musik var morsom, fx Lily Broberg med 'Vi vasker igen på torsdag', og 'Heksedansen', med Raquel Rastenni, og 'Hva´ i helved gå de rundt og gør i banken efter 3', og 'Fløjtetønden Viktoria', med Bodil Udsen, ja og 'Fandens oldemor', med Ove Sprogø og 'Byens grimmeste mand', med Poul Dissing.

I øvrigt kom jeg til at tænke på Allans forældres lejlighed på 2. sal en del år efter de var emigreret til Chicago. Det var da jeg besøgte British Museum eller måske var det London Museum. Der havde man møbleret og indrettet en række tidstypiske lejligheder med 20 års interval tror jeg det var. 1900, 1920, 1940, 1960. 1960 lejligheden var næsten som at gense Allans forældres lejlighed. Lamper, tæpper, billeder, møbler, tapet, figurer og nips var næsten identiske.

Allan kom i lære i Chicago. Han kom først i lære som først frisør, men det var ikke noget for ham. Siden kom han i lære som maler, hvor det i øvrigt gik sådan, at han overtog firmaet, da hans mester gik fallit. Han fik et særligt favorabelt banklån og blev således malermester med eget firma. Han nåede aldrig at blive udlært, men det var jo også lige meget, for nu var han malermester. Han specialiserede sig i indretning af erhvervslokaler, og han benyttede ofte danske lamper og møbler mv. Han aftjente amerikansk værnepligt, på den amerikanske base Ramstein i Vesttyskland. Flere orlov benyttedes til at besøge barndomsvejen og kammeraterne, og han gav rundhåndet drinks mv. Det har han i øvrigt fortsat med livet igennem. Han har i mange år haft en kontorindretnings virksomhed i Chicago. Han har flere gange taget både 10 og 20 af sine medarbejdere med til Danmark, når venner og hjemstavn skulle besøges. Højdepunktet har hver gang været 'skipperlabskovs' i Tivoli. Flere gange har han hyret Papa Bues Viking Jazz Band til at underholde sine gæster. Allan betalte det hele for alle. Han har i øvrigt det ønske, der næppe vil kunne indfries legalt, at hans aske bliver spredt over Parkens græstæppe i København, når han engang er død.

Nye veje og muligheder -
det siges at en kat har 9 liv, jeg havde 17 forskellige job

Efterfølgende var der flere af mine skolekammerater mv., der ligesom jeg vendte tilbage til uddannelsessystemets boglige felter, for derefter at søge nye livsbaner. Flere af de faglærte drenge begyndte efter uddannelsen at læse teknikumingeniør, arkitekt ol. Det gjorde fx min klassekammerat Søren Schächter, der blev arkitekt, en af mine bedste venner fra Jonas Lies Vej, Flemming

Gyldstrand, blev ingeniør. Han var i øvrigt en dygtig musiker, bl.a. i The Weedons. Flere af pigerne søgte efter en kontoruddannelse, butiksuddannelse ol. videre på husholdningsseminarium, på pædagogseminarium, på Den Sociale Højskole, lærerseminarium osv.

Jeg har i øvrigt selv haft 17 forskellige ansættelser i mit 47 år lange arbejdsliv; chaufførmedhjælper, arbejdsdreng, sølvciselør, reklametegner og grafisk tilrettelægger, værkstedsassistent ved særforsorgen, forskningsassistent, sociolog, fuldmægtig i Kommunernes Landsforening, økonom i Socialministeriet, kommunaldirektør i Grønland, vicesocialchef i Sorø Kommune, og multi-forvaltningschef med 4 fagchefer og 700 medarbejdere underlagt mig, for social- og sundhedsområderne, arbejdsmarkeds-, samt skole- og kulturområderne samme sted og det samme i Ramsø Kommune, chef i ledersekretariatet BUPL og de seneste år konsulent i Sundhedsforvaltningen i Københavns Kommune.

Traditioner, opvækstvilkår, og valg af levevej(e)

Flere af mine forfædre har også haft mere end et erhverv. En var snedkersvend, frugthandler og værtshusholder. En anden var konservator og malersvend og en tredje var stenhugger med egen virksomhed og tillige malermester.

I min fars del af familien havde næsten alle drengebørn gennem generationer fået tegneundervisning af deres far, pigerne lærte at sy og brodere af deres mor.

Fra jeg var ganske lille tog min far mig med ud, når han skulle male i skoven, ved vandet, eller i det åbne land. Som jeg husker det, malede han næsten altid, og for det meste hjemme i lejligheden, hvor der var en fantastisk udsigt både mod nord og mod syd på grund af bygningens højtliggende placering i terrænet, vi boede i tagetagen med skrå vægge i alle værelser og rum.

Et af min fars motiver malet ud fra vores vinduer på Jonas Lies Vej, ca. 1950 - 1955 i retning imod Gentofte, med J. E. Ohlsens Enkes tomatfrø marker i baggrunden og med Niels Finsens Alle i forgrunden.

Når det var klart vejr, kunne vi skimte Øresund mod nordøst og mod syd så vi ind over København og videre ud til Pyrolyseværkets flamme ved benzinøen på Amager. Især i morgenlyset og aftenlyset kunne udsigten være imponerende, men også når det var uvejr.

I stormvejr kunne det hyle og pibe fra vinduernes tætningslister - messinglister - der var sømmet på vinduesrammerne. Utilsigtet virkede messinglisterne som vindharper med budskaber fra underverdenen. Det trak virkelig meget fra vinduerne og fra yderdørene ved fortrappen og bagtrappen. Og vinduerne isede til, når det var stærk frost. De 3 radiatorer var placeret langt fra

Fra vores vinduer imod syd ca. 1960 i retning imod København.

vinduerne og samtidig tæt på hinanden i hver sit værelse og forbundet med det samme varmerør. Det var sikkert fordi, det var nemt for varmesmeden at lave det sådan og billigt for ejerne at etablere. Men varmen nåede ikke hen til vinduerne, der var hundekoldt derhenne om vinteren. I det hele taget var opvarmning af boligerne meget ringe den gang. Husene var i reglen ikke isolerede, og der var en kakkelovn i stuerne, men ikke i bad, toilet, eller køkken. Der var uudholdeligt varmt tæt ved ovnen og uudholdeligt koldt i den anden ende af stuen. Nogle supplerede med en petroleumsovn der osede og lugtede.

Der var dannet myter i familien om flere af familiemedlemmerne, om deres karakter, vaner, evner og

Flemming boede i reglen på ret gode adresser men i dårlige huse. Herover er det Helgas Vej 20 i Søllerød. Centralvarmeanlægget var rustet i stykker, så han måtte opstille petroleumsovne i flere af rummene, og der var alligevel ulidelig koldt om vinteren. Min cykelkammerat John Pedersen der var blikkenslager, undersøgte anlægget og sagde at alle rustne rør skulle udskiftes og der skulle også nyt oliefyr og kedel. Det ville Flemming ikke betale, så han flyttede i stedet til Nyhavn nr.57, mellemhuset 5. etage, hans vinduer vendte imod en pakhusmur kun 3 meter væk. Solen nåede ikke hans stuer. Deprimerende. Derefter hjalp min bror Poul Flemming med at købe Huset på Højmarksvej 26 i Søborg, og det blev istandsat med centralvarme og isoleret, som man nu gjorde det i 1966.

Jeg husker følgende steder Flemming boede. Først var det et værelse på Niels Lyhnes Alle i Lyngby, så et værelse Nørre Voldgade 42 4. sal København K, derefter blev det Gardes Alle 14 i Hellerup og så blev det Skovbrynet 94 i Lyngby og derefter Helgas Vej 20 i Søllerød, og Nyhavn 57. mellemhuset 5 etage i København og endelig Højmarksvej 26 i Søborg.

levevis, og der blev i reglen smurt tykt på. Fx om min farfars bror som blev kaldt Ludvig, han var både musiker og håndværksmaler, om ham blev det fortalt; 'At han levede af pandekager. De stod i stabler på hans køkkenbord - næsten op til loftet. Og når han havde spist dem, bagte han bare nye stabler af pandekager'.

Gardes Alle 14, 2

Kakkelovn, Nørre Voldgade 42, 4

Petroleumsovn

Skovbrynet 94.

Om min fars bror Knud blev det fortalt, at han var meget stærk. Fx skulle han engang - ene mand - have løftet en kraftig belgisk arbejdshest op at stå, efter at den var faldet på en isglat gade, trækkende på en skraldevogn. Forinden havde en flok mænd måtte opgive deres samlede anstrengelser på at få hesten på benene.

Om Knuds elskelige søde kone Fanny blev det fortalt, at hun var så tung, at ingen cykel kunne bære hende. Engang på en ferie i Silkeborg, området omkring Sejs og Svejbæk, havde hun og Knud lejet cykler. På vej ned af en lang stejl bakke begyndte cyklen langsomt at synke sammen, medens hun hylede 'Knuuuuiiiiii', og i rasende fart fór ned ad bakken med en regn af gnister stående efter sig, fra stellets metal, der skrabede imod asfalten.

Om min storebror Poul, der var ualmindeligt begavet, hed det, at han både kunne læse og regne, da han var 4 år. Ja, myterne blev utvivlsomt nok styrket med årene. Men måske var det alligevel et gran af sandhed i noget af det. Nogle af vores børnebørn på 5 år kan faktisk anvende simple regnearter og de kan alle bogstaver, og til en vis grad læse lettere ord og sætninger, men det kunne de ikke, da de var 4 år.

Men der var også modsatrettede fortællinger om uheldige begivenheder. Fx da min farbror Knud og hans kone Fanny havde sparet sammen til at købe en naturgrund. Det var tanken, at de senere kunne bygge et lille hus på grunden, hvis de kunne få en byggetilladelse. En dejlig birkelund i Hareskovby. Det var i slutningen af 1940'erne at de købte grunden for 3.000 kr. De fældede med venners hjælp en masse birketræer. Da det blev forår, var det meste af grunden forsvundet. Kun et mindre hjørne lå tørt, resten var under vand. De havde grunden i flere år, men måtte opgive at bygge hus på den. Grunden blev dog solgt for 1.700 kr. til en tømmermester. Han kendte området og vel også til løsninger på problemer med oversvømmelser.

Nu til noget ganske andet. Jeg var ret frit opdraget

hjemmefra, og det gav mig problemer, da jeg kom i skole. På vej til skole på min anden skoledag bad en af damerne på Jonas Lies Vej mig, om jeg ville gå til købmanden og hente et ½ pund Santos kaffe. Det gjorde jeg så. Det betød desværre, at jeg kom for sent i skole. Min lærer, Josefsen hed han, benyttede lejligheden til at statuere et eksempel, og gav mig en skideballe, for ikke at passe min skoletid. Dermed var niveauet lagt for klassen. Disciplinen var i højsædet i skolen og de fleste andre steder dengang. Min opdragelse hjemmefra var ret fri, så det kunne også lige så godt gå galt med det samme som siden hen, sammenstødet var uundgåeligt. Skolens form for pædagogik med råberi i andres påhør, havde jeg ikke prøvet før. Den brød jeg mig ikke om. Jeg følte afmagt, men jeg kunne ingenting gøre, når de voksne udstillede børns fejl til offentligt skue. Som deres ret og pligt.

Klogskab som visdom[110] modsat klogskab som snuhed - den afgørende adskillelse mellem de retfærdige og de uretfærdige[111]

Grundlæggende kan klogskaben inddeles i to

---

110 *Udførlig beskrivelse* i *Visdommens bog, i Det Gamle Testamentes Apokryfe Bøger s. 1182 – 1203. Adskillelsen mellem de retfærdige og de uretfærdige som den evige adskillelse mellem sandhed og falskhed mellem evigt liv og fortabelse.*

111 *Kierkegaard skriver følgende om udødelighed: i Christelige Taler s. 214, SKS Bd. 10. Thi Udødeligheden er Dommen. Udødeligheden er ikke fortsat Liv, saadan et i det Evige fortsat Liv, men Udødelighed er den evige Adskillelse mellem de Retfærdige og de Uretfærdige; Udødeligheden er ingen fortsættelse, som følger uden videre, men en adskillelse, som følger af det Forbigangne.*

væsensforskellige kategorier. For det første som visdom. Visdom er karakteriseret ved sin binding til begrebet retfærdighed. For det andet snuhed. Snuhed er karakteriseret ved sin binding til uretfærdighed. Kun en lille djævel som det begavede og snu dydsmønster i Johan Borgens roman 'Lillelord' fra 1955, ville have mulighed for revanche overfor en voksen lærer. Den bog læste jeg nogle år senere. Men da synes jeg, at det var dårlig stil at anvende sine evner og talenter på at give igen og tage revanche og bære nag, selv om jeg samtidig syntes, at det på sin vis ville være i orden, at retfærdigheden hævnede sig på uretfærdigheden, eleven på læreren.

I øvrigt var lærernes adfærd, når de satte sig i respekt, overfor elever i 1. klasse sikkert en del af deres egen overlevelse som lærer. Ak ja. Min revanche blev så at nævne episoden og skrive om den her. En anden revanche jeg havde i tankerne, var at låse ham inde i et af skolens mange depotrum. Så kunne han få lov til at råbe alt det han havde lyst til derinde og sparke på døren måske og komme for sent hjem til sin familie måske. Han tænkte nok hverken på, at små børn blev større, eller at han kunne have vækket en lille djævel til live i nogle af børnene. I øvrigt blev Lillelord fulgt op af bøgerne *De mørke kilder* og *Nu har vi ham* hvor Johan Borgen bl.a. beskriver et sted som Lillelord søger gennem hele sit liv. Stedet kalder han Nobiskro[112].

---

112 *Nobiskro er det land som Gud ikke nåede. Her var riget imellem jordeliv og frelse, skabt i sindene den gang menneskene blev fri for deres frygt for skærsilden og erstattede dette med en anden og endnu værre frygt, frygten for at fortsætte i det, der var i det uendelige. For nogen var det en kro, hvor de sad og sad og ikke kunne betale, undtagen med det jordiske gods de havde forladt. Men for andre, dem med den smertelige viden, var det landet, hvor livet gik sin gang med de mørkeste stunder, man kan mindes; et slimet land,*

Nå, men dengang var der iøvrigt en begrænset viden om læringsmetoder og forståelse for børns og familiers forskelligheder, og for forskellige måder at lære på, og for hvilke metoder der virkede bedst. Det var nok heller ikke tiden dengang, at man stak en finger i jorden, og vurderede, om det var et enkeltstående tilfælde, eller noget der gentog sig, med at komme for sent til timen.

Jeg må lige indskyde, at jeg gik på et eftermiddagshold, dvs. at min skoletid var fra kl. 12 til kl. 16. Der var tillige formiddagshold fra kl. 8 til kl. 12. Dengang var der så mange børn, at skolernes kapacitet ikke slog til.

Måske var der også en skole, som af en eller anden grund ikke modtog børn. Et eller andet problem var der vist. På Søborg Skole udnyttedes lokalerne således dobbelt for de nye klasser. Der var 33 børn i min klasse. Der var 5 førsteklasser på skolen i 1952 med 150 elever tilsammen.

Jeg kom egentlig ikke til at føle mig tilpas i skolens

---

et land med moser og lumske farer, et land uden tinder uden udsyn, en hverdag trummerum. Sådan var dette land Nobiskro, det land, der ikke indfriede dødens længsel; den nådesløse fortsættelse af det, der var tilendebragt. Sorgerne ligger nøgne i dette land. De uindfriede løfter galer fra trætoppe, to-tonet og trist, som gøgen galer; den gæld, der er, den er der. Den bliver til skyld, skyld. I dette land har ingen myndigheder magten, men den magt der råder, råder i kraft af loven i hvert menneskes indre: Den der gjorde ondt, gør ondt; den der gør ondt, gør mere ondt. Fra dette land – det hedder Nobiskro – er intet håb jaget ud, for der har ikke været noget håb. I dette land råder døden ikke, for døden kommer ikke her. Og ikke visheden om skyld, men anelsen. I dette land er ingen afbigt, ingen anger, for dets lov er lukket og absolut. Overvejelsen findes ikke i dette land.

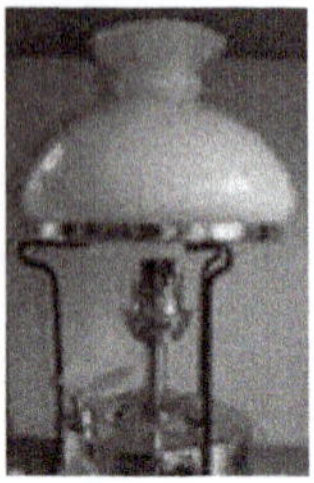

Stubbehus 1952 *Primus lampe*

Fra venstre; min søster Lisbeth, jeg selv, Flemming og Poul i Stubbe Teglbjærgs sommerhus kaldet 'Stubbehus' ved Bjerge Strand. Min far og mor var også med. En dejlig ferie for familien. Vi havde ikke bil. Vi bestilte en stor taxa til hovedbanegården. Derfra med tog til Slagelse. Videre derfra med lokalbane. Toget stoppede undervejs i småbyer med sjove navne som Løve, Fuglede og Svallerup, hvorfra vi tog en vognmand det sidste stykke. Der var ikke plads til alle i vognen, de unge måtte gå, ca. 3 km - heldigvis i dejligt solskinsvejr. Der var ikke elektricitet i huset. Det blev oplyst af et par primuslamper, de hvæsede og lugtede af sprit. Der var heller ikke toilet, men derimod et lokum. Man skulle tømme spanden fra lokummet hver anden dag og grave indholdet ned. Der var ikke vand inde i huset, men en vandpumpe udenfor.

Poul og Flemming var fra naturens side ualmindeligt begavede. Men de havde begge fysiske skavanker af ubestemmelig art. Det blev fortalt, at det skyldtes vitaminmangel i fosterstadiet og engelsk syge. Forklaringerne vekslede og lød ikke overbevisende. Måske var det medfødte omstændigheder, som man ikke ønskede at fortælle om. Og hvor kom de fra? Far eller mor? Min far ville aldrig kendes ved det, hvis det kom fra ham. Han var i øvrigt ganske almindeligt begavet! I øvrigt var det mere sandsynligt, at Poul havde en form for tuberkulose som spæd. Potts sygdom kaldes sygdommen i dag. Hans skelet var alvorligt skadet.

første klasser, med dens normer og metoder. Det passede ikke med normerne i mit hjem. I skolen mente man, at jeg måske var ordblind, da jeg havde problemer med at følge med i dansk, som jeg i øvrigt fandt meningsløst og terpende - Ib så en bi, Bo fik en is, Åse tog en si, osv. Endeløse rækker af nonsens som et barn på to år kunne forstå, blev vi sat til at læse. Ligesådan var det med regning ved først at blive vurderet til pattebarnsstadiet og dernæst blive rettet for latterlige sjuskefejl.

Jeg og mine søskende 1952

Som ung var Flemming, var atlet i klubben Ben Hur nær Utterslev mose. Da han var 45 døde han af 'alderdom'. Han må have fejlet et eller andet. Han drak ganske vist i perioder en del Elefant øl, 'FF' og '47'. Men mere end 4 på en dag blev det meget sjældent til, så det kan ikke have været det, der vær årsag til den galopperende svækkelse og aldring.

På Færøerne hos min mors familie

Jeg var på Færøerne flere gange i min barndom hos min mors familie. Vi sejlede i forsommeren. I reglen var vi af sted i 4 uger. Jeg blev taget ud af skolen hver gang.

På rejserne besøgte vi min mors søskende i Tórshavn, Skopun og Klaksvik. Rejserne mellem Tórshavn og Klaksvik foregik med 'Britains Pride', kaldet Pride, et lyseblåt træskib, bygget som slup, dvs. sejlskib med en mast, som fiskefartøj i 1889, ombygget i 1914 til fragt- og passagerer. Erhvervsmanden Kjølbro[113] ejede Pride. Når vi skulle fra Tórshavn til Skopun sejlede vi med 'Ritan'. Et sort stål skib, ret kort og højt, det gyngede for den mindste bølge. Ruteskibene mellem Danmark og Færøerne sejlede også mellem øernes større havne. Fx til Klaksvik.

Britains Pride, bygget 1889

Ritan, bygget 1949

---

113 *J.F.Kjølbro, cand.jur. Dansk/færøsk købmand, skibsreder og politiker. Han ejede et omfattende erhvervsimperium især i Klaksvik, på et tidspunkt udbetalte han løn til sine medarbejdere med 'Kjølbroe' sedler og mønter. Dette blev kendt ulovligt idet staten har eneret på udstedelse af sedler og mønter.*

Jeg havde mange fætre og kusiner på Færøerne, de fleste var voksne og flere var gift og havde børn.

I Tórshavn var det Solveig, Torbjørn, Gunnleyg, Jac-Luth og Hervør.

I Klaksvik var det Tryggvi og Jóna.

I Skopun var det Louis, Lisa, Annie, Jonni og John.

Det gjorde et forfærdende indtryk, at Lisa og hendes mand Steingrim begge blev alvorligt ramt af lungetuberkulose.

Der var afgang fra *Larsens Plads' i København, når vi sejlede med Dronning Alexandrine til Tórshavn. Der var et leben på kajen med lastbiler og taxaer, inden vi sejlede. Og hestevogne blev stadig brugt til transport op gennem 50'erne. Når vi skulle med Tjaldur til Færøerne var der afgang fra den modsatte side af havneløbet fra en kajplads i Strandgade, ofte fra Asiatisk Plads. Dronning Alexandrine lå meget roligt i vandet, Tjaldur lå mere uroligt. Den sejlede noget hurtigere end 'Dronningen'. Havnen gav et helt særligt liv til København, og åbning ud imod den store vide verden. Det var en spændende at tage en tur ind til havnen og bare kigge på. (Arkivfort Museet for Søfart)

Billedet til venstre er fra Skopun, hvor min ældste morbror Oliver havde en lille købmandshandel. Billedet til højre er min far med malergrej og mig i Tórshavn i bunden af Trondargøta tæt ved havnen og Voxbotn.

Færøerne forår 1951. Billedet til venstre er fra hustaget i Trondargøta i Tórshavn med min morbror Jóan Jakku, der har sit barnebarn Egi på armen, min far med mig i hånden, Jóan Jakku's hustru Paulina, hendes søster og min mor. Billedet til højre er Poulina, jeg og Jóan Jakku's i Voxbotn i Tórshavn. I dag er denne inderste del af Voxbotn fyldt op, og henligger som plads, hvor der bl.a. er opsat skulpturer.

Alle frygtede for Lisas og Steingrims lille dreng Jens Olivur, født i 1949. Han undgik lykkeligvis sygdommen. Steingrim døde i foråret 1957. Lisa gennemlevede livstruende sygdom og operation sidst i 1950'erne. Hendes forældre Olivur og Petra tog sig af Jens Olivur, når Lisa var indlagt. Hun kom sig lykkeligvis. Hun arbejdede og klarede sig på trods af nedsat lungefunktion.

Bakterien der forårsagede tuberkulose må have haft gode vækstbetingelser dengang, og penicillinen, der kunne bekæmpe den, blev først sat i masseproduktion omkring midten af 1950'erne på trods af den blev opdaget i 1925.

Til venstre min far og mig i Tórshavn. Til højre min mor, far og jeg i Klaksvik maj 1951. Min fars frakke, var moderne i årene efter 2. verdenskrig, det var den frakke min mor havde på også, den var købt i Helsingborg i Sverige. Jeg var klædt som en lille dreng fra Baskerlandet. Elegant mørkeblåt, jeg havde også en lys beigefarvet.

Joen Jakob og Pouline boede i det lyse hus til venstre i Trondargøta. Underetagen var udlejet til skomager Hans Holm og hans hustru Poula.

2006. Mine fætre og kusiner, deres ægtefæller børn og børnebørn mv.

Klaksvik april 1951. Fra venstre min fætter Tryggvi, min kusine Jóna, min moster Louisa, min mormor Johanna og min onkel Meinhard. Han var viceskoleinspektør i Klaksvik dengang. Forinden var han lærer i Hovi på Suderø og derefter førstelærer på Svinø i en årrække. Foruden min mormor boede Meinhards far, Johan Lambhauge, hos familien. Huset var bygget i 1950. Indflytning fandt sted mellem julen 1950 og nytåret 1951.

*Fra Venstre Johan Frederik Lambhauge, (Tryggvis farfar) kaldet LambaJohan (han kom fra bygden Lamba), efter ham er det min far Lymont og min fætter Tryggvi, Klaksvik april 1951. Johan var 85 år gammel på billedet. Adræt og frisk. Han døde i maj 1955, 89 år gammel. Min mormor døde i 1958, mere end 90 år gammel. Hun var eneste i familien der var baptist, gendøbt voksendøbt - genfødt. En kendt skotsk missionær døbte hende, som den første i sit virke i Viderejde. Hun var ene i bygden om at give ham husly og høre på hans ord. Menigheden var til en vis grad udsprunget fra Plymouth Brethren. Herfra udgik forskellige sekter. Fx den usynlig kirke, idet det hverken var bygninger eller pragt, men den inderlige personlige tro og guds ord, der var afgørende. Denne trosretning var inspireret af døberbevægelsen, og brødremenigheden af stærkt troende og genfødte, nogle via personlig åbenbaring, som søgtes fastholdt vedvarende gennem livet, nogle i genfødslens lys, med nedtoning af alt jordisk og materielt. Det var Jesus dåb, der var helligdommen og omdrejningspunktet med menighedens dåbsritual. Barnedåb var udelukket og man troede ikke på arvesynden. Menigheden opførte dog eet menighedshus, 'Saron', i Viderejde i 1911 til samling om bøn og bibellæsning. Menigheden var uafhængig af myndigheder. Alle i menigheden var ligestillede. Man troede ikke på *mellemmænd' mellem gud og den troende, man holdt sig til guds ord, når man samledes, der blev sunget salmer, bedt og læst op af biblen. Der var flere forbud, fx ikke høre radio, ikke stemme eller opstille ved valg, ikke tegne forsikring, ikke spise med personer, der ikke var troende, ikke bære våben, ikke være medlem af fagforeninger el. andre foreninger, ikke læse ved universitet. Jeg ved ikke i hvilken grad sådanne forbud håndhævedes i Viderejde eller hvorvidt de fungerede som oprindelige leveråd.* *Fortsættes næste side -*

Men min mormor spiste for sig selv. Det havde min far det svært med. Det lykkedes ham til sidst at få presset hende med. Han burde nok hellere have respekteret hendes ønske. Men han forstod virkelig ikke, at hun spiste for sig selv. Måske troede han, at han gjorde hende en tjeneste og samtidig en god gerning ved at få hende med til fællesbordet. Men hun ønskede bare at være alene med sin skaber når hun spiste. Han kunne ikke begribe omfanget af hendes tro. I øvrigt havde min mormor været bestyrer af telefon- og telegrafstationen i Viderejde. Min morfar Lutherus var handelsbetjent samme sted. Han skulle se til, at varer der kom til bygden var fortoldede, ellers pålægge told. Han havde ikke lært at regne med procenter. Derfor var der ofte andre der måtte kontrollere, om tolden var beregnet korrekt. I reglen var det Matras, som ejede handelsstationen, der måtte udføre procentberegningerne. Min mor gik i klasse med Matras søn Kristian. Han blev Færøernes første Professor.

I 1956 var min far i Viderejde for at male og tegne. Han boede på Brekkumørk hos Matras. En søn til den Matras min morfar arbejde for som handelsbetjent. Jeg mødte dette ægtepars datter i Viderejde i 2006. Hun huskede tydeligt min far. Hun var 10 år da min far roste hendes tegninger. Hun var nu gift med Arnfinn Kalsberg, færøsk minister (1998-2004), og nabo til min fætter Tryggvi i Viderejde, hvor jeg holdt ferie i 2006 og i 2018. Kalsbjergs have var ualmindeligt smuk og velplejet.

Til venstre Ægteparret Hans Jakob og Sigrid Matras i Viderejde 1956 og til højre min far med Sigrid Matras foran præstegården 'Ónagerði'. Deres hus lå på Brekkumörk, her fødtes Kristian Matras Færøernes første professor. Min mors fødehjem på Hoygarðsvegur blev revet ned under 2 VK.

Handelsbetjent hos købmand Joen Michael Matras, Lutherus Joensen (min morfar, født 1858) vejer fisk af i Viderejde 1898. Han står nærmest vinduet med ansigtet frem mod fotografen.

Min mor blev født på Hoygardsvegur 2, hvor det blå hus ligger i dag.

Skolen og opvækst fortsat

Da jeg havde vanskeligheder i skolen, blev jeg sendt til skolepsykolog Færgemann. Han boede i Åkjærs Alle nr. 20, tæt på hvor jeg boede. Jeg husker at hans hoveddør åbnede udad, så jeg var ved at blive ramt af døren, da han lukkede op. Næsten som Søren Kierkegaard skriver det, 'Lykkens dør går udad - så man ikke ved at storme løs på den kan trykke den op.' Og den kære lille psykolog Færgeman konkluderede, at jeg var velbegavet, men utilpasset, til skolens og klassens miljø, og at jeg ville have gavn af at komme i en klasse med færre børn.

Derfor blev jeg tilbudt plads i kommunens nyoprettede læseklasse. Her skulle optages 12 børn. De øvrige børn i læseklassen var ligesom jeg selv 'utilpassede', i forhold til skolens normer. En enkelt, Marius, hed han, var blevet forflyttet fra Holsteinsborg (Sisiumut) i Grønland til 'danskerfisering' i Søborg. Han var et år ældre end os andre. Måske blev han derved 'befriet' fra et liv deroppe i en dårlig bolig i beskedne kår? Måske? Det var en skræmmende historie, gennemført i bedste mening, måske, men i ufattelig uvidenhed om børns behov for nærhed, tryghed og respekt. Man forestillede sig at man kunne adskille følelser og fornuft. Det var en almindelig antagelse, at de to ting ikke havde det mindste med hinanden at gøre, så det blev ofte følelserne, man så bort fra. Det var ironisk nok ikke særligt fornuftigt.

Der var vist ikke egentlig ordblinde i 4. F på Søborg skole i 1955. Men de fleste af os havde dog det tilfælles, at vi hver især var families 'sorte får'. Selvværdet havde det ikke godt i 4. F. De fleste af os havde indtil da været kede af at gå i skole, havde ondt i maven når vi skulle af sted, ja nogle gange ondt i maven aftenen før bare ved tanken om skolen. I Læseklassen havde vi lærere[114], der forstod at tilpasse undervisningen til hver enkelt af os. Og der var flere lærerressourcer.

---

114 *Anna Abildtrup i dansk og Michael Oddershede i regning / matematik*

Der blev arbejdet målrettet individuelt og intensivt med læseundervisningen. Alt blev indøvet fra det niveau, som vi hver især befandt os på. I venlig og bestemt tone. Igen og igen blev sproget trænet, herunder korrekt og tydelig udtale og grammatik. Det var ikke terperi, det var udbytterig læring. I den forstand vil jeg tillade mig at hylde, at vi ikke forblev inkluderet i vores gamle klasser, men blev udskilt i alle timer og udviklet individuelt i et meget bedre undervisningsmiljø i forhold til vores standpunkter, end i de almindelige klasser. Det var eliteundervisning vi fik i læseklassen. Eksemplarisk.

Søborg Hovedgade set fra kirketårnet 1952. Bemærk at der er beskyttelsesrum på hjørnet til Lykkesborg Alle til venstre bag Bristol Cykler og Radio. På modsatte side af hovedgaden havde købmand Skafte butik og ismejeriet Egely yderst til højre i billedet. Der var beskyttelsesrum på hvert andet gadehjørne i Søborg dengang. Midt i billedet helt ude i højre side ses gavlen til den 4 etages ejendom på Jonas Lies Vej, hvor vi havde kvistlejlighed i nr. 14.

De fleste af os gik i klassen tre år, så var det tilbage i en 'almindelig' klasse. Søren Schächter, der boede Ved Dammen nr. 8 i Bagsværd, og jeg var de første, der kom tilbage til almindelig en klasse. Her undrede min nye klasselærer sig især over, at mit danskniveau var blandt de højeste i klassen. Der var sket det, at læseklassen havde indhentet og overhalet standpunkterne for klasserne med den almindelige klasseundervisning. Derfor varede det ikke længe, før flere af de andre elever fra læseklassen også blev overflyttet til almindelig klasse.

Mig bekendt, har alle fra læseklassen klaret sig godt senere i livet. Om end et par stykker efter traumatiske oplevelser senere i livet udviklede alkoholisme.

Set i bakspejlet, havde det måske været bedre for mig, om jeg fra starten var kommet til Bernadotteskolen eller lignende i stedet for at komme i folkeskolen. Mine søskende talte også om den mulighed. Men det blev ikke til noget. Måske var det dyrt eller besværligt? Jeg var utvivlsomt blevet en endnu mere helstøbt original, med et sådant skole- og kulturskift.

Mine voksne søskende tog på hver deres måde hånd om mig. De var hver især dybt engagerede i de emner, som de var optaget af. For Poul var det videnskaben, fysikken især. For Flemming var det kunsten og filosofien, og for Lisbeth var det musikken. De var ret bastante i deres synspunkter. Man var helt klar over, at det ikke bare var en syssel, det som de beskæftigede sig med, det var livsvigtig alvor, så de var i reglen altid kampklar, hvis nogen udfordrede dem. Især Poul[115] og Flemming.

---

[115] Poul var syg da han blev født. Han led på flere måder. Hans skelet voksede skævt. Hospitalet anbefalede, at han blev lagt i en bandage om natten. En form for trug, der var fremstillet af træ. Det var smertefuldt for ham. Min farfar kunne ikke holde ud, at den lille baby skulle spændes fast, så han

Mine søskende synes, at det var morsomt og vigtigt, at tilføre min opvækst aspekter, som de selv kunne have ønsket sig noget mere af i deres opvækst.

Poul bl.a. med lektiehjælp og musik, han holdt meget af Bach, ofte hørte han en af Brandenburg koncerterne og en gang imellem hørte vi fx også Buxtehude. Lisbeth med hygge, leg og kærlig omsorg og klassisk musik ofte klavermusik og også arier fra opera. Hun havde bl.a. sunget i Radioens pigekor, på det første hold endda, der blev oprettet i 1938. Hun sang i pigekoret fra hun var 9 år til hun var 15 år gammel. Hun havde en fin ren stemme.

Flemming[116] leverede en massiv kulturel påvirkning. Han havde tid til mig og gav sig tid til mig. Tog mig fx ofte med til torsdagskoncerter fra jeg var ca. 10 år, endda

---

knuste det og brændte det i kakkelovnen. Poul havde også problemer med det ene øje. Man kaldte det ild øje. Øjet smertede og nærmest lyste. Videre skreg han nogle gange næsten som en måge, da han var spæd. Måske var det mareridt. Da han var ca. 2 år blev han indlagt på børnehospitalet i Refnæs. Der var han længe. Han kunne ikke tale da han blev afleveret, og da han skulle hentes, talte han flydende. Der var en sygeplejerske, som tog sig personligt af ham. Hun opdagede, at han var ualmindelig lærenem. Jeg antager, at han var på Refnæs et års tid, men jeg aner det ikke. Mine forældre besøgte ham ganske få gange. Det var en dagsrejse at komme derop, og penge havde de ikke. Forfærdeligt for Poul, og forfærdeligt for mine forældre.

[116] Flemming var lille af vækst. Da han var 12-13 år gav man ham væksthormoner. Herefter voksede især hans knogler i hænder og fødder og til en vis grad ansigtsknogler. Hans tænder var dårlige, og der voksede tænder ud udenfor tandrækken. Han var ofte på tandlægehøjskolen, for at få trukket tænder ud, der var udenfor nummer.

til opera. Især husker jeg 'Hertug Blåskægs borg', med de blodige nøgler, der gav adgang til nogle af hertugens inderste og mørkeste sider, som hans elskede ville vide alt om. Den var af den ungarske dramatiker og komponist Béla Bartók. Flemming tog mig også på kunstudstillinger, og han læste højt af flere af de interessante russiske forfattere, bl.a. Gogol. Han spillede Schoenberg, Bartok, Stockhausen og andre eksperimenterende komponister for mig, men også en masse Stravinsky, Prokofiev, Mussorgsky og Rachmaninov hørte vi. Fantastisk.

I sommeren 1956 var min far og mor på Færøerne. Jeg boede i den periode på skift hos mine voksne søskende. Da fik jeg bl.a. lov til at komme med min bror Flemming og hans malerkollega Jørn Larsen op at kalke Øster Søgade skoles feriekoloni i Jægerspris. Det var spændende for en 10-årig, at skulle være med til at kalke og hente stiger, pensler, og klude, samt blande kalk og okseblod, sammen med de to gavtyve. Flemming havde bestilt 35 liter okseblod hos slagtermestrene Haag og Svane på Åkjærs Alle nr. 2 lige på hjørnet til Søborg Hovedgade. Måske havde Flemming og Jørn fået en god betaling for at male bygningerne, for de havde bestilt en stor taxa, et folkevognsrugbrød. De placerede det kæmpestore og meget tunge kar med okseblod midt på gulvet ved siden af de store sække kalk, som blodet skulle blandes med. En mærkelig blanding synes jeg - en mærkelig maling. Vi kørte så i taxa fra Søborg til Jægerspris. Det må have været dyrt, sammenlignet med at bestille det hele til levering i Jægerspris og så tage bus og tog derop.

Der var masser af plads i huset og jeg fik mit eget værelse. Der var kun koldt vand at vaske sig i, så jeg nægtede at tage brusebad, selv om jeg havde fået en del farve på mig. Da der var gået nogle dage, forlangte de at jeg skulle tage et bad. Jeg nægtede dog fortsat. Da jeg vågnede den efterfølgende morgen og ville klæde mig på, var mine bukser fyldt med hestepærer, og der var slået knuder på buksebenene. Jeg var rasende. De grinede, og tilbød at vaske mine bukser, hvis jeg tog et bad. De hentede en balje, og hældte vand i, de havde kogt. Og jeg tog det tiltrængte bad og fik rent tøj.

Senere samme dag opdagede jeg, at der var en lang snog, der ikke kunne komme op af en betonfordybning til grenaffald bag huset. Jørn fortalte, at han som dreng i min alder, havde fanget snoge, og at jeg bare kunne kravle ned og hjælpe den op. Det turde jeg dog ikke, den var lige så lang som jeg var høj. Det skulle vise sig at Jørn heller ikke turde. Den så ikke venlig ud. Det endte så med, at vi lagde nogle lange tykke grene skråt ned i fordybningen, så kunne den kravle op og smutte væk.

Jeg var fascineret af mine voksne søskende, deres tilgang livet og til de muligheder, som de præsenterede mig for, at verden kunne byde på. Dette var langt fra de normer, holdninger, idealbilleder og vinklinger på verden, som Søborg Skole kunne byde på. I forhold til det, befandt jeg mig i en marginal position i skolen, der i al beskedenhed ikke matchede det intellektuelle stadie, som mine voksne søskende arbejdede med at bringe mig til.

Så var spørgsmålet, om jeg måske var ligesom en ørneunge i en andegård, som i Henrik Pontoppidans novelle 'Ørneflugt' eller om jeg var ligesom 'Den grimme ælling' hos H.C. Andersen? Med deres diametralt modsatrettede pointer, henholdsvis; A) Styret af miljøet, som man er vokset op i, eller B) Styret af sin genetiske arv.

Det var gode spørgsmål, men var de relevante for mig? Eller fandtes der måske en syntese mellem de to poler

Eller var det slet ikke et spørgsmål om arv eller miljø, men snarere et spørgsmål om to forskellige typer af miljø, der ikke lige passede sammen?

Det var nok det sidste. Det var indlysende, at der var tale om to forskellige typer af miljø. Og om arvens forudsætninger, antager jeg, at de været på plads, på trods af, min mor var tæt på de 46 år, da hun fødte mig. Syntesen mellem de to typer af miljø var også en kendsgerning, idet jeg - på trods af marginalisering og modsætninger - havde det helt fint med mine skolekammerater, legekammerater og cykelkammerater mv. Jeg var bestemt også fascineret af de andre sider af livet og af verden, som kammeraterne kunne præsentere for mig. Noget af det, som mine kammerater og deres verden tilførte mig, marginaliserede mig til gengæld i forhold til min familie. Fx var familien ikke helt med på hverken cykelsporten eller rockmusikken. Men alt kan vel heller ikke forventes at passe som fod i hose.

Samlet set ville jeg bestemt ikke undvære noget af det, som jeg har fået med af miljøpåvirkninger på livets vej. Hverken det fra familien eller det jeg har fået 'udefra'. Det har gjort tilværelsen rummelig for mig. Selv om det kan være problematisk at føle sig marginaliseret, når man er barn. Så kan det give styrke, når man bliver voksen, hvis man er sluppet godt fra det på det personlige plan. Jeg slap sikkert rimelig heldigt fra det, fordi jeg i reglen oplevede, at det var min vinkling på et spørgsmål, der var den 'rigtige', næsten uanset hvad andre mente om min vinkling, og næsten uanset jeg var ene om den. Nogle gange kunne jeg dog godt finde på at skjule, at jeg vidste bedre end andre - indtil der opstod en mere gunstig lejlighed til at vise det. Andre gange viste jeg beskedent, at min vinkling nok var den mest brugbare. Det er også sket, at jeg har ironiseret, og trådt ud og ind af forskellige standpunkter, for at forvirre og for at spolere idyllen, og nyde glæden over at udstille misforhold i de forestillede løsningsmuligheder. Ja og endnu værre, at levere positivt medløb til forslag, der styrede direkte imod fiasko, og bevidst skubbe projektet lige i afgrunden! Men det er da også sket, at jeg har udtrykt mig bedrevidende, enerådigt og højrøvet vel sagtens. Og så er det da også sket, at jeg er blevet klogere, og har indset, at mit synspunkt var forfejlet.

Jeg tror, at det er ret almindeligt at mennesker forstiller sig, og lader være med at bekende kulør og vise hvem de er, hvis de mærker, at her i dette selskab, er du i mindretal. Det er almindelig snuhed. Hvis et menneske viser sit jeg, sit selv i et sådant selskab, så bliver det sandsynligvis angrebet måske endda fra flere sider. En sådan snu handling er både forståelig og i reglen ret uskadelig. Farligt er det til gengæld, hvis et menneske er utilfreds med sit jeg, med sit selv. Det er farligt, fordi et menneske i sagens natur ikke kan slippe af med dette selv, som det ikke kan holde ud. Det menneske kommer til at leve i fortvivlelse, når det strider med at fornægte sig selv. Som en levende død.

Endnu værre kan det være, hvis et menneske er uvidende om, hvad det er, det er fortvivlet over. Da er det angsten, der har sneget sig ind, skjult som den inderste hemmelighed både for mennesket selv og for alle andre.

Nu ikke mere om det, men til noget ganske andet.

Det var min oplevelse, især da jeg var barn, at mange ikke hørte opmærksomt efter, hvad der blev sagt, eller bemærkede præcist hvad der foregik. Mange virkede overfladiske og glemsomme, eller måske manglede de følsomhed. Det undrede mig, hvad det var. Måske var de ligeglade med hvad de hørte, og hvad de så. Dette gjaldt også nogle af de børn, som i modsætning til mig læste flydende højt i klassen, så kunne de trods dette overse pointerne i det, som de netop havde læst eller måske sunget i vores altid dejlige Ingemann morgensange. Det kunne jeg ikke begribe. Jeg tænkte også, om det måske var med vilje, at de bare lod som om de var dumme og uinteresserede. Men hvorfor mon? Det forstod jeg ikke.

Set i bakspejlet var sagen i sin komplicerede enkelthed, at jeg måske var mere observant anlagt, end de fleste.[117]

---

[117] *At være observant har intet med intelligens at gøre. Således ramte det mig*

Jeg undrede mig over, at andre ikke udviste samme nærvær og opmærksomhed. Derimod undrede jeg mig ikke over min egen observanthed, eller undrede mig over mig selv. Aldrig har jeg i øvrigt gjort det. Det burde måske give anledning til undren! I dag ville der givetvis kunne sættes en eller flere diagnoser på dette - dvs. på mig!

I øvrigt har jeg selv stødt på personer, der i særlig grad var observante, fx ciselørmester Paul Timm og kommunaldirektør Erik Nielsen. Det mærkede jeg tydeligt. Mange bryder sig ikke om mennesker, der er observante, fordi de føler sig observerede. Det har ikke generet mig. Det, at jeg mente, at jeg vidste bedre end andre, er nok også understøttet hos mig, fordi mine holdninger - gennem

---

med den største forbavselse, da en klient under det daværende Statens Åndssvageforsorg rejste sig og holdt en tale for sine rejsefæller, personale og øvrige forsamlede på en sommerlejer i Gudhjem i sommeren 1971. Mere end 80 mennesker var vi, og Michael Granby, som taleren hed, indledte som følger: ' Ærede tilhørere, mine damer og herrer. Vi er kommet til dette sted for et par dage siden, og vi har været meget omkring til fods og i bus. Jeg har bemærket, at der hele tiden var vand på den ene side af os, lige meget hvor vi færdes. Ja, der er vand hele vejen rundt om os - vi er på en ø. .... ' Senere ræsonnerede samme Michael med et spørgsmål til mig, 'om der havde været krig i området, siden der var så meget pigtråd allevegne.'. Og det skulle vise sig, at Michael ikke var den eneste på sommerlejren, der havde forbavsende evner. Gunnar (med klumpfod) og Gerhard (svagtseende) var placeret i samme kategori som Michael. Det var ubegribeligt og skræmmende for mig at erfare, at man placerede rimeligt fungerende mennesker under åndssvageforsorgen. Det skal retfærdigvis tilføjes, at det store flertal havde et betydeligt svækket funktionsniveau. De var i den forstand velplacerede.

mine søskendebånd - er blevet følelsesmæssigt forankret. Det var dejlige stunder, hvor jeg var centrum, for deres udsøgte 'indskoling'. Jeg følte mig elsket. På den måde, havde den viden, de holdninger og vinklinger på verden, som de gav mig, en meget større vægt hos mig, end det, som skolen og alle andre kunne bringe mig.[118] Det er nok også derfor, at jeg aldrig har følt mig forkert, selv om et flertal omkring mig mente noget andet end jeg gjorde. Et sådant læringsperspektiv, hvor eleven sættes positivt i centrum, med udsøgt indskoling, så eleven virkelig kan mærke, at det er en gave, og at den bliver givet for hans skyld, den virker til enhver tid. Uanset hvad nationale tests fra Finland og andre kolde eller varme steder måtte vise som forbillede for vores børn og børnebørn mv. Sådanne tests overser i sagens natur meget mere end de afdækker. Mærkværdigt at det ikke bliver gennemskuet.

'Min' type af læringserfaringer er for uhåndterbare til at kunne omsættes til almen praksis i skolen. Her tager stordriften over med de begrænsninger, der selvsagt følger. Dermed er eleven afhængig af, at en lærer, et familiemedlem mv. får specielt øje på ham, og leverer udsøgt positiv indskoling. Nogle lærere kender heller ikke til styrken i den metode, selv om de måske skulle have hørt om den, hvis de ikke selv har prøvet den.

Hermann Hesse [119] vidste for mere end 100 år siden, hvad der kunne ske, når en skole leverede negativ indskoling.

---

118 *I det hele taget følte jeg mig positivt udvalgt, da jeg var barn. Og tænk, at jeg var født den 23. december, næsten samtidig med julegaverne. Jeg var nærmest euforisk glad i julemåneden. Og glæden har jeg lykkeligvis bevaret.*

119 ***Hermann Hesse**; Jeg henviser fx til 'Under Hjulet'. Minerva-Bøgerne. Aschehoug Forlag. Kbh. 1963. Oprindeligt 'Unterm Rad', udgivet første gang i 1906. Rettigheder efter 1970, Suhrkamp Verlag. Frankfurt am Main.*

Nu igen et tilbageblik til Færøerne, og indflydelsen mine besøg havde for mig. Jeg var meget glad, når jeg skulle derop. Jeg blev taget ud af skolen. Det var dejligt at være hos familien sammen med min far og mor, i 4 uger.

Landet, sproget, vejret, folket, familien levemåderne i bygderne, og i Tórshavn, lugtene, maden, beklædningen, altid til fods eller til søs, alt var af en anden verden.

Paradoksalt nok var det lige så besynderligt at vende tilbage til Danmark efter 4 uger deroppe. Fra Havnen i Taxa i susende fart gennem Københavns brede oplyste gader. Alle træerne i Nørre Alle, alle vegne var der grønne træer. Lysende butiksruder og lysregulerede kryds, hæsblæsende fart med utålmodigheden som drivkraft fremad.

Skolen fandt det uholdbart, at jeg var væk i så lange perioder. Man tilbød mig valget mellem massiv understøttende undervisning eller, at komme i den nyoprettede læseklasse. Jeg valgte læseklassen.

Til venstre; Torfinn, tror jeg han hed, og min mors ældste bror Oliver, født 1891. Det blev sagt, at Oliver lignede min morfar Lutherus ganske meget. Torfinn klatrede ned af lodrette fjeldsider, og hentede fugleæg. Æggene blev brugt i en sandkagedej, som Olivers hustru Petra fyldte i fuglene før de blev stegt. Det smagte godt, og meget specielt. Til højre: Min far og jeg ved havnen i Skopun.

Til venstre; 'Ritan' gynger af sted i fint vejr fra Tórshavn til Skopun i foråret 1955. Til højre; min mor og jeg lidt udenfor Skopun. Øen Koltur anes i baggrunden. Ritan sejlede korte ture til nærliggende øer.

Min far og mig i Skopun 1951.

Der var mange børn at lege med i Trondargøta i Tórshavn i 1951. Børnene var bekendte af familien. Fra venstre; Elin holder om Ingun, Elins søster Åsa derefter mig Hans. Jeg husker ikke navnet på pigen bag mig.

Tórshavn 1951, i båden med min far. Til højre Joen Peter Dam, Ingun og mig.

Der var også en del voksne familiemedlemmer og bekendte i Tórshavn. Fra venstre bagerst: Poula, Sigrid, min kusine Solveig med sin søn Egi, en høj kvinde, jeg tror hun hed Ragnhild Sondum, min mor Olivia, min morbrors kone Poulina, min far Lymont og skomager Hans Holm. Forrest fra venstre børnene Ingun (Sigrids datter), mig Hans, Elin (Poulas og Hans datter), den høje pige som jeg ikke husker navnet på, og Åsa (også Poulas og Hans datter de boede til leje i kælderetagen i huset i Trondargøta).

Familien i Tórshavn 1946. Bagerst Gunnleyg, Torbjørn, Solveig, midterste række Pouline, Hervør, Joen Jakob, forrest Jakob Lutherus (Jak-Lut)

Beklædning efter 2. verdenskrig - især de første 10 år

Det var ikke til at fremskaffe klædestof i Danmark efter 2. verdenskrig. Så alt blev genbrugt. Gamle frakker, kjoler, møbelstof, duge, ja næsten alt, selv faldskærme blev genbrugt til nye formål, fx til frakker og jakker. Man reparerede alt brugt tøj. Åbnede fx sømmene på gamle jakker og frakker og vendte vrangen ud og brugte den som ny forside. Man afmonterede ærmekanter og krave og udskiftede dem eller bare bruge vrangsiden som forside. Fantasien kendte ingen grænser. Derfor havde de fleste familier en gammel symaskine, og den blev i reglen brugt flittigt. Der blev desuden strikket på livet løs og der blev lappet og stoppet huller i alt muligt beklædning.

Hans 5 år marts 1951

Hans og Allan 1952

De 2 billeder er glimrende eksempler på beklædning dengang. Allans mor og hans storesøster og min mor og min storesøster havde travlt med at finde på, hvordan gamle klude og stofstykker kunne tilpasses, vende vrangen ud osv. så det ikke så slidt ud. Meningen var god, men det fik i reglen en forkert pasform og så tosset ud. Kun når vi skulle til Færøerne fik jeg nyt tøj. Det blev købt hos Hugo Buch på Søborg Hovedgade nr. 61, hvor min far også købte tøj. Min mor fik også nyt tøj, det blev i reglen købt i Magasin du Nord på Søborg Hovedgade nr. 40.

I det hele taget blev alt repareret og genbrugt dengang. Der var forretninger og værksteder for reparation og salg af brugte og reparerede ting. Skomageren reparerede alt på slidte sko, nyt forlæder, nye hæle, nye såler, og metalstød på hæl og tå for at forlænge holdbarheden. Urmageren reparerede ure, skrædderen reparerede frakker, jakker og bukser, radioforretningen reparerede radioer mv., og cykelhandleren reparerede cykler osv. Der blev indsamlet gammelt jern, gamle klude, gammelt papir, alt kunne genbruges og omsættes på markedet i produktionen.

Mølleåens lille konge

En instruktør havde hørt om en sorthåret dreng, der klatrede i høje træer, svingede sig i lange reb i træerne

I 1958 blev jeg spurgt om jeg kunne tænke mig at spille drengen Paw i en film, der skulle indspilles året efter, bl.a. på en lille ø ude i Storstrømmen, hvor jeg bl.a. skulle springe i en skovsø.

og sejlede i kano og sprang omkring og skød med bue og pil [120] og fiskede ved Mølleåens nordlige forgreninger. For mig var det tillige som en sump og hemmelighedsfuld jungle, hvor drømme og virkelighed blev forenet.

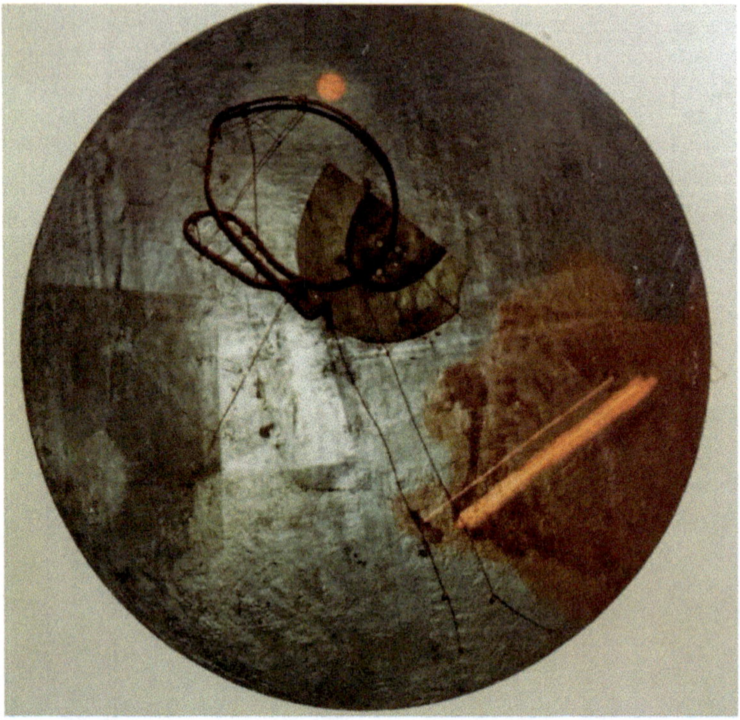

Tegning I rummet. Bemalet træplade, jernkabel, ståltråd, barberskilt mv. Ø 1,5 m. Flemming Rosenfalck 1967. Bemærk skudmærkerne i barberskiltet. Morten Jersild Reklamebureau i Studiestræde købte dette vilde kunstværk.

---

120 *Der blev også skudt med haglgevær og salonriffel. Heldigvis gik det ikke galt. På billedet ses et gennembulet barberskilt, som Flemming senere benyttede som et element i værket tegning i rummet fra 1967.*

Det var lige sådan en dreng man søgte til filmen Paw. Hun tog derud en eftermiddag, fandt mig, og tog en serie billeder af mig i haven ved Flemmings atelier på Skovbrynet 94 i Kgs. Lyngby. Hun og hendes assistent kom igen et par dage efter og talte med Flemming om filmen og med mig, om jeg kunne svømme og en masse andet. Hvis ikke, så skulle de nok sørge for, at jeg fik det lært.

Da det kom til stykket, havde jeg ikke lyst til at være med. De fleste omkring mig synes, at det var mærkeligt, at jeg ikke ville være med. Fordi det netop var sådanne drengelege, jeg elskede, som jeg skulle udføre i filmen. Og når filmselskabet endda nok skulle hjælpe med alt muligt, hvis det blev nødvendigt, hvorfor så ikke?

Sagen var imidlertid den, at jeg ikke turde. Selv om det måske kunne se sådan ud, så var jeg jo kun Mølleåens lille vilde konge, når det foregik på mine præmisser. Så snart hun skulle bestemme, blev jeg til den dreng på 12 år, som jeg jo også var. Det var for stort, overvældende, og for uoverskueligt for mig, med alle de ting, som hun fortalte mig om, at jeg skulle udføre i filmen. Især hendes begejstrede forventninger til mig, skræmte mig. Hun troede sikkert, at det lige var guf for mig. Men jeg tænkte ved mig selv; hvad nu hvis jeg ikke kunne, eller ikke turde, når det kom til stykket, eller at jeg ikke kunne gøre det ordentligt, og jeg derved kom til at spolere filmen, hvad ville der så ske (med mig)?

Den frygt turde jeg ikke nævne for hende eller for andre. Jeg blev ikke presset eller forsøgt overtalt af nogle i familien til at sige ja til at være med. Jeg var meget lettet, da det stod klart, at jeg slap for at komme med.

Det er nok sådan for mange - og det har været det for mig - at så længe man selv kunne sætte dagsordenen og tilrettelægge og udføre sine initiativer på egne præmisser, så var det lettere at føle sig ovenpå med styr på tingene, end hvis det var på andres præmisser. At have personligt 'ejerskab', til det der foregår, det er vigtigt for de fleste. Og det har været vigtigt for mig.

Interessant nok blev det senere i min tilværelse til tider nærmest en sport for mig at vove mig ud i noget, som jeg ikke lige kunne overskue, eller vidste om jeg kunne magte tilstrækkeligt godt. Det var fantastisk, når sådanne satsninger viste sig at kunne bære. Og det skete.

En væsentlig årsag til disse sats, har nok ligget i at selvværdet hos mig var ændret radikalt, siden jeg var ung i retning imod det selvovervurderende. Næsten som i 1958 når jeg var Mølleåens lille konge på egne præmisser.

Men jeg må i samme åndedrag tilstå, at jeg en gang imellem godt kunne blive i tvivl, om det nu også ville gå godt, og jeg kunne tænke på det og være nervøs allerede søndag aften ved tanke om den kommende uge, da jeg var chef for de mange forvaltninger i Sorø Kommune.

Nogle gange har heldet tilsmilet mig, hvad jeg også var meget opmærksom på, både hvad angår betydningsfulde ting, men bestemt også i forhold til mindre ting og sære pudsigheder, sådanne sætter jeg meget stor pris på. Jeg har haft en del ualmindelige oplevelser, pudsigheder af forskellig art, som fx den gang jeg og min kammerat Jan skulle lære at pifte. 6-7 år gamle vel nok. Bedst som vi anstrengte os på at få piftene frem mellem tunge og tænder, landede der en svale lige midt oven i mit hoved. Og den blev siddende og fulgte med mig op i lejligheden. Jeg fodrede den bl.a. med stegt rødspætte. Mange år senere spurgte Jan mig, om der engang var en svale, der havde sat sig oven på mit hoved, da vi øvede os i at pifte. Han var i tvivl om det var noget han havde drømt, eller om det var virkelighed.

Når man bliver gammel, over 70 år, bliver man mere betænkelig ved at vove sig ud i risikable affærer. Det er sikkert fordi man bliver langsommere i reaktionen og mere upræcis, måske endda med svækket syn og hørelse mv. Det er en del af livets gang og vej til livets ophør.

7.a fra Søborg Skole på plænen i Sorgenfri Slotspark i 1958. Vi havde været på Frilandsmuseet den dag. Flemmings atelier lå lige overfor, hvor vi sad i parken. Jeg sidder i forreste række yderst til venstre. Det var søde børn, der gik i klassen, hver eneste af dem, og vi var heldige at have Willy Nielsen, som lærer.

Han fandt på alt muligt med os, og han gav fx også virkeligt gode råd om erhvervsmuligheder, under hensyn til de specifikke forudsætninger og muligheder, som vi hver især havde. Det var ganske enkelt imponerende. Ung og initiativrig som han var - vel nok omkring 30 år gammel dengang. Og så havde han også evnen til at udtrykke tingene ligeud, uden at såre. Fx skrev han i en udtalelse til mine forældre.

'Hans er kommet godt ind i sin nye klasse. Han er en dygtig elev i faget dansk. Dog er jeg nødt til at nævne, at hans håndskrift ser ud, som om han bruger venstre fod. Der er plads til forbedring af Hans håndskrift!'

Den bemærkning blev der grinet meget af i familien. Det med håndskriften var en familiesvaghed. Så jeg var ikke alene om det. Jeg mener ikke at jeg forbedrede mig på dette felt. Willy kunne ikke forstå, at jeg ikke kunne skrive ordentligt, når jeg kunne tegne udmærket. Han foreslog, at jeg skulle prøve at tegne bogstaverne. Det gik imidlertid for langsomt.

Vores lejlighed på 3. sal bag to sydvendte kviste midt i billedet. Radioamatør Petersens radiomast anes lige over mine forældres soveværelses kvist. Vi havde tillige en kvist vendt mod nord. Vi delte bagtrappe med Petersen, der også havde en kvistlejlighed. Petersen og hans kone havde børnene Finn, 5 år ældre end jeg, og Rita på min alder.

Ejendommen var opført ca. 1935. Materialerne var genbrug. Ydermurene var hentet fra det nedrevne kvindefængsel på Christianshavn, beliggende hvor Lagkagehuset i dag ligger. En del af de indvendige materialer var hentet fra Hotel Dagmar, på Vesterbro. Omkring 1960 købte en forening af kul- og oliehandlere ejendommen. De døbte ejendommen 'Stiftelsen Ønsket'. Det var målet at lejlighederne skulle stilles til rådighed for interesserede brændselshandlere. Ejendommens populære navn blev hurtigt til 'kulhuset'. Der var 48 toværelses og 4 treværelses lejligheder.

Foreningen udskiftede straks kulfyrene i kældrene med oliefyr. En aften, da min kammerat Ole Jørgensen kom cyklende hjem, styrtede han i udgravningen til den nye olietank. Der var ringe belysning og ingen afspærring. Han kom slemt til skade og fik varige men. Han ernærede sig som selvstændig vinduespudser i Søborg i mange år. Han overtog sin mors lejlighed på første sal i nr. 24, og boede der således hele sit liv. Ole døde for nogle år siden.

Malerkunst og brød i skabet

Der var mig bekendt kun ganske få i familien, der havde været i stand til at leve af kunsten. Den ene hed Carl Julius, født i 1815. Så det er jo længe siden. Han var en anerkendt billedhugger, stenhugger og maler. Den anden var min bror Flemming, der var maler og skulptør.

*Formationer 1957. 66*91 cm. Olie på lærred. Flemming Rosenfalck.*

Men flere har i kortere perioder af deres liv været i stand til at leve af kunsten, fx min far, Lymont, og han fortsatte med at male bestillingsopgaver ved siden af sit arbejde på rådhuset i Gladsaxe. Han havde en fast aftager, der hed Staungaard. Staungaard kunne sælge landskabsmalerier, fx 'Lellinge å', 'Skovparti' osv. De blev overvejende solgt i Sverige, almindeligvis til gårdejere. Når min far var i hopla, kunne han male 12 - 15 malerier på en weekend. Nogle malerier i format 35 * 45 cm, og nogle 45 * 65 cm. Det var kun disse formater Staungaard ville have.

Min far købte materialer hos Farvehandler 'Hemmeshøj' Søborg Hovedgade 144. Mange år senere bl.a. ejet af restauratør mv. Linse Kessler. Min far skar lærrederne til og sømmede dem på blindrammer og spændte dem op. Han blandede oliefarverne. Malede alle himlene, derefter hjulsporene i vejen osv. Som på et samlebånd.

Min far med mig i hånden i Skopun i april 1951. Min morbror Oliver havde en lille købmandshandel der. Han havde en malkeko i kælderen under huset. Man kunne både høre og mærke i gulvet, at den gik rundt dernede.

Han var så aktiv, at jeg i dag tænker, om han ligefrem var hyperaktiv, eller havde en eller anden form for mani. Som barn kaldte familien ham for 'Møve', fordi han møvede sig frem alle vegne. Engang da han var barn, ville han melde sig til en konkurrence om at komme med i børneteater i Tivoli sammen med sin lillesøster, Alexandra. Da de kom ind til audition, var de blandt de sidste, der stod i køen. Men da de efter en længere ventetid skulle kaldes ind, var han den forreste. Og han og lillesøsteren fik rollerne som prins og prinsesse i forestillingen.

Han sprang i øvrigt ofte over, når han kom til en kø i butikker eller til begivenheder. Det var pinligt at følges med ham, når han sprang over. Folk i køen blev rasende. Men han sagde blot; 'jeg har en aftale her, det har I andre jo ikke sørget for at få'! Eller noget i den retning. Han manglede aldrig ord. Han kunne enkelte gange også tiltuske sig præmier ved arrangementer, ved at blive kunde nr. 1000 eller lignende, der udløste en præmie. Således kom vi engang hjem med et flot lille akvarium med fisk, planter og varmelegeme, fra en akvarieudstilling på Lyngby Rådhus, det var engang i 50'erne. Denne uvane med at springe over fortsatte han med så længe han levede.

Når min mor og jeg gik tur med ham på gaden kunne han finde på at gø som en eller flere forskellige hunde, han kunne finde på at halte eller svinge med spadserestokken. Det var meget pinligt, og hverken min mor eller jeg ville følges med ham, når han begyndte på det. Især stokken animerede ham til tosserier, og alle folk så på ham. Han nød at forarge og forvirre almindelige pæne mennesker. Måske fordi han følte, at søndagspænheden var en forstillelse, der havde til formål at udstille mere lykke og velmagt, end realiteterne kunne stå inde for.

Set i bakspejlet var han samtidig et meget følsomt gemyt, og i en periode da jeg vel var 10-12 år gammel, havde han det meget dårligt bl.a. med angstanfald.

Det brød ud under en rejse til Færøerne i 1957, hvor jeg ikke var med. Da min far og mor kom hjem til Søborg efter rejsen, var det første min mor fortalte mig: 'Der er sket noget med far medens vi var på Færøerne, han vil nok ikke blive helt den samme, som han var før'.

Hun fortalt ikke, hvad der var sket, hvordan det var sket, eller hvor det var sket, og jeg ved det fortsat ikke. Hun fortalte heller ikke, hvad der var i vejen med ham. Jeg tænkte, at det måske var den mærkelige tendens, at han oplevede det, som han var ved at blive kvalt, hvis han fx. spiste kød, der ikke var hakket. Det havde han haft så længe jeg kunne huske. Måske var det blevet værre, det tænkte jeg.

Efter en undersøgelse på Gentofte Amtssygehus oplyste lægen ham følgende: 'De kunne blive sabelsluger Rosenfalck, det er ikke deres hals, der er problemet!'[121]

I den periode var jeg meget forsigtig med at tage kammerater med hjem af frygt for, at han enten skulle blive opfarende eller måske bryde grædende sammen. Det var ret utrygt. Han fik det heldigvis efterhånden bedre, men måtte leve med daglig beroligende medicin - dog med tiden i mild grad. Men ro i sindet og i kroppen, det fik han aldrig. Måske havde han aldrig haft ro i sindet?

Min mor standsede ham ofte, når han distræt gik i gang med at polere bordplader, skabe eller hvad der nu var indenfor rækkevidde en søndag eller aften, når han havde fri. "Ud, råbte hun, du skal ikke té dig som en kælling".

---

[121] *De fleste mennesker, der har en psykisk skavank såvel som deres nærmeste omgivelser, vil nok gerne omveksle det psykiske problem til et fysisk problem. Det er nemmere at forstå for alle. Og det forekommer, at et menneske lyver sig rask om et psykisk problem og veksler det til et selvopfundet fysisk problem, måske endda med hjælp fra professionelle.*

Ja, der var ikke påskønnelse fra hendes side til ham, hvis han forsøgte at være huslig. Det var andre tider. Hun følte sig utryg ved hans mani og rastløshed. Nå, men han ville ikke sætte eget navn på sådanne malerier, som han udførte på bestilling. Han signerede dem med enten A. Gundel, eller A.I. Wagner. Efter aftale med Staungaard var Gundel den ældre erfarne maler, der snart måtte have malet sit sidste maleri, og Wagner var det unge håb, der snart ville blive det store navn.

Midt i 50'erne fik han 30 kr. for det lille billede og 45 kr. for det store. Selv om det ikke var meget, han fik for billederne, så må man huske på, at en månedsløn på rådhuset dengang - midt i 50'erne - kun var på omkring 1.000 - 1.500 kr. Og huslejen for en 3-værelses lejlighed på ca. 250 kr. Så med en produktion på 12 til 15 malerier på en weekend, blev det til et godt tilskud til husholdningen og til lidt ekstra en gang imellem, selv om han selv skulle afholde alle udgifter til materialer.

Indimellem begyndte det at ske, at han ikke fik udbetalt kontanter for malerierne, men blot tilgodebeviser til en besynderlig butik på Amager, med et lige så besynderligt varesortiment, unødvendige forældede og ubrugelige ting. Det lignede et engelsk varehus fra forrige århundrede med blikvarer, papirvarer og sælsomt legetøj og bras. Bl.a. derfor holdt han op med at male sådanne 'fidusmalerier' til Staungaard omkring 1960. Herefter var det lysten, der drev hans maleri, og interessen for Gladsaxe Kommune og hans sociale engagement, der gav penge at leve for med mange gode år på rådhuset, 41 år blev det til derude.

Men fra 1924 til 1928, da han var helt ung, ernærede han sig, min mor og mine 2 storebrødre alene af maleriet. Men det var vanskeligt. Kød var der sjældent penge til, og hvidkål og kartofler er ikke tilstrækkeligt på længere sigt, til at sikre og bevare et godt helbred.

I 1928 kom min mors bror og hentede min mor. Hun var højgravid med min søster. Jeg har ikke kunnet få opklaret om hun tog begge mine brødre med op til Færøerne eller om hun kun tog min ene bror Flemming med, og at Poul så blev anbragt hos min fars søster Margrethe Helene i Hellebæk? Jóan Jakku Joensen, som min morbror hed, var en driftig velhavende erhvervsmand. Jóan Jakku ville hjælpe familien med mad og husly mv. Da min familie var ved at blive sat på gaden, de havde ikke penge til husleje. Jóan Jakku sagde til min far, at han var velkommen til at hente sin familie igen i Tórshavn, når han havde fået et fast job, som han kunne forsørge sig selv og sin familie med.

Det gjorde min far dog ikke. Men min mor og mine søskende rejste til Danmark igen i 1929, da min far var blevet ansat på rådhuset i Gladsaxe, og havde fået en lejlighed i 'kommunehusene' på Mosevej ved Søborg Mose. Her var han vicevært, og på den måde boede han tillige husleje frit.

Da familien således atter var samlet, lejede de sig ind på 1. salen i en villa på Niels Bohrs Alle, kun et stenkast fra Mosevej. Ca. 1938 flyttede familien til Jonas Lies Vej. Interessant nok skulle Flemming mange år senere, i 1966, købe et lille hus på Højmarksvej, det er tæt på Mosevej og tæt på Niels Bohrs Alle. Jeg overtog Flemmings hus efter hans død i 1972 - primært med hjælp fra min bror Poul, der ligeledes havde hjulpet Flemming med huskøbet i 1966.

I øvrigt kan jeg lige nævne, at min far oprindeligt var uddannet hos en vekselerer Reimann i København, han var givetvis kvalificeret til opgaver på rådhuset.

Jóan Jakku

Jóan Jakku var min mors storebror. Han var en dygtig håndskomager. Basisuddannet på Færøerne og senere specialiseret i København i perioden 1914 - 1917. Stræbsom, ærekær og særdeles dygtig forretningsmand og iværksætter. Han var medstifter og medejer af en hvalstation og et hvalfangerskib samt aktionær og bestyrelsesmedlem i forskellige foretagender og sidst men ikke mindst ejer af en blomstrende skotøjshandel i hjertet af Tórshavn. Han ville gøre sin far og mor ære ved sit gode eksempel, og han hjalp og beskyttede sine søskende, hvis de havde behov for hjælp.

Således hjalp han ikke blot min mor men også sin lillebror Martin. Martin var en speciel ung mand. Det blev sagt om ham, at han bl.a. lå i fjeldet med sin rejse grammofon og lyttede til musik medens de fleste andre arbejdede i fjeldmarken med at skære tørv eller med kartofler, med får osv.

Han var nær ven med den to år yngre William Heinesen. Onde tunger sagde, at det var William Heinesens far, der betalte Martins billet til Amerika, da Martin udvandrede. Dette skulle han have gjort for at beskytte sin søn mod Martins rebelske og frisindede indflydelse og seksualitet måske. Men sandheden var måske nærmere, at det var Jóan Jakku, der betalte rejsen, både for at hjælpe Martin på en bedre livsbane, og måske også for at beskytte familiens ære, ved at få Martin og især hans rebelske påfund og meninger og tilbøjeligheder på sikker afstand.

Der var en del sladder og aftrækkeren til fordømmelse sad meget løst i de små bygdesamfund, ja også i Tórshavn. Dette var en væsentlig årsag til, at folk fraflyttede øerne dengang.

Martin[122] vendte ikke tilbage fra USA, hvor han i mange år var inspektør i et stort indkøbscenter i Californien. Han

---

122 *Martin døde 80 år gammel i 1978 og efterlod sig en mindre formue, der blev ligeligt fordelt mellem hans søskende og deres arvinger, i det omfang en søskende var død. Ja, og bobestyreren tog sig godt betalt og afgifter tyngede tillige. Det tærede desværre en del på den ganske betydelige arv.*

stiftede ikke familie, men holdt kontakten vedlige til alle sine søskende. Flere i familien besøgte ham i Californien. Martin sendte flere gange julegaver til os.

Omkring 1920 besluttede min mors ældste bror Oliver og hendes yngste storebror Martin at tage navneforandring fra Joensen til Eystberg. Eystur i Bergid har antageligt inspireret til dette navn. Et stednavn nordøst for Viderejde - nederste del af fjeldet Oyggjarskoratindur. Alle min mors søskende er født og opvokset i Viderejde.

Nå, men Oliver og Martin ville gerne have Jóan Jakku med på ideen med at skifte efternavn. Jóan Jakku havde imidlertid lige brugt 900 kroner på skilte over sin skotøjsforretning og fortrykte kuverter og brevpapir, og dette skulle i givet fald kasseres og erstattes af nyt ændret materiale. Det ville være spildte penge. Så Jóan Jakku ville ikke være med til at skifte navn, selv om han havde sympati for tanken og for navnet.

Jóan Jakku var 9 dage fra blive 97 år

Hans første butik ca. 1920

Jóen Jakku Joensens skotøjsudsalg i Voxbotn i hjertet af Tórshavn,. billedet på foregående side er fra årene omkring 1920. Andet billede herover ca. 1960 og 3. billede herunder ca. år 2000. Forretningen blev udvidet flere gange. Til sidst var bygningen i 3 etager, placeringen var den samme. Jóan Jakku døde i Tórshavn den 7. november 1990, 9 dage før han fyldte 97 år. I dag er hans datter Solveig 97 år og min søster, der er Solveigs kusine 91 år.

Hundredvis af nye medlemmer til HK

Engang fortalte min far, at han havde fået æresbevisning for at være den, der havde skaffet flest nye medlemmer til HK, handels og kontorfunktionærernes fagforbund. Det var engang tilbage i 1930érne. Han havde bl.a. været rundt på rådhusene i Herlev, Gentofte, Lyngby-Tårbæk og på større private virksomheder i nærområdet samt på sin egen arbejdsplads rådhuset i Gladsaxe.

Han fik overrakt en nål og en æresbevisning ved en banket arrangeret af HK. Det fremgik af indbydelsen, at han skulle møde uden ledsager. HK-formanden bemærkede i takketalen til ham, at det overvejende var kvindelige medlemmer, han havde skaffet. Derfor havde HK arrangeret en charmerende borddame til ham, som en særlig tak for de mange nye kvindelige medlemmer.

Denne særlige gestus blev min far meget stødt over, som om han blot var en ihærdig skørtejæger. Han forlod banketten i vrede over det, som han mente måtte være flabede antydninger.

På det tidspunkt var min far det, som man dengang kaldte, en 'rødhovedet' socialdemokrat. Det betød at man var tilhænger af hele pakken, der for det første bestod af partiet, for det andet fagbevægelsen, og for det tredje kooperationen. Kooperationen bestod af socialdemokratisk ejede arbejdspladser. Her bl.a. mejeriet Enigheden, bryggeriet Stjernen og BKL, der var et bygge kooperativ, der bl.a. udførte almennyttigt byggeri. Endelig var der naturligvis de almennyttige boligudlejnings foreninger. På den måde var man i stand til at sikre både gode job og gode boliger til sine støtter. Min far benyttede flere gange sine kontakter, til at skaffe familiemedlemmer og bekendte gode boliger. På sine gamle dage trak han væk fra dette og blev i stedet en trofast støtte for Erhard Jacobsen, og Centrumdemokratterne. Erhard havde oprindeligt været socialdemokrat, og borgmester i Gladsaxe.

*Viderejde med Svinø i baggrunden i min fars karakteristiske blå nuancer. Pastelkridt 42*62 cm. Lymont Rosenfalck 1956. Nogle færinger, bl.a. Matras som han boede hos, synes at de blå nuancer var på kanten til det uvirkelige, hvilket netop var en af hans fine pointer med malerierne.*

Arbejde

Det var på basal vis vanskeligt at leve dengang, hvor der hverken var sikkerhed for arbejde, mad, tøj eller husly.

Inden jeg går videre af det nævnte spor, vil jeg lige tage et sidespring fra arbejdet dengang. Der var som noget nyt indført en ferielov. Den gav alle ret til ferie med feriepenge, det var fra ca. 1940, først med 9 dages ferie og siden 12 dage osv. Før den tid var det kun visse funktionærer og tjenestemænd, der havde kontraktlig ret til ferie med løn. Min far nød sine ferier og benyttede første gang i 1951 sin ferie til en rejse til Færøerne. Han tog derop i alt 4 gange i 50'erne og malede og tegnede fantastiske billeder. Og han solgte mange billeder deroppe. Nogle af dem hænger fortsat deroppe.

Måske er kunsten årsagen til, at mine aner har været nødt til at have et eller flere erhverv, som var til at leve af ved siden af deres kunstneriske udfoldelse. Kunsten indbragte ikke tilstrækkeligt til at en familie kunne ernære sig fra den kilde alene. Jeg har i øvrigt oplevet det som et privilegium at have flere uddannelser og at have benyttet dem. Det har givet muligheder, indblik og udsyn, hvilket har medført, at jeg har haft let ved at tage fat på noget nyt, hvis jeg syntes, at det var tid til det, eller hvis en arbejdsplads ikke passede mig, ja så fandt jeg noget andet, og det gik i reglen hurtigt at finde noget nyt.

Selv som 54-årig kunne jeg udføre et sådant skift, da jeg opsagde mit job i ledersekretariatet i BUPL, uden at have et andet på hånden. 5 uger senere var jeg ansat i Sundheds- og Omsorgsforvaltningen i Københavns Kommune. Bl.a. med den opgave, at være med til at afvikle ca. 800 plejeboliger med tilhørende personale over de næste 3 år, og i øvrigt også fremadrettet at være tovholder på og med til at kontrollere, styre og tilpasse plejeboligkapaciteten i forhold til den specielle demografiske udvikling i ældrebefolkningen i de københavnske bydele.

Ældrefolketallet i København styrtdykkede i perioden omkring årtusindeskiftet. Ikke på grund af høj dødelighed, men på grund af fraflytning af oprindelige københavnere til omegnskommunerne. En fraflytning, der var foregået helt tilbage fra 1960'erne, således blev disse fraflyttere naturligvis gamle i de omegnskommuner, som de var tilflyttet.

Udvikling er en gang imellem også afvikling, og det var en væsentlig del af vilkårene på ældreområdet i Københavns Kommune omkring årtusindskiftet.

Det blev påstået, at der kun var 4 ansøgere til stillingen, og at jeg var den yngste. Heldigt for mig. Interessant at denne sidste ansættelse skulle blive den længste periode, jeg var på samme arbejdsplads, med 8 år.

Jeg var ciselør på Georg Jensen i 7½ år, og forvaltningschef i Sorø Kommune i 7 år. Jo, jeg havde forinden været vicesocialchef i Sorø kommune i 3 år, så jeg havde faktisk 10-års jubilæum i Sorø. Den korteste periode jeg var ansat et sted, varede få måneder.

Jeg har ikke prøvet at kæmpe i årevis med et job, som jeg ikke brød mig om. Nej, så var det videre til et andet job. Det var min måde at håndtere arbejdslivet på.

Endvidere var det min oplevelse, at hvert nyt jobskifte tilførte mig ny viden og udvidede min kapacitet og mit udsyn. Det fungerede - tilsigtet eller utilsigtet - som effektive videreuddannelser med mine løbende jobskifte. Jeg har aldrig følt at jeg skyldte mine ansættelsessteder noget, der gjorde at jeg ikke kunne tillade mig at sige op. Fandt noget der var bedre, ja så tog jeg det.

Også dette, da jeg var yngre, at jeg var utålmodig grænsende til det rastløse, nysgerrig og opsøgende for at afprøve nye opgaver og job nye steder og nye arbejdsfelter. At afprøve mine egne muligheder og grænser. Samt ikke mindst, at arbejde i og arbejde med ledelsesformer og ledelsesstrukturer og magtstrukturer hele vejen fra de direkte relationer mellem en medarbejder og en borger, mellem en leder og en medarbejder, og til storskala relationer mellem et byråd og et hundredtalligt personale og en hel befolkning, der skulle betjenes.

Det optog mig stærkt. Også de sociologiske aspekter af forskellige ledelsesformer og også deres ekstremer, som jeg bl.a. stødte på undervejs. Fx 'balkonlederen', der er på så stor afstand af det, der foregår i organisationen, at han slet ikke kan se det, der foregår.
Eller 'kartoffelavler lederen', der egentlig ser det hele, men trods dette ignorerer det, som kartoffelavler Oluf Sand hos De Nattergale gjorde det i 'The Julekalender' fra 1991 - 'ååå jaa, deeet er bååååreee deiliiigtt'. Eller husmandsnaturen, pernittengrynen, der ikke kan få sig selv til at overlade opgaver til andre, og som i øvrigt ønsker, at hver eneste opgave skal løses, som han selv ville have løst dem. Eller hundefløjtelederen, eller ridefogedlederen, som man kan støde på i særlige miljøer. Det er fx oplevet praktiseret af vejformænd, og ledere af genbrugspladser, samt af enkelte forstandere og forstanderinder, overlæger og professorer af den gamle skole. Kæft, trit, og retning.

Ja, og at betragte og leve med bonusordninger, også dem der ikke står at læse i kontrakterne - fx i 'dette' job bliver du mindst to år ældre hvert år! Eller i det selskab med de bekendtskaber, kan du blive ridder af dannebrog, hvis du vil arbejde for det.

Alle mulige aspekter blev prøvet og alle mulige refleksioner blev foretaget. Men jeg var nok ikke særlig god til at medinddrage og udbrede det, som jeg så, og det som jeg fandt til lederkollegaer eller til nogen andre.

Set i bakspejlet undrer det mig, at hverken ledelsesform

organisationsform, eller ledelsesstil er den afgørende faktor for om der opnås ledelsesmæssig succes.
Min erfaring er, at ledelsesmæssig succes udspringer i samspillet og ikke mindst i lederens evne til at forstå og at agere og italesætte til og med ejerne/politikerne, medarbejderne, borgerne osv. Des flere gode samspil des bedre. Det handler både om at have rigtig god indsigt i, kendskab til, og forståelse for de synspunkter, som dine medspillere og modspillere mv står inde for. Ikke mindst når du skal være med til at forene modstående synspunkter i forpligtende aftaler[123]. Lederens italesættelsesevner på

---

[123] *Som personforvaltningschef, som min officielle titel lød, var jeg for det første øverste chef for forvaltningerne. Desuden var jeg sekretær for social og sundhedsudvalget, for arbejdsmarkedsudvalget, for børn og ungeudvalget og skole og kulturudvalget. Jeg deltog i alle disse udvalgsmøder som rådgiver sammen med pågældende fagchef/afdelingschef/skoledirektør. Herudover deltog jeg ofte i formøder før udvalgsmødet med udvalgsformanden, og planlægning af møde og dagsorden med formanden. Der var i alt 6 – 8 møder i 'mine' udvalg hver måned, derudover deltog jeg i alle byrådsmøder og ved enkelte punkter i økonomiudvalget. Det gav mig et grundigt kendskab til balancepunkterne og magtstrukturen i hvert udvalg. Jeg deltog i borgmesterens institutionsbesøg for mit ressort, ca. 25 besøg årligt, både lærerigt og i reglen fornøjeligt og særdeles indsigtsfuldt. Jeg havde derudover uformelle møder med udvalgsformændene, endda dagligt morgenmøde med socialudvalgsformanden. Alt dette gav et grundigt kendskab til (de politiske) handlemuligheder i mit ressort. Herudover havde jeg naturligvis relationer i organisationen. I direktionen var vi 3 medlemmer, kommunaldirektøren, økonomichefen og jeg. Skoledirektøren og teknikchefen var placeret på afdelingschefniveau sammen med de øvrige fagchefer. Direktionen holdt*

snart sagt alle felter er også afgørende for ledelsesmæssig succes - i den offentlige sektor, under den forudsætning at der samtidig er styr på den daglige drift, og at lederen ikke bringer ejerne/politikerne i pressens søgelys med uheldige sager, og i øvrigt også undgår de værste udefrakommende uheld.

Lederens personlige styrker er en afgørende faktor for stilen. Og lederens opmærksomhed. Det er en styrke og en forudsætning at være mest mulig observant, at fornemme og opsnappe strømninger i organisationen, hos medarbejdere, ledere, politikere mv, så man kan styre i mulighedernes labyrint. Den leder der fx har sin styrke i at opfange situationens muligheder i nuet bruger i sagens natur andre metoder end den leder, der grundigt undersøger og strukturerer sig frem. Der er brug for begge kvaliteter, og derfor må lederen supplere sådanne kompetencer omkring sig, så hele spektret dækkes, ellers kan det gå galt. Allermest galt kan det gå, hvis en leder taler ned til samarbejdsparter mv. I givet fald er det kun et spørgsmål om tid, før pågældende leder bliver fældet.

Endelig gælder det, at god ledelse ikke blot kan udføres som det rene ledelseshåndværk. Jeg tror ikke på, at man kan være vejformand det ene år, skoleinspektør det næste år, derefter kommunaldirektør og året derpå chefredaktør. Der hører i sagens natur specifikke færdigheder og viden til, som skal passe til sagsområdet. I modsat fald risikerer man at ende som en balkonleder, der ikke kan se

---

ugentlige ledelses- og strategimøder. Herudover var der en række samarbejdsudvalgsmøder, forvaltnings og afdelingsmøder etc. Mit eget sekretariat brugte jeg til praktiske opgaver som møde og kalenderplanlægning og udsendelse af dagsordner og referater ol. Jeg formulerede helst selv de tekster, der skulle videre gennem systemerne. Det lyder overvældende, og det udfyldte tiden ganske godt, med lange dage. Men det var sjældent fortravlet.

eller fornemme konsekvenserne af sine egne beslutninger.

Lederen skal have fokus på løsningsmuligheder. Lade være med at problematisere for meget. Især i forhold til politikerne er dette vigtigt. De har ikke lyst til at høre 117 begrundelser for at et forslag ikke kan lade sig gøre. Men de vil meget gerne høre hvordan det kan gennemføres, og hvis det ikke kan gennemføres fuldt ud, så vil de gerne høre om en plan b eller en plan c.

Det drejer sig også om troværdighed, at man kan regne med det, som lederen siger og det som sker som følge heraf. I forhold til min egen ledelse og ledelsesstil, er det min oplevelse, at jeg havde mig selv med - helt og fuldt - da jeg var multi-forvaltningschef i Sorø kommune. Jeg troede på, at det var rigtigt at arbejde for helhedssyn på tværs af fagene, at det var vigtigt at sikre mere indflydelse og ansvar til medarbejderne, med mere medarbejder- og mere borgerinvolvering, og tydeligere ledelsesudmeldinger i forståelse og respekt for de lokale forankringer og opdelinger i optagedistrikter for skoler og daginstitutioner mv. Dette var logisk og muligt i Sorø Kommune, hvor den faglige indsigt og standard hos medarbejderne var meget høj, fx i sammenligning med i Ramsø kommune, hvor standarden trængte til forbedringer.

Jeg brugte mig selv og mit personlige lederskab i helhedsorienteret tjeneste i Sorø kommune. Selv om mit lederskab i reglen blev udført i rimelig balance med organisationen, så oplevede jeg efter 5 - 6 år, at der var brug for en revision og en kursregulering i retning af igen at styrke hvert enkelt fags faglige profil. Jeg følte ikke, at jeg kunne genopfinde mig selv i en ny skikkelse, der passede til dette, da jeg netop havde talt for, at fagligheden var på plads. Ja, den var i reglen mere end tilgodeset, da jeg tiltrådte og i de første år som chef for de mange forvaltninger i Sorø kommune, hvor jeg ofte søgte at dæmpe de faglige ambitioner hos medarbejderne for at give mere plads til omlægninger og nytænkning. Det kursskifte som jeg efter 5-6 år så som en nødvendighed, måtte der en ny leder til at stå i spidsen for. Mit lederskab var også ved at være slidt. Ikke på grund af travlhed, for jeg havde faktisk ikke travlt, idet jeg havde delegeret rigtig meget ud - men dog ikke så meget, at jeg kunne lægge mig på divanen med slumretæppet. Men jeg følte mig slidt på det personlige plan såvel som i mine relationer i og fra organisationen. Lederskabets omdrejningspunkter som sådan. Det var slut.

Mit skifte til det nyoprettede ledersekretariat i BUPL i foråret 1999 var en misforståelse. For det første fordi, jeg tog det for givet, at man i BUPL ønskede at arbejde for at styrke daginstitutionsledernes ledelse i institutionerne fuldt ud. Herunder bl.a. at støtte en daginstitutionsleder med en juridisk bisidder, når lederne skulle afskedige en medarbejder osv. Det blev mig dog hurtigt klart, at BUPL ikke ønskede en sådan ordning, da man ikke ville risikerede at komme til sidde med en juridisk bisidder på hver side af forhandlingsbordet i samme afskedigelses sag, en på medarbejdersiden og en anden på ledersiden. BUPL prioriterede medarbejdersiden højest, selv om de havde oprettet et ledersekretariat. Der er i sagens natur også flere kontingentindtægter at hente fra 50.000 medarbejdere, end der er fra 10.000 ledere og souschefer for BUPL. Selvom det ville være ærgerligt at tabe alt for mange ledere til Ledernes Landsorganisation. Men det var ikke kun et økonomisk spørgsmål at foretrække medlemsinteresserne for ledelsesinteresserne, det var i højere grad et holdningsspørgsmål, der vejede tungt i BUPL. Ledelsespatriotisme var ikke en del af BUPL's DNA.

Videre var der det problem, at de medarbejdere jeg fik stillet til rådighed ved tiltrædelsen, var absolut selvkørende med på forhånd definerede roller med bestyrelses velsignelse til at bruge deres tid og kompetencer i forhold hertil med stærkt fokus på afholdelse af ressourcekrævende seminarer for landets daginstitutionsledere. Efter min vurdering, nærmest som et holdkæft bolsje til ledermedlemmerne i stedet for den bistand, som de efterspurgte. Dvs. direkte juridisk bistand i de svære personalesager, samt personlig rådgivning om det samme, ja og naturligvis væsentlige lønforbedringer. Jeg indså hurtigt, at såvel ledelse som bestyrelse, såvel som 'mine' medarbejdere, der dog aldrig blev mine, ønskede at fastholde det eksisterende koncept.

For det andet var mit skifte til BUPL en fejlslutning i den forstand, at jeg forestillede mig, at jeg kunne være leder nærmest hvor som helst. Jeg blev snart klar over, at det kunne jeg ikke. Jeg kunne ikke bare være leder som sådan, som en rolle jeg påtog mig som et håndværk hist eller her. Da ville jeg risikere at ende som en hund i et spil kegler, og det var præcis det der skete i BUPL. At være en god leder har for mit vedkommende forudsat, at jeg havde min sjæl med i det jeg foretog mig, og at jeg fik leveret muligheder eller fik tilkæmpet mig muligheder for at få plads til min sjæl i mit lederskab i organisationen. For mig krævede det et konstant arbejde med mit personlige lederskab. At bringe mit ansvar for organisationen og målene herfor i balance med mit ansvar, og mine egne forventninger og mål, som jeg kunne stå inde for. For mit vedkommende var ledelse af disse grunde ikke noget, som jeg kunne gentage i endeløse baner - alacarte.

Jeg blev aldeles stresset. Det var ikke pga. travlhed, for jeg havde absolut ikke travlt, men det var pga. ubalance i mit lederskab. Jeg opsagde min stilling, og funderede over min fremtid.

Nu stillede spørgsmålene sig om jeg skulle prøve at satse på noget helt andet, på kunsten måske, eller skulle jeg tage et lønnet job? Det sidste var den sikreste vej til en økonomisk tryg fremtid for familien og for mig?

Sådan blev det, konsulent i Københavns Kommunes Sundheds- og omsorgsforvaltning. Et godt valg for mig og sikkert også for organisationen. Det kom til at vare 8 år, om end jeg de første 2 år derinde oplevede at have virkelig travlt med den samme nytte, som Søren Kierkegaard engang gjorde opmærksom på [124]. Der var selvsving i Sundhedsforvaltningen. Man stressede hinanden med projekter og opgaver, der kun sjældent nåede ud til gavn for borgerne. Det blev der dog efterhånden rettet op på.

I mange år havde jeg den opfattelse, at jeg havde valgt andre erhvervs baner end andre i min familie. Men det var ikke helt rigtigt. Jeg havde jo oprindeligt valgt et håndværk. Et håndværk der kun i nuancer var forskelligt fra at være maler eller stenhugger, som andre i familien havde været. Men jeg var ikke opmærksom på ligheden dengang. Jeg blev første gang opmærksom på, at traditionerne ad snirklede og tilfældige omveje ganske vist, og måske også ubevidst trængte sig på, da jeg i 1988 blev ansat som vicesocialchef i Sorø Kommune.

Da sagde min søster, 'nu er du næsten blevet det samme som far'. Det var sandt. Det job og især det arbejdsfelt lignede på mange måder det, som min far ved tilfældighedernes spil havnede i på Rådhuset i Gladsaxe.

Denne spejling i fortiden ramte mig med forundring. Jeg havde jo lige så lidt, som han i sin tid havde det, opsøgt dette arbejdsfelt. Og hvordan gik det så til, at vi begge havnede der. Var det mon en variant af Friedrich Nietzsches doktrin om den evige genkomst,[125] der

---

124 *Af alle latterlige Ting forekommer det mig at være det allerlatterligste at have travlt i Verden. (..) Hvad udrette de vel, disse travle Hastværkere? Gaaer det dem ikke som det gik hiin Kone, der i Befippelse over, at der var Ildløs i Huset, reddede Ildtangen? Hvad Mere redde de vel ud af Livets store Ildebrand? Søren Kierkegaards Værker, Enten – Eller bd. 2 s. 33.*

125 ***Friedrich Nietzsche.*** *Tysk filosof. 1844 – 1900. Tanken om den evige genkomst var for Nietzsche teorien om, at hele ens eget liv – og hele universets udvikling forøvrigt – vil blive genspillet i evigheders evighed. Denne*

åbenbarede sig? Som instinkter hos dyrearter, der færdes jorden rundt for at vende tilbage til deres fødested, uden at vide hvorfor, andet end at sikre den efterfølgende generation. Eller var det mere jordnært min fars sociale engagement? Han var aktiv i socialdemokratisk vælgerforening i Søborg i mere end 40 år. Han stod også for 'juleindsamlingen' i Gladsaxe Kommune, og når hjælpen skulle uddeles, så var det ham, der gik ud med pengene til de, der havde behov for hjælp. Han kendte mange af dem. Og han tog mig med fra jeg var 11-12 år. Det var nogle gange skræmmende at se, at folk boede uden lys og uden varme. Fattigt, koldt og elendigt.

En yngre familie boede midlertidigt i en garage. Der var dog trukket strøm ind til lys og elvarme. Vandet måtte de hente udenfor. Og toilet måtte de benytte hos den venlige udlejer. De fleste der fik hjælp, var enlige med børn, eller syge. Der var dog også ældre iblandt. Relativt mange besøg, hvor jeg var med lå i Buddinge, hvor der dengang mange dårlige boliger og saneringsejendomme.

Jeg tænker, at dette engagement, de oplevelser, og min fars og min mors engagement for at udvikle samfundet, så det også støttede og hjalp mennesker, der midlertidigt eller varigt var i økonomisk eller anden nød, at dette var med til at danne den politiske overbevisning hos mig, at samfundet skulle omdannes efter et socialistisk ideal. Senere ændredes mit ideal, i retning af det rent

---

metafysiske teori stod for Nietzsche som noget nær den mest uhyggelige, og det virker, som om han anbefalede den som et slags meditationsobjekt. Han kaldte det for sin kongstanke, og det var ment som den største udfordring: at kunne udholde antagelsen af denne metafysik og stadig uforbeholdent favne livet – sige "ja" til det. Imidlertidigt viser det sig, at Nietzsche ikke selv skulle nyde noget: i et af hans sene breve skriver han direkte, at han personligt skulle ønske, at døden var definitiv. (Fra Wikipedia, den frie encyklopædi) humanistiske, uden røde faner og uden partisekretærer og magtbegær, som plager de fleste organisationer.

Hverken folkekirken eller kongehuset var bevaringsværdige idealer i min optik. Der behøvede for mig ikke at blive givet offentlige tilskud til det. De der synes, at dette var nødvendigt, kunne betale til præsten og kongen.

Især at Danmark var baseret på indskrænket monarki, fandt jeg helt hen i vejret. Dette måtte ud af grundloven, så vi kunne opnå ren parlamentarisme, og få sendt monarkiet på museum sammen med de gamle kanoner og alt det andet ragelse, som min mor plejede at sige det. Uanset den siddende monark udfører sine pligter hensigtsmæssigt, er dygtig og måske endda et interessant menneske og tillige har en interessant ægtefælle, da er det ikke hensigtsmæssigt at blande monarki og demokrati. De strider i bund og grund imod hinanden. Ligesom også kirke og stat strider imod hinanden. Det er fx umuligt at forestille sig en regering, der fungerer ud fra Det Nye Testamentes evangelier.

Måske var det de oplevelser og påvirkninger, der var med til at bringe mig ind i de arbejdsmæssige baner på social- og sundhedsområdet, selv om jeg ikke på nogen måde havde mærket social nød på egen krop.

For min far var det måske den nød, som han selv havde mærket. Kort før sin død fortalte han mig en aften, i det lille hus på Højmarksvej, at han som barn havde boet sammen med sin mor og nogle af sine mindre søskende som husvild i Nørre Alle nr. 41[126]. Det var en af Københavns fattiggårde, hvor man kun optog kvinder og børn. Grunden til de kom der var, at hans far, i en periode, ikke havde

---

126 *Senere blev dette sted omdannet til 'De Gamles By'. Typisk i øvrigt at fattiggårde med tiden blev omdannet til alderdomshjem og senere til plejehjem, hvis de da ikke blev nedlagt eller flyttet forinden.*

arbejde, og ikke kunne betale husleje.[127] Han fik dog selv stillet en bolig til rådighed af malerlauget. Her måtte familien dog ikke være. Jeg har set i fattigvæsnets arkiver i København, Stadsarkivet. Det værste jeg erfarede, det var de mange døde spædbørn i familien. Desværre var det almindeligt med høj dødelighed blandt spædbørn. Nogle var dødfødte, nogle levede få timer, nogle et par dage, andre levede nogle måneder.

Min farfar var malersvend og billedkonservator, og zoologisk præparatør. Dvs. at han udstoppede fugle og pattedyr og han malede desuden udmærkede malerier. Han havde på et tidspunkt en meget lille butik med sine produkter vistnok i Prinsessegade, eller måske var det i Dronningensgade på Christianshavn, hvor huslejen var lav. Jeg har set et foto af butikken hos min faster Martha.

Jeg tror, at man tager ved lære af mange flere af de oplevelser og relationer, som man gennemlever, end man umiddelbart har sig for øje. Lige fra spiseskikke, som; 'du behøver ikke øse så meget op på din tallerken, efterfulgt af; at du behøver ikke at øse op mere end en gang, du dør ikke af sult af den grund', og over til en frygt der kan være i en familie, for at deres virksomhed går fallit, og til filosofisk lærdom, som fx den franske filosof og personlighedsteoretiker, Lucien Seve, formulerede det engang:

'Personligheden skal søges i en kombination af genetiske

---

127 *Jeg oplevede ved flere lejligheder min far give udtryk for en stor sorg over, at han som skoledreng havde været på en heldagsudflugt, med tog og færge mv. til Bogø, i Storstrømmen. Da han kom træt hjem sent om aftenen og havde en masse at fortælle, var hans mor og far gået i seng. De råbte til ham: 'Gå ind og læg dig i sin seng'. Det oplevede han som sit livs værste afvisning.*

forudsætninger og det totale sæt af sociale relationer, som et menneske gennemlever. Personligheden kan være i konstant udvikling og forandring livet igennem afhængigt af de omgivelser og situationer, som man selv placerer sig i, eller bliver placeret i, og naturligvis måden som man selv håndterer dette på, og graden af modstand eller medgang man møder'.

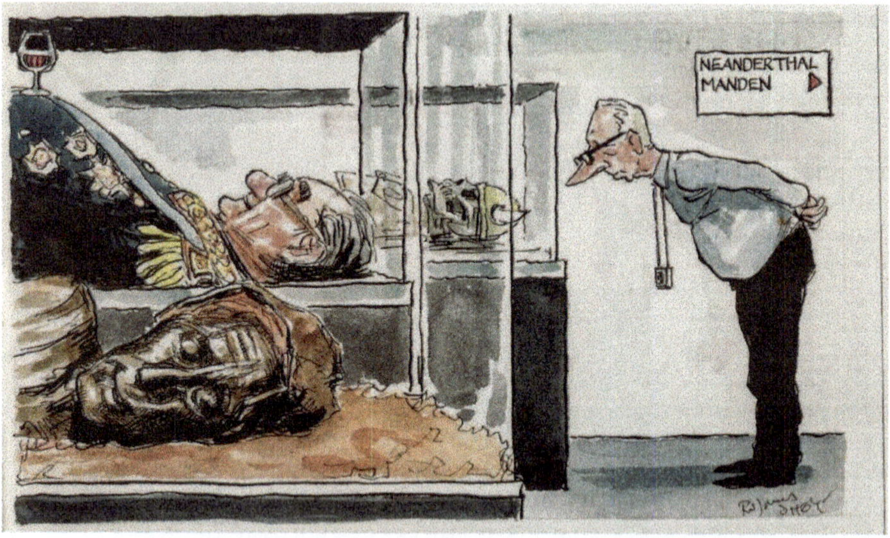

Rasmus Sand Høyer har en sublim fornemmelse for karikatur og en fin maler er han tillige. Han illustrerede til min store glæde mit indlæg i Jyllands-Posten om monarkiet - at det burde føres ind under museumsloven!

I grunden kan det naturligvis diskuteres, om 'din' mening, når alt kommer til alt, er 'din' mening. Jo, man kan sige, at du har adopteret den, lånt den, fået den, eller dannet den, valgt den, måske i sympati eller endda antipati med oplevelser og / eller med meninger som du har hørt udtalt fra andre eller oplevet. Og sidst men ikke mindst stiller spørgsmålet sig, om det er muligt at få afklaret ejerskabet til krop og sind, vel især det sidste - omdrejningspunktet for personligheden.

Det er synligt og mærkbart, at hvert menneske har sit unikke udtryk. Udtrykket er dannet og formet i de sammenhænge i livet dette menneske har haft med andre mennesker. Der findes i den forstand ikke et menneske, der ikke henter, låner fra andre. Ejerskabet til din sjæl og dine meninger og gerninger er et kompleks, som fx Søren Kierkegaard arbejdede heftigt med[128]. Opbygningen og bevarelsen af sjælen i bevidsthed og med tålmodighed eller blot ved at følge livets spor, og frygten for fortabelse af sjælen i livet og i døden. Det er spørgsmål, som de fleste har gruet over, måske endda i frygt og bæven som Kierkegaard skriver. Tålmodighed er forudsætning for at bære sjælen gennem liv til evighed.[129]

Spørgsmålet om du i praksis kan stå inde for dine meninger stiller sig, enten når andre spørger dig, eller når du spørger dig selv? Din argumentation er et

---

[128] *Bl.a. i Fire opbyggelige taler fra 1843, i afsnittet, At erhverve sin Sjel i Taalmodighed, s. 159 – 174. At bevare sin Sjel i Taalmodighed, s. 185 – 209. Taalmod i forventning, s. 209 – 224. Søren Kierkegaards Værker bind 5. Gyldendal 2015. ISBN 9788702177374*

[129] *Man vælger ikke sig selv én gang for alle. Der er tale om en kontinuerlig bevægelse. Men man kan sige, at det oprindelige valg er til stede i alle efterfølgende valg. Eller med andre ord: Man må starte et sted. Det at vælge sig selv er ikke noget, der sker af sig selv. Det er ikke noget man kommer til. Det kræver overvejelse og beslutning. Det er det oprindelige valg. Herefter er valget en daglig foreteelse, (… .) som en kunst, en måde at eksistere på, der ikke stopper, før livet stopper. Sådan er det også med valget af sig selv. Det bliver ved, indtil ens selv ikke er mere. Kunsten at vælge sig selv. S. 106. Pia Søltoft. (f. 1963, ph.d. og lektor i etik og religionsfilosofi på Københavns Universitet.) Akademisk Forlag 1. udgave, 2. oplag 2016.*

springende punkt for din troværdighed. Dette uanset meningens ophav. Det kan i sagens natur fortabe sig i tilværelsens mangfoldige påvirkninger. Det afgørende er, at du vedkender dig dine meninger, din historie, dine valg af det, der kan siges at udgøre dit selv - din sjæl.

Min argumentation blev fantastisk udfordret i mit sidste job i Københavns Kommune, dog ikke så stærkt, som min elskede hustru Annette er i stand til at udfordre den.

Der var en eminent kombination af personer og forskelligheder på min sidste arbejdsplads. Stærke fagligheder, ledelseskræfter, arbejdskræfter, og resultatorienterede personligheder, som både tilgodeså kvalitet og kreativitet i løsningerne, og en ualmindelig stærk afslutningskraft. Der var i tilgift en humor til stede, som gjorde hver arbejdsdag til en glæde.

Fra venstre: Lone Bjørklund, Mette Frølich, Siff Hansen, Helle Grønning, Dorthe Svendsen-Tune, Niels Jürgensen, Hans Rosenfalck, Fred Hinsch, Elsebeth Henriksen og Birthe Høj.

Min sidste arbejdsdag. Der var taler til mig, til alvor og til morskab, en fantastisk god måde at komme ud af arbejdslivet på. Fra venstre: Tina Norking, Mikkel Andresen, Michael Rastrup, Annette Rosenfalck, Jesper Jespersen, Lene Habermas, den lattermilde '19-06-73', derefter Lone Bjørklund, Mette Frølich, Helle Caspersen og Dorthe Svendsen-Tune.

Det var en særlig glæde for mig, at arbejde sammen med Peter. Fra venstre; Helle Grønning, Peter Grønning, Ellen Kjær, Niels Jürgensen, Hans Laurberg, Elsebeth Henriksen, Ina Tsomanis, jeg og Fred Hinsch.

Fyraftensudflugt i havnen på Østerbro. Marianne Schmidt, Birthe Høj, Mette Frølich, Mikkel Andresen, Ellen Kjær og Mette Terkelsen.

I havnen fortsat.

Slingrestien ved Skudehavnen, det er også Østerbro. Men ikke til at tro.

8. maj 2008. Fantastiske kollegaer på besøg i Borup, med udflugt til Gammelsø ved Stubberup. Smukkere kan det næsten ikke blive. Fra venstre Birthe, Mette F., Peter og Ellen med ryggen til, videre er det Ina med ryggen til, Dorthe og Arne.

Når oplevelserne går amok

Middag!

Vi kan beskrive vor viden og vor erindring som ligger i lag, der hentes op til vor bevidsthed efterhånden, som der bliver brug for dem, og vor hukommelse eller intelligens er god i samme omfang, som det lykkes vor bevidsthed at hente det stof op, vi har brug for.

Hvis vi nu forestiller os, at disse lag i stedet pludselig kom til at stå på højkant, så vil bevidstheden være i kontakt med al vor viden og al erindring, og ingen oplevelse eller viden vil være prioriteret.

Denne oplevelse har jeg haft flere gange.

Hvor fx en synsoplevelse, normalt associeres i en kæde, hvor det ene led trækker det næste med sig, til man stopper ved noget uvæsentligt, oplever man ingen association i den beskrevne tilstand, da et valg først er muligt, når vi igen har placeret tanken i lag. Men da de tusinder af associationsmuligheder, der findes samtidig berøres og aktiveres, får oplevelsen en ubeskrivelig intensitet.

Verden bliver skrækindjagende smuk, eller helvede.

Først da opdager man den bogstavelige betydning af ordene "Ikke et blad falder til jorden uden Guds vilje", og det falder med 1/100000 dels sekunds nøjagtighed, man forstår, at der er nøjagtigt tal på regndråberne, og at der ikke er forskel på øjeblikket og evigheden.

Hvad enten man åbner for radioen, slår op i en bog eller opsnapper en sætning fra en samtale, er det som talt direkte ind i ens øjeblikkelige situation, man løfter hovedet og ser en fugl, og når man registrerer, at man ser en fugl, har man allerede set den, og forfærdet opdager man, at verden ikke er til, men at jeg netop nu med mine sansers aktivitet skaber den.

En af de første gange jeg oplevede den tilstand at blive 'et', blev jeg som beskrevet forskrækket og løb i min iver i forvejen og skabte verden, i stedet for at følge med i verdens skabelse. Det resulterede i, at jeg gav afkald på himmelen for at få lov at vende tilbage og blive her, hvor jeg kom fra. Det var før jeg forstod, at jeg hverken skulle give afkald eller ønske, da denne tilstand er at have alt.

Et ønske forudsætter en fremtid, men da der ingen forskel er på dette øjeblik og ethvert andet øjeblik, kan der ingen fremtid tænkes uden som utilfredshed med dette øjeblik, og dette øjeblik kan der ikke laves om på.

Da man jo har alt, opleves det ønske, som, at det fratages en. Man må nu hele cyklussen tilbage og fratages alt før man igen kan opleve 'et'.

Da jeg havde givet afkald på himmelen, overvældedes jeg af angst og forstod at dommedag var kommet, og at hele verdens eksistens afhang af mig. Jeg bønfaldt om verden måtte blive skånet og tilbød selv at gå til grunde i stedet for.

Gud smilede og jeg forstod, at det havde jo allerede en anden påtaget sig, og at min angst kun skyldtes, at jeg ikke forstod det.

Men jeg vidste ikke hvordan jeg skulle vende om, og jeg blev vild af rædsel og trods og mente, at kunne genoprette noget ved at ødelægge mig selv. Jeg gjorde uhyggelige og desperate forsøg og brugte alle mine kræfter, men en vældig kraft tvang mine arme tilbage.

Et øjeblik blev jeg helt kraftesløs og jeg så kun tomhed - end ikke smerten og døden eksisterede, og jeg var nu ikke sikker på realiteten i hvad jeg så.

Efterhånden vågnede min fortvivlede desperation igen, og jeg blev klar over, at den sidste realitet var, at min fader ventede mig til middag. Jeg styrtede ud til min bil opfyldt af håb, men i tvivl om jeg ville vende tilbage til den verden - til den verden - jeg havde bedt for. Et øjeblik tænkte jeg på at køre derop direkte gennem haver og huse, men valgte at bruge vejene.

Forbavset opdagede jeg, at der både var trafik og mennesker på gaden. Jeg for af sted og nogle unge mennesker sprang råbende til side. Efterhånden indrettede jeg mig efter de andre trafikanter, og da jeg nåede min faders bolig, var jeg helt rolig og alt var som før.

Er det dig din skid, sagde min fader, "Hvordan har du det".

"Udmærket" sagde jeg.

Inden i mig var en sol begyndt at skinne og jeg forstod, at den aldrig kunne slukkes.

Flemming Rosenfalck
November 1969

*Papircollager af Flemming Rosenfalck. Til venstre: 'Ved Robert Kennedys død'. Juli 1968. 21*29 cm. Til højre: 'Racemord'. Juli 1968. 21*29 cm.*

Om Flemmings papircollager skrev Informations kulturredaktør, Hans Edvard Nørregård-Nielsen den 16. oktober 1973; '… og Rosenfalck kunne bruge de muligheder der ligger i denne kunstart så mange andres resultater kommer til at ligne det rene julestads i sammenligning.'

I familien var Flemming i høj grad både anerkendt og endda beundret, men han var ikke og blev ikke forstået.

Øverst Flemming, sommer 1966. Nederst 1969. Flemming og daværende kulturminister Kresten Helveg Petersen ved Kunst På Arbejdspladsens 15-års jubilæum på Frederiksberg Rådhus. Helveg var i øvrigt en betydelig reformator og fornyer med læseplansarbejdet for folkeskolen omkring 1960 - 61, bl.a. med sigte på at skolen skulle skabe rammer for glade, frie og kreative børn. Han var en fremsynet humanist af fineste karat.

Overvældende skønhed, dyb lykke, angst og depression

Flemmings brev til Poul og Annelise marts 1970

"Kære Poul og Annelise!

Hvad der egentligt skete forud for at jeg kom til Glostrup, har jeg naturligvis spekuleret meget over.

Siden har jeg oplevet noget af det samme mange gange, men langt stærkere og jeg forstår en del af det, men det er næsten umuligt at forklare.

Først og fremmest blev jeg forskrækket over den vidunderlige tilstand jeg var i og ville forsøge at dele den med andre. Nu ved jeg, at det vigtigste er at forholde sig helt rolig og frem for alt ikke forsøge at meddele sig til andre, for tanken kan ikke følge med, men griber forvirret og på må og få. Derfor sådan en kalejdoskopisk samtale som den jeg forsøgte at føre med Annelise da jeg ringede.

Dengang havde jeg netop følt fuldstændig håndgribeligt, at jeg stod med noget ufatteligt kostbart i mine hænder, og jeg kunne ikke vente med at forklare mig, selvom jeg jo ikke kunne forklare mig.

Netop det, at ingen forsøgte at forstå mig, ser jeg nu har været en fordel for at jeg kunne opleve det endnu tydeligere, for efterhånden følte jeg mig fuldstændig alene, og da jeg blev det, havde jeg heller ikke noget ønske om at forklare mig for andre, og så var oplevelsen mulig uden eftervirkninger af angst.

Jeg forstår nu eventyret om Aladdin, i hulen var der jo de vidunderligste ting, men de fjernede sig fra ham, hvis han rakte ud efter dem. Han rakte kun ud efter dem for at give dem til andre. Og særligt vigtigt er det, at han fik appelsinen tre gange, selv om han sidste gang ikke måtte gribe efter den, faldt den jo i hans turban. Og han fik lampen, og hemmeligheden er, at heller ikke den må han bruge.

Jeg har naturligvis tænkt over, hvordan jeg er nået til at opleve verden som jeg kan, og jeg ser nu ganske tydeligt, at mit maleri har ført mig til noget, jeg ikke havde tænkt, og dog var det jo netop det jeg anede.

Da jeg begyndte at male i 1947, husker jeg, at jeg jo slet ikke kunne tegne, og jeg var sikker på, at på det grundlag kunne jeg aldrig blive maler. Men når jeg så et øje, eller en hånd forekom det mig, at der aldrig var blevet malet et øje eller en hånd som jeg så den, og hvis jeg kunne nå til at vise hvad jeg så, så havde jeg nået det. Jeg indså hurtigt at det ikke var nok at have det i sig, men at noget kunne læres.

Da jeg i løbet af 7-8 år havde lært at tegne og havde været heldig at blive sat ind i komposition og placeringens problemfelter, var jeg blevet moden til at begynde forfra. For ved siden af det jeg kunne og ville, opdagede jeg et liv, som var mig fremmed og kun lod sig udtrykke dialektisk og derfor faktisk kun lader sig efterrationalisere. Hvordan kunne jeg gøre dette udefinerlige til det centrale uden at miste den selvfølgelighed, klarhed og logik, som jeg elsker? Jeg begyndte nu at opbygge et billede i komposition og farver, hvor jeg lod mit intellekt yde alt hvad det overhovedet kunne yde, samtidig så jeg med den største skepsis på mit intellekt og ventede på det øjeblik, hvor mit øje forstod mere end mit intellekt, herefter lod jeg billedet bestemme hvordan det blev færdigt. Efter hvert værk kunne min forstand se på billedet, og gøre nye erobringer, så jeg kunne forrykke mit udgangspunkt til et stadig præcisere sted. Det er for mig en inderliggørelse, hvor jeg fornemmer, at det er tingenes 'vilje' jeg søger at komme i kontakt med. Det er væsentligt, at jeg forstod, at det lå udenfor min vilje at nå det, for jeg kunne nok med min forstand af kunstteori til, at jeg med min vilje kunne skabe mig en position i kunstlivet med at lave 'rigtige' billeder.

Ved utrætteligt at arbejde på den måde har jeg lært at sætte en dialog i gang mellem billedet og mig, hvor jeg er en slags tilskuer, der laver billedet på opfordring. Videnskabeligt må det jo udtrykkes at være personlighedsspaltning, hvad det jo også var, da jeg ikke forstod at holde dem adskilt. Nu har jeg slået bro mellem de to, og jeg er helt rolig ved, at noget i mig er langt forud for min forstand og ikke lader sig udtrykke.

I vil måske allerede nu være faldet fra og mene, at jeg er for vidtløftig. Men må jeg lige henvise til, at Poul har sagt, at noget meget vigtigt i forbindelse med hans disputats, pludselig slog ned i ham medens han var i bad. Jeg har tidligt fornemmet at denne mulighed fandtes og bevidst brugt den, indtil jeg følte mig som en tyv hos mig selv. Derfor ødelagde jeg mine billeder og derfor kom jeg på Glostrup. Jeg oplevede, at det var skilt fra mig, nu oplever jeg, at jeg er forenet med det, og jeg ved, at det har jeg brug for. Jeg behøver ikke at gøre krumspring for at nå det, men tværtimod bare bukke mig ned og samle det op, for det ligger lige for næsen af mig.

Det som undrede mig mest, var at oplevelsen var af religiøs karakter. For jeg havde ikke tænkt på gud i 15 år. Jeg kom i tanker om, at jeg havde læst 'Theresa af Aceila', 'Mester Eckhart' og Suzuki (zenbuddhist). Jeg fandt deres værker frem igen og blev forbavset, da jeg opdagede, at den måde de nærmer sig gud på, var meget lig den åndelige teknik, som jeg brugte, når jeg lavede mine billeder. Udslettelsen af selvet og opgivelsen af egen viljen som de praktiserer, den ville jeg jo aldrig kunne praktisere, hvor meget jeg end læste Eckhart og Zen, men det er jo netop hvad jeg så fortvivlet har gjort, når jeg maler. Derfor undrer det mig heller ikke, nu bagefter, at have fundet det samme som de, og ligesom de kan jeg intet give videre andet end en vits og et smil.

Desværre forstår psykiatere så uendeligt lidt af hvad der foregår, for der kan ikke være tvivl om, at mange intet fejler, men er kørt fast og bliver holdt fast i fejltagelsen. I mit tilfælde kan man jo se, at den depression som indtraf ca. en måned efter faktisk skyldtes, at jeg ikke evnede at give min lykke udtryk. Jeg tror ikke at psykiaterne har registreret denne ambivalens hos mig. Umiddelbart blev jeg da også spurgt om ' hvad er du ked af' og mit oprigtige inderligt følte svar var, at jeg følte den dybeste lykke. Paradoksalt.

Jeg mente I måske var nervøse for mig og syntes det var vanskeligt at fortælle. Derfor dette brev. Jeg vedlægger i prosa forskellige forsøg på at indkredse det centrale i hvad jeg her har lagt op til.

Flemming

Fyrværkeri

De husker måske den ualmindelige rå forbrydelse, hvor forbryderen viste sig at være en sindssyg kunstmaler. Han havde huseret i flere måneder og skræmt en hel by fra vid og sans. Han havde udset sig enligt gående og intetanende personer, overfaldt dem og stak øjnene ud på dem med en rusten lommekniv. Han havde nået at stikke det ene øje ud på sit femte offer, da han blev overmandet.

I retten optrådte han fuldstændig rolig og upåvirket og viste ikke ringeste tegn på anger; tværtimod forklarede han, at hans ofre først nu kunne se, hvad enhver kunne overbevise sig om, ved at tale med dem. Bedre end nogen anden kunne de beskrive himmel og hav, træer og fugle, deres yndige koner og henrivende børn.

På grund af sin opførsel blev han anset for uegnet for påvirkning gennem straf og dømt til anbringelse på et sindssygehospital.

Fire lovlydige borgere fandt, at retten ikke var sket fyldest i denne sag. De indfandt sig en dag på patientens værelse, bl.a. udstyret med to dolke. De lod ham se, at de glødede dolkene og holdt ham, hvilket var ganske unødvendigt, for han rørte sig ikke og sagde ikke en lyd, da dolkene sydede i hans øjne.

Da de hastigt gik, så han, at den ene havde brændt sin venstre hånd fra under pegefingeren til et stykke op ind på månebjerget, og den sidste havde glemt at snøre sit højre skobånd, som i øvrigt havde været knækket.

Hans 5 ofre klarede sig udmærket.

Efter at have brugt forsikringssummen på storvildtjagt, blev den første kaptajn på en lodsbåd.

Den anden, som var en kvinde, blev modekreatør, med egen salon.

Den tredje blev professionel fodboldspiller.

Den fjerde journalist

og den enøjede naturvidenskabsmand - med astronomi som hobby.

Hvis De synes den er for letkøbt, må jeg give Dem ret, men det er ikke uden betydning for historien, at snørebåndet havde været knækket, også naturvidenskabsmanden havde kvaler med snørebåndene, ja med sit fodtøj i det hele taget.

- - -

Vi har spurgt Rosenfalck, hvad han har ment med den fortælling, han sagde:

Husk at snøre Deres sko!

Tekst hentet fra jubilæumsskrift 1954 - 1969 fra Kunst På Arbejdspladsen udgivet i forbindelse med udstilling i Århus Rådhushal oktober 1969

Kunstens Funktion

Moderne lægevidenskab og psykologi har fundet beviser for, at søvnens vigtigste funktion er drømmen. Giver man en person lejlighed til at sove, men vækker ham hver gang, han begynder at drømme, bliver han efterhånden sjælesyg, og gennemføres det konsekvent, bliver han til sidst sindssyg. Metoden bruges i praksis i hjernevask.

Man tænker sig, at personligheden reorganiseres, således at de konflikter og nye muligheder, der er opstået i en dags løb, konfronteres med personlighedens inderste hensigt og her bearbejdes, så personligheden konfliktløst kan realiseres i forhold til den nye situation, som morgendagen er.

Kunsten har nøjagtig samme funktion i samfundet, som drømmen har for den enkelte.

Vi har beviset i de totalitære stater, der har sat kunsten ud af spillet og realiserer sig efter en forgangen drøm. Fortsætter man dermed, bliver resultatet nøjagtigt, som når man fratager den enkelte muligheden for at drømme, og man kommer til at leve i sin egen verden, eller man går med andre ord til grunde.

Hvor meningsløs kunsten og drømmen derfor forekommer at være, har den en livsnødvendig funktion, på ethvert sted, hvor kunsten naturligt kan føjes til hverdagen, bør den derfor placeres og komme til orde.

Flemming Rosenfalck

Tekst fra udstillingskataloget for kunstnersammenslutningen "PRO" i 1969

Tvivlen, sorgen og skylden

Broderen som var alene om at opleve broderens lyksalighed på jorden den smukkeste solbeskinnede sommerdag i 1968 - fra tidlig formiddag til eftermiddag - og beslutte og bragte sin elskede broder til en autoriseret behandler, og noget senere samme eftermiddag at befordre en lukket behandlingsinstitution, ja, jeg har efterfølgende været stærkt i tvivl om mine handlinger den dag.

Det var klart for mig at Flemming befandt sig midt i en åbenbaring, i en guddommelig nærhed med sin skaber lige midt i sit hus, i sin have, og på villavejene i Søborg, hvor vi fulgtes ad til lægen. Det ramte mig med frygt, også at han forinden havde indset, at hans papirklip var ugudelig[130] [131] kunst, hvorfor han havde revet hele årets produktionen i stykker og smidt det i affaldssække.

Jeg vidste ikke, hvad jeg skulle gøre. Frygtede tillige, at han ville køre med sin bil gennem haver og huse, som han oplevede muligt. Jeg prøvede at gå med ham i hans åbenbaring. Det var umuligt, da jeg ikke selv befandt mig i den eller nogensinde havde været i nærheden af den.

Jeg mærkede hans salighed som en umådelig kraft og lykke,

---

130 *Det fremgår i 2. Mosebog kapitel 20, vers 4: Du maa ikke gøre dig noget udskaaret Billede eller noget Afbillede af det, som er oppe i Himmelen eller nede paa Jorden eller i Vandet under Jorden. (Jeg kan tilføje at denne tekst udgør indledningen af 2. bud i de 10 bud i det gamle testamente. Luther m.fl. har dog fjernet denne del i 2. bud, når de opregner de 10 bud. Ja, Luther gjorde som det passede i hans optik)*

131 *Videre fremgår det i Det Gamle Testamente, i De Apokryfe Bøger, Visdommens Bog s. 1196, at billeddyrkelse er ugudeligt.*

som jeg aldrig havde oplevet hos noget andet menneske eller følt selv. Var det gudskomme til Flemming på jorden, eller var det vanvid? Eller måske begge dele?

Havde det noget at gøre med, at han følte skyld, da vores mor blev dræbt et halvt år før i en trafikulykke efter et besøg hos ham, meget tæt på hans hus? Han havde lavet sjov med hende lige forinden. Det gik ham meget på.

Han følte meget dybere end jeg nogensinde havde været i stand til, han var enestående til at være rent i sit subjekt. Han var enestående i sin kunst. Nu var jeg i objektivitetens navn i færd med at gøre mig til hans dommer, og udlevere ham til øvrigheden for hans evne til at føle dybere end civilsamfundet kunne acceptere, og hvad jeg dermed heller ikke var i stand til at acceptere hos min elskede broder. Havde jeg ret til det? Jeg den stupide soldat fra Flyverkommandoen i Vedbæk på fridøgn i Søborg.

Familien fandt efterfølgende, da de var kommet hjem fra ferie, at jeg havde handlet ret. Og jeg fandt mig hurtigt til rette med deres mening og gjorde den til min mening.

Men jeg bliver med alderen stadig mere i tvivl om jeg gjorde det for min egen skyld, for familiens eller for Flemmings skyld?

Jeg kan naturligvis ikke andet end at påtage mig denne min skyld i det forhold.

Jeg udleverede Flemming. Det var ikke til gavn for ham. Syv gange syv elektrochok mærkede ham for de resterende fire år af hans liv, frem til hans død. Toppen af hans inderlighed i hans subjekt blev i nogen grad udjævnet.

Rødderne og det forjættede land

For mig er det selvklart, at barndommens og ungdommens påvirkninger og de genetiske forudsætninger og muligheder hos hvert menneske - rødderne så at sige - må tillægges en stor betydning. Hvis man blotlægger rødderne, vil de vise meget mere variation fra det ene individ til det andet, end deres stammer, kroner, kviste og blade gør det, for nu at blive i plantesproget. Rødderne er ikke så afrettede ensartede, de har selv skulle finde veje til næring og muligheder for at befæste, og stabilisere deres stammer, kroner, kviste og blade.

For mig har kunsten altid ligget under det hele, som det forjættede land. At blive billedmaler var det højeste mål. Jeg lod det blive ved tanken. Til dels fordi, jeg hver gang, jeg forsøgte at male et maleri forinden, havde en klar forestilling om, hvordan det skulle komme til se ud. Der opstod i reglen blot det problem, at maleriet ikke ganske kom til at ligne min forestilling om det, farveskalaen, stemningen, som jeg havde tænkt mig, kom ikke til at passe, og så synes jeg ikke, at jeg kunne male. Jeg var låst i mine forestillingers formsprog mv.

Til venstre 2 stenfigurer og til højre en benfigur.

Der skulle gå mange år før jeg slap disse forestillinger. Det skete den første uge af november 1984, da jeg boede i Grønland. Her besøgte jeg en ældre kunstner i en kælder under et stort betonboligkompleks i Paamiut. Han skar fedtstensfigurer og benfigurer. Nogle fantastiske og sære

skabninger skar han ud at sten og af ben.
Jeg spurgte ham, hvordan han fik ideerne til at skære de fantastiske figurer.

Han svarede mig, at det ikke var noget, han havde ideer eller forestillinger om. Slet ikke. 'Jeg skærer i stenene og i benene for at finde ud af, hvilke figurer de gemmer derinde', det er min opgave!

Den tilgang ramte mig, den gav mening. Læg den skolede dannelse til side og dine forestillinger om formsprog mv. Tillige kom den til at hjælpe på min tilfredshed, med de malerier, som jeg malede, og den bevirkede, at jeg kunne male bedre malerier, som ofte overraskede mig positivt, og gav mig stor glæde ved at male, og ved at erkende de resultater, som jeg kunne skabe. Ja, se det i øjnene, og stå ved det, som du kan, og det som du gør.

Fx at male fortællingen om Louisa, der mødte de druknede søfolk fra 'Ernestine' den 30. marts 1930 - I Klaksvik på Færøerne vel at mærke - netop da skibet sank på Island!

*Mødet, 30. marts 1930. Færøsk folkefortælling. Olie på lærred. Hans Rosenfalck, 105*85 cm. September 2009.*

Ja min mors lillesøster Louisa havde synske anlæg næsten ligesom min ane 7 generationer før Louisa - troldmanden Guttorm i Múla Rasmussen, 1657 - 1739. Fortællingen bliver til myte, danner billeder, bliver et yderligere bidrag til folkesjælen deroppe på de 18 vindomsuste øer midt i Atlanterhavet.

Og tragedien er et væsentligt omdrejningspunkt - spørg bare Nietzsche [132], eller min kære faster Martha, der spillede Brahms vals i As dur på sit klaver, og Chopins regndråbe præludium, og Beethovens Pathetik så jeg græd, eller spørg en dramatiker, en komponist osv. Eller Ekstrabladet. Det tragiske er det, der rammer mennesket dybest, og skaber den dybeste kontakt til selvet.

*Poul Janus Ipsens 'Tidsportræt' bærer den uudgrundelige frygt for alt det, som vi ikke kan være sikre på. Olie på lærred, 92 * 71 cm.*

---

132 *Bl.a.* ***Tragediens fødsel****, oversat efter "Die Geburt der Tragödie" 3. oplag. Gyldendalske Boghandel 1996.*

Eller helt tilbage til basis for begrebet, til Kristi lidelseshistorie, hvor passion i skikkelse af troen på gud og på Jesus Kristus er i stand til at overvinde lidelser og tragedier.

Lidelse og tragedie har været næring for storhed, skønhed, styrke - og for heltedåd.

Og nu til noget af en lidt anden kaliber, og dog, fordi her er det inderligheden, der bærer evnen til at udtrykke sig. Min optagethed af Viggo Madsens digte, som er skrevet, så komprimerede, skarpe og finurlige, at man undres over, at de kan tænkes og skrives. Eller er det omvendt for Viggo Madsen, at digtene skriver sig selv? Det var min oplevelse, at Viggo Madsens digt herunder nærmest malede sig selv. En berusende følelse var det. Hvad var det der skete? Jeg glemte alt og mig selv og om maleriet. Det malede sig selv.

*Digt nr. 1. Olie på lærred. Hans Rosenfalck, 100*75 cm. Februar 2008.*

Teksten til Viggo Madsens 'svane billede' lyder:

I drømme bliver du helbredt
for den sygdom der bærer dit navn
Præcist som en svane
der trækker sit spejlbillede
op af vandet
Men på bunden af søen en mønt
med portrætsiden opad

Viggo Madsen

Magten er bare en skorpe. Akryl på lærred.
*85 * 100 cm. Hans Rosenfalck, oktober 2014*

Jeg kan også gå rundt i længere tid og fundere over, hvordan jeg kan male teksten;

'- Tiden har ingen samvittighed, og man siger, at det er dem, som vinder, der ejer historien, siger faderen. Han har sat sig på en sten her på skråningen for at hvile sig lidt.

- Men under det hele går den store bølge af ganske almindelige mennesker, og bag ved den nedskrevne historie lever alle fortællingerne og sagnene.

Magten er bare en skorpe oven på en vældig strøm af lava, og der er meget kort ned til varmen nedenunder. Næven der slår, er det rene ingenting imod det bankende hjerte'

En eminent tænkning og refleksion. Såvel over historieskrivernes selvforherligelse og venden ryggen til begåede ugerninger, som markering af magtens skrøbelighed, forgængelighed, og omskiftelighed. Og ikke mindst er det lyrik af højeste karat et fantastisk udsagn fra 'Stjernerne over Andes' side 219. Af Gunnar Hoydal. Poul Kristensens Forlag, Herning 1996.

Mit første forsøg på at male det blev til i forbindelse med tragedien på Utøya i Norge. Det virkede ikke rigtigt som maleri, efterfølgende forsøgte jeg med et motiv fra en rejse til Rom i 2014. Ja, jeg har forsøgt med flere motiver. Men det er ikke rigtigt lykkedes for mig at opfange lyrikken med penslen. Jeg har nærmest fået berøringsangst ved at komme videre med det, det irriterer mig, at jeg er låst. På en måde er motivet fra Rom oplagt. Rom er så pompøs og overvældende som historie, og der ligger oplagt tragiske og langt mindre pompøse fortællinger nedenunder pragten og glansen, og så er der tillige Romerrigets fald og vulkaner tilmed.

Jeg sendte en hilsen og fortalte Gunnar Hoydal, at hans ord spontant og ordret kom ud af min mund i gode venners selskab midt på den spanske trappe, og han svarede mig:

"Tak for hilsen fra Rom. Mærkeligt var det, at jeg i morges fik endnu en hilsen fra Rom. Den var fra min bror, Kjartan, som er til møde i FN-organisationen FAO for fødevarer og landbrug. FAOs hovedkvarter ligger stadig på Viale delle Terme di Caracalla, og det var dér min far arbejdede i en måned, inden han blev udsendt til Ecuador som fiskeriekspert. Vi fire søskende og vores mor fulgte med både i Rom og i Sydamerika, og der findes grundmaterialet til bogen "Stjernerne over Andes". Det var i sommeren 1954, altså for præcis 60 år siden.

Så jeg forstår, at lavaen stadig er varm og kan bryde op til overfladen når som helst.

Mange gode hilsener,

Gunnar".

*Magten er bare en skorpe ovenpå en vældig strøm af lava og der er meget kort til varmen nedenunder. Akryl på lærred. 105*60 cm. Hans Rosenfalck, juni 2014*

*Roma Termini juni 2014. Parkeringsanlæg - Systemisk individualisme. Olie på lærred. Hans Rosenfalck. 65*45 cm. Marts 2015.*

Og der er også Jóanes Nielsen, digteren måske over dem alle. Hans digt 'Pest' burde være lige til at male. Det var det ikke for mig. Det tog 5 måneder fra det var skitseret til det kom på lærred. Jeg blev flere gange deprimeret af at arbejde med det, på abstrakt ubestemmelig vis, ikke på en konkret vis, som da jeg malede Hans Hedtofts forlis.

Digtet har følgende tekst:

Pest

Nogle dage plages jeg af alt det hvide
Brevpapiret er hvidt
Lagnet er hvidt
Og visse personer jeg ikke bryder mig om
Har alt for hvide smil
Jeg ved ikke om digte har farver
Men nogle døre og nogle fodtrin
Lyder som et eller andet hvidt
Også ligklæderne er hvide

Det er som om vi daglig øver os i at dø
Sorgen er hvid
Nervepillerne
Og de der forbandede duer på gravstenene
Alt er hvidt
Operationsstuen
Slagtehallen
Og brudens kjole
Det larmer sådan
Alt det hvide
Knuser porcelænet i sjælen

Hvad er der tilbage?
Morgendagen er tilbage
Noget der ikke rigtigt er til
Er tilbage

Jóanes Nielsen

*Pest. Olie på lærred, 110 * 60 cm. Hans Rosenfalck. November 2015*

Lyrik kan ramme mig helt uafhængigt af dens herkomst, og inspirere og give oplevelser intensitet. Lige fra Vagn Steens digt: 'Den der fanger fuglen, fanger ikke fuglens flugt' over Shu-bi-dua, der synger: 'Asfalten rødmer af reklamernes tvivlsomme råd', eller Roccasino: 'Mine tanker spiller bold med ting jeg ikke helt forstår', og til Bernard Heidsiecks opførelse af sit lyddigt: 'Vaduz', der i bogstavelig forstand lukker digtet ud af bogens fængsel. Jeg er også stærkt ansporet af Pia Søltofts Kierkegaard inspirerede tekst om den ulykkeligste: 'Den ulykkeligste er det menneske, der aldrig har fornemmet øjeblikket, der aldrig har været sig selv nærværende og dermed aldrig har været samtidig med sig selv.'

Ja, ja, men jeg kan da også bare blive simpel, og male et

*Betalingsanlæg Storebælt, Længselsporte, 15. december 2010. Olie på lærred. Hans Rosenfalck, 105*80 cm. Februar 2011*

hverdagsbillede på min vej. Og lad det bare dø i detaljen eller i horisontlinjen midt gennem billedet, blæse på hvad du kan, bare mal. Vis din utilstrækkelighed, det er ikke vanskeligt. Og det er langt bedre end at reducere dit motiv, og bedre end at reducere dit mod og bedre end at gemme dig mellem enkle og sikre momenter og sikre formsprog, farver og konstruktioner, der samtidig som en selvskabt gave kan kamuflere dine begrænsninger.

Når man forsøger at fastholde det umiddelbare motiv, og kommer ind i en periode, hvor malerierne ikke fungerer, da kan det kan være vanskeligt at bevare motivationen til at fortsætte med at male. Man er nødt til at blive i kaos og fortsætte i stedet for at flygte. Resultaterne vil sikkert vise sig igen, når du finder et nyt balancepunkt. Det forudsætter meget tålmodighed og vedholdenhed.

*Asfaltkæmper, 110 * 165 cm. Olie på lærred. Hans Rosenfalck 2017.*

Maleriet asfaltkæmper måtte jeg slide med i ½ år før jeg kunne holde ud at se på det. Indledningsvis benyttede jeg mine gamle teknikker fra reklametegneruddannelsen som jeg supplerede med landskabsmaleri og naivt maleri. Men det fungerede stadig ikke. Da tilføjede jeg træer i teatermalerteknik, med konturer af Holger Danske og Gorm den gamle i træernes kroner og endelig tilføjede jeg den stærke hovedperson, asfaltkæmpen i bedste popkunst stil, ja og så kom det til en vis grad til at fungere som billede og ide. Hele paletten af teknikker fra de 3 år på Akademiet for fri og Merkantil Kunst var taget i brug, og de grundlæggende udtryk fra ciselørtiden på Georg Jensen, hvor ornamentet udgjorde basis var også synligt i denne sammenkogte ret af et mislykket maleri. Det mislykkede skal ikke nødvendigvis gemmes væk. Det anviser måske ligefrem veje til at komme videre gennem en periode, hvor intet vil lykkes, og du ikke bare vil holde dig til det som du ved du kan og som virker. Sådanne perioder er vigtige at prøve at arbejde sig igennem.

Og digte hvor enhver kan være med, de kan være særligt prisværdige. Fx fra Knold og Tot i 1959;

'I er strandet på en klippe! Nu kan skuden ikke vippe!
Men det hjælper ej, I klynker - ro i land, før skuden synker'
Med disse ord talt gennem en højtaler skjult i bugen på en tunfisk, skræmte Knold og Tot de overtroiske matroser på Kaptajn Vom's skib, Kaptajn Vom var deres papfar. Her er alt snob og højrøvet hed lagt til side - befriende.

Det modernistiske formsprog bærer i høj grad tidens fidusmalerier med sig i dag, i lige så høj grad som det var tilfældet for generationer siden, da idylliske motiver med en kronhjort der spejlede sig i en skovsø og lignende gjorde det dengang. Stereotypen og den folkelige udbredte accept af modernismen har samme omfang og udbredelse som dengang - fra pigeværelset til direktionsgangen. Oprøret og fornyelsen, i modernismen, er stort set gået tabt. Selv de vildeste udtryk benyttes som billedlige og åndelige dekorationer.

*Æsler. Det modernistiske formsprogs trofaste skare. Olie på lærred. Hans Rosenfalck. 60*40 cm. April 2016.*

Truck stop, Acryl på lærred 1966. Alex Colville. Canada 1920 - 2013.

De malere der inspirerer mig dybest, arbejder i reglen med sælsomme mættede stemninger, uudgrundelige som mystikeren der lukker sig inde i sin egen verden, i bortvendt menneskeskjul. Fanden tage dem der spejler den tid de lever i. Den røde tråd er aleneheden i dens mange skikkelser. Undertiden anes tillige en sælsom dyb lykke, den særlige lykke, der kun kan opnås i selverkendelsens ensomme melankoli. Den tåler ikke indblanding.

Otto Frello. Øverst, Søjlerne. 1994. Nederst, Det gyldne rum. 1997, og Den høje væg. 1987.

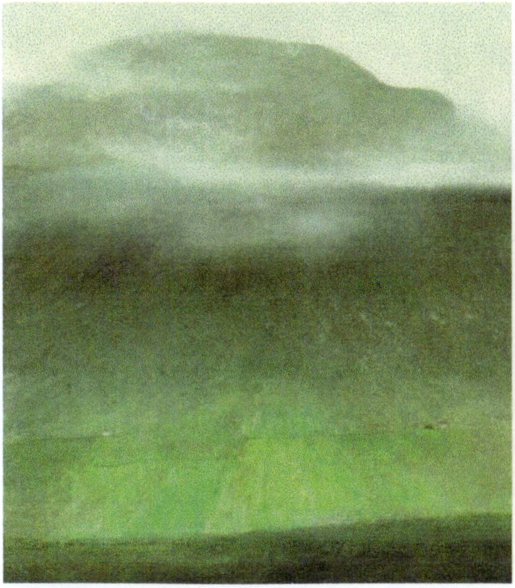

Lav tåge, Færørene. 1978
Albert Bertelsen

Huttens Grab. 1823
Caspar David Friedrich

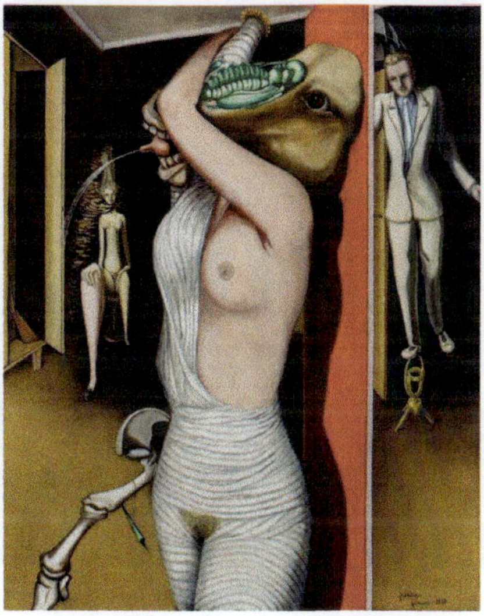

Til venstre. Frontpromenade. 1943, til højre. Zola og Jeanne Rozerot. 1938. Begge af Wilhelm Freddie

Gulvudsmykning Københavns Lufthavn. Marmor. Jørn Larsen.

Anette Harboe Flensburgs mættede stemninger med ensomheden som omdrejningspunkt. Olie på lærred 2018. Og Frank Lloyd Wright's ånd hviler i hendes rum, hvor beskuerens dømmekraft sættes på prøve i livets rum og venteområder - evigheden hviler i genspejlingerne.

Det er ikke formsproget, men hensigten og intensiteten, og budskabet, der er omdrejningspunktet for mig. Formsprog som Frank Lloyd Wright praktiserede i sin bygningsarkitektur, er også forbilledlig for mig. Han kombinerede og tilpassede bygninger efter de karakteristiske materialer, der fandtes i området, hvor bygningen opføres, han lod naturelementer som træer, vandløb og klipper trænge ind i bygningerne - fremhævede naturen og det guddommelige skaberværk.

Det komplementære paradoks - Jing og jang

Det er ofte slående, som en stor bedrift fører til, at vedkommende efterfølgende har følt sig ydmyg eller lille.

Thor på 1½ år i 'sin' brandbil på legepladsen i Grønnedal / Kangilinnguit. Gad vide om han følte sig stor eller lille i sin granvoksne brandbil. I perioder i mine job, hvor jeg traf beslutninger, der berørte mange mennesker, kunne jeg godt opleve at være placeret i noget, der var større end jeg kunne være sikker på at have styr på. Når jeg var i det, mærkede jeg ikke denne følelse, nej så var det bare fremad, men i ferierne kunne tvivlen godt få magt.

Eller hvis der sker noget ondt, at det søges sonet med noget godt. På samme måde med grimt og smukt, ja eller med undertrykkelse som fx den, som afroamerikanerne var udsat for i 1920 érne i USA, der bl.a. resulterede i noget af det mest livsbekræftende og muntre musik, som verden har hørt, bl.a. 'Tiger Rag' af Duke Ellington. Og naturligvis kan man få for meget af alt, af jammer og blues såvel som af det gode og det fantastiske. Om der er tale om naturens eller kulturens eller selveste skaberens forsøg på at skabe balance, det er jeg ikke klar over, men jeg synes, at det er interessant.

Drømmesyn - afdød tid. Hans Rosenfalck

Måske er der også rødder til sådanne paradokser at hente, helt tilbage fra den vestlige filosofis grundlægger Socrates og hans visdoms arbejde med begrebet ironi, som det blev fortalt gennem hans elev Platon og gennem Platons elev Aristoteles. Søren Kierkegaard skriver om 'Begrebet Ironi' i sin magisterkonferens;

'Videnskabsmændene paastaae, at der ingen sand Videnskab er mulig uden Tvivl, saaledes kan man med samme Ret paastaae, at intet ægte humant Liv er muligt uden Ironi'[133].

I øvrigt kan der være god grund til at være på vagt, når man oplever noget meget stort, smukt og prangende og overbevisende, lige fra en Tour de France vinder til det storslåede gamle Rom, ja alt. Der er i reglen en bagside, som søges skjult. Snyd, undertrykkelse, overgreb osv.

Fødselsdags spirrevip. 30. oktober 2018. Olie og akryl på lærred. 75 * 50 cm. Hans Rosenfalck. april 2019.

---

133 *Søren Kierkegaards Samlede Værker Bd. 1. 2. oplag. Gyldendal 1962. S. 328.*

Måske ikke kunstnerisk ambition, men livsdyb passion

Jeg har oplevet passionerede mennesker, der har så meget på hjerte på et bestemt felt, så dybfølt, inderligt og udtryksfuldt, at det faktisk er blevet kunst. Det gælder fx for John Lundgren, kemigraf, skiltemaler og meget mere var han. Men allermest var han optaget af sin elskede by København og dens transportsystem, som det eksisterede i hans barndom og ungdom - sporvognene, sporvognslinjerne, hele systemet af spor, strømførende ledninger, remiser, signaler, lys, skilte, farver, personel osv., der omgav det, samt byen, dens gader og veje og bygninger, anlæg og beplantning mv. Hver detalje, samt sporvognenes funktion; at transportere mennesker, at bringe mennesker omkring, og bringe mennesker sammen, og bringe dem hjem.

Hans egen glæde ved dette var stærk. Det ses i hans tegninger, hvor han i alle tilfælde har fanget min opmærksomhed, og videregivet sin glæde til mig.

Det rammer dybt. Fx også hans opmærksomhed på og gengivelse af lysforhold i mørklægningsperioden under 2. verdenskrig, hvor; 'det var et helt fantastisk lysskær, der spredtes over byen, især hvis der havde været et let snefald. - ingen (kan) i vore dages neonoplyste by overhovedet forestille sig det.[134]

Perfektion og valget af det rette formsprog

Jeg er sikker på, at ambitionen om det perfekte resultat ofte lammer og hæmmer den frie udfoldelse. Perfektionen er ofte med til at forhindre at en kunstner mv. tager

---

134 ***John Lundgren, MIN BY*** *– Erindringsbilleder – og lidt mere. Sporvejshistorisk Selskab 2000. ISBN 87-87589-96-6. S. 37*

Linie 8 i Prinsessegade 1943
John Lundgreen

Linie 10 på Vesterfælledvejbroen
1950. John Lundgreen

chancen og bevæger sig ud over sine tillærte kompetencer. Det er netop denne risikovillighed til at give slip på det sikre, der kan være med til at løfte et værk over håndværket. Men naturligvis bestemmer kunstneren ikke helt selv om dette lykkes. Der skal nødvendigt held og tilfældigheder til, eller måske 'guds ånde'. Som lunefulde belønninger for at bevæge sig i grænselandet.

Kunsten handler for mig ikke blot om at finde på, selv om det også kan være et element, men kunsten handler om basis; at folk ikke skal kunne lade være med at lytte til musikken, at de ikke skal kunne lade være med at se på billedet, at de ikke skal kunne lade være med at tænke på digtet, eller tænke på fortællingen, på ideen osv.

Det er væsentligt, at kunsten rammer folks indre biblioteker eller opretter nye biblioteker i deres bevidsthed.

Derimod skal udtryksformen være fri, og formsproget frit, hvilket ikke altid falder i god jord hos de indviede, der efterhånden udgør en hel- og en til tider dogmatisk kunstindustri. Det modernistiske formsprogs udbredelse i den vestlige verden, og de evindelige gentagelser af dette de sidste 100 år, spejler sig i doktrinen om den evige genkomst.

"Friedrich Nietzsches teori om, at hele hans liv og hele universets udvikling forøvrigt vil blive genspillet igen og igen i evigheders evighed. Denne metafysiske teori stod for Nietzsche som noget nær den mest uhyggelige, og det virker, som om han *derfor* anbefalede den som et slags meditationsobjekt. Han kaldte det for sin kongstanke, og det var ment som den største udfordring: at kunne udholde antagelsen af denne metafysik og stadig uforbeholdent favne livet - sige "ja" til det. Imidlertidigt viser det sig, at Nietzsche ikke selv skulle nyde noget: I et af hans sene breve skriver han direkte, at han personligt skulle ønske, at døden var definitiv." (Den frie encyklopædi)

Mindst lige så interessant er tankerne og forestillingerne om Nobiskro. Det land som Gud ikke nåede. Her var riget imellem jordeliv og frelse, skabt i sindene den gang menneskene blev fri for deres frygt for skærsilden og erstattede dette med en anden og endnu værre frygt, frygten for at fortsætte i det, der var i det uendelige. For nogen var det en kro, hvor de sad og sad og ikke kunne betale, undtagen med det jordiske gods de havde forladt. Men for andre, dem med den smertelige viden, var det landet, hvor livet gik sin gang med de mørkeste stunder, man kan mindes; et slimet land, et land med moser og lumske farer, et land uden tinder uden udsyn, en hverdag, trummerum. Sådan var dette land Nobiskro, det land, der ikke indfriede dødens længsel; den nådesløse fortsættelse af det, der var tilendebragt. Sorgerne ligger nøgne i dette land. De uindfriede løfter galer fra trætoppe, to-tonet og trist, som gøgen galer; den gæld, der er, den er der. Den bliver til skyld, skyld. I dette land har ingen myndigheder magten, men den magt der råder, råder i kraft af loven i hvert menneskes indre: Den der gjorde ondt, gør ondt; den der gør ondt, gør mere ondt. Fra dette land - det hedder Nobiskro - er intet håb jaget ud, for der har ikke været noget håb. I dette land råder døden ikke, for døden kommer ikke her.

Og ikke visheden om skyld, men anelsen. I dette land er ingen afbigt, ingen anger, for dets lov er lukket og absolut. Overvejelsen findes ikke i dette land.[135]

I lyset af det modernistiske formsprogs infiltrering af kunsten i den vestlige verden, burde det være befriende, når kunstnere og andre aktører forsøger at bryde med det.

Men sådanne initiativer bliver i sagens natur overset, fordi de ikke opfylder de grundlæggende og velkendte normer. Jeg tror, at det gennem tiden har forholdt sig således, at kunsten har afspejlet den tid, og det sted den er produceret i og endvidere at enhver tid har behov for at beundre sig selv, primært udtrykt gennem tidens formsprog. Derfor bliver kunstnere, der går imod tidens formsprog, ekskluderet. Det gælder fx maleren Thomas Kluges arbejder, Otto Frellos arbejder og flere andre, som jeg allerede har nævnt her og også indenfor andre kunstarter naturligvis, som også har deres normer og formsprog og antiformsprog. Befriende fx når Dario Campeotto synger Lou Read's eminente 'á perfect day', og både er i stand til at føje nye sider til sit eget formsprog samt humor til. Ja, eller når norske Aurora fortolker 'Life on Mars' af David Bowie. Ja, eller når Amerikaneren George Gershwin komponerer klassisk musik, ja, det lyder ikke rigtigt (Europæisk)klassisk, der er lidt strygerpop over det, og lidt pral vil nogle mene, ja, men det er jo fascinerende. At ignorere talent og særlige evner fx en eminent sangstemme, eller en for den sags skyld middelmådig sangstemme, der anvendes sublimt godt, en musikalsk virtuositet, et eminent malerisk udtryk, eller et eminent skrivetalent med henvisning til, at man ikke bryder sig om genren, eller ikke bryder sig om udtrykket, fordi formsproget er af en anden verden end moden foreskriver, det indsnævrer blot dig selv og dine indre bibliotekers omfang.

---

135 *Johan Borgen, 1902 – 1979, Norsk forfatter. Nu har vi ham. S. 238. Gyldendal København 1957.*

Noget af problemet for modernismen er, at formsproget med tiden er blevet genkendeligt, og det er blevet afkodet, udbredt, adopteret og accepteret i betydelige dele af befolkningen. Et mantra uden sidestykke - og ophøjet i en grad der nærmer sig det fredhellige og omgivet af den rene snob. Man finder modernistiske værker alle vegne fra pigeværelser til direktionsgange. Genrens utallige grene og aktører er analyseret til døde af en industri af kunsthistorikere og andre akademikere mv. Der er oprettet kunstskoler, forfatterskoler og kunstlinjer her og der og allevegne, hvor man kan 'lære' formsproget og måske ligefrem selv udføre sine værker i overensstemmelse hermed, så det ser 'rigtigt' ud eller lyder rigtigt osv.

Magien, uforudsigeligheden, kraften og mulighederne for at sætte sig igennem og for provokation, er nærmest gået tabt. Og budskaber druknes i tidens formfuldendthed med formsprog, der gør det indlysende for snobber og kunstforvirrede, hvad der er kunst, og hvad der ikke er.

Modernismen har sejret sig ihjel

Der findes ofte mere inspiration, skønhed, grimhed, forfærdelse, glæde, fornøjelse og fornyelse og grund til eftertanke og grund til undren hos reklamefolk, ansatte i dyreparker, udenrigskorrespondenter og elever på erhvervsskoler med stort fuldskæg, der forsager lysten til at analysere sørgelige digte. Ja, eller for at komme helt ind til benet til autencitetens kerne - til det lille barn, der udtrykker sig inderligt med krop og sjæl. En umiddelbarhed, og enkelhed, lige til sagen som voksne ikke besidder. Enkelte kunstnere er periodevise i stand til at nærme sig noget lignende. Men risikoen er, at de bevidst eller ubevidst kommer til at forstille sig, som om de var børn igen, og så bliver det fusk og fup, bedrag og selvbedrag. Apropos dette må skuespilkunsten være en kompliceret størrelse at agere i.

Frederikke 4½ år tegner fodbold i haven - ja, ganske enkelt genialt

Havde Asger Jorn været ung i dag, ville han sikkert kunne have fundet på at købe et modernistisk maleri, og overmale det med et glansbillede af en kronhjort, der spejlede sig i en skovsø. Det ville dog næppe blive forstået i dag. Men en anden burde gøre det! Det vil dog næppe få samme kraft, som da Jorn for mere end 60 år siden overmalede et glansbillede af et landskabsmaleri med et groft malet farvestrålende fabeldyr, der gjorde vold på den overvældende idyl, der var så udbredt i billeder dengang.

At enhver idyl har en bagside, det begriber det modernistiske formsprogs udøvere og tilhængere slet ikke, medmindre at denne bagside udpensles konkret, som fx i John Kørners billeder fra krigen i Afghanistan. Først da fiser det ind. Men man forstår ikke, at idyllen i sig selv udtrykker dette paradoks. Eksempelvis Thomas Kluges portrætter af kongefamilien. De er jo ganske uhyggelige.

Måske er det fordi det modernistiske formsprog er bundet til tiden som tidens gode smag og dermed som en folkelig letfattelig mode. Det begrænser udsynet, når man fastlægger udtryksformer for kunstnerisk udfoldelse næsten som da Emma Gad i sin tid systematiserede omgangsformer mellem mennesker.

Jeg mener, at det nu er tiden at afprøve andre smagsoplevelser end de modernistiske. Der er behov for at gennemføre en 'Whisky smagning' i forhold til formsproget. Man kan gerne begynde med tidens vante og kendte velsmagende kategorier, men efter 4. smagning skal der komme nogle varianter, der ikke er oplagte valg for hverken vanen eller for den gode smag, gerne med smag af mug og gummistøvle, sommerfuglestøv, vanvid eller alt muligt andet, der kan udbrede oplevelserne. Sætte nye spor, og oprette nye biblioteker i vores bevidsthed.

Det bedste bud på bestemmelse af kunsten findes for mig at se hos Arthur Schopenhauer i 'Verden som vilje og forestilling §§ 36-52. Her sammenholder han Platons bestemmelser om de 'evige ideer' med Immanuel Kants bestemmelser om 'tingen i sig selv' med sine egne bestemmelser om viljen og forestillingen - med kunsten, der gentager de evige ideer, og standser tidens hjul, hvor og når kunstneren bliver et med verden og ophæver sit ego og arbejder. Fastholder det flygtige, der uafladeligt lader sig transformere i et blivende billede, som væsnet og kernen i tingen, i livet, i verden, som kunstneren arbejder i og arbejder med. [136]
Jo, jo og tilmed indfanger nogle kunstnere elementer af evigheden. Fx Arvo Pärt [137] med kompositionen 'Spiegel im

---

[136] ***Arthur Schopenhauer****. 1788-1860. Tysk filosof. Verden som vilje og forestilling. §§ 36-52, s. 300-407. Gyldendal 2008. ISBN 9 788 703 006 376. Oprindeligt 1818.*

[137] ***Arvo Pärt****. F 1935. Estisk komponist*

Et af Tróndur Paturssons kosmiske rum er installeret på Færøernes Kunstmuseum i Tórshavn. Her får man svimlende oplevelser af ubegrænsede rum og dybder.

Spiegel' fra 1978 og Tróndur Patursson [138] med sine kosmiske rum spejl/glas/maleri/installationer.

Nå, men nu er det vel også tid til at vende tilbage til afsnittet i denne bog om 'den vise begmand', og vedgå, at den lille Madsen havde ret, da han i 1962 sagde til mig;

'folk hænger fast i forestillinger om, hvordan det ene og det andet skal være, og at det er årsag til evindelige frustrationer'.

Videre fik han ret i, at;

'jeg risikerede at komme til at springe fra job til job,

---

138 ***Tróndur Patursson.*** *F 1944. Færøsk visuel kunstner*

som en pingvin springer mellem isflagerne'.

Men det fortryder jeg slet ikke. Og det betød ikke, som han frygtede, at jeg ikke kom videre. Tvært imod kunne jeg let springe opad eller til siden, når det var det, jeg ville. Det vanskelige var at springe nedad, da jeg ikke længere ville være chef. Men det lykkedes dog også. Det var en stor glæde at få fingrene i tal, notater og aftaler mv i Sundhedsforvaltningen i Københavns Kommune. Der er i reglen heldigvis brug for folk, der vil arbejde for, at opgaverne får en løsning. Det har været som gaver for mig med de mange job, næsten som at have haft flere liv inde i mit liv.

Billeder inde i billedet var et af Bent Karl Jacobsens fineste trumf. Parallelt til flere liv inde i et liv som jeg selv har oplevet i min erhvervskarriere.

Park i aftenlys. *Bent Karl Jacobsen. Olie på lærred. 50*40 cm. 1974.*

Formsprog er ikke forbeholdt kultureliten. Formsprog er heller ikke det væsentligste element i et kunstværk. Amatørfotografer fx bruger også deres øjne bl.a. med fornemmelse for nuets storhed.

Glemmebogen - udvikling forudsætter afvikling

Selv om det burde være indlysende og let at lære af historien, så er det i realiteten en vanskelig sag.

Glemmebogen drager på alle planer, lige fra det personlige plan til samfundsplan. Det gælder for skole, for uddannelse, for børneopdragelse, for skilsmisser, ja selv for krig og kærlighed og mere til. Således naturligvis også for sundhedssystemet. Meget bliver tilsyneladende glemt. Krigstraumer kommer fx som overraskelser for eksperterne, der på afgørende vis bliver mere uvidende, des klogere de er blevet. Til dels også fremmet af en trang til at please de herskende politiske strømninger og folkestrømninger, hvor mange fx bilder sig ind, at man kan lade følelserne blive hjemme, når man fx går i krig.

I skolesystemet har man også glemt, at der i 1950'erne, og også tidligere, var en betydelig andel af børnene, der ikke var motiverede for skolegang. Dette problem eksisterer fortsat, på trods af at man i de forløbne år har gennemført utallige initiativer i skolesystemet, for at få disse elever motiverede. Lige fra eftersidninger og til trusler om at ende som skraldemand, hvis eleven ikke gjorde noget ved skolearbejdet, og nu til lektiehjælp.

Man forestiller sig fortsat i dag, at blot man leverer endnu flere skoleår, endnu længere skoledage og endnu mere boglig teori, så skal det nok hjælpe, ja endda selv hvis motivationen ikke er til stede. Det er lige så omtankeforladt, som det ville være at anvise en hø-snue allergiker en plads i en høstak. Tag en dyb indånding, så går problemet sikkert væk. Indlysende tåbeligt.

Man har tilsyneladende glemt, at det der hjalp mange dengang, det var at komme ud af skolemiljøet, at begynde på en frisk, hvor man ikke havde ondt i maven, eller var ved at eksplodere af frustration, fortvivlelse eller raseri ved tanke om at skulle i skole. Ændringen til det bedre dengang indtraf, når vi som ganske unge kom i lære, og bl.a. mødte voksne der havde været i samme situation, og som på trods af det, var kommet godt videre. Den type voksne møder unge ikke i dag. Man skulle næsten tro at de ikke længere fandtes, men det gør de, jeg kender flere.

Hvis man skulle lære af historien, så skulle man oprette læringsmiljøer, hvor læringen var et direkte led i udførelsen af praktiske opgaver, til sådanne unge. Med praktiske anlagte vejledere, der var i stand til at vise veje, håb og realistiske muligheder for et godt arbejdsliv. Og det skulle absolut ikke foregå i et skolelignende miljø. Det handler basalt om, at nogle mennesker - de mennesker som Schopenhauer kalder de naturlige mennesker - lever i og med de muligheder og oplevelser de praktisk kan finde i den reelle verden. Dette i modsætning til bogstavmennesket, der lever mere i ord end i gerninger, og som har set mere i bøger end i den virkelige verden. Vores verden bevæger sig med tiltagende styrke i retning af bogstavmenneskets værdier og evner som målestok og skala for den type mennesker, der skal bære samfundet fremadrettet. Der er ikke fremtid i at være et reelt menneske. Sådanne kan samfundet ikke bruge længere. De er henvist til alternativ overlevelse!

Nå, men tilbage til de historiske kendsgerninger. I sundhedssystemet har man opnået fantastiske resultater med naturvidenskaben som omdrejningspunkt. Men man har i betydeligt omfang glemt betydningen af berøringen, øjenkontakten, samtalen og nærværet og tilstedeværelsen i forholdet mellem behandler og patient. Dette er trådt til side for de videnskabelige metoder, teknikker og kemikalier mv. og læger og andre autoriserede sundhedspersoner undrer sig så over, at uvidenskabelige initiativer, som er baseret på berøring og nærvær, kan have nogen som helst effekt, især når de udføres af alternative behandlere, healere og præster, ja eller af en god ven eller bekendt, ja eller et gammelt øg i nabolaget. Man tror mere på folkescanninger osv. i hoved og røv, selv når statistikken viser, at bredspektrede initiativer i mange situationer har begrænsede virkninger, på nær hvis de rettes imod symptomer, der tyder på en bestemt lidelse, hos den der scannes.

En væsentlig forklaring på paradokset, at glemmebogen vokser, det er, at ny viden i betydeligt omfang bygger på kritik og forkastelse gammel viden og af gamle metoder. Med den logik at udvikling af nyt fører til afvikling af gammelt tiltager glemmebogens omfang selvsagt i samme takt, som den nye viden vokser.

Og så kan man ellers fundere lidt over visdommen i ny vunden klogskab. Jo, der er naturligvis den fordel, især for de veluddannede, at der virkeligt er behov for deres opfindsomhed til at opfinde 'den dybe tallerken' og alt muligt andet gammelt i det uendelige ud i fremtiden, og ved glæden over at kunne begejstres, hver eneste ny gang.

I dag er skolesystemet mindre end nogensinde tidligere fokuseret på elevernes praktiske evner. Sådanne evner regnes ikke for noget, der berettiger til bedømmelse, på trods af at de udgør forudsætninger i en række job indenfor håndværk, design, arkitektur, kirurgi, pleje og meget mere. Man har givetvis smidt produktive muligheder i brokkassen, når man på forhånd afskriver børn og unge, der overvejende har deres styrke i hænderne eller i timingen eller fantasien. Landet ledes af folk, der ser skolesystemet og uddannelsessystemet gennem store boglige briller. Kun de elementer der kan bogliggøres tæller med. Praktiske veje til viden og lærdom er under afvikling i velstandens navn. En del af de rene praktikere ender med at ernære sig på kanten af samfundet, og risikerer at løbe i armene på bander og det der er værre, hvor man godt kan finde anvendelse for praktisk anlagte folk.

Opgørelser fra undervisningsministeriet 2016 viser fx at ca. 70.000 unge 15 - 29-årige, som har været i et dansk grundskole forløb i en periode i 8-10 klasse, hverken har uddannelse eller job. De falder ved siden af alle reformer og velmenende uddannelsesinitiativer. Dette antal er stort set uændret de sidste 10 år [139].

I det store perspektiv er der tillige tendens til ensretning med overfladisk bogliggørelse af viden og erfaring, der i bund og grund ikke er af boglig art. Fag med betydelig praktisk viden afløses af overfladiske bogligt baserede kursusforløb. Det er en kortslutning at tro, at man kan opnå håndværksmæssig indsigt ad boglig vej.

---

[139] *Jyllands-Posten, Indblik s. 4. Reformerne skyder forbi. 23. februar 2017.*

Fokuseringen på bogligheden rammer også lige midt ind i de boglige fag selv. Mennesket med den boglige viden møder dette punkt, når han eller hun skal mødes med den praktiske verden, det undgås ikke. Praksischok kan opstå, når den boglige lærdom skal omsættes til færdigheder, som han skal lære at mestre. Hvis han fx skal undervise, da er det ikke nok, at han kan stoffet, han skal også kunne formidle det på det praktiske plan overfor de, der skal undervises. Hvis han bliver embedsmand, da skal han på samme måde kunne agere i en organisation i samspil med medarbejdere, ledere, politikere, borgere, presse osv. Hvis han bliver læge, skal han lære at møde patienten dennes familie osv. og naturligvis også kollegaer og ledere i sundhedssystemet. Ingen går fri for mødet med den praktiske verden. Alle er i sidste ende afhængige af at få beriget deres boglige viden med en god portion praktiske færdigheder, som man ikke bare kan læse sig til. Det forholder sig som en hovedregel sådan, at selve videns meddelelsen er mere ligetil at videregive end færdighedsmeddelelsen. Færdighederne er langt mere komplekse i forhold til et menneskes samlede kognitive ressourcer. Væsentligt mere end videns kapaciteten!

Konkurrencefikserede mennesker, gider i øvrigt i reglen ikke at høre på psykologer, pædagoger, filosoffer, sociologer mv. De gider slet ikke de humanistiske fagområder. Ja, glem fx Arthur Schopenhauer, der påpegede at konkurrencen er livets sande åg, menneskets villen er menneskets åg, der ikke kan styres og begrænses. Alles kamp imod alle gør alle til jægere, og alle jages af samme grund. Trængsel, mangel, nød, angst - når viljen til liv kaster sig over sig selv - liv, eksistens, velvære, forplantning, i det uendelige. Troen på fred er illusorisk i denne villens lys! Ja, sikken en svada.

På universiteterne var fordybelsen engang i højsædet, bl.a. med studier bygget op omkring gennemførelse af en magisterkonferens. Jeg blev selv 'administrativt' overført fra magisterstudiet i sociologi til kandidatstudiet. Man nedlagde magisterordningen i 1976, vupti, slut. Fordybelsesstudier er udgået og afløst af studier bygget op omkring en mængde små forløb, ofte mindst 30 forløb og i reglen mange flere. Den dybe viden om et emne er afløst af generel viden om mange emner.

Jeg vil gerne indskyde et eksempel 'fra de gode gamle dage', da jeg som voksen HF-studerende i 1973, for første gang oplevede at blive introduceret til tilvalgsfag, hvor lærerne på pædagogisk- og demokratisk vis præsenterede deres fag, metoder og syn på læring for de studerende. Det var en fantastisk gave for mig, og jeg valgte fag, som jeg bestemt ikke ville have valgt, uden denne introduktion. Fx engelsk, hvor eminent dygtige engagerede Jørgen Gerhard Rasmussen[140] fik en særlig betydning. Ikke bare for Engelsk, ikke bare for faget med de utrolige litteraturvalg bl.a. fra Emily Dickinson, Harold Pinter, Samuel Beckett, Lewis Carol, Frank Lloyd Wright, Allan Ginsberg, William S. Burrughs, men også for mit efterfølgende studie og valget af faget sociologi.

Jørgen Gerhard Rasmussen og Claus Tilling [141], der ligeledes underviste på Blaagaard Seminarium lærte mig, hvad det vil sige at studere. At jeg selv skulle opsøge og undersøge. Efterfølgende beskrive og fremvise så klart og enkelt det var muligt og argumentere herfor.

Omdrejningspunktet var fordybelse. Det drejede sig om muligt at forsøge at opnå mere viden end selv de dygtigste. Det er mit indtryk i dag, at mange studerende

---

140 ***Jørgen G. Rasmussen** f. 1936 - d. 2015. Forfatter mv. Har studeret, Engelsk, Amerikansk, Kunsthistorie, Matematik, Kybernetik mv. har bl.a. også været vinduespudser, ass. professor i England og USA og lærer og lektor på seminarier mv. i Danmark.*

141 ***Claus Tilling.** Lektor. Cand.mag.-dansk og retorik. F. 1942.*

ikke helt forstår, hvad det vil sige at studere, at man netop selv skal forsøge finde ud af det. De tror, at det er lærerens problem, hvis de ikke kan finde løsninger, eller studiets problem. At det er noterne, litteraturen, eller henvisningerne, der ikke er gode nok, når det bliver svært. De har ikke indset, at de i sidste ende selv skal være opsøgende og undersøgende - fordybe sig, studere, blive ved og ved indtil de kan stå inde for det. Også når der ikke findes færdige svar eller løsninger.

Studiernes multimodulbaserede indretning forleder da også de studerende til at tro, at de skal være videns bærere a la carte. Generalister, der kan gøre nytte i produktionen og tilrettelæggelsen af opgaver indenfor det faglige felt, eller måske de faglige felter, som de nu engang har valgt, sådan i løs vægt. Allerhelst skal den studerende kunne gå ind hvor som helst, der måtte være brug for arbejdskraft. Ikke nødvendigvis top kvalificeret, men godt nok, ikke eminent, fordi det lægger beslag på for meget tid og for mange ressourcer, og fordi tiden har det med at løbe fra specialiserede kvalifikationer. Det kan samfundshusholdnings set ikke betale sig.

Jørgen G's oversættelse af Emily Dickinson: VERS J712/Fr479. Ja, sådan leverede Jørgen udfordringer til os, vi blev bedt om at oversætte fra engelsk, finde sproglig rytme og litterær troværdighed. Her er hans bud.

'Standse for døden ku jeg jo ikke
så han standsede kærligt for mig;
sammen med udødeligheden
var vi to roligt og sikkert på vej;

for uden hastværk drog vi afsted,
ingen sysler havde jeg med,
ingen sysler - i deres sted
havde jeg hans hengivenhed;

hen forbi skolen hvor børnene sloges
hegnet i frikvarterets tvang,
dernæst marker med stirrende kornaks
og så forbi en solnedgang

Nej, Han passerede os!
Dirrende kolde drev dugbyerne,
Min kåbe var flyvende sommer
Og mit hovedtøj tyndeste tyl.

Vi pauserede foran et hus der så ud
Som en svulmen af selve jorden,
For taget var næppe synligt
Og karnissen var i jorden.

Og siden da går århundreder,
Men det føles så kort som dagen,
Da jeg endelig anede hestenes hoveder
Med retning mod evigheden.'

Emily Dickinson VERS J712/Fr479 [142]. Oversat af Jørgen G.

Tiden i dag er karakteriseret ved, at en stor andel af befolkningen er dygtige og veluddannede, multitasking[143] er et kendemærke for mange. Men de sublimt dygtige er en mangelvare, det lægger systemerne ikke op til på trods af Ph.d.-uddannelser i hobetal. Tillige er fx adjunkturer og Ph.d.er efterhånden ikke det papir værd de er skrevet på, bl.a. fordi de uddannelsesansvarlige snyder med kvaliteten. Ofte snydes der fx med forskningsdelen, idet man benytter adjunkterne som rene undervisere og benytter Ph.d. studerende som billig arbejdskraft i løs vægt og skriver sig behændigt til forskning, der i realiteten ikke er udført af kandidaten.

Institutionerne tænker mere på deres økonomi, end på kvaliteten af den viden og de uddannelser, som de producerer. Det er ikke de studerende jeg langer ud efter men de uddannelsesansvarlige ledelser.

---

142 *Jørgen G. Rasmussen. 'Emily Dickinson: VERS J712/Fr479'. Skidrow Press Publications 2013/14. ISBN 978-87-997343-0-6*

143 *At ville gøre flere ting samme tid må være en nødløsning. Det kan ende ud i manglende tilstedeværelse, karakterløshed, respektløshed og fravendthed.*

På afveje. Forladt og ramponeret Citroën HY, som billede på Skolereformen, som jeg forventede at den ville fungere efter august 2014. Man kan godt lockoute og nedgøre folk, men man kan ikke tvinge folk til at mene, at det er smart. Samme udelukkelsesmetode, endda med kollektive fyringer af samtlige læger i lægevagten i Region Hovedstaden, er også endt i rod. De erfarne læger er søgt hjem i egen praksis for at bruge tiden der. Sygeplejersker skal så varetage visitationen i lægevagten mhp at økonomisere mest muligt med de afsatte midler.

Nu tilbage på sporet af samfundsudviklingen - til de lange og dybe sociologiske spor

Sociologiens fader, Ferdinand Tönnies, opstillede begreber om de oprindelige europæiske lokalbaserede **fællesskaber**, som værende kulturelt betingede[144].

---

[144] ***Ferdinand Tönnies****, 1855-1936, tysk sociolog, en af grundlæggerne af*

Inden jeg går videre med Tönnies begreber vil jeg sætte begreb på Civilisation fordi det indgår i forklaringerne og som pejlemærke for et samfunds udviklingsstadium:

Civilisation; er samlebetegnelse for et samfunds, en kulturs eller et kulturområdes materielle, teknologiske, intellektuelle, organisatoriske, politiske og moralske liv og udviklingsstadie. Betegnelsen er især anvendt som udtryk for et højt udviklingsniveau som modsætning til primitive samfundstilstande og primitiv adfærd.

Selv om der tidligere blev skrevet om *at civilisere* og om *civiliserede* adfærdsformer og vaner, er begrebet civilisation først blevet udbredt i Frankrig slut 1700-t. som betegnelse for processen og resultatet af oplysning, fremskridt, dannelse og udvikling. Udbredte i 1800-t. til England, Tyskland mv. herunder også til Danmark.

I 1800-t.s evolutionistiske antropologi fremstilledes civilisation for det meste som det sidste og det øverste europæiske trin i menneskehedens udvikling overfor og modstillet primitive tilstande af vildskab og barbari.

Men kulminationen af nationale konflikter før og under 1. Verdenskrig medførte en betydelig europæisk skepsis over for begrebet civilisation. I Tyskland definerede Oswald Spengler[145], Thomas Mann[146] og Ernst Troeltsch[147] i årene

---

tysk sociologi. Især kendt for ungdomsværket Gemeinschaft und Gesellschaft (1887). Født i Schleswig-Holsten, der dengang var en del af det danske kongerige, ja ligesom malerne Caspar David Friedrich og Emil Nolde og mange andre enestående mennesker.

145 ***Oswald Spengler*** *(1880 -1936), Tysk kulturhistoriker.*

146 ***Thomas Mann,*** *tysk forfatter. 1875 – 1955.*

147 ***Ernst Troeltsch,*** *tysk protestantisk teolog og religionsfilosof. 1865 – 1923*

mellem 1. og 2. verdenskrig civilisation som udvendig åndløs og materialistisk og som modsætning til oprindelig kultur og kristen dannelse. Dette bl.a. inspireret af tanker og teorier hos Weber, Tönnies og Nietzsche.

Så langt så godt. Man skal imidlertid være opmærksom på, at der har eksisteret civilisationer i mere end 7.000 år, bl.a. i Mesopotamien, i det nuværende Irak, med bysamfund omkring frodig landbrugsjord. Sumererne konstruerer verdens første skriftsprog og opfinder hjulet. I det nuværende Pakistan udvikler Induskulturen avancerede måleenheder, og i Sydamerika skaber Norte Chico-folket en storstilet fiskeindustri. Der eksisterede metropoler indspundet i spirituelle, religiøse, filosofiske og politiske former. Civilisationerne har været udbredt i Kina, Indien, Egypten, Grækenland, Italien mv. I dag er det ikke lige denne bevidsthed, der ligger øverst hos os.

Nu videre med Tönnies.

Tönnies modstillede begrebet om **fællesskab** på den ene side med begrebet om **samfund** på den anden side. Samfundsmæssiggørelsen betragtede han både som videreudvikling og som kold **opløsning** af de naturligt udviklede fællesskaber som bonde-, håndværks- og laugsbaserede[148] fællesskaber udgjorde.

Samfundsmæssiggørelsen banede vej for frigørelse og uafhængighed for det enkelte individ, og baserede sig i betydelig grad på oplysningstidens og naturvidenskabens

---

148 *Hvert fag var organiseret i et laug, således fx smedelaug, tømrerlaug, bagerlaug, skrædderlaug mv. Hvert laug bestemte hvor mange mestre, der måtte være i hver by og hvilke faglige krav der skulle stilles for at blive godkendt som mester. I Danmark mistede laugene deres magt, da loven om næringsfrihed blev vedtaget. I 1857. Tilsvarende i andre europæiske lande.*

landvindinger og oplysningstidens tænkemåder. Frigørelse og uafhængighed kan være meget godt, men den betød samtidig, at der ikke længere var sikkerhed for beskæftigelse og for sikring af forudsætninger for overlevelse i den nyvundne frihed og uafhængighed. Nu måtte de frie borgere kæmpe for jobbene og boligerne osv.

Videre betød oplysningen en skepsis og venden sig bort fra biblens og kirkens forklaringer. Hermed blev man både befriet fra skærsildens pinsler, men man tabte samtidig troen på Guddommelig retfærdighed og håb om opnåelse af salighed i det hinsidige. I stedet for måtte man stå alene med det hele og i sin egen friheds magt og vælde finde mening. Måske hos videnskaben, der mig bekendt hverken beskæftiget sig med begrebet meningsfuldhed eller begrebet meningsløshed. Retfærdighed kunne man så håbe på gennem juraen og retsvæsnet.

Nu videre med min uddybning.

Kulturens udviklingscyklus; udgangspunkt har i reglen været landlivet. Men hvis vi går tilbage i oldtiden og udenfor Europa, ja der kunne det sagtens være nomadelivet. Men i Europa var det bondeliv, familiebrug, selvforsyning og naturalie bytte. Bonde bytter med smed, og med møller mv. Landlivet underlagt og styret af godsejere i fyrstedømmer mv. i symbiose med kristen gudfrygtighed, skærsild, præsteskab osv. Der udvikles markeder, hvorfra der efterfølgende dannedes by kulturer. Nogle kulturstæder udvikledes med arbejdsdelingen, handelsliv, videns udviklingen, metropolisering - til storbysamfund.

Specielt for de vesteuropæiske kulturers udvikling kan man pege på videnskabeliggørelsen og rationaliseringen af produktionsmåderne. Oplysningstidens naturvidenskabelige og filosofiske landvindinger blev hurtigt overført til produktionen af varer og tjenesteydelser, samt til tankemæssige omvæltninger og kritisk stillingtagen til politiske strukturer og til biblens svar på livets grundlæggende spørgsmål. Det særlige for Vesteuropa var den intensive akkumulation af den kapital, der var baseret i produktionen. Dvs. vækst gennem rationalisering og teknisk udvikling med brug af maskiner, omlægning til samlebånd, masseproduktion benyttelse af nye opfindelser og udvikling af kemiske produkter. Dette som modsætning til den hidtidige ekstensive produktionsmåde, hvor væksten alene kunne skabes ved at sætte flere arbejdere og flere produktionsmidler i sving. Det er det nye og det særegne i den vesteuropæiske kulturs udviklingscyklus.

Landlivet var som det tidligere er vist præget af afhængighed af hverandre. Indenfor familien var kvinden afhængig af manden og omvendt og børnene var afhængige af deres far og mor, og forældrene var afhængige af deres børneflok i familielivets udfoldelse og i bedriften. Bonden var afhængig af smeden og mølleren, håndværkeren, fiskeren osv. samt naturligvis af herremanden, og de var alle afhængige af hinanden og de var underlagt herredsfogeden, fyrsten, kongen, deres håndlangere og sidst men ikke mindst af præsteskabet.

Bylivet udvikledes med øget frihed og uafhængighed for det enkelte menneske via lovgivning og forordninger. I Danmark fx med retsplejelovens adskillelse af den lovgivende, den udøvende og den dømmende magt. Fritstillelse af arbejdskraft og dermed bortfald af sikkerhed for beskæftigelse og indkomst. Markedsøkonomi reguleret juridisk med sikring af privat ejendomsret. Kvinden opnår i juridisk forstand ligestilling og fritstilling i forhold til manden. I stedet for at være 'fødemaskine' for manden som bondekonen var det, kan hun vælge sit eget liv og sit eget erhverv, og måske gøre som Henrik Ipsens unge nygifte frie kvinde 'Nora', der gik hjemme fra sin uforstående mand i teaterstykket 'Et dukkehjem, fra 1879. Sådanne moderne selvforsynende frie kvinder føder i sagens natur færre børn end tidligere kvinder gjorde. I bylivet levede man side om side, reguleret og fredeligt, uden at være personligt forbundet, forpligtet og afhængige af hinanden, men i stedet blev man afhængige af samfundets institutioner. Hermed kan man samtidig sige, at det fællesskabsbaserede liv er blevet erstattet af et institutionaliseret samfundsliv, hvor der dog ikke var sikkerhed for livsfornødenheder og bolig. Der er i øvrigt mentale forskelle hos mennesker, der lever et land liv og mennesker der lever et byliv. Fx tilbøjeligheden til at tale hurtigere og højere des tættere de bor. Der kommer mere fart på og der opstår nye og flere dårlige vaner mv. Samt at storbylivet for mange medfører et tab af opmærksomhed fra andre mennesker. Mennesket oplever sig overset i bylivets mylder. Det skaber øget ensomhed.

Nu i 2020 er frihedsniveauet nået til et punkt, hvor sociale relationer stort set er overflødiggjort, og hvor det bl.a. er muligt at få et barn uden personlig fysisk og psykisk involvering med et andet menneske.

De grundlæggende personlige og psykosociale vanskeligheder ved at være et menneske i livet i samspil med andre mennesker er løst i civilisationen gennem afvikling af flest mulige direkte personlige relationer til andre mennesker. Dette er medvirkende til, at vi stort set ikke er blevet klogere på menneskesindet. Der er heller ikke meget der tyder på, at vi vil blive det.

Om man så fjernede alle menneskelige sociale relationer, og sikrede total frihed til individet i civilisationens totale sejr over menneskets afhængighed af andre mennesker, i den totale frihed, da ville menneskets frustrationer ved livet ikke aftage men tvært imod tiltage, fordi meningsløsheden ved tilværelsen vil stå alene tilbage, hos det isolerede menneske.

Mere om afviklingen af fællesskaber og udvikling af civilisationen med samfundsmæssiggørelse af livsforudsætningerne i afsnittet, 'Dansen om guldkalven'.

Og nu et spring yderligere tilbage i tiden. Ja, flere århundreder til jæger- og fangersamfundene naturafhængige som de var med få fornødenheder til rådighed. Til polarfareren Knud Rasmussen, som drog følgende interessante konklusion om små fangersamfund, der var ganske ubesmittede af civilisation: 'Jo færre fornødenheder, des større tilfredshed.'[149]

Mig og Tönnies, i Husum i Nordtyskland 14. oktober 2012

Og så frem i tiden igen til nutiden og på sporet af civilisationen. Da kan man finde, at specialviden, der

---

149 *Kongen af Thule. Biografi om Knud Rasmussen. Gyldendal Nonfiktion 2016. ISBN 978870220192-5.*

ikke retter sig til optimering af produktion, eller til økonomisering med samfundsressourcer, ja, den viden er sendt ud i mørket. Groft forenklet sagt har udviklingen i civilisationen smidt naturlige og traditionsbundne fællesskaber på porten. Dette er suppleret med, at konkurrencerettet viden har infiltreret de fleste uddannelsesinstitutioner og er godt i gang med at fortrænge humanistisk viden og tankegang. Åndslivet er ude af fokus. Robotten er klar i kulissen, som den helt ideelle medarbejder.

Denne tendens trækker tråde ned i de yngste skoleårgange med skolereformen[150], der blev gennemtrumfet med en lærerlockout i 2013. Som et led i en manisk vækstfilosofi, båret af frygt for ikke at kunne fastholde nationen blandt de mest driftige og velhavende.

Konkurrencelogikken kan i øvrigt ikke alene relateres politisk til 'blå' blok. Tendensen understøttes mindst lige så heftigt hos 'rød' blok. Fokus hos rød blok er flyttet fra reformer, der sigter på skabelse af arbejdspladser til skabelse af (økonomisk) vækst.

Humanismen er trængt af konkurrencelogikken, og socialdemokratismen og det venstre politiske felt adopterer stadig mere liberalt tankegods. Ikke engang kirken vover at protestere imod denne vanvidsdans om guldkalven. Protesten er overladt til kulturradikale enegængere og uorganiserede humanister i løs vægt.

---

[150] Skolereformen i 2013 understøtter i betydelig grad konkurrencelogikken med meget skarpt fokus på kompetenceudvikling fra 0. klasse og hele vejen frem. Den vil utvivlsomt medføre en bredere og bredere kløft mellem børnene fra de boglige orienterede hjem og de ikke boglige hjem. De der både kan nyde godt af skolens undervisningstilbud samt opnå faglig forældrestøtte med lektier og frilæsning og motivation, som skolen også lægger op til.

Genvej til fremtiden? - reformerne, de eksterne konsulenter og konsekvenserne når konsulenterne og reformerne har sat deres aftryk - Dokumentation, og opfølgning i endeløse baner

Det er blevet et led i demokratiseringen af vores samfund, vores organisationer og endda også en del af markedskræfterne, at der forventes en vis gennemsigtighed fra politikere, befolkningen, forbrugerne osv. Hvem bruger pengene. Hvad bruges pengene til, hvor bruges pengene. Og til hvad og under hvilke forhold. Det er bl.a. i det lys, at reformerne står i kø, og har stået i kø i en lang årrække. De er omkranset af udviklings- og afviklingsprojekter. I dette sammensurium af krav, forventninger og håb kommer mange virksomheder og organisationer til kort. Og spørgsmålet stiller sig; hvordan får vi omsat de fine ord og hensigter til praktisk handling?

Løsningen har ofte været at tage kontakt til en ekstern konsulenttjeneste med kapacitet og mod på at påtage sig opgaven. Men mange har efterhånden selv afluret konsulenternes metoder og 'hemmeligheder'. Dvs. projektorienterede procesudviklinger. De er i stand til at sætte skub i hvad som helst og mere til. Og de afføder et uendeligt behov for ressourcer i form af arbejdstimer. Det gennemskues i reglen først, når det er for sent, når de uproduktive arbejdstimer er øget som et stigende grundvand og spredt til alle organisationens enheder. Benyttelsen af eksterne konsulenter har i årevis udgjort løsninger, både i den offentlige sektor og i den private. Alle områder og fag har været omfattet. Hvis man opgjorde de samlede eksterne konsulenthonorarer og lønninger i Danmark, ville det beløbe sig til betydelige milliard beløb. I staten forbruges 3-4 mia. årligt til eksterne konsulenter. Der er god grund til at antage, at et tilsvarende beløb bruges i kommuner og regioner, og tilsvarende sikkert også i den private sektor. Konsulentbranchens indtægter og overskud opgøres rundhåndet som produktive faktorer. Problemet er bare, at nytteværdien ofte er begrænset eller ligefremt negativ.

Der kan være flere årsager til, at en virksomhed eller en organisation tilkalder konsulenter, fx:

- Når man ikke har svaret på, hvordan man kommer videre med - hvad der fremadrettet skal gøres.
- Når man har brug for, at en 'objektiv' ekspert fortæller det, som man selv mener, men ikke finder belejligt at slå frem med selv.
- Når man ikke har interne ressourcer, til at gennemføre en opgave, måske endda en praktisk og i en del tilfælde nødvendig opgave.

Sådan set kan der i en række situationer være god fornuft i at kalde på konsulenttjenesten. Problemet er bare, at det ofte tager overhånd, fordi man ikke kan overskue og begrænse opgaverne.

Når konsulenttjenesten tager fat, kommer der i reglen gang i processerne, også hvis der benyttes interne konsulenter. Det gør sådan set ingen forskel. Procestankegangen befordrer at den ene proces sætter sving i den næste, som igen forudsætter flere konsulenttjenester. Målinger og afrapporteringer. Ofte sættes der gang i processer og undersøgelser, der ikke har ret meget med organisationens primære opgaver at gøre, fx opsamling af dokumentation og statistik og opfølgning på dit og dat. Kontrol, dokumentation, projekter og arbejdsgrupper breder sig som steppebrande. Meget interessant endda. Men til hvilken praktisk nytte?

Interne undersøgelser, nedsættelse af udvalg, og udvælgelse af interne konsulenter, hvor man fx trækker de bedste medarbejdere væk fra de opgaver, som de er allerbedst til. Det æder tiden fra organisationens primære opgaver, bl.a. når mødevirksomheden eksploderer. Tillige gælder det, at en ekstern konsulenttjeneste må bruge ressourcer på at sætte sig ind i pågældende organisations opgaver og funktionalitet. Det er som at gå over åen efter vand i forhold til selv at løse opgaven.

Jeg vil begrænse mig til at nævne tre eksempler på konsulent epidemi i den offentlige sektor:

På ***beskæftigelsesområdet*** blev der ansat masser af konsulenter med den fornemme hensigt at skaffe ledige beskæftigelse. Noget tyder på, at det ikke ubetinget har virket efter hensigten, lige bortset fra at det naturligvis har skabt beskæftigelse til konsulenterne.

På ***ældreområdet*** blev der bl.a. ansat proceskonsulenter med den fornemme hensigt at regulere og målrette ressourcerne og forbedre vilkårene for de ældre. Noget tyder på, at det ikke ubetinget har virket efter hensigten. Der er brugt mange ressourcer på processer og projekter, ja man kan vel kalde det for selvsving i organisationerne, i det omfang det ikke er nået ud til borgerne i form af bedre livskvalitet, bedre mad mv.

På ***skoleområdet*** er man i fuldt sving med at ansætte fagkonsulenter i alle skolefag. Hver skole skal have fagkonsulenter til at hanke op i undervisningen, i inklusionen og i lærerne. Det kan ende i selvsving og ressourcespild, hvis det viser sig, at det ikke forbedrer resultaterne, men derimod bare øger udgifterne og antallet af mellemledere, konsulenter, læringsagenter, kurser og projekter, der skal sikre og kigge læreren over skulderen, at mål og metoder følges og praktiseres.

Konsulenttjenestens idegrundlag udtænkes som regel af de formål, der ligger i reformen eller i projektet. Det kommer ofte til at virke som en hund i et spil kegler, fordi det springer for let hen over de kulturer og anlæg, som pågældende organisation er udviklet af. Det stresser organisationen, når den kultur den er udviklet af tilsidesættes. Det sker ofte. Konsulenttjenesten har i reglen hverken viden, tid eller ressourcer til at flytte udgangspunktet og dermed flytte løsningen ind i den kultur, som organisationen er udviklet af.

Endvidere sker det stadig oftere, at den bestilling der ligger i reformen, eller i projektet ligefrem går ud på at nedbryde den kultur, som organisationen er bygget på og præget af. I den situation kan man naturligvis ikke bebrejde konsulenttjenesten, at reformen ikke virker, at projektet ikke virker, og at der opstår modstand og stress og problemer med at sikre kvalitet og levering af ydelser til tiden. Konsulenttjenesten går i den situation fri, fordi den kun gør, hvad den er bedt om.

Man kan ikke se bort fra, at det netop er denne nedbrydning, der fungerer som en genvej til den fremtid, som bestilleren af konsulenttjenesten ønsker.

Det mest interessante er da også, at det slet ikke er konsulenttjenesten, der er den største ressource, forbruger af uproduktive arbejdstimer. Det største uproduktive ressourceforbrug foregår når konsulenttjenesten har afsluttet sit arbejde. Når virksomheden selv tager over og etablerer kontroller, dokumentationer og opfølgninger på dit og dat i endeløse baner, som konsulenttjenesten har anvist det, og som det fremgår af reformen mv.

Og man kan i reglen ikke komme ud af det, fordi det er indlejret i reformer, lovgivning, aftaler. Formålsløst er det, som en mus, der piler rundt i et musehjul.

Reformernes hensigter om flere medarbejdere i ældreplejen, i sundhedssektoren, i børneinstitutioner osv. omveksles via en tur i konsulentbranchens Muse hjul til uproduktive kontrolopgaver hos fagpersonalet i institutioner, ældrepleje, sygehuse, skoler mv.

Og tro ikke, at det er et isoleret fænomen for den offentlige sektor, det er lige så udbredt i den private sektor. Bare et enkelt eksempel fra Danmarks ældste og mindste sparekasse, Fjaltring - Trans Sparekasse, som netop har drejet nøglen om efter 144 år, da man efterhånden var blevet pålagt så mange krav om afrapporteringer mv, bl.a. til finanstilsynet, at det oversteg tidsforbruget til de daglige driftsopgaver.

Så uanset sektor, så gælder det, at mere af arbejdstiden bruges på kontrol, dokumentation og opfølgning af nonsens, der ikke har meget med det at gøre, som medarbejderne er uddannet til, og som alene gavner uduelige mistillidsorienterede embedsmænd og politikere. Og de varme hænder gøres således kolde, når de tvinges ind registrerings-, dokumentations-, og kontrolmøllen.

Det ville være bedre at give tilliden tilbage til de ansatte. Hvorfor fx bruge store beløb på at uddanne en sygeplejerske, en lærer eller en socialrådgiver, fysioterapeut osv. for efterfølgende at bruge svimlende ressourcer på at eftertjekke vedkommendes arbejde?

Her er der mulighed for at forbedre den offentlige service uden yderligere omkostninger ved at droppe unødige kontroller, papir og selvsving, og lade medarbejderne udføre de opgaver de er uddannet til. Jeg har forsøgt at indsende debatindlæg om denne problemstilling til de store dagblade. Ingen af dem ønsker at optage det. Måske forestiller de sig, at det er et politisk indlæg fra Alternativet, Enhedslisten eller Liberal Alliance. Det kunne det godt være, men det gør vel ikke problemstillingen mindre relevant.

Den gamle trækker sig tilbage

Det er en kendt sag, at den gamle på et eller andet tidspunkt trækker sig tilbage. Det kan foregå på mange måder lige fra, som det fortælles, at de gamle inuitter før i tiden forlod fællesskabet for at vende tilbage til naturen bag fjeldene og fjordene, og indgå i evighedens

[151] kredsløb ved at gå ud og lægge sig mellem klippestykkerne, og som det kaldtes i det gamle Grønland, 'gå krakkemut'. Eller længere frem i tiden til datidens pauvre aldersrente, og frem til nutidens pensionering med - eller uden økonomisk polstring alt efter, hvordan man personligt og samfundsmæssigt har været sikret. Men under dette konkrete absolutte, og inden det når så vidt, ligger der utallige tegn, før man trækker sig tilbage på grund af svækkelse og aldring.

Det første jeg selv tænkte på var, da mit hår faldt af. Jeg var 21 år, da det begyndte, og da jeg var 25 var halvdelen væk. Det havde en umiddelbar psykisk virkning. Det ærgrede mig frygteligt, men jeg tænkte egentligt ikke på, at det var et tegn på aldring, mere at det var en ærgerlig genetisk realitet eller sygdom. Jeg var jo bortset fra det ung og helt frisk præcis som før.

Nogle år senere i 30-årsalderen blev jeg allergisk og fik

---

[151] *Paradoksalt i den forbindelse, hvad angår betydningen af* ***evighed*** *er den ikke en tidsfølge uden slutning og begyndelse, men derimod et stående nu, dvs. at nuet er det samme for os som det var for Adam, at der med andre ord ikke er nogen begrebslig forskel mellem nu og nu'. Ansatsen til denne forståelse findes fx i en sidebemærkning hos Thomas Hobbes. 'Levitan', kap 46, stykke 22. Udgivelses år 1651. På dansk, Informations Forlag 2008. Ja, og med mine yderligere tilføjelser: Nuet var der før universet, og det vil være derefter. Det kan ikke afgrænses af nogen tid eller noget sted. Nuet og evigheden er af samme klasse i den forstand, at intet slipper udenom det. Med en lettere omskrivning fra Augustins Filosofiske Dialoger (bd. 3 s. 76, vers 1745) kan man formulere, at nuet er et profetisk udtryk for evigheden, da nu'et hviler i sig selv, og gør alting nyt.*

astmaanfald. Det tilskrev jeg ikke alderen, men derimod at jeg var provokeret af at bo i en usund bolig.

Da jeg var omkring 50 begyndte jeg at træne på cykel efter 30 års pause, og nu med min kone Annette og med hendes lærerkollegaer. Jeg kom i fin form og forsøgte nogle gange at give den en ordentlig spand kul og køre på mit maksimum. Da kunne jeg konstatere, at jeg var langt fra min ungdoms kraft. I stedet for at køre 10 km på lige under 14 minutter, måtte jeg bruge mere end 20 minutter.

Men det betød ikke noget. Jeg havde jo ikke forestillinger om at blive cykelrytter igen. Til gengæld tænkte jeg ud af boksen, at jeg havde en mere udviklet psyke, og intellektet, end da jeg var ung. Og det var jo netop psyken og intellektet, jeg havde brug for, og var afhængig af.

Nu da jeg er 74 år og efterhånden har fået 10 børnebørn, og har glæden af at de kommer på besøg hos min kone Annette og jeg - både hjemme og i sommerhuset, så kan jeg godt mærke, at min energi og lydtolerance er svækket. Når vi er alene med børnene, finder vi i et aktivitetsniveau der passer godt til alle parter, tror jeg.

Når de er der alle med deres forældre, så kan det ske, at de indimellem kommer op i nærheden af mit røde felt - lydmæssigt. Så trækker jeg mig ud i haven eller i annekset ol. Det er efter min mening et alderdomstegn. På den måde er det ærgerligt at blive gammel, at man ikke helt kan følge ungdommens rytme og energi. Så det handler både om at forsøge på at tage sig sammen og om at finde en fornuftig balance og vise grænsen. Det skal søges venligt og velovervejet. Det kræver besindelse.

Videre er der tidens elektroniske landvindinger og legemuligheder som fx Pokemon og hele den virtuelle verden, som børn bevæger sig behændigt rundt i, som kun de færreste ældre er i stand til at følge med i. Her er jeg blevet sat af på et af uvidenhedens mange sidespor.

I forhold til aldring er der videre en række skræmmende kendsgerninger at tænke på. Man kan nok ikke komme udenom dem alle, men med et tilbageblik til min ungdom, til den ejendom jeg boede i som barn og ung, da har jeg besluttet hvordan jeg ikke vil lade mig ramme.

Jeg vil ikke blive som de ældre mænd der indflyttede kontinuerligt i ejendommen fra sidst i 1950'erne. Det var pensionerede brændselshandlere, typisk købmænd der som en del af varesortimentet havde handlet med petroleum i dunke og kul og koks og optændingsbrænde til opvarmning. Disse indflyttere var fra ca. 60 år og opefter. Især mændene husker jeg med gru. Kvinderne var mere neutrale, og de var ikke gnavne. Mændene brokkede sig over alt, der bevægede sig, og alt der gav lyd. De gik med mørkt tøj, typisk også med sort blank vest. Flere gik tillige med kasket, ofte sort. Seler og lommeur var almindeligt tilbehør. Om sommeren gik enkelte af dem med stråhat, og bukserne var trukket stramt op af seler udenpå skjorten. Flere gik med sandaler og ternede sokker. Det så tosset ud. Tvære, utilfredse og gnavne tillige, og de udfoldede ingen synlige former for aktivitet ud over en gang imellem at bevæge sig ned i det lille anlæg på den anden side af gårdspladsen med tørrestativerne og træbarakker med skrællebøtter. Der sad de på bænkene og røg tobak, nogle tyggede på skrå. Sådan oplevede jeg de gamle dengang. De havde meldt sig ud af de dele af livet, der havde med samvær med andre at gøre. På enhver måde frastødende.[152]

Modsat disse selvudmeldte gamlinger bilder mange sig i dag ind, at det er muligt at snige sig udenom aldringen,

---

152 *I mine forskellige job har jeg haft en del møder med lokalrepræsentanter for Ældresagen. Her er jeg nogle gange er stødt på kværulanter af næsten samme kategori som dengang i 'Stiftelsen Ønsket' på Jonas Lies Vej.*

ved træning[153], ungdommelige vaner og beklædning, kost mv.

Hvis du fx som 60-årig er i topform og fortsætter med at være det videre frem i årene, så vil du trods dette miste yderligere ca. 2 pct. styrke i din max belastning og sprintstyrke for hvert år, der går, det siger biologien, uanset hvor meget du træner. Du vil dog i bedre grad kunne bevare din udholdenhed, hvis du træner med det.

Guden Thor måtte da også overgive sig da han lagde arm med alderdommen, personfiseret ved den gamle kælling, Ælde.

Alderen er der. Luk øjnene og stil dig på et ben, så får du måske allerede svar.

*Tiden. Papircollage. 13*25 cm. Flemming Rosenfalck 1968.*

---

153 *Lige meget hvor god en form et ældre menneske har opnået, da vil kapaciteten målt ved spidsbelastning og sprintstyrke blive reduceret med ca. 2 % årligt som følge af aldring og forfald. Udholdenheden vil i bedre grad kunne bevares.*

EPILOG

SÅDAN ER HAN FØDT

Som jeg erindrer det, er det bemærkelsesværdigt for tiden omkring 1960'erne, at mennesker i betydelig grad blev betragtet som værende 'født', som de nu engang var. Der var ikke så meget refleksion over tingenes tilstand eller psykosociale påvirkninger osv. Der var ej heller så mange overvejelser eller forsøg på at anlægge en ændret adfærd, eller at blive til et eller andet gevaldigt stort, eller at blive en 'stjerne'. Det var mere sådan, at folk var, som de nu engang var, og det var en almindelig antagelse, at dette skyldtes, at de var 'født' sådan. Adfærd og væremåde blev betragtet som nedarvet og medfødt.

Det var ikke sådan, at der ikke var stræben og drømme, men de var i mit univers ikke så højtliggende og slet ikke så åbne for, at man kunne springe helt ud af de cirkler, som man vokset op i, og blive noget helt andet, sådan som det er tilfældet i dag. At smedesønnen fx vælger at blive operasanger eller læse til cand.polit. Hvis man dengang var født i en smedefamilie, da var der sandsynlighed for, at man under alle omstændigheder ville være håndværker eller måske endda smed. Man så sig selv som en potentiel smed. Stærk, sej, stabil og styr på tingene i det hele taget. Man fik hurtigt smedeidentitet, måske også mesteridentitet, og dette blev næsten betragtet som en del af det 'medfødte', at du netop valgte at blive smed, og senere blev smedemester.

Jeg erindrer også, at der var flere enegængere, originaler, personer med specielle vaner, adfærd og karaktertræk. Måske synes andre, at vedkommende var lidt for sig selv, men sådan var nu det, at han var, 'Benny med ørene og håret', eller 'smede-Hermann'[154], 'æde-Kaj', 'invalid Andersen', møgbaronen, som solgte gødning, eller familien der blev kaldt 'cementhovederne'. Der blev ikke spekuleret så meget i at ændre på det. Heller ikke fra vedkommendes egen side. Sådan er jeg vel skabt, og det

---

154 Ove Herman Stryg var smedelærling, og cykelrytter for Ordrup Cykle Club. Han var den første jeg indhentede på en enkeltstart, det var i 1961.

var så det. Prøv at leve med det.

Det betød dog ikke, at sådanne afvigelser blev anerkendt eller accepteret. Det blev de i reglen ikke. Og vedkommendes børn blev sandsynligvis sat i samme bås. Man kunne forvente, at de blev, eller allerede var nogenlunde ligesådan. Det hang ved, hvor man kom fra. Frisørens datter kunne ikke vriste dette af sig. Hun kom jo fra den familie, og det var måske ikke så godt, det vidste folk. Sådanne antagelser og ræsonnementer hang givetvis sammen med, at livet var meget lokalt orienteret. Man flyttede ikke så langt væk fra det lokalområde, hvor man var født. Man kendte hverandre, eller man kendte en, der vidste besked om vedkommende familie. Man transporterede sig ikke ret langt fra det sted, hvor man boede og til arbejde osv. Min familie, dvs. min fars del, der boede i Danmark, de boede alle inden for en radius af 5 - 7 km. Og de arbejdede også indenfor denne radius. De fleste ligesom min far i gåafstand fra bolig til arbejde.

De var dog alle født i Indre By i København eller på Christianshavn, så de var 'udvandret' hele 8-10 km mod nordvest. Til 'pengeløse overdrev' som Søborg engang blev kaldt. Her kunne man erhverve en billig byggegrund eller en billig lejlighed. Ja og min generation af familien var alle født i det nye område. Jeg blev således født på Scharlings Fødeklinik på Søborg Hovedgade nr. 93. Klinikken blev senere omdannet til en øre, næse-halslæge, Iben Kehlet hed en af de læger, der virkede i klinikken. Hvad der er i dag, det ved jeg ikke. Måske beboelse. Men man kendte folk dengang, vidste hvad de arbejdede med, hvem de var i familie med, og venner med.

Det blev også opbruddets tid, fordi det begyndte at ændre sig, og det gik hurtigt op gennem 60'erne. Folk flyttede ud i nye områder for at få større lejligheder eller for selv at bygge nyt hus. Så flyttede de måske til Ballerup eller Taastrup, Allerød eller længere væk, helt ned til Haslev måske. De købte også bil. Nogle søgte også nye job. Brüel og Kjær, Novo og andre innovative virksomheder voksede sig hastigt store. De søgte både faglært og ufaglært arbejdskraft, som de videreuddannede til specialfunktioner. De lønnede bedre end traditionelle industri- og håndværksvirksomheder. De ansatte medarbejderne på funktionærvilkår, de tilbød betalt frokost og gratis videreuddannelse og måske endda pensionsordninger. Det virkede som en magnet på mange især unge flittige initiativrige og fleksible faglærte og ufaglærte, og det var især de unge, som disse virksomheder var interesserede i. Denne udvikling tog især fart i den sidste del af 60'erne. Så lad os vende tilbage igen til den første del af 60'erne.

Det var sådan set et paradoks, at man erkendte og vurderede, hvordan en person var, men ikke anerkendte det. Der var tillige ofte forargelse over folk, der var lidt for sig selv, og forargelsen fyldte i det hele taget meget mere end den gør i dag. Der var forargelse over andre folks meninger, levevis, tøjsmag, musiksmag, boligindretning, deres forældre, deres børn, deres familie, deres sprog, dialekt, udseende, hår, vaner, religion eller mangel på samme, venner osv. Ja forargelse over næsten hvad som helst. Alt der afveg fra ens egen norm kunne gøres til genstand for forargelse. Der blev snakket flittigt i krogene, og ikke mindst bag folks rygge. Der var meget, der ikke blev sagt til den, som denne snak handlede om. I dag siges tingene mere lige på og nogle gange også hårdt og meget hårdt.

Det skal heller ikke glemmes, at det var en udbredt opfattelse, at ubehagelige begivenheder kunne ties ihjel. 'Så taler vi ikke mere om det! ´. På den måde var der en del 'skeletter' i skabene i familierne. Og folk blev ofte af samme grund ladt alene med deres sorger og problemer. Nogle kunne finde på at skjule deres fornavn, og erstatte det med et af deres mellemnavne, hvis fornavnet fx lød som noget Tysk. I Danmark var der dengang en udbredt skepsis i forhold til alt Tysk grundet den tyske besættelse under krigen. Det var bestemt ikke glemt. Det var ikke godt at være efterkommer af besættelsesmagten.

I dag er der til gengæld en tilbøjelighed til at man kun omgås folk, der er nogenlunde ligesom man selv er, hvad angår uddannelse, status, økonomi osv., hvor folk dengang var mere mikset sammen i boligmassen på kryds og tværs af sådanne forhold. Personlig status og materielle besiddelser vil jo nok have meget ringe betydning i sidste ende.

Med nutidens målestok er alle født til det hele - *hvis du ikke opnår så meget, kan du takke dig selv*

I dag betragtes næsten alt som muligt. At blive stjerne, at blive kunstner, at blive direktør, at ændre adfærd, at ændre navn, at ændre udseende, at ændre et talentløst udtryk til et udtryk, der til forveksling ligner et kunstnerisk udtryk. Ja, at ændre hvad som helst. Der er en coach, en læge, en psykolog, en kunstner, en træner, en bog eller en video osv. for en hvilken som helst tænkelig påvirkning og ændring lige fra adfærd og færdigheder til udseende og med alt muligt andet derimellem. Der reflekteres, tolkes og fortolkes, og der spekuleres i stor stil over mulighederne for næsten hvad som helst. Verden er din, hvis du vil, hvis du tør, og hvis du kan betale. Eller rettere, hvis du kan få andre til at betale for dig, det er en kunst i sig selv. Noget i den retning. Det er en iøjefaldende forskel i forhold til 60'erne, da jeg var ung.

Det er min oplevelse, at alle disse muligheder i dag stiller mennesker i betydeligt flere valgsituationer. Det gælder stort set fra vugge til 'krukke'. Selv babyer bliver i dag bedt om at tage stilling til det ene og det andet, fx om de vil have saft eller kakao. Hvor mine børn, da de var små, måtte finde sig i, hvad min kone og jeg fandt på at give dem at drikke osv., 'åååhh drik mig, jeg smager så godt, råbte saften' kunne vi finde på at sige for at lokke dengang. Men i dag bliver de spurgt, om de vil have det ene eller det andet. Og det forventes, at de selv tager stilling. Man kan sige, at dette både er en træning i at træffe beslutninger selv, og sikkert også en forberedende øvelse i den selvbetjening, der breder sig i samfundet, effektivt hjulpet på vej af it-systemer mv.

Som forældre havde vi ikke så mange overvejelser om vi nu gjorde det rette. Det følte vi os rimeligt sikre på, at vi gjorde. Forældre reflekterer meget mere og føler meget mere efter om det ene og det andet. Det gjorde vi ikke.

Måske er det godt nok. Men om det er realistisk, at de små skal kunne vide, hvad de selv vil lige fra de er babyer, det er et godt spørgsmål. Jeg tror og ser, at det kan skabe frustrationer hos de små. Hos de unge teenagere mv. derimod er det på flere måder ok, også når det skaber frustrationer at skulle tage stilling til hvilken uddannelse, man skal vælge og andre store spørgsmål.

Det kan der både siges positivt om og negativt. Hvis du kan profitere af mulighederne, da er det som sådan en gevinst for dig. Du kan udvikle dig og udvikle dine kvalifikationer og muligheder meget mere, end det var muligt i 1960'erne.

Hvis du ikke forstår at udnytte disse muligheder, da kan det blive et problem. Er du ikke god nok til at sælge dig selv? Er dine kvalifikationer ikke i orden osv. Se at få gjort noget ved det, nu! Kom i gang.

At stille sig tilfreds med noget almindeligt, er ej heller altid acceptabelt i dag. Har du ingen ambitioner? Vil du ikke noget mere? Sådan var det ikke helt i 1960'erne. Jeg tror, at det voksende antal valgmuligheder forvirrer mange mennesker, ikke mindst i forhold til uddannelses- og erhvervsvalg. Og det er med til at skabe stress, frustrationer og angst hos en del unge.

Mange ældre og andre bliver også ramt, når de bliver koblet af mulighederne, hvis de fx ikke kan betjene de

Forladt af tiden. *Poul Anker Bech. 2001. Olie på lærred. 80 X 122 cm.*
ikke at forveksle med ensomhed - det er nutidens straf for ikke at følge trop.

digitale medier og muligheder og ikke har adgang til internet, med Android eller Smartphone og de ikke har installeret apps. De får hverken de nyeste eller de bedste tilbud eller oplysninger, de får ej heller mulighed for selvbetjening. De må i stedet ringe i åbningstiden, stille sig i vente kø eller tage bussen til kommunen osv. Og vente på, at en medarbejder har tid osv. De bliver marginaliseret, og de bliver mindet om det i tide og utide af myndighederne godt støttet af medierne.

'Se nu at tage dig sammen, køb en pc og få det lært'.

Spørgsmålet er så, om man kan sige, at det er uforskyldt, eller om det er selvforskyldt, hvis en ældre, eller en syg eller en svækket person bliver forladt af tiden. Det er et spørgsmål, som på et eller andet tidspunkt kan opstå, hvis man bliver tilstrækkelig gammel, eller syg og svækket, eller mister overblik og beslutningskraft.

Dette skræmmende fænomen 'at blive forladt af tiden' -

Der er naturligvis også nogle, som selv vælger ikke at ville være med længere, inden de bliver gamle eller syge. Det er en anden sag. For nogle måske endda en frivillig sag. Sådanne mennesker har der altid været.

Men i modsætning til i gammel tid, er det ikke muligt i dag, at melde sig helt ud. Systemerne har fat i dig. Selv om du vender systemerne ryggen.

UTIR. *Tegning. 60*66 cm. Jørn Larsen 1975.*

De har fat i dig. Det mærkes også i Jørn Larsens tegning

Utir. Han var mesteren over alle i det rene og enkle udtryk. Og et helt igennem kompromisløst menneske, det husker jeg fra min barndom og ungdom.

Det lette og det svære

En lille dreng på 2 år spiser elegant ved bordet. Han bruger kniv og gaffel. Hans søskende og hans jævnaldrende spilder på bordet og endda også ned på gulvet.

En klarer med lethed 2 cifrede regnestykker, 4 år er han.

En kan læse små sætninger. 5 år gammel.

En kan lægge vanskelige puslespil, og bygge komplicerede Lego modeller ved at følge tegningerne minutiøst.

En kan huske og genfortælle lange historier. Og endda selv finde på interessante historier.

En kan lave fantastiske tegninger.

En anden er god med en bold. En tredje i svømmebassinet.

En er fantastisk til at synge og til at fornemme musik.

Sådan har de fleste, noget de i særlig grad nemmer.

Det, som man har let ved, har man ofte mere lyst til at beskæftige sig med, end det, som man har svært ved. Der er en forstærkende tendens i retning af at blive endnu bedre til det, som man i forvejen har let ved, også fordi man beskæftiger sig mere med dette, end hvad andre gør.

Fra tidernes morgen har der været en tendens til at sprede og udvikle talenter i forskellig retning. I reglen med udgangspunkt i det, der faldt en let, eller det som omstændighederne muliggjorde eller nødvendiggjorde.

I dag er der tendens til, at man ser bort fra en sådan

naturlig spredning. En strømlinet bogliggørelse af kvalifikationer og interesser er ved at tage livet af det kreative menneske, og at fratage talentet lysten.

Kreativitet forudsætter plads og tid til afvigelse fra normen, det er netop en væsentlig bestanddel af kreativitet og nytænkning. Ja, lyt fx til Eric Satie, Gnossiennes No 1, et sublimt udtryk for kreativitet.

Hvis man på samfundsplan ville drage nytte af det enkelte individs særlige talenter, og understøtte talentet specifikt, vel at mærke ikke blot det boglige talent, men også det fysiske talent og det kreative talent, det matematiske talent etc. Så skulle man rette opmærksomheden på særlige talenter og understøtte dem i undervisningen mv. lige fra børnene var små. Udvikle undervisningen fra børnehaven til gymnasiet til at rumme rugekasser for sublim kreativitet, matematik, litteratur, ja, alle kunstarter og idrætsgrene og mere til.

Som det fungerer i dag, virker eleven med talentet i reglen forstyrrende ind for holdundervisningen, mange gange mindst lige så forstyrrende som eleven, der er bagud. Eleven med talentet kan ikke holdes beskæftiget, fordi han eller hun løser opgaverne hurtigere og lettere end gennemsnittet. Så gives der måske ekstraopgaver i nogenlunde samme ringe sværhedsgrad. Tænk at give et matematisk begavet barn lette regnestykker i endeløse baner, som det kunne løse 3 år forinden. Demotiverende, respektløst og tåbeligt, svarende til at give den dygtige læser endeløse baner af tekster i sværhedsgraden; Ib så en bi, Bo fik en is, Ea gik en tur. Ubegribeligt, at et stort og dyrt uddannelsessystem fungerer så ringe i relation til talent. Tankeløst og utilgiveligt dumt.

Hvis det skal føre til noget, så drejer det sig netop om at eleven bliver set og mødt, som den han er, herunder naturligvis set og respekteret og understøttet i sine særlige talenter, dette endda i højeste grad.

Dansen om guldkalven

Civilisationens stadium i dag medfører, at det bl.a. er målrettede boglige færdigheder, der er i fokus, og at alle skal blive dygtige og målrettede netop på det boglige felt. Det er tidens faglighed. Færdigheder der ikke er målrettede boglige regnes ikke for at være faglige, de bedømmes ikke med karakterer. Man mener for det første, at det kan enhver lære, og for det andet at det i reglen er ligegyldigt og tidrøvende. Fx arkitektens tegnefærdigheder, kirurgens finmotorik, minerydderens finmotorik, tømrerens håndelag, og sygeplejerskens håndelag og empati, og reklamemandens kreative indfald, og designerens, og SOSU hjælperens omsorg, pædagogens omsorg, lærerens formidlingsevner mv.

Ja, og hvorfor overhovedet forberede sig. Det påstås i dag af prominente professorer, at læreres forberedelse til undervisning ikke forbedrer undervisningen. Disse professorer mv. tilhører efter min opfattelse kategorien, som man i min ungdom kaldte 'træhoveder', der nægter at anerkende evidente forudsætninger, fx for vedligeholdelse af viden, videns opdatering og metodeopdatering, og formidling og tilpasning til ændrede familiestrukturer og ændrede forudsætninger hos børnene, ændret fagligt indhold og prioriteringer og vægtninger i indhold mv.

Måske skulle man afprøve børns og unges færdigheder ud over de boglige. Den stille ordblinde pige kunne måske vise sig, at være en eminent 'finskytte', den tilsvarende dreng at være eminent til at dykke og komme frem i trange passager under vandet. Sådanne kreative muligheder tror man ikke på, de betragtes som utopiske, værdiløse. Ja, ligesom de unge der har det vanskeligt med bøgerne og med klasseværelserne[155].

---

155 *Det er vel efterhånden kun Islamisk Stat og banderne, der kan finde anvendelse for praktisk orienterede mennesker.*

I den forstand er civilisationens fremskridt et alvorligt tilbageskridt for mennesker, der overvejende har deres styrker i hænderne, i kroppen, i ånden, i timingen og i fantasien, i troen og ikke mindst i det de ser og oplever og mærker i den virkelige verden, hvor der ikke er bøger.

Den flere gange omtalte sociolog Ferdinand Tönnies, opstillede som tidligere nævnt for mere end 100 år siden interessante basismodeller for samfunds udviklingstrin. De leder os på sporet af nogle af de store bevægelser, der har båret os fremad til vores nuværende civilisation. Ja og ikke at forglemme, der var andre civilisationer tusinder af år før vores civilisation, Romerriget fx et imponerende studium af kulturernes opståen, kulmination i civilisationer, i metropoler, og disses undergang har Oswald Spengler[156] arbejdet med mere end nogen anden.

Fællesskaber (Gemeinschaft)

Ferdinand Tönnies tager udgangspunkt i de oprindelige vesteuropæiske fællesskabsbaserede samfundsmodeller, med familien, far, mor, barn, mand, kvinde, søskende, bondeliv, landliv, håndværkerliv, fiskerliv osv., som refererer til hinanden, bytter deres produkter og lever i afhængighed med hverandre, samt naturligvis i afhængighed af herremanden og i symbiose med religionen og dens repræsentanter, præsten og degnen og bag det hele den herskende fyrste eller en konge og vedkommendes håndlangere. Fællesskabets undertrykkende magtstruktur.

---

156 ***Oswald Spengler*** *(1880 -1936), Tysk kulturhistoriker. Vesterlandets Undergang. Omrids af en verdenshistoriens morfologi. Ashehoug, København 1962. Oversat til dansk af Mogens Boisen efter Der Untergang Des Arbendlandes. Oprindeligt Mûnchen 1924.*

Kultur

Uanset sådanne fællesskabers undertrykkende og regulerende karakter der følger med den sociale orden, betegner Tönnies dem som værende kulturbaserede, idet de er båret af fælles livsanskuelser og afhængighed af hverandres levevis og tilstedeværelse i den sociale ordens, værdier, rangorden og gudfrygtighed. Dette kan ikke formuleres mere klart og poetisk end Steen Marqvard Rasmussen gør det:

'Fællesskabsbaserede samfund er som en *plante*, der er vokset frem af fortiden ud fra de anlæg, der ligger i frøet.'[157].

Samfund (Gesellschaft)

Som modsætning til sådanne historisk kulturbaserede og fællesskabsbaserede samfund kategoriserer Tönnies den samfundsmæssiggørelse, der forløber med kontinuerlig udvikling fra bondeliv via markedsplads som udvikles til kulturstad og videre til metropol. Med gradvis **opløsning** af de nævnte fællesskabers bånd og løsgørelse fra herremænd, og måske tillige fra kirke osv. Og med nydannelse af samfund baseret på det enkelte individs frigørelse og uafhængighed. Med kvindens gradvise frigørelse fra manden og frigørelse fra at være den fødende tjenerinde. Nu er hun lige så fri som Henrik Ipsens Nora, i teaterstykket, 'Et dukkehjem' fra 1879, som gik hjemmefra. Dette bl.a. sikret gennem retsforhold og konventioner, der juridisk set sætter alle lige og frie. Gennem retsstat, politik og offentlig mening mv.

---

[157] ***Steen Marqvard Rasmussen, f. 1955.*** *Den relevante folkekirke – et sociologisk grundlag for målsætningsarbejde….* ***Center for Kirkeforskning, Det Teologiske Fakultet. Københavns Universitet 2014.*** *S 40. ISBN: 9 788 791 838 903*

Det udvikles som byliv, hvor man lever side om side, reguleret og fredeligt, uden at være personligt forbundet og afhængige af hinanden, men i stedet være afhængige af samfundets mange institutioner, konventioner politik osv. Samfundsinstitutionerne finansieres via skatteopkrævning, der sikrer den tryghed og de garantier, som man før måtte hente hos familien og i lokalsamfundet.

Om denne samfundskonstruktion formulerer Steen Marqvard Rasmussen:

Samfund hvor individet er fritstillet og juridisk uafhængigt er som en *maskine*, der er skabt til at nå bestemte resultater i *fremtiden* ud fra den *idé* om gode formål, som maskinens konstruktør på forhånd har i sit hoved.[158]

Denne fritstillelse af individet og åbning for principielt alle muligheder afføder bl.a. **angst** - for det uvisse, det ukendte, det nye der pibler frem, med nye muligheder med morgendagens forandringer, for fremtidens ukendte orden. Søren Kierkegaard formulerede dette uvisse, frihedens og mulighedernes åbne dør som 'intet'. Ja, 'intet'. Dette intet afføder angst.

Civilisation

Samfundsmæssiggørelsen bærer både natur- og socialbeherskelse med sig, som civilisationens kendemærker. Som et ekko af Tönnies modstilling af fællesskaber på den ene side og samfund på den anden

---

158 ***Steen Marqvard Rasmussen, f. 1955.*** *Den relevante folkekirke – et sociologisk grundlag for målsætningsarbejde....* ***Center for Kirkeforskning, Det Teologiske Fakultet. Københavns Universitet 2014.*** *S 40. ISBN: 9 788 791 838 903*

side, skaber han samtidig en modstilling mellem ***kultur*** og ***civilisation***. Med den modstilling tildeles vores fredhellige civilisation både hale og horn i panden. Den vesterlandske civilisation med rødder i oplysningstiden, der virkelig tog fart fra ca. 1850 med industriel udvikling, med næringsfrihed / ophævelse af lavsvæsnet og senere med udvikling af socialstaten, velfærd, med social sikring, sygesikring, skolepligt mv.

På trods af de mange positive elementer for mennesket, som civilisationen bærer med sig, bærer den samtidig også en individualisering og kappestrid og egoisme med sig, bl.a. når den opløser de førhen bindende fællesskaber.

En anden tysk sociolog, Max Weber [159], pegede på nogle andre af skyggesiderne der opstod med civilisationen, fx:

- Nydelsesmennesket uden hjerte
- Specialisten uden ånd

Den svenske socialpsykolog og sociolog Joachim Israel[160] pegede mange år senere på menneskets 'fremmedgørelse', som konsekvens af opløsningen af de oprindelige gennemskuelige strukturer i arbejdsliv og sociale liv.

Og hvad kan man så bruge sådanne gamle og af mig urimeligt forsimplede sociologiske modeller til i dag? Jo, det skal jeg sige:

De gamle sociologer rammer lige ind i hjertekuglen i nutidens effektivitet, vækst og økonomifiksering, og man

---

159 ***Max Weber***. *Tysk sociolog. 1864 – 1920. Den protestantiske etik og kapitalismens ånd. S. 122. Nansensgade Antikvariat 2014. Oprindeligt Tübringen 1920.*

160 ***Joachim Israel***, *født 9. juni 1920 i Karlsruhe, Tyskland, død 15. maj 2001 i Halmstad, svensk professor i sociologi.*

kan tilføje som filosoffen Friedrich Nietzsche [161] flere gange skrev, 'gud er død', ja, det er han kendt for, selvom det var Friedrich Hegel[162], der var først med denne erklæring, 50 år før Nietzsche endda i 'Åndens Fænomenologi' fra 1807. Og der er kommet noget andet i

---

161 ***Friedrich Nietzsche***. *Tysk filosof. 1844 – 1900*

162 ***Friedrich Hegel***, *Tysk filosof, f. 1770 d. 1831. Værker; bl.a. Åndens Fænomenologi, 1807. På dansk Gyldendal 2005. Gud er død fx s. 523. Videre har jeg ved at læse 'Åndens Fænomenologi' haft oplevelsen af at blive ført ind i et sindrigt kinesisk æskesystem, der anviste mig, mennesket, i egenskab af subjekt, gennem muligheder og relationer til sig selv, min bevidstheds udvikling til selvbevidsthed, og de utallige begrænsninger herfor. Objektivitetens udvikling og prægning, religionens-, familiens-, samfundets-, sæders og skikkes udvikling og prægning af subjektet, dets personlighed, bevidsthed, selvbevidsthed. Hvor selvbevidstheden såvel er genstand som den er 'jeg'. Dermed lægges åndens begreb. Derudover erfaringen af hvad ånden er i den absolutte substans – enheden af forskellige uafhængige selvbevidstheder, der i indbyrdes modsætning hver for sig besidder den fulde frihed. Jeget der er vi, og vi, der er jeg. Selvbevidsthedens forhold til den umiddelbare virkelighed. Fremtrædelsen er både individualitetens ansigt og maske – ånd A) psykologi og ånd B) fysiologi. Og naturligvis serier af indbyrdes stridigheder og kampe med skiftende udfald i subjektets relationer i de processer det gennemløber i sine momenter, ligesom 'kæphøj' og 'fladmast', som herren og trællen, hvor herren i sidste ende endog kan vise sig at være mere afhængig af slaven end omvendt. Ja, 'Åndens Fænomenologi' handler kort sagt om tilblivelse af viden.*

stedet for gud som altings forklaringsmodel og som meningsgiver for livet på jorden såvel som i det hinsides i salighed for de troende. Det kom med oplysningstiden og videnskaben. Her blev givet nye forklaringer, dog uden at opstille ny mening med livet, som alternativ til den guddommelige mening og retfærdighed, hvis ikke i det jordiske liv, så kunne retfærdigheden dog opstå i livet hinsides. Det som oplysningstiden og videnskaben bragte med, fylder efterhånden det meste, her og der og allevegne. Og det er naturligvis sikringen af den ukristelige vækst og grådighed bl.a. gennem styring og systematisering af uddannelse, forskning, infrastruktur, mobilitet, teknologi og organisation, automatisering mv. så vi alle kan blive rige i dette rige land.

Alle tænkelige relationer er i dag samfundsmæssiggjort og underlagt økonomisk regulering med optimeret vækst for øje og med undgåelse af spild i form af aktiviteter, der ikke understøtter økonomisk vækst. Med et bibelsk udtryk kan man kalde det for 'dansen om guldkalven'.

En følge af dette er, at langsommelige håndværksbaserede produktionsmetoder afvikles. I det hele taget afvikles håndens arbejde, det gælder alle brancher fra håndværk til omsorg og alt derimellem.

Georg Jensen Sølvsmedie er et skoleeksempel på dette. I 1960'erne var der fx 50 guldsmede og en masse lærlinge og 30 sølvsmede, og andre faggrupper, i alt ca. 200 ansatte kunsthåndværkere og til enhver tid også 20 - 25 lærlinge. I dag er der 4 guldsmede, 10 sølvsmede og 3 ciselører og 2 lærlinge. Således i alt 17 kunsthåndværkere og 2 lærlinge i Danmark. Til gengæld er der hundrede guldsmede og andre faggruppen på afdelingen i Thailand.

Georg Jensen er i dag ejet af et asiatisk selskab. Meget af den oprindelige håndværksmæssige forarbejdning af ædelmetal, er omlagt til industrielt forarbejdet messing, blik og plast mv., der i reglen efterfølgende forkromes, så det illuderer stål og sælges som sådan.

Vejen til at overleve er forløbet ved udflytning af produktion til 3. verdens landes lavere lønninger, lange arbejdstider og usikre ansættelsesforhold og arbejdsmiljøforhold samt ikke mindst det lave omkostningsniveau, og også ved omlægning fra håndværksmæssig fremstilling til industriel fremstilling. De fleste af de øvrige gamle danske hæderkronede sølv og guld virksomheder, A. Michelsen, Hans Hansen, N. E. From, Frigast m.fl. er bukket under i konkurrencen, idet de søgte at fastholde håndværksmæssig produktion i Danmark på danske hænder.

Spørgsmålet er så om der findes en anden vej, hvor man kan bevare håndværksmæssig viden og produktion fremover?

Der må svaret for mig at se desværre være, at det ikke lader sig gøre generelt set. Men der kan måske sikres enkelte nicher - som en form for kunsthåndværk i forhold til sølvet hos velkonsoliderede virksomheder, der har en økonomisk velstillet kundegruppe. Der kan måske også dannes kunstretninger, der arbejder ud fra de gamle håndværksbaserede principper med metalkunst mv. Det forudsætter ligesådan betalingsstærke kunder.

På det generelle plan kan jeg også konstatere at håndens arbejde[163] som sådan er truet fra alle sider. Selv om det ikke skal overses, at der fortsat er betydelige elementer af hånds arbejde og brug for godt håndelag i en del fag, så begrænses denne betydning successivt på grund af nye tekniske frembringelser.

Kreativitet er der derimod brug for - som aldrig før!

Markedsmæssigt set er sagen i sin enkelthed, at en

---

163 *Helt tilbage i Det Gamle Testamentes Apokryfe Bøger finder man i Siraks Bog, om Den lærde og håndens arbejder, argumenter nødvendigheden af begge dele. S. 1252., Biblen Dansk Udgave februar 1992.*

virksomhed må følge med udviklingen. Det byder de konkurrencemæssige internationale sammenhænge. Det vil som hovedregel være en tvang. Hvis en virksomhed ikke følger med tiden og med teknikkens og organisationens udvikling, så går den fallit, og et land der konsekvent ville vælge at gøre ligesådan ville tilsvarende sakke håbløst bagud. I den sammenhæng er der ingen vej tilbage.

Tilbage for at fastholde det gamle, det humane osv., er der kun at sætte politiske værdier herfor. Det kan være for et land eller en region eller en kommune, eller som en aftale mellem arbejdsmarkedets parter, og således, på trods af teknikkens og organisationens tvang, kan det besluttes (politisk), at vi i et vist omfang værner om traditionelle håndværk eller værner om miljøet, eller værner om andet.

Ja, landsbyen og købstaden er i den forstand død, med bager, smed, og håndværkerlaug (der bestemte hvor mange mestre, der måtte være i hver by i hvert fag) og bondestand og den samhørighed og orden de levede i og med - overvåget og reguleret som de var gennem magtstrukturer med herremænd, herredsfogeder[164] og præster. Resterne af dette kalder bl.a. pressen i dag for udkants Danmark. Så selv om Tönnies havde ret i at samfundet, som civilisations bærer, æder fællesskaberne bid for bid og

---

[164] *Herredsfogeden var kongeligt udnævnt enehersker. Han var ansvarlig overfor kongen for lov og orden i sit herred. Således var han;*

- *formand for kommunalbestyrelsen / borgmester med vetoret, han kunne overtrumfe et politisk flertal*
- *politimester, herunder anklager*
- *dommer*

Ordningen blev ændret i 1919 med vedtagelsen af retsplejeloven og adskillelsen af den lovgivende, den udøvende og den dømmende magt.

medfører individualisering ud over alle grænser, så kan man ikke vende om på anden måde end ved politiske beslutninger i afgrænsede områder for afgrænsede nicher. For mig at se handler det ikke mindst om at værne om humanistisk tankegang og humanistisk læring bl.a. som værn imod den totale åndløshed i forhippelsen på at understøtte den alt opædende kræmmermentalitet.

Matthæus Evangeliet 6.24 taler Jesus således:

"Ingen kan tjene to herrer. Han vil hade den ene og elske den anden, eller holde sig til den ene og foragte den anden. I kan ikke tjene både Gud og Mammon."

Ja, og i forhold til at ville tjene mammon da omfattes hele virkeligheden. Jesus ser således ikke nogen forskel mellem arbejdet for ens egen rigdom og arbejdet for 'alles' sociale velfærd.

Socialistklubben ses som lige så økonomisk begærlig, når den kæmper for massernes velfærd som pengepugeren, der kæmper for egen velfærd og rigdom.

Selv i den oldgamle bjerglandsby Kritsa på Kreta er ungdommen up to date med den nyeste teknologi. Pigerne laver rent faktisk lektier. Både Kafka og Orwell får samtidig ret i deres profeti om overvågningssamfundet.

FORFATTEREN

Billedet herover er fra Vika ved Valldal i Norddal Kommune med udsigt ind mod Tafjord, Norge august 2010. Det smukkeste sted jeg har været. Nordlige fjeldområder - her kunne jeg godt bo.

Hans Rosenfalck
Født 23. december 1945 i Søborg.

Uddannelser:

Søborg skole 1952- 1961
Sølvciseløruddannelsen på Georg Jensen Sølvsmedie 1962 - 1967
Aftenundervisning på Akademiet for Fri og Merkantil Kunst hos Otto Frello m.fl. 1964 - 1967
HF-studerende på Blaagaard Seminarium 1973- 1975
Sociologistuderende ved Københavns Universitet 1975- 1983
KIOL, Kursus I Offentlig Ledelse, Handelshøjskolen 1992-1994

Erhverv:

Arbejdsdreng i Dansk Lyskopi 1961
Dybtrykretouchørlærling hos 'Kai Ernst Olsen Reproduktion' i 1961, afbrød kontrakten i 1962
Chaufførmedhjælper i Foreningen Kunst på Arbejdspladsen 1962
Sølvciselørlærling på Georg Jensen Sølvsmedie 1962- 1967
Sølvciselørsvend på Georg Jensen Sølvsmedie 1967- 1971
Værkstedsassistent ved Statens Åndssvageforsorg 1971- 1973
Omsorgsmedhjælper samtidig med studierne
Reklametegner samt grafisk tilrettelægger samtidig med studierne
Forskningsassistent på Teknologisk Institut i studietiden
Fuldmægtig i Kommunernes Landsforening 1983- 1984
Kommunaldirektør i Ivittuut kommune 1984- 1985
Økonom i Økonomisk-Statistisk kontor i Socialministeriets departement 1985- 1988
Vicesocialchef i Sorø Kommune 1988- 1991
Forvaltningschef (Social-, sundhed-, arbejdsmarked-, skole og kultur) i Ramsø Kommune 1991- 1992
Forvaltningschef (Social-, sundhed-, arbejdsmarked-, skole og kultur) i Sorø Kommune 1992- 1999
Sekretariatschef i BUPL 1999
Konsulent i Sundhedsforvaltningen Københavns Kommune 2000- 2008

Fritid

Amatør cykelrytter 1961- 1967
Begynderklassen. 1961 i CK 1960, en ny klub stiftet af Carl Johan Gené m.fl. i 1960
Juniorklassen. 1962- 1963 i BKL,
Klasse D. 1964 i BKL.
Klasse C. 1965- 1966 i BKL
Klasse B. 1966- 1967 i BKL
Start i A klassen i gadeløb og 100 km 4 mands klubhold mv.

Billedkunstner siden 1970

Andet

Værnepligt i flyvevåbnet 1967 - 68.
Rekrut i Skrydstrup,
ABC-uddannelse i Karup,
MP i Forsvarskommandoen i Vedbæk.

Litteraturhenvisninger

- *Tiden har ingen samvittighed, og man siger, at det er dem, som vinder, der ejer historien, siger faderen. Han har sat sig på en sten her på skråningen for at hvile sig lidt.*

- *Men under det hele går den store bølge af ganske almindelige mennesker, og bag ved den nedskrevne historie lever alle fortællingerne og sagnene.*

Magten er bare en skorpe oven på en vældig strøm af lava, og der er meget kort ned til varmen nedenunder. Næven der slår, er det rene ingenting imod det bankende hjerte.

Gunnar Hoydal, 'Stjernerne over Andes' side 219. Poul Kristensens Forlag, Herning 1996.

Kirkegården I Ivittuut. I baggrunden 'Slottet', borgmesterens bolig. Hun var gift med Kryolitselskabet Øresunds bestyrer. Foto september 1984

Arsuk isbræ september 1984 Bræen er tydeligvis aftaget, det ses af slidmærkerne flere hundrede meter op ad fjeldsiden. *Således bliver fjorden dybere for hvert år isen tømmes ud i havet. I 2020 er der ca. 34 km fra bræen ud til åbent vand. I 1984 var der ca. 32 km.*

Jonas og Kamille april 1985

Broen over bryggerens Elv på lørdag formiddags vandring april 1985

Udsigt fra vores stue. Johan Petersen på vej i havn

Thor, Sofie, Kamille og Jonas på sejltur ud af havnen i Grønnedal

Randsletten 2. april 1985. Kig ned i Arsukfjorden og til 'Aftenlandet', som vi kaldte modsatte side af fjorden. På rette vej ned i Grønnedalen.

Det er ikke nødvendigt at rejse til verdens ende for at opleve fantastiske syn. Billedet herover tog jeg den 3. decenmer 2019 kl. 08.06 på min faste morgentur med hunden rundt om Kimmerslev Sø i Borup.

Uddrag (fra side 183):

Træningsturene, hvor jeg var alene, blev ofte til utilsigtede indre rejser, hvor reflekserne overtog 'vejkortet' og færdselsreglerne, og hvor indre forestillinger, drømme og hvad ved jeg, opfyldte det øvrige af mig helt og aldeles. Det oplevedes ikke, som 'at falde i staver', hvor man er bevidst, men at det blot er blikket, der stivner. På sin vis føltes det som om, at det var 'ingenting', der fyldte mig. Intet, men på den anden side føltes det også helt fantastisk, som at smelte sammen med omgivelserne - med hele verden og hele livet.

Des mere jeg blev opslugt af verden, des mere blev jeg et med den, og mit ego forsvandt for mig i samme takt. Det var både naturligt og sælsomt. Det gav en virkelig god grundstemning, når det stod på. Måske var det en form for Satori eller Zen, som buddhister arbejder ud fra. At man umærkeligt indtræder i og bliver en del af universet uden ego-fornemmelser, uden begær, uden længsel og uden forventninger, uden forestillinger om at ændre det ene og det andet.

Krop og sind krystalliserer, følelser og fornuft i stille fuldkommenhed - i levende live vel at bemærke! Jeg gik på opdagelse i livets gåder og gåden om det hinsides! - med min cykeltræning. Og det foregik uden ledestjerner. Det var heller ikke religiøst betonet, eller noget jeg havde hørt om, eller var blevet inspireret til gennem andre.

Det passerede helt af sig selv, som en gave fra dybet eller fra det høje måske. Ja, jeg vidste det ikke. En ting vidste jeg dog, denne tilstand kunne kun opleves i absolut ensomhed, lykkelig ensomhed. På en eller anden måde blev jeg opslugt af nuet, opslugt af øjeblikket, og jeg tror, at jeg derved samtidig uden at ane det kom til at åbne døren til evigheden på klem.